国家出版基金项目
"十二五"国家重点图书
出版规划项目

红色延安口述·历史
HONGSE YAN'AN
KOUSHU·LISHI

延安时期的社团活动

任文 主编

陕西师范大学出版总社有限公司

图书代号　SK14N0589

图书在版编目(CIP)数据

延安时期的社团活动／任文主编.—西安：陕西师范大学出版总社有限公司，2014.6（2019.6重印）

（红色延安口述·历史）

ISBN 978－7－5613－7740－6

Ⅰ.①延… Ⅱ.①任… Ⅲ.①陕甘宁抗日根据地—社会团体—史料 Ⅳ.①K269.506

中国版本图书馆 CIP 数据核字(2014)第 120130 号

延安时期的社团活动
YAN'AN SHIQI DE SHETUAN HUODONG

任　文　主编

责任编辑	刘存龙　巩亚男　王奉文
责任校对	邓　微　王晓飞
出版发行	陕西师范大学出版总社有限公司
	（西安市长安南路 199 号　邮编 710062）
网　　址	www.snupg.com
印　　刷	西安市建明工贸有限责任公司
开　　本	710mm×1020mm　1/16
印　　张	26
插　　页	2
字　　数	369 千
版　　次	2014 年 6 月第 1 版
印　　次	2019 年 6 月第 2 次印刷
书　　号	ISBN 978－7－5613－7740－6
定　　价	58.00 元

读者购书、书店添货或发现印刷装订问题，请与本公司营销部联系、调换。
电话:(029)85307864　85303629　传真:(029)85303879

"红色延安口述·历史"
编辑委员会

总策划	冯晓立	傅功振		
主　编	任文			
编　委	薛义忠	石杰	梁向阳	孙国林
	朱鸿召	张军锋	梁星亮	姬乃军
	刘卫平	田刚	陈答才	王晓荣
	刘东风	冯晓立	傅功振	
参编人员	王耀	王晓飞	王慧子	邓微
	仝蕾	巩亚男	庄婧卿	刘存龙
	张双	赵虹波	雷亚妮	

编辑说明

"红色延安口述·历史"是一套以口述实录、回忆录、访谈录以及相关原始档案并配以历史图片为基本内容的史料集成。它试图以亲历者、当事人、知情者或者后代的讲述、回忆,来还原历史真相,呈现延安十三年的辉煌,从而改善当代人对"符号化"延安的僵化认识,再现一个本色、真实的延安。入选文章均来自已出版的图书、杂志、报纸,酌量选录地方党史办公室、政协文史机构等征研的资料。

丛书所选文章注重大历史背景下个人独特的经历和感受,尤重对历史细节的挖掘和梳理。丛书内容虽以回忆、口述等形式呈现,但其较强的故事性、可读性,有益于对当代读者,特别是对青少年读者进行革命传统教育,进一步弘扬延安精神,具有积极的现实作用与意义。

丛书共17种21册。内容包括口述实录、回忆录、访谈录、重要的档案材料及代表性研究文章。口述实录、访谈录与回忆录前均设置了对口述人或回忆人的简要介绍,并突出介绍口述人或回忆人在延安的工作或生活经历。

所选文章中,因个人当时的见闻条件、历时记忆在一定程度上的失真以及可能附加的主观因素等,讲述人或作者对历史事件的忆述不一定完全符合已逝的客观真实,且不同的亲历者对同一事件的细节叙述也常稍有出入,这一方面反映了历史事件的复杂性、多元性，另一方面也说明历史应该是"人的历史"，不能只有一种"写法"或"说法"，更不存在"唯一性"，这样才能更趋历史"真相"。为尊重原作，编者收入时未强求统一，多以"编者注"提醒读者注意。

入选文章写作时间跨度从上世纪30年代到本世纪初，每篇文章自有其文字风格和时代的语言习惯，收入本丛书时，除特殊情况外，皆尊重原文，不做改动；原书专名（人名、地名、术语）及译名与今不统一者，多未做改动。如确系作者笔误、排印错误、数据计算与外文拼写错误等，则予以修正。标点符号、数字用法等，依据现有出版规范做了统一处理。除特殊情况外，原文篇后注或行文注统一移作脚注，文献著录稍加统一。

由于我们工作经验不足，或翻检资料有限，或水平、认识有限，其中可能存在讹误或差错，敬请方家、读者批评指正。

作为一套大型汇编丛书，涉及文字与图片等著作权联系方面的工作难度很大，我们进行了多方努力和联系，但仍有部分作者信息不明或原工作、生活地址变动而无法联系，希望版权人或版权继承人见书后与我们联系，以奉稿酬与样书。

谨以"红色延安口述·历史"的出版，向革命先辈致敬！

"红色延安口述·历史"编委会

2014年3月

CONTENTS 延安时期的社团活动 目录

1 延安文艺运动中的社团组织及其流派风格（代前言） 高杰

文学社团

002 回忆延安战歌社 —— 胡征同志访问记　口述：胡　征　整理：刘锦满
007 《文艺突击》和山脉文学社的创办　奚　原
018 第八次文艺月会座谈拾零　萧　军
022 蓝家坪"文抗" —— 延安作家之家　韦　嫈
026 延安，今天与昨天 —— 回忆延安作家俱乐部　张　仃
031 鲁迅研究会成立经过　萧　军
040 对延安《部队文艺》和鹰社的回忆　晋　驼
043 怀安诗社杂忆　陶　承

史实与考辨

056 延安"文抗"创建始末以及相关问题　程鸿彬

戏剧社团

070 人民抗日剧社的战斗风姿　杨醉乡
082 我在延安抗战剧团　口述：刘　炽　整理：董　馨
087 陕北公学流动剧团　成仿吾
093 记鲁艺实验剧团及其后台工作　钟敬之

— 1 —

104 忆边保剧团和三旅宣传队　朱悦鹏

111 踏遍陕北山山水水的民众剧团　黄俊耀

122 我与《血泪仇》　马健翎

129 西北战地服务团第一年纪实　陈　明

146 易俗社与西北战地服务团　丁　玲

154 回忆延安平剧研究院　任桂林

168 延安西北文工团的闪光足迹　苏一平

175 记忆长河中的小浪花——"青艺"纪事　白　凌

182 延安业余杂技团　褚志远

史实与考辨

188 关于"演大戏"问题的论争　曾　芸

音乐社团

206 峥嵘岁月的歌——忆"鲁艺"河防将士访问团　张　鲁

222 红花开在黄土高坡——回忆枣园文工团　慕丰韵

228 山沟里的火凤凰——忆延安中央管弦乐团　许翰如

242 《延安颂》的创作前后　莫　耶

246 丁雪松谈郑律成　口述：丁雪松　整理：梁茂春

史实与考辨

258 从"民歌研究会"到"中国民间音乐研究会"——延安民间音乐的采集、整理和研究　萧　梅

美术社团

284 抗战剧团的美术工作　李　琦

288 记鲁艺美术工场　钟敬之

295 我在鲁艺木刻工作团的日子　胡一川

298 改造"西洋景"　石　鲁

302 两斗小米换一个泥娃娃　叶　洛

308 怀念古元同志——记延安鲁艺时期的古元同志　计桂森

314 忆石鲁　李　琦

史实与考辨

326 抗战时期的延安美术　郑　鹏

电影社团

338 延安影艺生活录　吴印咸

351 《延安与八路军》及其他　徐肖冰

354 关于影片《南泥湾》　钱筱璋

358 延安电影团的放映队与观众　席　珍

362 影片《边区劳动英雄》拍摄的前前后后　钟敬之

史实与考辨

370 八路军总政电影团八年纪事（上）　钱筱璋（执笔）

382 八路军总政电影团八年纪事（下）　钱筱璋（执笔）

延安文艺运动中的社团组织及其流派风格（代前言）

高 杰

  整个延安文艺运动是在统一的政治纲领，统一的路线、方针、政策指导下兴起和发展的，同时在实践方面也是在统一的管理和领导下开展创作活动的。延安时期的各种文艺社团就是管理和领导个体作家从事创作活动和推动整个运动发展的组织机构，也可以说是延安文艺运动的负载体。因为延安文艺运动发轫于共产党人的政治纲领和文艺指导思想，通过文艺理论与批评的承接，最后指向创作实践活动，而文艺社团则又是各种创作实践活动的集体存在形式。需要特别指出的是延安时期的文艺家绝少有，甚至没有散兵游勇式的个体创作活动，每个人都从属于一定的社团和组织。所以，文艺社团和组织就成了负载整个延安文艺运动的实体。

  由于有共同的政治纲领和指导思想，又有统一的组织，所以能自建风格的创作流派，就很难形成。尽管如此，文艺创作作为人类的一种最自由的文字意识活动，作家与作家、作家集团与作家集团之间毕竟不可能完全一致，否则，创作本身也就无法进行。从这个意义上讲，延安文艺运动中，隐或还存在着一些流派的迹象。下面我们分别谈谈延安时期的社团组织和流派风格。

一、社团组织

  在延安时期的文艺社团组织中，大体有这几种形式。

  第一种形式是起统一组织和领导作用的社团。在延安先后有中国文艺协会、陕甘宁边区文化界救亡协会、陕甘宁边区文艺界抗战联合会、陕甘宁边区音乐界救亡协会、陕甘宁边区美术工作者协会、中华全国文艺界抗敌协会延安分会、中华全国戏剧界抗敌协会边区分会、延安文化俱乐部等。这些较大的社团组织，既有先后流变的历史，又有分门别类负责组织、领导、协调各个门类文艺活动的功能。中国文艺协会是延安时期文艺界最早最大的起领导作用的组织，它成立于1936年11月，从保安到延安，在十分困难的情况下坚持了一年的工作，在组织文艺活动、发展会员、编辑刊物、推动创作等方面做出了显著成绩，至1937年11月结束其活动。代之而成立的是陕甘宁边区文化界救亡协会。它是陕甘宁边区文化运动的总的领导机关，也是一个极其广泛的群众性文化组织。同样在种种困难条件下，组织关于诗歌和戏剧方面的讨论，搜集制作歌谣，举办展览，筹备与召开边区文化界反侵略大会，组织开办民众歌咏训练班，还与陕北公学合办戏剧训练班，和战地社发起街头诗运动，编辑出版《特区文艺》（后改为《边区文艺》《边区文化》）、《五月的延安》等等，另外在科学研究、开展群众文化活动等方面都取得了可喜的成绩。1945年抗战胜利后，全国范围内大面积地开辟了解放区，随着文艺大军的疏散转移，边区文协就成了全国文化界的一隅，其核心作用逐渐衰微，但它一直和边区人民一道奋斗，直到全国解放。1938年，延安已经聚集了许多作家、文艺家，也成立了一些小型的文学社团组织。为了更加便利于联合文艺工作者交流经验，互相学习，推动创作，在延安成立了陕甘宁边区文艺界抗战联合会，虽然它是边区文协的一个"子"协会，但它的独立性很强。到1939年5月，边区文联与中华全国文艺界抗敌联合会取得联系，更名为中华全国文艺界抗敌协会延安分会，同属边区文协的团体会员之一。1941年边区文协改由西北局和边区政府领导，文抗便独立出来，直接受全国总会领导，团结延安文艺界开展工作。1945年抗战胜利后，全国总会更名为中华全国文艺界协会，延安文抗亦更名为中华全国文艺界协会延安分会，一直活动到1947年3月。

  总之，像这一类社团组织，它们或者统一领导和协调整个文化界的工作，或者领导和协调一个领域（如音乐界、戏剧界等）的工作，主要的不是从事创作活动。但从实际效应上来说，它们是以组织的形式承载着整个延安时期的文化运动和文艺运动的运演、发展，这就显然比专门从事创作的那些社团组织对运动的贡献更大一些。

第二种形式是文艺工作者自由结社建立的文艺社团。它们各有自己的活动内容与方式，主要是以创作成就来显示它们的存在价值的。但同时，这些社团又都隶属于前面所说的统一的文化或文艺组织，接受统一组织的领导，有时还要完成统一组织布置的任务。不过，在具体开展创作演出活动的时候，它们又是比较独立自由的。如1937年底成立的战歌社，是延安最早自发的群众性诗歌组织，属边区文协领导。这个社的贡献在于他们自觉地发动了延安的诗歌朗诵运动，与西北战地服务团的战地社共同发动了街头诗运动，还编辑出版了油印刊物《新诗歌》。这个社的主要成员是原陕北公学的文学爱好者，社长先后有刘御、柯仲平等。1938年10月，由抗大政治部的奚定怀发起成立的山脉文学社（后改名为山脉诗歌社），也是影响较大的自发的群众性文学社团。他们的主要贡献在有组织地开展了普及文艺活动，如他们除在延安地区建立了10多个小组外，还在远离延安的瓦窑堡、蟠龙等地建立了分社。由鲁艺文学青年自发组织的路社也是当时延安影响较大的群众性文学社团。他们的主要活动方式是出墙报，开座谈会，举办诗歌朗诵会，吸引了大批文学爱好者。产生于1938年间的文艺小组，是一种更为特殊的群众性文艺活动现象。它没有人倡导，几乎是纯粹的自发组织，在很短的时间内便遍及延安的各个工厂、机关、学校，数量多达85个，组员竟有660多人。后来，文抗延安分会专门成立了文艺小组工作委员会，协调领导文艺小组活动。

以这种形式组织的文艺社团，在延安还有文艺月会、怀安诗社、延安星期音乐社、延安业余国乐社、延安业余杂技团、联政宣传队等。

第三种形式是隶属于各总会统一组织领导的开展具体活动的文艺工作团体。如抗战文艺工作团、鲁艺文艺工作团、延安抗战剧团、民众剧团、西北战地服务团、烽火剧团、青年艺术剧院、西北文艺工作团等，他们的主要任务是创作和演出，在编写剧本和演出方面保持着相对自由性和独立性。这里边影响较大的是西北战地服务团、鲁艺文艺工作团和民众剧团等。西北战地服务团的主要贡献在于它的战线拉得长，活动范围跨越了几个省，波及面相当广泛。鲁艺文工团的主要贡献是他们做了大量的宣传鼓动工作和文艺普及工作，后来在新秧歌运动中贡献尤为突出。民众剧团的特点在于他们善于借鉴传统形式,用老百姓所喜闻乐见的形式演出,表现了中国作风和中国气派,赢得了最广大人民群众的称颂。

第四种形式是隶属于各总会统一领导的开展具体研究活动的群众性学术组织。如文艺大众化研究会就是由大众读物社牵头发起的多单位参加的学术组织,它没有单独固定的人员机构,也没有独立的实际业务,主要活动方式是由个别热心这方面研究的人,召集有关人员不定时地开座谈会,讨论研究大众化问题。隶属于文协领导的、由萧军等人积极筹备的、于1941年成立的鲁迅研究会,是延安时期学术研究方面较有影响的组织。另外还有小说研究会、延安平剧研究院、中国民间音乐研究会、鲁艺漫画研究会、大众美术研究会、延安D.H.孚·宗版画研究社等。这类群众性学术组织波及面并不很广泛,活动范围仅局限在具备一定研究水平的人员中间,一般的活动方式就是开座谈会,由于条件困难,很少能办起专刊。

第五种形式是艺术教育组织。它们是中央或边区政府等上级机关亲自组建并直接领导的教育机构。之所以把它们列入社团组织里来,原因是它们与文协、文抗等组织有某些相通之处。如鲁迅艺术文学院本来是党的文艺教育机构,但它同时还承担收罗文艺人才、联络文艺工作者的感情、组建各种开展实际工作的文艺团体、创办刊物等任务,而且它在这方面的活动又是独立于文协和文抗的。与鲁艺性质相同的还有部队艺术学校、星期文艺学园、陕甘宁边区艺术干部学校等。尽管它们的主要任务是艺术教育,但由于上述原因,我们完全可以把它们看作是一种特殊的文艺社团组织。

综上所述,无论是承担领导责任的社团组织,还是被领导的社团组织,它们都以组织的形式实践着党在文艺方面的路线、方针、政策。正是在这个意义上它们成了整个延安文艺运动的负载体。

二、文艺流派

延安文艺运动是中国新文艺运动发展的必然一环,但它不是唯一的绝对的一环。在延安文艺运动发生发展的进程中,中国大地上还有正在发生、发展着的其他解放区的文艺运动和国统区的文艺运动。所以,在多元化的现代文艺发展格局中,延安文艺运动只能是其中的一个流派,它主要是以其鲜明的政治倾向性、自觉的无产阶级党性和坚定不移地为工农兵服务的方向性,显示出一种强烈的时代精神和独特的艺术风貌。

然而,就延安文艺运动自身来说,由于其社团纷呈、阵容庞大、高手林立,内部又分化出一些具有不同风格的流派。其中较突出的有如下几家:

第一是民众剧团。民众剧团的全名叫陕甘宁边区民众剧团,成立于1938年7月。这是一个名实相符的剧团,在抗战八年间,延安所有剧团中下乡最多的是他们,平均八天内有三天在乡间。八年中,他们共走了23个县(全边区共31个县市),190处市镇村庄,演出1475场戏,平均两天有一场,观众达260万人次。

这个剧团最突出的风格就是民众性。这首先表现在人员组成方面。该团最初是由延安师范学校的乡土剧团和延安市的群众业余剧团合并成立的,团主任是一位工人叫刘克礼,后由柯仲平、马健翎相继任团长。剧团团员绝大部分都未经过专业化训练,知识水准也不很高,其中有的是本地学生,有的是市民中的小商人,还有的是木匠、泥水匠。诚如该团组建时的计划中所说:"团员应在一般民众、青年及机关职员方面,努力网罗","除职业化的团员外,其他全是在业团员"。①

其次表现在创作主张上。民众剧团的戏,内容是革命的,来自现实生活;语言是大众的,群众能听懂;形式是民众熟悉的,群众喜欢看。他们坚持为现实服务,结合政治形势创作演出,他们的口号是:舞台就是我们的战场!团旗上写着八个大字:"大众艺术野战兵团"。特别是那首团歌,通俗明了地画出了自己的形象:

---

① 《关于民众剧团》,载1938年7月30日《新中华报》。

你从哪达来？

从老百姓中来。

你又到哪达去？

到老百姓中去。

我们是民众剧团，

我们向老百姓学习。

你看他们多勇敢，

勇敢抗战，勇敢生产，

他们已经活了几千年。

我们来教育老百姓，

你看他们抗战娱乐像荒山。

我们来开垦荒山，

我们要使花开遍，花开遍，在荒山。

在民主的边区，

我们得自由地走来走去，

我们到那里，

那里花开遍……

　　再次表现在创作实绩上。该团坚持扎根群众中，紧密结合现实生活和斗争，改编和创作了一大批为群众所欢迎的剧本。如宣扬民族气节、动员抗日的有《好男儿》《查路条》《回关东》《中国魂》《洋铁桶》等，表现人民斗争、揭露国民党反动统治的有《官逼民反》《血泪仇》《穷人恨》《一家人》等，表现人民新思想和生产的有《十二把镰刀》《大家喜欢》等，表现反对迷信、反对封建婚姻的有《神神打架》《桃花村》《三妯娌》等，还改编了长期为人民群众所欢迎的传统剧目如《反徐州》《打渔杀家》《潞安州》等。这些剧本全部是用地方剧和民间小调如秦腔、眉户、秧歌等形式演出的。

　　最后还表现在群众对他们的态度上。看了《穷人恨》，群众说："这戏才给咱穷人出了一口气","咱人老几辈子,还没看过编演咱老百姓这样的好戏"。有一次演出,群众给他们舞台上贴了这样一副对联:"中国气派,民族形式,工农大众,喜闻乐见",下联是"明白事理,尽情尽理,有说有笑,红火热闹"。横批是"团结抗战"。还有一次在宜君县店头演出后,煤矿工人给他们送了一面锦旗,旗上写道:"有说有笑,红火热闹,尽情尽理,意味深长。"团长柯仲平在延安文艺座谈会上针对当时一味追求提高的思想倾向说:"我们就是演《小放牛》。你们瞧不起《小放牛》吗?老百姓都很喜欢。你们要在那些地区找我们剧团,怎么找呢?你们只要顺着鸡蛋壳、花生壳、水果皮、红枣核多的道路走,就可以找到。"①因为群众对他们招待特别好,吃饱了还让他们拿着。

诚然,延安文艺运动中所有的文艺工作团体都在追求着为大众服务的风格,并且都表现出了一定的特色,但是,民众剧团的特点在于他们始终如一,影响甚为广泛,形成了一种地道的民众化风格。毛泽东的《在延安文艺座谈会上的讲话》中关于普及与提高的内容,主要得之于民众剧团的实践经验。

第二是文艺月会。文艺月会成立于1940年10月19日,主要发起人是丁玲和萧军。月会成立之前,在丁玲主持下,萧军、周扬、周文、立波、雪苇、荒煤、舒群等人,曾专门座谈讨论了月会的组织、性质和任务,以及会刊《文艺月报》的编辑方针问题。下面的几段文字可以看出他们的总目标、总任务和编辑方针:

"为了提高文艺创作兴趣,展开文艺讨论空气,我们想成立一个'文艺月会'。"②
在第二次例会通知书上,附了一份讨论用的纲领"草案",主要内容有:
(一)当前创作问题(包括形成创作环境,提高创作质量等)。
(二)当前理论问题(包括如何开展多面性的批评和如何提高一般理论水平等)。
(三)当前文艺运动问题(包括如何使各个文艺小组形成有机的联系体,

---

① 艾克恩:《延安文艺运动纪盛》,文化艺术出版社1987年版,第356页。
② 雷加:《四十年代初延安文艺活动(一)》,载《新文学史料》1981年第2期。

如何联络文艺工作者使他们能够无阻碍地交换意见,如何使文艺加强影响,取得和一般政治相辅相成的效果)。

(四)文艺工作者本身的修养问题(包括继承中外文艺遗产,提高鉴赏批判能力和文艺趣味水准等)。①

以上两段文字前者可以看作是文艺月会的总目标,后者则可看作是文艺月会的总任务。尽管那个"草案"后面附记着"这不是作为一次讨论的,也不是作为一年讨论的,只是想起的就写了这些。如何取舍,如何决定还要待下次月会上大家参酌"的话,但根据月会总共召开的八次座谈会的纪要看,它实际上就是月会的总任务,只不过每次座谈会的讨论内容具体化了些罢了。还从上面的文字和几次座谈会的通知及到会人数看,这是一个没有固定会员的文艺群体,然而却又是一个有目的、有任务、有方向的文艺理论研讨性的文艺群体。其会刊——《文艺月报》的编辑方针则从下面一段话可以看出:

讨论《文艺月报》编辑方针时,有立波、萧军、雪苇、周文等发言,提倡办成一个短小精悍,有斗争性的刊物,要有小说、诗歌,还要有批评、杂文。②

这个编辑方针完全映照着月会的总目标和总任务。丁玲在第二次月会座谈会上发言,后整理成《大度、宽容与〈文艺月报〉》一文,发表在《文艺月报》第一期上,其中指出:"我以为《文艺月报》要以一个崭新的面目出现,把握着斗争的原则性,展开泼辣的自我批评的作风。"丁玲的这段话表面看去还是谈会刊《文艺月报》编辑方针的,实际上它透过《文艺月报》揭示了月会作为一个有特色的流派的作风问题。文艺月会第五次例会上对作风问题曾做过专门讨论,《文艺月报》第六期载:"有人说月报不同于《中国文化》,也不同于《中国文艺》,自有'咱家'的作风,于是引起了月报的性格这个问题。大家都说:性格是有些了,内容要更充实更泼辣。"③

---

① 雷加:《四十年代初延安文艺活动(一)》,载《新文学史料》1981年第2期。
② 雷加:《四十年代初延安文艺活动(一)》,载《新文学史料》1981年第2期。
③ 雷加:《四十年代初延安文艺活动(一)》,载《新文学史料》1981年第2期。

由此可见，所谓作风，就是指泼辣的批评。40年代初延安文艺界曾发生过四次较有影响的理论论争，都发生在文艺月会中。这里应该特别指出的是这些论争都是针锋相对的，论争者都毫不隐瞒自己的观点、态度，有时甚至出现了一些情感意气用事的现象。这一方面自然表现了这些人缺少理智和冷静，但另一方面却突出地体现着文艺月会倡导的泼辣作风。文艺月会的这种泼辣作风在培养青年作者方面也有所体现。为培养青年作者，文艺月会办了两件事：一件是创办了星期文艺学园，利用星期天把有兴趣学习文艺与写作的人，组织起来，对他们进行专门辅导或坐在一起研讨一些问题，这样既不妨碍正常工作，又可满足个人爱好；第二件是组织专门人员去各个文艺小组举行巡回座谈会，听取他们的意见，指导他们的创作活动。丁玲的《什么样的问题在文艺小组中》一文，对文艺小组及初学写作者中存在的公式化、概念化倾向和标语口号式倾向，提出的批评是极为泼辣的，其泼辣性不仅表现在具体批评方面，而且涉及普遍的社会风气问题。实际上整个40年代初延安掀起的社会文化批评及至政治批评，都与文艺月会这种泼辣的批评作风有直接联系，好些批评者就是月会的骨干分子。

另外还有一种说法，是所谓"文协"派与"文抗"派之争，即以丁玲为核心的"文协"派主张要揭露现实中的阴暗面，以周扬为核心的"文抗"派（包括鲁艺）主张歌颂光明。其实这种划分是不严谨的。我们认为这种划分与后来这些人在政治上的纠葛不无关系。

倒是新诗歌社、山脉诗歌社、草叶社等社团曾在创作上提出过一些自己的主张。前曾述及的街头诗、朗诵诗运动就与这些社团有关。但把它们的活动放在整个延安文艺运动中考察，虽然有所贡献，但作为流派，其风格特点并不十分鲜明。它们的主张和追求一般是顺应着整个延安文艺运动的方向发展着，很难说是独树一帜的。

总之，延安文艺运动中的社团组织及其流派，产生于中华民族的抗日救亡斗争中，并一直延续到解放战争后期，因此，它们的活动始终与政治上的民族解放运动联系在一起,弥漫着一层浓重的战争硝烟,其主体精神则与慷慨任气、奋进献身的时代精神共为一体。但它们生长发展的具体环境则是抗日战争的总后方、民族解放运动的中心地——延安,因此,作为流派,它们内部的争论乃至斗争,始终是在一种较为平和、温馨的气氛中展开的。尽管整风运动后期,一些文艺工作者曾受到过不应该的冲击,但这主要是来自政治方面,与文艺界内部的论争关系不大。特别是在党的路线、方针、政策指导下,文艺界的批评、论争又始终与自我批评结合在一起,更让人有一种温暖如春的和谐之感。

(本文选自《延安大学学报》[社会科学版]1992年第2期)

文学社团

回忆延安战歌社
——胡征同志访问记
口述：胡　征　　整理：刘锦满

> 胡征，原名胡秋平，笔名胡闹、胡笳居士、征鸿、白帆、骆惊。生于河南罗山，祖籍湖北大悟。当过学徒、店员。抗战前，在河南信阳主编《春潮》诗刊。1938年参加革命，同年加入中国共产党。在延安抗日军政大学毕业后调八路军第一一五师工作。1939年进延安鲁迅艺术学院文学系学习。抗战胜利后，任晋冀鲁豫边区文联研究员，编辑《北方杂志》。解放战争中任第二野战军随军记者、《文艺工作》主编。新中国成立后，为中国作家协会会员，历任西南军区和军委总政治部文化部创作员、《延河》编辑、陕西省社会科学院文学研究所所长等职。著有诗集《七月的战争》《大进军》《主席台》，短篇小说集《红土乡纪事》等。

1938年1月初，我们几个追求革命和真理的青年，化装成学生模样，从河南信阳来西安，秘密寻找七贤庄八路军办事处。先被介绍到泾阳青训班（冯文彬同志为主任，胡乔木同志是副主任）。1938年4月1日，转到延安抗大入伍，在预科学习三个月，又在本科（军事科）学习五个月，并加入中国共产党。这时期，接触并参加了延安的一些文艺活动，主要是战歌社的活动。

战歌社是抗战后延安成立比较早的一个诗歌结社组织。负责人是柯仲平同志。诗歌朗诵是那个时代的特点，用以鼓舞士气，号召人民起来进行抗战。柯老在延安的诗朗诵是很有名气的。《边区自卫军》的朗诵——我在延安听过——是其中的一部分。因为是长诗，全部朗诵要费很多时间，所以在一般场合他只朗诵其中的一部分。

战歌社成立的时间,已经记不确切。1938年春夏之间,或者更早一些时间。我当时在抗大刚由预科(第三期三大队)转到本科(第四期四大队)。魏巍、侯亢、朱子奇等,都是本科同学。我和李雷、王荣是预科同学。李雷成名比较早,30年代后期就已经有点名气。我们当时年纪轻,都是20岁左右的小伙,对文艺,特别是诗歌的创作与活动,热情很高。那时,柯仲平同志是边区文协主任,文艺活动开展得非常活跃。我们经常到文协去,见到和认识了不少革命文艺工作者,如丁里、徐懋庸、高士其等同志。

七贤庄八路军办事处旧址

战歌社在延安颇有影响,活动频繁,差不多每星期都有集会。我们每次也基本都去,参加诗社召集的创作与朗诵会。我记得,1938年夏,田间同志随丁玲同志带领的西北战地服务团从前方回延安,也到战歌社来过。那次,战歌社正在开展活动,丁玲和田间同志来看望大家。当时,主持会议的柯老,立即给我们做了介绍。柯老说着说着,情绪非常高涨,顺嘴朗诵起他的《边区自卫军》来。丁玲同志笑着忙说:老柯,老柯,你先不忙着念(朗诵),一念(朗诵）就说不成话了。这次见面以后，我和魏巍同志还专门去到田间同志的住处，访问了他。

当时，战歌社几乎每周例会一次。大家来了后，一是念念诗，交流诗歌创作；二是谈谈诗，座谈内容与形式。整个气氛融洽随和，完全是同志式的切磋帮助。这里，特别应该提到的是高士其同志。他当时非常活跃，几乎每次例会都到场，而且，每次总有新的创作拿来朗诵，给与会者以极大的鼓舞和鞭策。参加战歌社活动的，每次十多个到二十多个人，都是边区青年诗歌爱好者。我记得，抗大经常到会的有魏巍、冯塞伟（后在华北战场牺牲）、侯亢（年纪比我们长几岁，被大家亲切地称为"老大哥"）、朱子奇、夏雷和我。我当时叫秋平。后来还有侯光焘（后改名孟冰）、侯光慈两弟兄。

抗大是个军事学院。学员一律按军事组织编班。我和侯在一队，魏在二队，朱在三队。在陕甘宁，战歌社的活动给文坛增添了不少生气。当时，许多地方和单位也都组织了好多战歌分社或小组，积极开展新诗创作与朗诵活动，给人们留下了很深的记忆。我们在抗大的几个人，也联络了一些爱好诗歌的学员，在四大队的院子，正式成立了一个战歌社抗大分社。分社的主要活动有两个方面：一是出编大型诗歌墙报，贴在四大队驻地——"府衙门"里的一个高大墙上，每个人都写了稿子，报头题名就叫《战歌》，出过很多期；二是油印诗传单，到处张贴，扩大宣传效果。

抗大分社与战歌社的活动紧密配合，并接受其在文艺创作上的指导。这年秋季，抗大进行军事大演习。所学的东西，都要在演习中经受检验。这是一个极好的训练方法，我们把创作的许多鼓动士气的诗歌，也带到这次大演习中去。当时，每个连队都有救亡室，活动相当于俱乐部，参加者甚多。演习归来，我们几个人还专门跑到柯老那里，把随队的诗歌活动情况，做了比较详细的汇报。

柯老创作很勤奋。冬季的塞上早晨，延河边上天冷冰冻。柯老总是很早就起来，喜欢一个人在河滩散步吟诗，精神十分饱满。有几次，我和魏巍同志在河滩，碰到柯老在那里吟诵作诗。我们见了面，总是把自己的一些小诗拿给他看，请他修改示教。每次，他总是欣喜地满足了我们的要求。在他和其他同志的帮助指引下，1939年到1942年间，我先后学写了四十多首诗，用白帆和胡征的署名，在陕甘宁和国统区的一些报刊上发表了一部分。如《他是我们的》(载1940年出版的《中国青年》)、《控告》(载1941年出版的《文艺生活》)、《紫花藤》(载1941年出版的《文学月报》)、《我回来了》(载1943年出版的《文艺杂志》)、《好日子》(载1945年出版的某刊)、《白衣女》等组诗(载1945年出版的《希望》)，等等。

《新诗歌》是战歌社编的一个油印刊物，后改新诗歌会编刊，1940年至1941年在延安出版，共印过六期。我在上面发表过短诗《鸡毛信》和《讨论会》。油印终刊后，高敏夫同志在绥德办过一个《新诗歌》，这是一个铅印诗刊物，单面四开本，可以在墙壁上张贴。我在这个刊物上发表过《思想家》《白衣女》《朋友》等诗。

1938年冬，我被分配到八路军总部，上华北前线。走到晋西，我们四五个同学被留在第一一五师的陈支队二团。1939年春，我因生病随部队医务所回到延安，组织关系也转到了总政治部。病愈后，鲁艺招生，我想报考鲁艺，想在文学上继续深造。但由于自己属于部队系统，组织关系介绍上有些困难。一天，我碰到边区文协秘书长林山同志，要求他以战歌社的名义介绍我去考，因为当时战歌社有图章，加上我参加过其中的一些活动。林山同志告诉我，战歌社是群众性的文艺团体，最好由部队组织部门介绍。后来，我终于由总政治部介绍进了鲁艺学习，直到1945年，前后共达七个年头。这期间，萧三同志、何其芳同志、陈荒煤同志先后担任过文学系主任。在诗歌朗诵会上，萧三同志曾经用俄语朗诵过普希金的诗。何其芳、周立波、天蓝等同志也搞过诗歌朗诵。我到鲁艺后，先是学员，后是工作，然后又是学员。因此，战歌社的活动参加得少了，具体情况知道得不多。

战歌社抗大分社，算起来只有半年多时间，从1938年6月到11月抗大第四期四大队学习结业，活动基本结束。当时，分社出刊墙报很积极，也很经常。学校对这方面活动给予热情支持，要什么给什么，提供了许多方便。每当回忆这段战斗的文艺生活，总是令人神往和鼓舞。

1945年冬，我们到华北前线。由当时鲁艺文学系主任陈荒煤同志带领，有夏青、赵起扬、陈因、计桂森、葛洛和我，连荒煤共七人（所谓"七君子"）。1946年，参加筹办晋冀鲁豫边区文联的工作。不久，于黑丁和鲁藜也从延安到了邯郸。由陈荒煤、于黑丁同志负责创办了《北方杂志》。我参加了编辑部，葛洛和鲁藜同志到了文研室，归属于北方大学。解放战争开始后，1947年春，我和葛洛、曾克、李南力、计桂森都作为随军记者，随刘邓大军南下，参加了伟大的解放战争。

1980年12月15日

（本文选自《新文学史料》1981年第2期）

《文艺突击》和山脉文学社的创办

奚 原

> 奚原，原名奚定怀，曾用笔名亦悄、北行、陈一羽等。安徽滁县人。"九一八"事变后开始参加新文艺活动，从事文艺写作。1938年2月到延安学习与工作，并在毛泽东支持下创办《文艺突击》与山脉文学社。解放战争时期主要在华东野战军工作。新中国成立初期继续参加建军、海防等工作。1957年开始参加历史研究工作。"文革"后从事编纂百科全书工作，晚年曾为中国地方志指导小组成员。

延安早期文艺发展过程中，在毛泽东支持下还曾创办了《文艺突击》期刊和山脉文学社等群众性文艺团体。这也是当时较有影响的两件事情。毛泽东为"两刊"题写的刊楣和批复信，至今仍然保存着，据有的同志考证，这是毛主席首次为文艺刊物题写刊头，如今已相去六十二年，值得纪念。

一、关于《文艺突击》

在1938年上半年，随着全国各地进步知识青年拥向延安的高潮，延安的群众性文艺活动出现了新的趋向和要求。这种情形首先从各单位的文化生活中表现出来。那时抗大、陕公、鲁艺等校学员队和各机关、部队单位，都设有"救亡室"或俱乐部，作为基层民主生活和文娱活动的中心。无数的俱乐部分散在各单位，大都能够独自编辑出刊墙报，组织歌咏队，从事街头宣传，举行文娱晚会，有的甚至能够单独演出多幕话剧。为了把分散的各种文艺专业活动组织起来，延安及边区先后成立过文艺、音乐、戏剧、美术、诗歌等协会、研究会及跨单位群众团体。但由于大家来自五湖四海，人员流动性又大，以至有些群众文艺组织，或者范围很小，或者不能持久，有的只是开个会，订个章程，选个领导，发个宣言，便没有下文了。

我于1938年7月7日被调到抗大政治部秘书科任速记股长，负责校内外讲演的记录、整理和送审工作。当时会议和讲演活动较多，为了保证速记任务，我们常请有关单位推荐文字水平较好的同志临时配合记录，从而接触到一些爱好文艺的青年。大家反映了对文艺方面的意见，认为延安是革命中心地，却缺少经常性的群众文艺组织，仅《新中华报》和《解放》周刊有点文艺版面也太单薄，因此希望组织较为广泛持久的文艺团体，创办文艺刊物，提供发表创作、探讨问题、沟通信息的园地，更好地促进群众性抗战文艺活动。我常和同科工作的文印股长、画家郑西野谈起这些意见，他颇有同感。经过酝酿，大家形成一致意见。

毛泽东给了我们支持与鼓励。他当时兼任抗大教育委员会主席，特别关心抗大工作，每当学员队伍开学或毕业分配，常来讲话。他十分重视调查研究，曾派人找我详细了解上海"职救"活动情况，又约我写《铁路工人阶级状况》调查材料，我到抗大搞速记工作后接触机会较多，他又曾向我了解学员的学习、生活情形和意见。有一次他来抗大讲话，我利用会前空隙向他反映了爱好文艺青年们的意见，谈到大家写文章主要靠寄到国统区去发表，延安还没有一个专门的文艺园地。他当即表示：这个意见好，延安要有一个文艺刊物。我回来即告诉西野，他听了信心倍增，我们便决定联络各单位文艺青年，争取建立一个群众性文艺团体，创办一个文艺专刊，并决定先与"边区文协"联系。

约在1938年9月上旬的一个上午，我和西野一起到"边区文协"去找主持日常工作的柯仲平，恰巧这时刘白羽从前方回来，也住在"边区文协"。西野在回忆这段情景时写道："我们说明来意后，四个人便席地坐在小院落门口议论起来。仲平、白羽同志热情地表示赞同创办一个文艺团体和文艺报刊，大家立即议定团体名称为'文艺突击社'，并先由抗大政治部的部分同志负责组织

中国抗日军政大学校门

和创办《文艺突击》报。共推奚定怀同志写信向毛主席报告这一计划,并请他题写报楣。白羽同志还当即取出身边仅有的一小块宣纸,供主席题写之用。"①

这次商谈后,"边区文协"很快送来了署名"本社同人、柯仲平执笔"的《发刊词》和白羽等同志的稿件。我曾在报纸上编过副刊,西野则是一位美术家,从事文印工作多时,我们凭借这点经验和按照油印条件做出大体计划,决定采取四开张报纸形式,每旬出版一期,每期四版(即四张蜡纸),用新闻纸两面印,按蜡纸许可尽量增印份数。在编辑过程中,我觉得《发刊词》已说明创办刊物的宗旨,还需要阐明我们对于发展群众文艺运动的态度,便临时补充写了《开展我们的抗战文艺》作为创刊论文,

---

①《延安时期的〈文艺突击〉和〈山脉文学〉》,载1989年6月28日《中国老年报》。

署笔名"亦悄"。第一期编好后,我遂于9月17日写信给毛主席,向他简要报告缘起,请他题写刊头。该信原文如下:

毛主席:

因为觉得延安文艺活动表现的很沉寂,而事实上又很有这种需要,所以我们发起由"文化界救亡协会"联合延安各学校各团体爱好文艺的同志们,成立一个"文艺突击社",并且初步工作是出版一个油印的纯文艺旬刊,名字也就叫作"文艺突击"。这个旬刊第一号已经编好,决定于二十日之前出版,大家的意思要请你题一个报楣,大小是:

文艺突击

希望你马上替我们挥成。你近来很忙,如果有从前的文艺作品愿意给"文艺突击",这将使我们如何兴奋,而且也将使不久以后的每一个读者如何兴奋!

此致

挚爱的敬礼!

一个抗大工作者 奚定怀给
九月十七日

地址:抗大政治部秘书科交。

毛主席接信后,当天就题写了三个"文艺突击"供我们选用,并批复道:

写下几个字不知可用否?

毛泽东 九月十七日

毛主席的题字和批复,给予我们极大鼓舞和支持。他当天迅即办理的工作作风和十分谦虚的批复态度,更给我们留下深远的影响。同时,我们也得到抗大政治部主任张际春和秘书科长谭冠三的支持,充分保证了人力物力。西野立即亲自加班用仿宋体小字刻写蜡纸,边刻写,边计算版面,边组织清校,文印股掌印同志细心进行两面对印,仅两天两夜全部如期完成任务。延安自己的文艺专刊《文艺突击》终于诞生,9月20日《新中华报》登出"边区文协"关于《文艺突击》的创刊广告,称它是"延安文艺的拓荒者,抗战文艺的突击队,文艺青年的好食粮"①,并登出创刊号目录。9月下旬又紧接着按时出版了第二期,9月30日《新中华报》登出目录。仅十几天内准时完成两期出版任务。

与此同时,经柯仲平、刘白羽等同志积极争取,得到铅印条件,于是《文艺突击》编辑出版工作全部转移到"边区文协"。此后在刘白羽等主持下,克服经济、印刷、敌后稿源等困难,从1938年10月到1939年6月坚持出版了铅印版六期。为了解决经费不济,曾到晋西北一带募捐,但终因经费困难而被迫停刊。1940年4月在萧三主持下复刊,更名为《大众文艺》,至12月共出版九期。1941年2月又在周扬主持下复刊,更名为《中国文艺》,出版一期。

《文艺突击》是延安早期出版的唯一综合性文艺专刊。这个刊物从油印版到铅印版,共正式出版八期,主要发表了当时在延安的一些新老作家(如野蕻、沙汀、黄药眠、荒煤、高士其、江丰、艾思奇、周扬、丁玲、严文井、臧云远、何其芳、柳青、卞之琳、天蓝、雷加、乔木、萧三、杨松、沃渣、马达、古元、塞克、星海、马健翎等)的作品,也有个别工人和战士(如刘亚洛、老宁等)的作品,包括通讯、小说、散文、诗歌、戏剧、歌曲、木刻和文艺评论等多种形式,大都反映延安及边区各个方面的战斗化生活和文艺活动,部分反映战地及国内外斗争情况,对促进抗战文艺发挥了一定作用。所谓文艺突击社,主要力量用于克服困难办好《文艺突击》,实际上是杂志社,通过刊物联系广大文艺工作者。曾参加发起办社的雷烨在当时写的《谈延安文化工作的发展和现状》一文中介绍道:"这个社最初的发起者是抗大青年的文化工作者奚定怀、郑西野及刘白羽、柯仲平、林山、雷烨等。组织编辑委员会,建立分工负责的制度,她团结了文艺习作者。这个社获得多方面的帮助,贺龙、林彪师长,抗大校部,以及其他军事指挥的捐款帮助,出版小型的刊物《文艺突击》。"②新中国成立后,

---

① 《新中华报》第459期。
② 晋察冀军区1939年1月16日《抗敌报》。

幸存的《文艺突击》（铅印版）被列入"新民主主义革命时期革命期刊"影印再版，为延安早期文艺活动的宝贵史料之一。

二、关于山脉文学社

《文艺突击》的出版，填补了延安没有文艺刊物的空白。然而，广大爱好文艺的青年们，还渴望着多种文艺活动方式。我在给毛主席的信中，也曾说明出版一个文艺刊物是"初步工作"。为了进一步开展抗战文艺活动，各单位文艺青年又于1938年10月间联合组成群众性业余文艺团体山脉文学社。自红军改编为八路军挺进华北战略展开，此时已依托吕梁山脉的管涔山等创建晋西北抗日根据地，依托五台山、恒山山脉创建晋察冀根据地，依托太岳山脉创建晋东南根据地，依托太行山、太岳山脉创建晋冀豫抗日根据地，依托吕梁山脉创建晋西南根据地，以及依托大青山山脉创建绥远西部南部中部根据地，广泛开展独立自主的山地游击战争，并依托山区根据地向冀、鲁、豫发展平原游击战争，开辟了广阔的敌后战场，沉重地打击了日寇。我们取名山脉文学，用意在于文艺既要反映敌后抗战，又要把抗战文艺运动推广到敌后各根据地去。各单位随即开始组织文艺活动，社员们的写作热情尤为高涨，要用自己的笔为民族革命战争而呼唤和战斗。大家除采取墙报、传单、标语、朗诵等方式外，还希望扩大发表的园地。许多社员送来了稿件，其中诗歌作品较多，这是抗战初期文艺青年写作的一个时代特点。当时《文艺突击》收到的青年投稿中也以诗歌占多数，有限的篇幅难以容纳。面对这种情况，我们商定再出版一个兼顾青年习作和诗文并重的《山脉文学》不定期期刊，并着手编选第一期稿件，其中有丁玲、雪苇等老作家的文章，但大部分是青年作者的作品，还请江丰木刻了几个题头画和补白画。

毛泽东又一次支持了我们。10月20日左右，我再次给毛主席写信，向他报告开展群众性文艺活动的情况，并请他为《山脉文学》题写刊头。当时正举行中共六届六中全会，毛主席很忙未能即复，过了几天，我又于10月25日以山脉文学社名义写信催请题写刊头，他仅隔两天便题写了三个"山脉文学"供我们选用，并批复道：

> 写下几个字不知可用否？名称似以"山头文学"为好。
>
> 毛泽东 十月廿七日

这次批复，除了及时、谦虚，还特别用商讨口气提出改名为"山头文学"的意见。当时我们考虑毛主席很忙，既然已经题写好了，不便再请求重写，同时也不大理解他提出更改刊名的含义。后来我在华中敌后读到毛泽东的《新民主主义论》，其中写道："中国的革命实质上是农民革命，……大众文化，实质上就是提高农民文化。抗日战争，实质上就是农民战争。现在是'上山主义'的时候，大家开会、办事、上课、出报、著书、演剧，都在山头上，实质上都是为的农民。"这些话使我恍然有所领悟。毛泽东当时号召到"山头"上去，实质上就是要走建立农村革命根据地，农村包围城市，武装夺取政权的正确道路。所谓山头文学，就是文学要为占人口大多数的农民服务，就是坚持革命的、战斗的大众文学的方向。中共七次代表大会以后张鼎丞来到华中，有一次谈起毛泽东的"创立山头，发展山头，融合山头，消灭山头"四句话，使我进一步了解到毛泽东对待"山头"问题的辩证态度。他运用战略策略，总是按照客观形势演变的不同阶段而各有侧重。抗战初期正是"创立山头，发展山头"的大好时机，机不可失，他甚至对于一个文艺刊物的名称，也从战略高度加以斟酌，使它更具有现实的针对性和鲜明的号召力。

我们一面请毛主席题写刊头，同时积极争取铅印条件。延安的铅印事业是和原任国民经济部部长的毛泽民分不开的，他早年即在白区和苏区从事印刷出版工作。西安事变后又亲自从上海购买铅印机器和动员铅印工人到延安，创建了中央印刷厂，保证了中央机关刊物《解放》周刊的出版（这是延安最早的铅印报刊）。1938年1月他离开延安去新疆，边区政府仍按他的原计划继续筹建一个印刷所，经办同志陪我去参观时，已购进两台旧四开机，答应建成后承印《山脉文学》。但接到毛主席题的刊头，社员们十分振奋，认为不能单纯等待铅印，要求配合形势任务的发展抓紧时间尽快出刊。我和西野等同志商量，拟先行出版油印32开本的《山脉诗歌》，经抗大政治部领导同意后，便着手进行。该刊封面：上方刊头用毛主席题写的"山脉"配以宋体"诗歌"二字；刊头以下为本期要目，全部选自青年群众现实题材的诗歌作品；要目之间还彩色套印西野所绘生动的时事钢版画。以上几个特点，使这个简朴的油印诗刊的诞生，得到人们的重视。

随着山脉文学社活动的逐步展开，我们于当年11月上旬的一个星期天，在延安北门外王家坪小树林里举行第一次社员会议，到会社员数十人。这次会议交流了各单位的情况和意见，决定按单位正式建立文艺小组，发展社员，扩大群众性抗战文艺活动，并集体参加"边区文协"。会议还决定成立由各单位代表参加的社务委员会，集体负责组织实施工作，以保证在人员流动情况下能够坚持而不中断。当即选举郑西野、安适（安观生）、庄涛、雷波（缪海稜）、魏元章、李维新、王令簇、赵从容和我九人为社务委员。会议还规定设社员登记簿，每人每月交会费一角，以支持出版刊物、印发传单等费用。这次会议以后，社委每周假日经常碰头，工作有了较大发展，抗大、鲁艺、马列学院、八路军总政治部、八路军后方留守兵团、边区政府等十几个单位建立了文艺小组，社员登记最多时二百余人，并在蟠龙、瓦窑堡等地成立了分社，蟠龙分社也出版了《山脉诗歌》。

到了1939年初，由于形势变化，较多的同志将调往敌后工作，我们于1月初在北郊鲁艺山坡一间大教室里召开了第二次社员会议。这次会议主要讨论两个问题。一个是制定群众文艺活动的"十大工作方式"，将大家几个月来采取的文艺活动方式归纳为十条："一、出版文艺刊物；二、配合各种重大政治活动（如纪念日、动员大会等）印发通俗诗传单；三、在群众集会上利用会前等空隙时间进行诗歌朗诵；四、举行文艺晚会；五、组织文艺专题报告；六、举办简易图书馆或图书流通活动；七、在山岩、墙壁上刻写文艺标语和街头诗；八、编辑固定或流动壁报；九、召开文艺创作研讨会；十、向各地报刊推荐和投送抗战文艺作品。"（摘自《整风自传》）经会议讨论通过，供各文艺小组和分社参考。另一个是讨论在人员流动情况下如何坚持和发展抗战文艺活动，大家意识到山脉文学社的一个特点，在于它的绝大部分社员都是爱好文艺的青年学员或干部，不是专业作家，因而流动性更大。许多老社员不断离开延安这个革命摇篮调往敌后及其他工作岗位，可以把抗战文艺活动推广到各地；同时新社员又参加进来，使本社文艺活动继续开展下去。会议希望去、留的同志都要注意这个特点。

"十大工作方式"提出以后，各个文艺小组依据自己的实际情况，增进了多种形式的文艺普及活动。社委会除办理简单的社务外，主要进行了下列工作：

一是编辑出版刊物。西野回忆这项工作情况时写道："我们曾着力于筹办《山脉文学》杂志。……可惜因设备困难（注：主要因1938年11月20日敌机轰炸延安，筹建中的铅印厂受阻），未能实现。与此同时，油印的《山脉诗歌》却保持了经常出版。诗人田间、缪海稜、徐明及劳森、汪洋、庄涛、辛萍、白朗、朱力生等同志都为诗刊提供了作品。几个月内共出刊十余期，每期我负责刻写封面和配画。"（摘自《整风自传》）所需纸张用社员会费购买，我和西野每人每月四元津贴费也大部分放入会费买纸，还常靠抗政组织上补助。搜购来的纸的品种很杂，有油光纸，有毛边纸，大小开张以至颜色也不一样，装订出来只好是"不修边幅"。由于这个油印诗刊配合形势任务发展，充分采用各单位来稿（不问是否名家，对于内容好而文字稍差的也尽量帮助加工采用），比较机动及时，因而具有较大的群众性和战斗性。我曾保存了全套油印《文艺突击》和《山脉诗歌》，离开延安经河南汝南县时被一位同志借阅，不幸遗失。

二是配合重大政治任务联络各单位文艺小组协办文艺活动。抗战初期，重大事件和政治斗争频繁，例如粉碎日寇华北扫荡，巩固黄河河防保卫边区，加强防空除奸，开展生产运动，纪念"三八"妇女节，坚持团结反对摩擦，声讨大汉奸汪精卫，纪念"五一""五四"等，有些在《山脉诗歌》出版专栏专辑，有些在群众动员大会、纪念大会、声讨大会上散发诗传单和进行诗朗诵，有些临时重要活动常即写、即印、即传、即诵。朝气蓬勃的青年社员们充满着激情和干劲。

三是组织社员们某些共同的文艺创作学习生活，提高社员文艺写作能力。当时的所谓"知识青年"，大都是中等文化水平，有的只是小学水平。例如蟠龙分社的创建者，本来是长征中的一名"红小鬼"，到陕北后认真学习识字，被分配做文印工作，参加山脉文学社又开始学习新诗写作，不久调往蟠龙，便联合当地文艺青年组成分社，并出版分社《山脉诗歌》。这位年幼社员虽文化不高，却有实际的战斗经历和深挚的革命热情，在同志们帮助下很快地拿起抗战文艺的武器。山脉文学社也是一个自我教育团体，文艺创作的学习研讨主要靠各文艺小组进行，社委会则组织一些共同活动，例如召集文艺专题报告会，曾请丁玲谈创作经验，又如建立图书馆很困难，曾在一部分文艺小组之间进行书刊交流。

抗政张际春主任对山脉文学社很重视，曾考虑把它正式作为抗大群众工作的一种方式。1939年上半年，大会报告讲演渐渐减少，我遂几次向组织上请求到前方工作，那时延安的干部大都抱有这种愿望。张主任希望我留下，拟安排我以一半时间专门组织山脉文学社活动。由于我的坚持，终于在6月间离开了延安，至今想起这件事仍感内疚。当时我并不知道，仅隔一个月，抗大总校也转移到华北敌后。

经历较大变动，山脉文学社在社委会集体领导下坚持了下来。据新华社1939年12月讯："本市山脉文学社于……本月四日召开该社留延社员会议，通过决定招收大批新社员，定期召集社员大会。选出汪琦、海稜、师田手、河清、朱子奇、庄涛、惊秋等七人负责该社工作，并派庄涛、惊秋、安适等五人出席文协大会。"[①]至1940年秋，山脉文学社与战歌社联合编辑出版油印诗刊《新诗歌》。同年12月8日与战歌社等团体合并成立延安新诗歌会，诗刊《新诗歌》

---

① 1939年12月9日《新中华报》。

转为该会会刊。

山脉文学社是延安早期文艺活动中规模较大、持续时间较长的一个青年群众文艺团体。它的作风比较朴实，力求在实践上贯彻文艺为抗日战争和工农大众服务的方针。但应指出，就这个文艺团体本身而言，基本上没有跳出知识分子的圈子，大多数成员还缺乏战争实践体验。这些缺陷，是后来经历长期斗争锻炼和深入学习马克思主义逐步解决的。在这个过程中，有些同志为民族和人民解放事业献出了自己的生命，如诗人安适、画家劳森等在华北与日寇作战中英勇牺牲，还有许多无名的英雄也早已血洒疆场，我们永远不能忘记他们。

毛泽东指导下的延安早期文艺活动，是中国民族民主革命文化运动一个新的阶段的起步，其中蕴蓄着战争初期文化斗争的许多历史经验。发展和前进，不可避免地带来一些问题，在当时抗日高潮下表现尚不突出。毛泽东在这个时期，对待文艺和文艺工作者非常热忱、耐心和慎重，他热烈号召发展抗战文艺打败日本帝国主义，强调实行真正的工农大众化，同时对文艺界存在的一些问题也一直密切关心和研究，后来我们才理解，他是为从根本上改造和繁荣新文艺做准备。

（本文选自《奚原九十文选》，人民出版社2008年版）

第八次文艺月会座谈拾零
萧 军

> 萧军，原名刘鸿霖，笔名三郎、田军等。辽宁义县人。1934年冬在上海结识鲁迅。1940年到延安，先后担任中华全国文艺界抗敌协会延安分会理事及延安鲁迅艺术学院教员。1946年去东北解放区，任东北大学鲁迅艺术院院长、《文化报》总编辑等职。新中国成立后，任全国政协委员、中国作协顾问、北京市文物组研究员、戏曲研究所研究员等。著有长篇小说《八月的乡村》等。

"文艺月会"底成立，本来就是为了一些从事文艺工作的人，交换一些意见，或者是谈谈大，借以提一提写作的兴趣。过去每次例会虽然也是谈，不过全说没有这一次谈得热烈——其实也很平凡——我在这里是把自己记得的一点零碎，拿来作为文章材料的。有记得不准确的地方，应该由我负责。

那天是我做主席，除开报告一些杂务而外，为了要引起大家谈话的兴趣，就说了以下的话：

我觉得在延安文艺运动的开展上，有着两个现象——也可以说两个障碍——应该想法克服它。第一个是属于作家本身的。我读过一些作品，总好像这些作家们在一个似乎看不见的圈子里做文章，既不敢迈出去一步，也不敢少迈一步的样子……又好像是中国土医生开药方，不管有必要没必要，每次总要加上些甘草当归之类作为配搭，这是不好的。这恐怕也就是"公式主义"的病根。第二个是属于非作家的。有的人在某一些学术部门确有一些研究和原则上的把握了，有时他就喜欢根据自己的原则来谈一谈文艺。本来文艺是谁都可以谈，而且谁也应该谈谈的。根据自己的原则也不妨，不过那是不应该太流于武断或执着就好了。尤其是发为文章或者是在某些方面有着决定影响的人。因为延安这地方，只喜欢听取"首长"的意见，而且自己懒于思想惯的人确是很多。我们至诚愿意这些喜欢谈文艺的人，能够更深和更多对于文艺的本质和特殊性加以研究和理解，帮助文艺运动开展。但对于一部分对于自己的"原则"怀着"放在四海而皆准"有着高度"优越感"的人们底武断和执拗，却也不应该过度容忍才是道理。仅仅读了几本和文艺有关的书，就说懂得了文艺上的一切，甚而就算为"文艺博士"之类，这和仅仅读了几本哲学或政论一类的书，就算为哲学家或政治家等等全是荒唐可笑的事。人世间的事如果全是如此简单容易，那真是太快乐了。此后我们文艺运动应该向这两方面多增加一些力量——要折断这圈子，也要打开那执拗——这样才能谈到提高延安文艺的水准和校正它的方向……

我那时的说话并没有这样完整，但大致的意思是不会有多大偏差的。接着我就提出了《解放日报》5月25日刊载的何其芳同志《革命，向旧世界进军》和6月6日、7日立波同志的《牛》，争取大家的看法和意见。因为关于这首诗和文章，我是听过一些意见的，自己也有些意见引起来，在月会里正是一个好好谈一谈的机会。可惜的是这两位作者当天全没有来，不然，结果也许更热烈些。

这次参加谈论的人：雪苇、艾青、荒煤、陈企霞、赵文藻等。因为我所听到过的意见，大致全是对这两篇作品不满的，我也是不满的一个，还是由我先提出了自己的意见：

我对于这两篇作品是不满的。关于那诗，我感觉不到情绪、形象、音节、意境……即使作者的思想，也只是一条棍子似的僵化了的硬邦邦的东西，感觉不到它的能动性和弹力！只是一片抽象语言的排列，我不承认它是诗。这诗，如果是个初学写作的人，我不能深责他；如果是何其芳同志将一奔向革命的大路，写下这样的诗，我也无话可说。如今，我却觉得他似乎不适于再写这样的诗了，那应该更深些，更深些……（这是艺术上的深）。关于立波那篇文，我看得还不够仔细，但我只觉得作者那不是用的如一般进步作家们所主张的科学的现实主义的手法，而似乎是用的庸俗的"自然主义"的手法……在写作。这里，我对于《解放日报》登载这样的作品也应该提出一些责任……

关于这两篇作品，在我写这篇文章以前，又重新读过了，我的意见是没有改变，且加深了我的肯定。这详情应该留在后面或将来再谈。当时替《解放日报》解说责任的是雪苇。他的理由：第一，是说如我前面所提的现象是有一些，但并不如我所提的那样严重。第二，报馆是不能代作品负艺术上的责任的。而且这是个党报，只要大的方面没有问题，各方面文章全要登一些的，像何其芳、立波这样作品登一登也没有关系。第三，他说成名的作家的作品，文责可以自负。后来我和艾青谈到诗，雪苇说何其芳的诗不独鲁艺文学系的学生普遍崇拜着，甚至连他的字体学生们全在摹仿着的。我对于他这些解说并不认为满意，就回驳了他：

第一，我并没有把问题提得像"革命或反革命"那样严重。我仅是说有这现象。第二，若说报馆完全对文艺作品不负艺术上的责任，这是不对的吧？即使一条广告底排列，这里多多少少也应存在着点责任吧？它们既然不是以标语，以新闻，以社论……而是以"文艺作品"的姿态而登载的，人大概就可以有站在文艺的立场上向它要求"再高些"的权利。至于谈到"大的方面无问题"等等，这不是今天要谈的问题，艺术和思想有时不是可以分开来谈谈的么？我们要把前提弄清，不要搅在一起才好。各方面作品全要登些当然是可以的，但我们要求的是艺术，不是"方面"更不是艺术的"代用品"——抽象的理论或口头标语以至于一个政治上呆板的命题。——至于类似这样作品"登一登也没关系"，当然是没有关系的了，即使《解放日报》一年三百六十五天尽登载这样的甚至不如这样的作品，也没有关系，这我是毫无办法的。第三，关于"成名"的作家作品可以不管，让"文责自负"，我想这不独不可能而且也不是办法吧？早先鲁迅先生的作品为了某种原因被退回来的事也并不是没有。这并不是"面子问题"，因为一个报纸或杂志总有自己的立场和作风的，否则那就是取消了自己或者是推脱的空言。"名"固然可以尊重，主要的还应该是"实"，在艺术上来说那就是"货色"，我很不敢相信如陈企霞同志所说过收到的三百份投稿里面，不会有比这两件作品稍好些的作品。即使稍差一些，在我看也还是多登一些无"名"作家的作品，总比有"名"无

"实"好些。这样，人是可以原谅的。这"名"本来是外面一些商人们有时要挂它来做招牌赚钱的，延安不独不应承继这恶习，而且应该粉碎它……

关于何其芳同志的诗，如雪苇同志所说鲁艺学生如何崇拜和尊敬，甚至摹仿他的写字，这我只有为他祝福。我的想法是这样：

世界上大概一个女人总可以寻到一个男人；一个男人也可以寻到一个女人（当然也有寻不到的例外的）。一个作家大概至少总有一个崇拜者吧？

这次座谈会发言的人很多，我这里却只记了我自己的，愿意他们也记出自己的来。

骂人、喊叫、说话……和唱歌是不同的。

标语、口号、政论……和诗是不同的。

新闻、通讯、电影说明书……和小说、散文当然也是不同的。

骂人虽然有时也可以唱着骂，唱歌也可以骂着唱；但骂人还应该是骂人，唱歌还应该是唱歌……

本来还要对那两篇作品写些意见，夜深了且待将来再说。

六．三夜

（本文选自《萧军全集》11，华夏出版社 2008 年版）

蓝家坪"文抗"
——延安作家之家

韦 嫈

> 韦嫈，原名张月琴，曾用名苇云。江苏常州人。1941年1月赴延安。1942年在延安中华全国文艺界抗敌协会延安分会参加整风学习。1943年在中央党校三部学习。1944年调至延安鲁艺。1945年后在华北联合大学文艺学院、华北局宣传部出版科工作。新中国成立后，历任北京《大众日报》《工人日报》记者、《人民文学》编辑、中国作协创作委员会秘书等。

1941年春天，我到延安不久，中央组织部的陈坦同志找去谈话，把我分配到中华全国文艺界抗敌协会延安分会，写好了介绍信之后，却嘱咐我到杨家岭后沟的陕甘宁边区文化协会去报到，还详尽地给画了个方向图，使我感到既亲切却又有些纳闷。原来是，"文抗"延安分会虽早在1939年就已成立，做了不少工作，但它是作为边区文协的一个团体会员。日常生活与边区文协在一起，没有另外设一个摊子。因而，延安当时一提文化人的团体就知道边区文协，不大知道"文抗"。我迎着刮得睁不开眼的春风走到杨家岭后沟去报到，是由边区文协当时的秘书长吴伯箫接待的，当天还领去看了分给我住的不足9平方米的小窑洞，后来我住进中央医院，边区文协的副主任丁玲同志从川口乡下走到医院来，特地看望过我。艾青从国统区来到延安后，我们都在这个小窑洞里生活。十分杂乱，两个人经常碰撞。窑洞里没有整齐的时候，也没法坐下来写东西。

后来，从国统区继续来了一些作家，还有从前方回延安的，为了便于团结延安文艺界开展工作，决定边区文化协会归西北中央局和边区政府直接领导，负责开展边区的文化工作，在延安南门外选了会址，下边有民众剧团、西北文工团等单位。"文抗"从7月1日起改为独立团体。1941年8月又选出了新的理事会，并推选出刘白羽、萧军、舒群、艾青、罗烽、白朗、于黑丁等轮流负责"文抗"的工作，日常工作由秘书处主任于黑丁负责。这时，丁玲同志已调到《解放日报》工作，暂时没有参加"文抗"的工作。

在杨家岭对岸的蓝家坪山坡上有几十个窑洞，拨给"文抗"做了会址。把窑洞稍加整理粉刷，8月份便从杨家岭后沟搬家。从此"文抗"真正成为一个独立的团体，与边区文协分开了。

作家们有了个环境安静阳光充足的家，工作条件好多了，驻会作家四十余人，一共四排窑洞，有两排位置高一些。窑洞门前都为一片宽敞的土坪，边上栽着杨柳，树下用木板钉成长条凳，工作累了坐在这里可以远眺，一边看着延河边运盐的骆驼队徐徐远去，一边倾听驼铃的"叮咚"，既令人陶醉又得到了休息。蓝家坪，多么好的延安作家之家！几十年来我也没有忘却。

我们分到一大一小两个窑洞，大窑洞底还有个小口的防空洞，可以堆冬天用的木炭。家具虽简陋却全是公家分配的，大窑洞正中放一张用床凳搭成的木板双人床，靠窗放一些没有油漆的白木书桌，一张皮靠背的木凳子；小窑洞里放一些用床凳架的单人木板床，一些小书桌一些凳子，没有书架，我们也没有书带进边区。没脸盆架，脸盆脚盆都放在地上，常用的锅碗什么的都放在地上，沿墙根搁着！

艾青领我看完了这些新居以后，十分欢乐地吹起了口哨，那是吹的刚到延安学会的信天游小调。他走出走进查看一遍，之后就自己设计请工人帮助用土垒了沙发，大约4尺长2尺来宽，用白灰刷得溜光，又置了一条陕北本地产的白羊毛毡铺上，我用红黑两色的布镶嵌，缝成两个方套套住两块小羊毛毡，成了沙发上的坐垫。于是，博得了所有来客夸赞与惊叹，对这个客座的创造性劳动啧啧称赞。我们在窑洞中心用几块砖垒了个小火盆，天凉了生起木炭火取暖，同时还兼做炉灶，可以用大漱口缸子放在炭火上煮食物。冬天煮着红枣时，枣香味儿充溢窑洞，既感到温暖又十分甜美。在窑洞底放了我们从边区外面带来的两个旧皮箱，没有衣柜衣箱也没有衣架，旧箱子就那么放在地上。要知道，在延安，物资是那么奇缺啊，哪怕一丁点有用的东西都会被人利用起来。比如我们后来就买到了用罐头壳安上一个把儿做成的缸子，可以煮食物，以至于时至今日，我常常对一个没有饮料的空罐头壳迟疑不决，舍不得把它扔掉。

吃饭呢，坡底下有个伙房，公家派的炊事员。开饭时由小勤务员用木桶挑上山，高喊一声"打饭了"，大家便纷纷走出窑洞，等候小勤务员分发。虽然经常吃的是小米干饭，熬萝卜条、熬土豆条或者熬南瓜熬白菜，但大家心情却十分愉快，写作之余还自己忙着做饭，每星期总有一两次肉吃，当时叫作"会餐"，改善大家的生活。大家把时间和精力大部分用到了工作上，说心里话，比我们在国民党统治区的生活要安定得多。在那里，我们靠微薄的稿费吃饭都较困难，就很难添置什么衣服。记得艾青在重庆买一件呢子大衣，跑了好几家拍卖行想挑选一件又便宜又看得过去的，真让人跑断了腿。我呢，连件大衣也没舍得买。租的房子房租贵，在重庆也就住了一间屋子。如今我们到了延安有两个窑洞，公家到时候发衣服，我感到生活真是有了保障，虽然一切都是简陋的粗糙的，但心情是愉快的。我们不追求豪华，追求的是理想，美好的人类理想，才来到这荒凉的山沟沟里。这里的人们都在从事一番轰轰烈烈的革命事业，这些人是不追求物质生活的享乐才来到这儿的，他们都是崇高的"同志"！

作家们把家安顿好了以后，埋头写作之余，有人出了个主意要想围篱笆。因为窑洞门前有四五米宽的土坪，边上又栽着杨柳，假如利用柳树桩围成一个小院，既安静又可以种点什么。不围的优点是可以自由走来走去地串门，可是写作的人爱清静，于是托管总务的同志买来了不少高粱秆儿，很快就在各自的窑洞门前围上了篱笆，依然像农村里庄户人家的小院子。领导方面对这个行动倒没有反对，也有的同志对此不感兴趣，没围。不过，在延安这个革命圣地，几乎很少有这种"围墙"的，可说实在稀罕。许多作家在围了以后种了菜，有西红柿、南瓜、辣椒、玉米等，吃到了自己种的菜也改善了生活，当然，就是南瓜也分外香甜了。

我住的这一排窑洞第一个是白晓光，他后来改名马加，第二个是方纪。他们当时还都是单身汉，后来结婚时，我们几个女同志尽力帮忙，从各自家中找一些花布、画片之类，帮着布置了新房，还张罗买花生红枣，招待来宾，那时没什么现在卖的糖块，能有点红枣花生也就显得够气派了。大家没吃到什么喜酒喜糖，可也是喜气洋洋的，新娘子顶多把身上的衣服洗干净一点、折叠得整齐一点就是。同志们前来祝贺，没凳子坐只好坐在床上，不少人站着说话，没有人有寒碜之感，嘻嘻哈哈的笑声溢出窑洞，有时还能伴出新娘子的歌声……

1942年春天，作家们参加了文艺整风学习，作家俱乐部成了会议室，大家积极参加学习，提高思想认识，决心深入到工农兵群众中去，改造世界观。1943年3月，许多作家纷纷下去生活，5月1日起，正式结束了"文抗"分会会址内的活动。

但是，延安蓝家坪，这山沟沟里的作家之家，那几排窑洞，至今还在，当年的老一辈作家，有一些已经去世了，像丁玲、萧军、舒群、杨朔、柳青、李又然、魏伯、高长虹、陈布文等同志，有些还健在，现在我把蓝家坪会址全图绘制出来，给同志们分享那美好的回忆，我还陆续写了另一些生活片段，追忆在蓝家坪的生活，追忆那虽艰苦但却是美好的延安生活，那些山沟里的生活将帮助你打开生活的视野。

（本文选自《延安作家》，陕西人民教育出版社1992年版）

延安，今天与昨天
——回忆延安作家俱乐部
张 仃

> 张仃，辽宁黑山人。1932年入北平美术专科学校国画系学习。1937年抗日战争爆发后，参加漫画宣传队，举办漫画学习班，主编《抗敌画报》。1938年到延安，先后在鲁艺美术系、陕甘宁边区文艺界抗敌协会、鲁迅研究会和青年艺术剧院等处工作。曾任作家俱乐部主任、陕甘宁晋绥五省联防军政治部宣传队美术组组长。1949年春，调至北京负责开国大典美术设计。新中国成立后，历任中央美术学院教授、副院长，中央工艺美术学院院长，中国美协书记处书记，中国工艺美术学会民间工艺美术专业委员会副会长、会长，清华大学美术学院博士生导师等。

最近陪一位海外华侨去访问延安。

我们于5月23日晚上到达，第二天一早，就登上宝塔山，纵览延安全貌，再去拜谒毛主席故居。

一走进杨家岭的山口，就看到那座开延安文艺座谈会的灰色石头房子。

1982年5月23日，正逢"延安文艺座谈会讲话"发表四十周年纪念日，我们恰在这一天来到。房子的门口，陈列着当年在延安文艺座谈会上毛主席与全体合照的大相片，同去参观的朋友，从中看到了青年时期的我。这真是何等的巧事，何等令人兴奋、激动与感慨万端啊！

延安是我革命的故乡。从1938年到延安，抗战胜利后离开，一别竟达三十六年！

我巡游曾经住过的地方。杨家岭、桥儿沟、蓝家坪……那些黄土的山头，

延安文艺座谈会旧址

那弯而长的延河，那几条主要的大路，都是那么熟悉，好像昨天刚刚走过，但又是那么不熟悉——如今，从清凉山到杨家岭，从桥儿沟到枣园，从新市场到飞机场，延安所有的主要大道，都铺成柏油路了！路旁两侧森然屹立着四五丈高的大白杨，而远远近近的山头，也都树木茂盛，郁郁苍苍了！

如今，延河上架了四座公路大桥、两三座行人便桥（当然，就我所经过看到的而言）。如今，人们不必卷起裤管，光着脚，蹚水过河了，也不必在水浅的时候，在河道中布上大大小小、高低不一的露出水面的石块，踩梅花桩似的雀跃而过了。

当年，我们八路军，总是打着绑腿，穿着草鞋，风尘仆仆赶路；老乡们则在崎岖的黄泥山径上，吆喝着小毛驴……

如今是，在宽广的柏油大道上，飞驰着红黄两色的公共汽车；延安的青年们，穿着鲜明彩色条纹的运动服；少女们的发式、花衬衣、裙子与皮鞋等等，与别的大城市一样了！

延安的蓝家坪，是中华全国文艺界抗敌协会延安分会的所在地，我们简称"延安文抗"。是从全国各地来的文艺工作者，主要是专职的作家们，驻会搞创作的地方。搞美术创作而住"文抗"的，当时只有我一个。

"小米子加步枪"，延安在国民党反动派与日寇的包围之中，生活资料极其缺乏，生活与学习都十分艰苦。1941年，经过大生产运动，自己动手、丰衣足食，物质生活得到改善，菜碗里可以常常见到肉了。于是，改善精神生活的要求，也就提到日程上来了。

那时延安的文化活动，有京剧、话剧、活报剧等等，有时，也可以看到30年代的苏联电影，如《列宁在十月》等等。

延安文化沟文化部门办了一个文化俱乐部，有时举行文艺报告，开展览会，出墙报等等，尤其是到周末，举行热闹的舞会，这使年轻好动的心，大大活跃了起来！

于是，蓝家坪"文抗"的同志们，也纷纷议论，要自己办一个俱乐部。当时"文抗"的领导是丁玲同志，她热情支持。记得那时的萧军同志，还自告奋勇，到边区政府等等部门去游说募捐！"文抗"的同志们，为此开过几次大会。最后决定，我们筹办的，命名为作家俱乐部。

当时，义不容辞，我担负了这个作家俱乐部的设计布置工作。

在蓝家坪的半山上，有一所平房，约有今天四间屋的大小。这在那个时期的延安，就是一座大房子了。有这座房子，就是不容易得到的好条件了。

1937年抗战开始后，日本飞机就到延安狂轰滥炸，把延安城区炸成一片瓦砾，连一小截断壁残墙都没有。人们都住到四边山坡上的窑洞中去。

一切机关、学校、医院、工厂等等，都在窑洞里。窑洞是天然的防空洞，又冬暖夏凉。但是，如办群众性活动，就不够大了；所以大礼堂、大会堂、大饭厅、大画室等等，就需要另找房子或另造房子。——拨给作家俱乐部的那座旧房子，可能是过去什么单位的食堂。

于是我自己动手，平整土地，粉刷墙壁，修理门窗，糊上窗纸（那时的延安，是没有玻璃的）。

然后买木料，做家具。

当时，我唯一的助手与合作者，是一个农村来的老木匠。他从来没有按图样做过家具。我边画，边与他讲解研究。我必须画出他看得明白的草图来。

我们先制出一批折叠椅，有靠背的。选用延安出产的老榆木——这种木料，纹质很美——全部用木的本色，再用延安的灰毡蒙面，为了结实美观，又镶上土蓝布的边。

然后做了两个长沙发，以及小方桌、茶几、屏风、酒柜、台灯、壁灯、吊灯等等，全部是就地取材。椅垫是用土蓝布与土白布的剪纸图案。从延安老乡的地摊上，买来陶瓦罐，用红土子与墨，画上花纹，放桌上装饰。当时同志们看了，说是像出土文物，大加欣赏！

斯大林说过："作家是人类心灵的工程师。"我根据这个意思，以普罗米修斯盗火给人类，给世界带来光明与文化的出典，设计了一个作家俱乐部的标志，是一把钥匙尖端上燃起火焰的图案。把它装饰在一切家具上，装饰在作家俱乐部的门额上。

我是将其作为创作来设计与布置作家俱乐部的。

作家俱乐部开放以后，成为延安有名的文化生活中心之一，特别是在周末晚会上，附近的女子大学、青联、青年剧院、马列学院、中央医院等等单位的同志，都到这里来玩。

有时中央的领导同志们也来，因为只有一河之隔。中央同志对于文艺界的工作与生活，十分关注。

这个俱乐部，举办过西洋画的印刷品展览、郑景康的人物肖像摄影展览等等，还举行过小型戏剧演出。

作家俱乐部开幕的那个晚上，毛主席也来了，他对作家俱乐部的设计与布置，表示赞赏。萧三、马海德等同志带来唱片，在手摇把留声机的音乐声中，毛主席和大家一起跳舞！

现在蓝家坪的山前，建起了工厂，旧房子没有了，新的全是两层、三层的楼房。但在工厂后的山坡上，还有土窑洞，有的窑洞还住了人家。窑洞之间的羊肠小道，还依稀可见。

我忽然想起，从前作家俱乐部举行周末晚会时，碧夜沉沉，岗岚幢幢，近山远谷，一排一排密密的窑洞，灯火点点，闪烁其间，如星群散落。而在蓝家坪的半山上，作家俱乐部的灯光，显得特别辉煌。悠扬的音乐，在山野间弥漫。人们影影绰绰，从各自的羊肠小道上走下来……

现在，整个延安城区，都建设起来了，延安的焕然新貌，活动重点，都集中到城区了。楼房林立，山前的窑洞，全砌成新的石头窑洞，大工厂、大学、大百货公司、大戏院、大饭店、电影院似有好几个……街头路口，有广告牌，戏目海报……从服饰与仪态上，分不出城区的人与山里的人了，甚至分不出延安人与外地来的人了。到了夜里，灯火辉煌——这是电灯！从前是老麻子油灯。（爱漂亮的小伙子，悄悄地取一点灯油来，抹上头发去参加舞会！）

在丰盛的早餐桌上，我要一碗小米粥喝，这就是我的感情。我爱今天的延安，在"四化"中前进的延安，令人振奋。但过去的延安，诗似的记忆，也永志难忘。

（本文选自《新观察》1982年第15期）

鲁迅研究会成立经过
萧 军

可以这样说："鲁迅是每一个不愿做奴隶的中国人底鲁迅。学习、研究、发扬他的学术作品中为人类而战斗的精神，这也是每一个不愿做奴隶的中国人底权利和义务。"

列宁说："托尔斯泰是俄国社会的一面镜子。"鲁迅不仅仅是中国社会的镜子，而且是一具带有紫外线的太阳灯——他照出了中国社会光明的前路，照出了藏在社会每一个龌龊的角落、每一条不被人注意的卑俗的缝际里面所潜藏的恶菌，以及新生的能担当起改变中国命运的苗芽。……他无怜惜地消灭那恶菌，生长那苗芽。……

在鲁迅以前中国不曾有过这样一个伟大的人，在以后也不会有这样完备的伟大的人，虽然在某些地方会比鲁迅成就得更好——是后话。

去年，1月5日在陕甘宁边区文化协会第一次代表大会上，洛甫同志在他的报告里曾有过"组织新文化运动大师鲁迅先生的研究会或研究院等"这样的提议。接着大会就通过决定组织"鲁迅研究委员会"。

去年，10月19日在鲁迅先生逝世四周年底"宣言"里，也有这样"纪念鲁迅：要用真正的业绩；纪念鲁迅：要懂得他，研究他发展他……"两条标语。

今年，1月10日我们就发出了如下的"通知"：

> 为了今后要切实开展并确定鲁迅先生研究工作，兹定於本月十五日上午十时假座文化俱乐部开一正式成立会。素仰　　同志对于鲁迅先生的学术思想颇多研究，务请届时参加，指示一切为荷。
>
> 此致
>
> 　　同志
>
> 　　　　　　　　　　　　鲁迅研究会筹备委员会敬启！

到会共有××人,由艾思奇同志主席,约略致了开会辞,接着由萧军报告了筹备经过和简约研究纲领,如下:

一、筹备会成立的目的和经过

A. 目的:自从鲁迅先生逝世到现在,已经是四年又有了零头,按道理说,这研究的工作不独在人一死后就应该比较有计划地研究起,就是在他生前,我看这工作早也就应该做了。可是直到现在我们才开成立会,这不能不说太晚了一点。虽然晚了一点,只要从今天起就认真地工作起来,我想今年他的五周年纪念的时候,也总可以多多少少捧出一点成绩来吧?不然的话,每年纪念会总是那一套——开一个会,讲讲演,发一篇宣言——是没什么意思的。这不独对不起死者和参加开会的人,也真对不起自己的"宣言",那成了撒谎的支票了。

在我们当前正在摆着三个需要,等待着我们研究的"结果":

第一个,应该说到延安。因为延安现在是中国革命的策源地:抗战主力培植和滋生的地方。可是无论"革命"还是"抗战",在它进行的过程中,错误不良的倾向、落后意识底残留等等,绝不是一个"决定"、一个"规定"、一个"命令"、

1941年,张闻天(洛甫)在延安

一条原则等，就能够彻底改正过来或者去根了的。需要更深和更韧性的强力的东西来和它们战斗，这就是"文化"。在中国目前能够发生这样深刻的、宽广的、韧性力量的作品，那是谁全知道，除开鲁迅，还不能找到第二个人。因此，在延安研究鲁迅，依我看，那是比中国任何地方全要不同。在别的地方用一倍力量，在延安是应该用三倍或者几倍力量的。使每个在延安在边区的党人和非党人，能够懂得鲁迅，承继起鲁迅的精神……使他们自动地强健"自己"，自动地把整个身心埋进革命和民族解放的事业里，这研究的工作不是切要的么？延安不是最尊敬、最肯承认、最懂得鲁迅精神和事业的地方么？

第二个需要，是应该说到边区以外的中国各地方。在那里，据知道的譬如重庆"中苏文化协会"已经有"鲁迅研究会"成立了，这是值得欢喜的。其他地方也许有了类似这样的组织。至于个人的研究，几年来在数量上也确是有一些，直到现在除开在报章杂志上零星看到章章段段以外，似乎还没有类似专门研究一本书样的著作出来——也许是没听说，没看到。肯研究鲁迅这当然是好的，而且真正认真摸索地工作的人，也并不少。但是，有意歪曲或无心糊涂的人，以及一些投机牟利、借故招摇，甚至靠拍卖死人骨殖起家的市侩和骗子，数目也很可观。这侮辱死人的事还小，毒害活着的人却并不平常。因此，我们这研究工作更不能偷懒。

第三个需要，这应该说到国际上来。因为鲁迅不仅是中国的唯一的伟大的作家了，在世界上他已经是他同时代的最伟大的作家群中一人了。这不仅仅是因为他的作品曾经被译成各国的文字，主要的还是他阿Q人物的典型性，他不独概括了中国人的弱点，同时也概括了人类的弱点，譬如"张伯伦"之流就应该是阿Q的弟兄。

因为中国文字的关系，别国人要理解中国文艺作品，那是比中国人理解外国文艺作品要艰难到几倍的。如果对于鲁迅先生的作品，没有比较有系统的研究文字作参考，这不独对于外国人理解鲁迅是一种缺陷，同时鲁迅的真价值底显现也要遭到障害了！早先因为中国没有能够反映国民生活和特点的文艺

鲁迅小说《阿Q正传》插图，丁聪作

作品，被翻译出去的仅靠了一些怀着特殊作用，以及随着个人爱好的教士、旅行家、新闻记者等等的报导，对于中国人的观念便一直可怜地被歪曲着，不是把中国人看成人类以外的人，就是看成人类以下的人。……我们如今是不能容忍着这样被歪曲着了！我们不独要表现自己，而且要宣传自己，使我们不独要以一个真正的"人"的资格和面貌在世界上出现，而且要以我们的"优良"加进人类的传统的优良的海洋，而且要决定它……

—— 要想别人理解你，自己一定要先有完好的表现摆出来 ——

仅仅是根据上面的三个需要，在目前我们应该决定如何深刻地、精密地、选择地……开始我们的工作，普遍地发展和推动这一运动……这就是鲁迅研究会筹备会产生的目的。

B. 经过：根据去年春天文协代表大会的决议、去年四周年纪念的"宣言"、外面一般对于鲁迅研究的情形（正确和不正确的）、在延安几位对于鲁迅先生底研究工作，以及特别热衷的同志们的要求，经过一番商量，大家就决定了组成一个筹备会。因为现在已经不再是讨论"为什么"要研究鲁迅的时候了，而是要"怎么样"来开始工作的时候了。今天是研究会正式成立的一天，也就是参加这研究会工作同志们正式开始的一天。

二、研究纲领

鲁迅

关于这筹备会的目的和经过，大致就是那样了，这里我们就要提出一个简单的"纲领"。这纲领的提出，也是没有经过怎样严密的思考和研究的，大致这样分列一下，对于研究者不过是一点参考的意思而已。至于怎样选择，或者用什么题目，这当然是研究者个人绝对自由的事。

A. 思想方面

在这一部门里，暂分为哲学、政治、文艺理论等三项，研究者对于鲁迅先生的哲学的观点、政治的思想和主张、文艺理论的基础、美学的体系等等的发生、发展、改变、表现等等，可以各别还是具体研究它。

B. 行传方面

关于鲁迅先生的行传方面,他自己仅仅是在《呐喊》上有过那样一篇短短的"自传",以外虽然也有一些片断的、自己或别人的描写和追忆,这究竟是片断的。我们要把这些已知未知的设法集纳起来,而后来才能产生出一部比较有系统具体的传记,这是必要的。在这一部门里我们暂时这样区分:

(一)生平。这包括他的历史环境、家庭环境、学校环境、社会环境、个人奋斗经过等等,每个环境是怎样影响了他,他又是怎样和环境适应战斗,改变了和作用了它们。

(二)事业。他的一生中最有价值的、最重要的、最要我们承继的成就是些什么,次要的是些什么?它对于中国的影响,对于世界的影响,在中国以及人类历史上应占的地位。……

(三)轶事。从来一个伟大的人,常常是在一件很小的、平凡的、偶然的事情上也可以寻出他的某一方面的价值来,我们要搜集它们,研究它们,好了解一个伟大的人的生活的另一侧面和全部,这是重要的。

C. 创作方面

小说、诗、散文、杂文,我们把这些作为鲁迅先生创作上的四个部门。因为他基本的还是一位文学家,而且他用以表达自己思想、感情和战斗力量的工具,也是这四个重要的部门。我们所以接受他的力量和影响,也是从这四个部门接受过来的。那么对于这每一个部门里每一篇作品,那是应该怎样精心地研究,这是不必多说的事。它们所反映的时代、生活,人物表现的方法,创作的道路,独特的风格,接受的影响,发生的影响和作用,特别是他的杂文,它是怎样"形象化"地在斩击他的成千百的敌人,特别是作为后一代的我们青年的文艺工作者,如果忽略这些,你的前路是黯淡的。我敢于这样说。

D. 翻译方面

他的翻译发展。为什么要从事翻译,先译的是哪一个国家哪一个作家的作品?他为什么要单翻译它?它当时给了他怎样的影响和感兴?后来为什么又翻译了很多文艺理论以至果戈里的《死魂灵》,以结束了自己的一生?

他的翻译主张和见解。他起始是主张怎样翻译的?后来又是主张怎样翻译的?他和轻视翻译者和滥译者有过怎样的论战?在翻译事业和运动上他所发生的影响以及业绩——如创刊《译文》等。

他的翻译技术和特点。他的技术如何?有什么优点?有什么缺点?有什么特点?对于原文忠实的程度,对于原作家研究的工作,他所善于使用的移译的文字,译品的总数量等等。某一部某一篇是他译得最好的,自己满意的?某一篇是最坏的?

E. 学术方面

我们只能把他的文学史,一般历史,版画研究,绘画介绍、研究,出版的书籍、画册、文学方面的论著等等全归进这一部门了。

F. 鲁迅作品在国外

先生的作品译成外国文字已经是很早的事了,外国——譬如苏联——他们对于先生作品的介绍批评,以及各种纪念文件和文章,我们也应该尽可能把它们搜集起来,也可以帮助我们对于先生的理解。如果在国外的译文中发现有理解不是,或错误的,我们也可以帮他们补足或订正。总之,我们要使先生真正的人格、精神,以及他的事业,得到他应该得到的地位和评价。存心歪曲,或无意糊涂,这固然不能饶恕,就是为了一时便利自己企图,无原则地夸张,这也是先生精神从来所不容许的。我们愿意以最诚敬恳挚的态度和科学的方法，以最韧性的意志，来从事这庄严的工作。只有这样才能显示出先生的真价，发挥先生的光辉，我个人同时也希望凡有志参加这研究的诸同志，把这作为我们的"誓言"！

三、研究的步骤

第一步，我们是准备搜集资料。除开已经订购的一部全集以外，还多方面征求凡和鲁迅先生有关的报告、杂志、书物、笔迹、底稿、书信、生活轶事、个人回忆、专门著作等。征求的办法呢，想分为四种——请捐赠、暂借、假抄、照相等办法。

第二步，就要聘请人员了。聘请的办法是拟定这样的：

基本研究人员。他们的特点，多是自告奋勇的，是要在一定期间内交出相当数量研究的结果的，同时还负有开展研究工作运动和负责会务工作等等。

特聘的赞助人员。这样会员的聘请是以文化界或其他各界较有历史和成就，对于鲁迅有研究兴趣、心得、专著，以及先生的故旧亲朋等为原则，为一般知名的文化人（无分过去的友敌），及一般曾受过先生的影响的各界人士：先生的研究者，准备研究者，以及曾和先生从前有过任何论战者。

方法。除特聘的赞助会员送以聘书，知名的文化人个别致以"通知"外，另在报纸或刊物上登载征文启事。

第三步，出版年刊。我们预备把每年基本会员研究的结果，以及各方面投寄来的研究稿件，分别选择决定，在先生周年纪念日前出版年刊一种，字数不限。截稿的日期为每年6月底。

四、第一批参加研究的人员

思想研究：艾思奇、陈伯达、雪苇

行传研究：萧军

创作研究：丁玲、周文、舒群、周扬、立波

学术研究：范文澜、江烽、胡蛮

第二批参加研究的人员：罗烽、艾青、草明、欧阳山、张仃、李又然、卢正义、金灿然、魏东明、须旅、何幹之

（本文选自《抗日战争时期延安及各抗日民主根据地文学运动资料》［上］，山西人民出版社1983年版）

对延安《部队文艺》和鹰社的回忆
晋 驼

> 晋驼，原名刘月舟、刘铁肩，又名刘敏。山东夏津人。1927年初在山东省立第三师范读书时，参加共产主义青年团，并在故乡从事农民运动。1931年加入共产党，任呼兰县特别支部书记。1932年至1937年，任新闻记者，并开始文学写作。1937年末参加八路军第一二九师第三八六旅。历任延安供给学校、延安大学国文系教员，《部队文艺》编辑，鲁迅艺术文学院文学系研究员，哈尔滨大学教授，东北行政学院院务部副主任等。新中国成立后，任东北作家协会秘书长、中央文化部电影局编剧、山东电影制片厂编辑等。著有《晋驼短篇小说选》等。

关于40年代初，延安《部队文艺》和鹰社的文艺活动，刘锦满同志做了相当翔实的叙述[①]。其中有些细节，作为当事人的我，都忘记了。读了他的文章，引起我的一些回忆。

创办《部队文艺》的军直政治部党政领导人的确是胡耀邦同志和直政副主任邓飞同志。此外，还有一位文艺领域的领导人，是总政宣传部文艺科科长吴奚如同志，《部队文艺》的发刊词就是他写的。遇有文艺领域的问题，可以向他请示。文艺室的个别成员，有事也找他，八路军总政机关刊物《八路军军政杂志》有文艺版，主编是他，我的短篇小说《结合》，就是经他看后发表于《八路军军政杂志》的。

鹰社组成最初的动机很简单，没有雄心大志，不过是公木和我们几个编辑，害怕闹稿荒，拉一批长期撰稿人，给他们扣上一顶社员帽子，使他们不写稿有

[①] 刘锦满：《延安时期的军直文艺室和〈部队文艺〉》，载《新文学史料》1982年第1期。

愧于心，我们去催，也理直气壮。因之，我们对社内的两位理论工作者之一沙英同志不满，怪他只说不写。实际文艺理论只能来自文艺运动和文艺创作的实践。当时的延安，处在毛主席在文艺座谈会上讲话以前，草莱初辟。我们是硬逼空肚子母鸡下蛋，不下，就指为"说空话的人"，适足以表现我们的幼稚可笑。新中国成立后，真正写出不少理论文章的社员，是沙英同志。公木介绍的麦播（李之桩）、黄既（黄树则）和周洁夫，都有文章发表，侯唯动介绍的鲁艺学生贺敬之、李方立、林沫、张棣庚，我介绍的延安星期文艺学园学生周民英、戈壁舟、东方白（柳勉之），都是正在写作的文学青年。只有我介绍的党校学生袁血卒例外。他是我们党史上著名的宁都暴动策动者之一，董振堂烈士就是接受了他的共产主义宣传入党的；红军长征，留下他打游击，众寡悬殊，战败，他的队伍只剩三个人，落荒走上海，被捕；最后，一路当乞丐回到延安。他只是爱好文学，没有作品。但我们以为他是难得的优良写作素材的宝库，在社员们的帮助下，他会写出伟大的作品，这叫放长线，钓大鱼。可惜，在康生的迫害下，不久，鹰社星散。

鹰社的机关墙报《蒺藜》，只出了一期。它在直政山下，文化沟口，与《轻骑队》并列。但它和《轻骑队》的关系不是唱和，而是唱对台戏。我们也受了当时延安写讽刺小品的影响，所以登了公木的《大围墙·小围墙》讽刺诗和我的讽刺小品（内容忘记了）。但这只是一个方面。另一方面，也登了朱子奇和侯唯动的歌颂诗。它和《轻骑队》唱对台戏的宗旨，经过几个负责人的研究，由我执笔，写了一篇发刊词。大意是：蒺藜生长在大路上，但走正路的人不会为它所刺，它专刺不走正路和横冲直撞的人。基于这种对客观现实的认识——人有走正路的，也有不走正路的，当然歌颂、讽刺兼容并收。这与只登讽刺文章的《轻骑队》，具有性质上的区别。据闻，康生在一次审干报告中说："《轻骑队》旁边有个《蒺藜》，里边也有坏分子。"不少人听过这个报告。这里不能不申辩：鹰社——《蒺藜》，没有一个坏分子，康生是信口云云。他的假想敌多多益善，尽人皆知。出了三期的《部队文艺》，讽刺文章只有一篇，即禾佳（方杰）的《从雉和鸡说起》。但它竟登了这一篇，可见和《蒺藜》基本相同，也是兼容并收的。兼容并收对不对呢？扯得太远。《轻骑队》如何？更是题外文章，都不赘述。

刘的文章说，侯唯动在《蒺藜》上发表了讽刺诗，错了。侯是鹰社社员中的怪诗人：用唇舌骂人，用大脑写歌颂诗。被他骂的大多是他的朋友。他的骂发自嘴唇，对方也用耳唇听——拒之于耳鼓之外。有时他还问："我骂你呢！你听见没有？"逼到对方只好谎说："听见了！听见了！！"实际一个字也没有听见。看人主要看大节，看诗人主要看他的诗。综观他1938年在《七月》上发表的长诗《斗争就是胜利》和1948年在东北出版的长诗《黄河西岸的鹰形地带》——歌颂陕甘宁边区是抗战堡垒，以及中间不可胜数的歌颂小诗，无不以歌颂为主。如果一个共产党人——他的朋友绝大多数是共产党人——还有点容纳"骂"的雅量，他的事迹是很感人的。侯唯动劳改二十五年，仍然写诗歌颂革命，歌颂共产党。他在《蒺藜》上发表的"一棵草，顺地倒，开黄花，结葡萄，名字叫作哎哟哟"，是他照抄了一首陕西人民形容蒺藜的歌谣，与讽刺无涉。另外两首歌颂小诗，与同期朱子奇的歌颂诗同调。

社内另一位理论工作者已故的李杰同志，原提议社名为"隼"，大家嫌它生僻，改为鹰。因康生在延安审干会上讲的那句话种下祸根，鹰社社员在几十年风云变幻中，各受到不同程度的磨难，但经过近半个世纪的考验，社员近三十人，都不愧为"鹰"，不愧为"隼"。这和人生"定弦性"的青壮年时期，大家互相影响，互相砥砺，不能没有关系。当然，总的思想来源是革命的即党的教育。在他们看来，共产党所信奉的共产主义，是人类的最高理想，颠扑不破，万劫不移，有如日月经天，山河匝地，个人可以粉身碎骨，真理还是真理。

直政文艺室另外一项文艺活动，是辅导延安附近部队中的文艺小组。我记得我曾邀请萧军、丁玲去辅导过延安南门外宝塔山下的供给学校文艺小组，丁玲、萧军都讲了话。这一项我记得的很少，将来由朱子奇、侯唯动和其他同志再回忆吧。

1982年2月19日

（本文选自《新文学史料》1982年第2期）

怀安诗社杂忆

陶 承

> 陶承，湖南望城人。1927年参加革命，先后在上海工会联合会、共青团中央秘书处和中共中央国际事务团以"住家"为掩护，从事党的地下工作。1943年到延安。1948年加入中国共产党。新中国成立后，在中央人民政府内务部和最高人民法院西南分院等单位工作。著有回忆录《我的一家》《祝福青年一代》等。

每当我翻开《怀安诗社诗选》，读着那一首首充满着激情的诗篇时，就勾起了许多难忘的思念，仿佛又回到了那峥嵘的战斗岁月，重新感受到延安的精神和脉搏。

我是1943年7月到延安的，住在中央组织部后沟老人招待所。那时，陕甘宁边区参议会副议长谢觉哉同志就住在招待所附近，我常去他的窑洞里。

有一次，我去看望谢老夫妇。谢老对我说："你的爱人欧阳梅生同志，我只见过一面，那是他负责汉阳县委工作时，在一次会议上见着的，可惜他去世太早。你的儿子立安当小交通员，我知道。当时我和徐老在武汉办《大江报》，这孩子就秘密替我们传递，很勇敢，很机灵，真是一位好少年，可惜只有18岁就牺牲了！"

他对我的丈夫和儿子这种溢于言表的诚挚之情，使我深受感动。

谢老接着说："现在你到了延安，从此你可以安心生活了。你来跟我们学作诗吧！"

"我从小没有进过学堂门，没有摸过诗书，能写诗么？"我一听，怔住了。

谢老笑着说："只要有恒心，铁杵磨成针。怎么不能呢？"

朱德、董必武、林伯渠、吴玉章、谢觉哉在延安（左起）

当时，延安组织了一个怀安诗社，是1941年9月5日成立的。那一天，边区政府主席林伯渠同志和谢老联名宴请延安民间60岁以上的诗人墨客戚绍光、白钦圣、安文钦、贺连城、汪雨相、施静安等十余人，在边区政府工作的高自立、李木庵、张曙时等同志也出席作陪。席间，林老倡议成立一个诗社，借作联络。又对诗社命名提出共商，林老说："边区建设民主政治，必须使老者能安，少者能怀。"李木庵同志说："自抗战以来，延安为抗日民主中心，光辉灿烂，如日方中，天下葵倾，万民拥戴。爱国志士，不畏险阻，不远万里而来，汇为革命洪流，在中国共产党和毛主席领导之下，对日寇进行英勇的艰苦卓绝的搏斗，必能挽救民族的危亡，而奠基于磐石，这不就是天下怀安吗？"于是，将诗社定名为"怀安"，并推定边区政府高等法院院长李木庵同志主持诗社工作。怀安诗社是业余性质的文艺社团，没有什么章程、固定社员、入社手续和义务权利一类的规定。但当时很多老一辈无产阶级革命家和革命干部都纷纷以诗唱和，反映了抗日战争和解放战争的革命和建设，记录了那个伟大时代的强音。在这些老同志的指教下，我也学习作起诗来。

记得第一次，我琢磨了好几晚，勉强写了四句顺口溜："少小无文化，老来学写诗。点滴勤积累，不懂问老师。"我拿着这未完篇的偶得之句去向谢老请教。

谢老很感兴趣，一边摸着八字须，一边轻声念着，称赞说："写得不错嘛，坚持勤学多问，必有成效。只是没有作完，还应加几句。"

"我的脑子笨，写不出来。"我说。

谢老耐心地开导着我："中国有句俗话'笨鸟先飞'，多花功夫，没有写不好的。"

回到窑洞后，我反复思索，续写了后面四句："几句吟数日，一字费苦思。莫道愚鸟笨，先飞不为迟。"

次日，我将诗稿送给谢老批阅。他高兴地说："你把我讲的典故都写进去了，好！可见你有学诗的决心，也并不笨嘛！"他当即挥笔写了两首诗勉励我：

　　本来战斗即欢娱，战斗欢娱那样多。
　　夫是英雄儿好汉，一同血染旧山河。

　　云鬟欲坠眼微花，历苦茹辛那样差。
　　抛却针头拿笔杆，要将余力献中华。

捧读这富有教育意义又是鞭策的诗，我领会到谢老所寄予的希望，觉得更应该积极地为党为人民工作、劳动，更要勤学苦练，才对得起那些为革命事业而英勇献身的烈士。

临走时，谢老又交给我一本诗韵，嘱我用毛笔抄下，说："作旧体诗词，要讲韵律。读读这本东西，对写诗很有帮助。"

在战火纷飞的年代，许多东西都丢失了。唯有这本用延安土纸抄下的诗韵，我却一直带在身边，至今还完好地保存着。

我到延安时，大生产运动正掀起热潮。每天天刚蒙蒙亮，我们就背着镢头去开荒。手上虽然打起了血泡，周身汗流如雨，脸上晒得又红又黑，但是没有一个人叫苦叫累，大家一边劳动，一边唱歌，干得可欢哩！李木庵同志作《延安新竹枝词》描写当时的情景道：

　　一群歌咏协宫商，曲谱新声乐未央。
　　话到国仇同敌忾，大家来唱《打东洋》。

当时，中央领导同志和我们一样参加生产劳动。毛主席、朱总司令带头开荒种地；林老戴着老花镜坐在窑洞前的台阶上，为纸厂揉纸团；谢老和夫人王定国同志自作酱油、咸菜，种马铃薯，为战士、干部缝军袜、军衣；周副主席、任弼时同志以及李木庵、张曙时等老同志和我们女同志一起学习纺纱。我们把机子摆在一起，互相挑战，谁也不甘落后。

李木庵同志非常认真，虚心好学，他纺的纱又细又匀。记得他写过几首《纺纱词》，其中有两首是：

　　咿呀不断纺车声，轮转纱长半欠身。
　　姐妹班中群比赛，看谁细致看谁匀。

　　十日功夫愿未奢，五斤纺线不相差。
　　约来邻姐结同伴，合作社中去换花。

工作、劳动之余，我们和老同志常常聚会在窑洞前的台阶上，以诗唱和，充满了战斗的欢乐。延安行政学院副院长王凌波同志的夫人姜国仁同志作了一首《窑台上的老人》，对当时聚会的情景做了生动的记述：

　　黄土高原几层窑，上与天齐下路遥。
　　几个老人相邻住，种完蔬菜种瓜苗。
　　放下锄头纺毛线，人满山头车满沟。
　　陶姐聪明初学韵，钱公斗酒诗更豪。
　　业余唱和窑台上，品文论艺语滔滔。

1943年，萧劲光、甘泗淇、向仲华视察机关干部纺线

云中忽见敌机影，冷眼相看不用逃。
霎时机遁天空静，大笑高歌冲九霄。
海枯石烂志不改，红旗高举寇氛消。

最有趣的是，那时延安物质缺乏，日常用具，简缺不全。我们想了一个巧妙的法子，把自制的骨牌小凳叠成"睡椅"，垫上毛棉衣褥，又软和又舒适，不逊于沙发。大家把这种睡椅，叫作"神仙几"。李木庵同志笑吟了一首《神仙几歌》：

骨牌凳子四张连，上下高低叠自然。
前撑后靠安排当，意匠图成七巧篇。
垫以短褥供坐卧，舒畅快活似神仙。
兴来邀月花间醉，寂去迎曦洞口眠。
一卷把读浑忘倦，马列学深仔细研。
从兹沙发何足数，绳榻蒲团一例捐。

谁说延安物不富，须知人力更胜天。
　　错综万汇凭一手，穷则变生智用全。

在大生产运动中，我看到中央领导同志带头劳动，很受感动。我写了一首歌颂朱总司令的诗送给熊瑾玎同志提意见。熊老是我的同乡，早在30年代，我在上海做党的秘密工作时，我们就认识的。我住在团中央秘书处机关，他常来送文件，彼此很熟。

熊老一边看我的诗稿，一边讲解作诗的经验，对我有很大的启示。他说："作诗，不可无病呻吟，贵在一个'真'字。你这首诗里说总司令'开荒打赤脚，衣破自己缝'，就是真情实感。以后就这样写吧！"

这之后，我又写过几首诗请他指教。他每次总是不厌其烦地逐字逐句给我修改、润色，连错别字也要圈画出来，然后教我更正。他曾赠送一首诗给我：

　　旭日上窑台，山童捧信来。
　　问信来何处？叫余仔细猜。
　　启封陶母笔，喜气满胸怀。
　　字多亦端楷，文思大展开。
　　君诗词意洁，不厌读百回。
　　快学新人物，南征共指挥。

这是熊老对我的亲切教诲与鞭策，至今读来仍然深受鼓舞。

在延安的老同志中，大家都很佩服钱来苏同志的诗才。他原籍浙江杭县，青年时代即具有爱国主义思想。20岁东渡日本留学，回国后办报纸鼓吹反清救国，加入过孙中山先生领导的同盟会，后来又积极参加反袁斗争。"七七事变"后，他在山西任第二战区司令长官部少将参事，对蒋介石、阎锡山勾结敌伪、消极抗战积极反共深为不满，逐步认识到只有中国共产党才能救中国。于是，毅然脱离第二战区，投奔延安，担任陕甘宁边区政府参议。

钱老文思敏捷，写过许多诗。在第二战区时，因"请缨不许，愤而为诗"，就写过六百多首，集名《孤愤草》，抒发对蒋阎集团卖国独裁、反共残民的愤慨。到延安后，又写了一千多首诗，题名《初喜集》。

我记得钱老来延安时，写过一首诗表达对解放区的热爱之情：

旧邦改建新天地，百度端从大众谋。
万叠青山销壁垒，一川碧水讵鸿沟。
赤心儿女来归疾，铁臂工农创造优。
痛彼燃萁偏煮豆，何如同德赋同仇。

钱老善写旧体诗。后来，谢老鼓励他研究作新诗，对他说："鲁迅赞成新诗，但认为一定要有韵有情，能唱易记。"并作诗与他讨论诗歌改革的问题：

新诗应比旧诗好，新代旧又代不了。
旧诗古奥识者稀，新诗散漫难上口。
新旧只缘时世殊，文白都须词理妙。
有韵能歌兼有意，我曾承教于鲁叟①。
可以旧瓶装新酒，亦可旧酒入新瓶。
当年白陆何曾旧？今日韩黄亦必新。
不改温柔敦厚旨，无妨土语俗词陈。
里巷皆歌儿女唱，本来风雅在宜人。

钱老亦作诗相答：

谢翁诏我作新诗，伊古言文已脱离。
造句亦知通俗好，变风常觉运思迟。
歌能上口调平仄，律欲从心破偶奇。
新酒旧瓶原妙喻，抛开事实却非宜。

此后，他作过一些通俗易懂的新体诗。他采用小儿语体写的《野狼与狗娃》，以幽默的笔触，对美帝国主义和蒋介石做了辛辣的讽刺。我记得有一天，钱老一边朗读，一边做动作："野狼子，狗娃子，一个是杜鲁门那战贩子，一个是蒋介石那油瓶子。战贩子，油瓶子，都是法西斯的龟孙子！"逗得我们捧腹大笑起来。

那时，钱老也常教我写诗，给我讲《红楼梦》中香菱作诗的故事，还亲笔送给我好几首诗。这些诗，后来都收入他著的《孤愤草初喜集合稿》中。其中有三首诗是：

持艰历苦女中师，子后夫先血路披。

---

① 鲁叟：指鲁迅。

指日造成新社会，人心深刻报功碑。

　　识君已过三年来，友爱情殷印我怀。
　　最是传笺诗意寓，思丰句秀擅天才。

　　佳句琳琅入眼明，冰壶常贮一心清。
　　同群岂是孤零客，谐俗翻成浪漫生。
　　石壁灯寒人伴影，茅檐日暖雀呼声。
　　劝君莫谓年将老，欢乐能教鬓发青。

　　参加怀安诗社活动的作者中，有好几位女同志。除姜国仁同志以外，还有刘仁、吴均、任锐等同志。

　　1945年1月12日，革命老人黄齐生、刘少白、刘道衡三同志发起消寒会，柬约延安诸老聚会于城南交际处。适闻10日签订国共双方停战协定，大家即席赋诗。刘仁同志在会上也写了一首诗：

　　追随诸老话升平，民主能回大地春。
　　九九寒消我去也，愧无贡献古边城。

　　在女作者中，任锐同志给我留下的印象最深。她早年就读于北京京师女子师范学堂，有很好的文化修养。那时，我们住在同一个窑洞里，一起学习，一起参加生产劳动。她还教我学文化、写诗。我俩坐在窗前，望着清朗的明月，她朗诵着李白的《静夜思》，我跟着一句句地念。念罢，我俩相视而笑。这友爱的情景，至今还历历在目。

　　任锐同志留下的诗虽不多，但写得极好。除大家熟悉的《示儿》和《送儿上前线》这两首诗以外，她还作过一首七律，深得老同志的赞赏。那是1942年，柳亚子先生写了一首诗，呈送毛主席并柬林老、吴老、徐老、董老和张曙时诸同志。诗曰："弓剑桥陵寂不哗，万年枝上挺奇花。云天倘许同忧国，粤海难忘共饮茶。杜断房谋劳午夜，江豪丘锦各名家。商山诸老欣能健，头白相期奠夏华。"任锐同志非常喜爱这首诗，便作诗和之：

　　律毁黄钟静不哗，寒梅独放一枝花。
　　天涯同是忧时客，世味还如苦口茶。

锦绣河山沦半壁，凄凉烽火忆吾家。

未能执戟心多恨，览镜萧疏满鬓华。

字里行间，充满着爱国之情。读来，令人振奋！

1946年冬，胡宗南部阴谋进犯延安。11月中旬，边区政府动员疏散。

一天傍晚，林老亲自督促一批老弱病残的同志上车离开延安。我随张曙时、李木庵、钱来苏等老同志转移到离绥德城外25里的小崖嘴，住了约三个月的时间。

1947年初春，中央召张老、李老和郭任之同志回延安，组织成立中共中央法律委员会，准备起草具有临时宪法性质的《中国人民政治协商会议共同纲领》。我和吴均同志、鲁老太太也回到延安。

离开小崖嘴时，钱老作了一首《送张、李、郭三老应召回延制宪》的诗：

制宪函催诸老回，廓清恶政仗群才。

自由权利严维护，民主规模早建来。

外交互惠原平等，内政均权绝独裁。

制定三三期永固，崭新社会路先开。

我们回到延安只有十多天，胡宗南部已逼近延安。为了诱敌深入，全歼敌人，我军做战略转移。钱老写了一首诗，题名《布袋》：

布袋新缝口不缝，撑开只望糇粮充。

寄语蒋胡诸饭桶，请君入口好加封。

经过几天几夜的行军，我们东渡黄河，到达吕梁军区的后甘泉村。谢老等领导同志都住在这里，我和其他几位老人住在离后甘泉村不远的一个小村庄里。

我的住房窗外，有一丛玫瑰花，繁花压枝，芳香四溢。堂屋的梁上有一个燕子窝，一双燕子飞来飞去。过了些日子，我发现只剩下一只燕子了。于是，触景生情，写了八句诗，送给谢老阅正：

梁上有孤燕，晨去暮归来。

不知说何事？喳喳费我猜。

玫瑰红朵朵，青春能几回？

回忆当年事，犹然令人悲。

谢老吟诵了几遍，沉思不语。我以为他像平日一样，在琢磨为我修改字句。我望着谢老，等他动笔。

沉默了一阵后,谢老说:"这首诗,有真情实景,写得不坏呵!不要改了。"

这时,我才知道,原来是我的诗句引起了他对那些牺牲的战友的怀念。

1948年春,我军英勇奋战,聚歼胡宗南二十余万残部,胜利地收复了延安。捷报传来,令人欢欣鼓舞!我写了三首《红云曲》,每首都以"朵朵红云直向东"起句,抒发我当时的喜悦之情。

这些诗,本极平常。但一些老同志读后,纷纷唱和互勉。张曙时同志的和诗是:

　　朵朵红云直向东,青山送客万千重。
　　扬鞭试马得春意,不让山河笑老翁。

　　朵朵红云直向东,塞边捷报攻大同。
　　西南东北齐歌凯,天下归心早为公。

钱老作了十首和诗,其中有两首是:

　　朵朵红云直向东,挥鞭骤马气如虹。
　　冲寒冒雪出关去,踏破冰山猎虎熊。

　　朵朵红云直向东,今朝捷报破黄龙。
　　倒悬解放欢情动,人力增新物力丰。

张老的夫人吴均同志也和了诗:

　　朵朵红云直向东,老幼平安到冀中。
　　麦苗青翠迎风舞,回首西北迥不同。

　　朵朵红云直向东,延安收复建奇功。
　　锐气百倍乘胜击,蒋贼垂亡旦夕中。

谢老看了这些诗,很高兴,不仅写了五首《红云曲》,他还风趣地对我笑吟了两句诗:

　　陶娘妙语安天下,个个红云曲唱来!

这些老同志的和诗,是对我学习作诗的又一次鞭策和鼓励!

这时,我的二儿子欧阳应坚从内蒙古赤峰来信,告诉我他已结婚。我喜滋滋地作了一首诗：

赤峰有书来，喜事乐开怀。
儿媳成婚礼，祝贺永和谐。
忠心为革命，携手并发挥。
打垮蒋介石，欢迎娇客回。
胜利团餐会，同庆万寿杯。

我把诗送给谢老看，他在诗稿上批道："称儿媳为娇客恰当。"并即席赋诗祝贺：

朵朵红云直向东，陶家阿姊喜重重。
迎来娇客含羞问，快绣衣巾裹玉婴。

新中国成立后，怀安诗社的老同志分散各方，战斗在不同的岗位上。但是，彼此的心仍紧紧地连在一起，常有诗词唱和往来。

有一次，谢老邀请延安时代的几位老人张曙时、钱来苏、马保三等同志和我到他家聚会，互道安康，共叙友谊。吴均同志因在四川主持整风运动，没有来参加聚会。谢老还要张老转告吴均同志多多保重身体。对这次聚会，谢老曾作过一首诗：

张老欣云宿疾消，钱公高唱入灵霄。
坚持真理群推马，抚育儿孙共美陶。
八十年华杯叙酒，九州人物庆云高。
老当益壮各珍重，寄语吴媛莫太劳。

1963年春，我准备回湖南定居。适逢姜国仁同志来北京参加第三届全国人民代表大会。谢老与她又谈起延安时代的生活，并当面题诗一首：

延安几个老同志，白色头发红色肤。
钱老每天有常课，陶姥即要回故居。
姜姥七十当代表，比老不足比少余。
西望成都共惆怅，久违积极分子吴①。

今天，重忆这些往事，不禁心潮起伏，思绪万千！我这个旧社会贫苦的孤儿，投身革命后，由一字不识到逐渐学习写诗，在每一点微小的进步中，都倾

---
① 吴：指吴均同志。

注了老同志多少心血呵!

现在,这些老同志中有好几位都已先后作古。每每念及往事,老同志的音容笑貌,仍历历在目,老同志的亲切教诲,仍铭刻于心头。为了表示我对这些敬爱的老师的深切怀念,我写了如下一首诗:

四十年前学写诗,怀安诗杜十老师。
延安窑洞吟歌日,烽火关河战乱时。
徐林董续传风范,谢李钱熊命课题。
湘水多情余楚女,江山如画龚如丝。

1982年4月于长沙

(本文选自《祝福青年一代》[增订本],湖南人民出版社1983年版)

史实与考辨

延安"文抗"创建始末以及相关问题
程鸿彬

早在抗日战争胜利前夕,毛泽东就曾高瞻远瞩地预言:延安将是未来"一切工作的试验区"①。推而论之,革命文艺作为中国革命不可分割的组成部分,其历史传承关系亦当作如是观。延安文艺对于中国当代(20世纪50—70年代)文学体制所产生的深刻影响,作为理论前提虽已是人所共知,但有关延安文学体制的大量基本事实——文学团体、文学活动、文学刊物、文艺政策等等,仍有待抉隐发微,重新审视,而时下某些似是而非的流行观点也只有借助此类研究才能予以摧陷廓清。一部权威当代文学史在追溯50—70年代作协体制的渊源原委时这样写道:"(中国作家协会)既承接了30年代'左联'的经验,也直接从苏联作家协会取得借鉴。"②不知何故,与当代文学体制联系最为紧密的一个文学团体——中华全国文艺界抗敌协会延安分会(简称"文抗"),在作者的如椽大笔之下竟无立锥之地,令人在困惑之余不由慨叹延安文学体制研究之湮没无闻一至于此。"文抗"是抗战时期解放区首屈一指的文学团体,上承中国左翼作家联盟,下启中华全国文学工作者协会("中国作家协会")。从时间上说,它恰居于两种文学体制转换的枢纽位置;从空间上说,它则是现代中国不同文化因素相互激荡的一方生动舞台。不唯如此,"文抗"在特殊语境中所呈现的互为参商的多重历史面相,对于考察现当代文学体制的演进嬗递甚至具有无可替代的标本意义。总而言之,"文抗"是中国现当代文学研究中一个无法回避亦不容漠视的历史存在。本文试图以"文抗"前后异态、虚实相

---
① 毛泽东:《中国共产党第七次全国代表大会的工作方针》,见《毛泽东文集》第3卷,人民出版社1996年版,第297页。
② 洪子诚:《中国当代文学史》,北京大学出版社1999年版,第16页。

生的创建过程为中心,着重梳理"文抗"内外错综复杂、暧昧朦胧的名实关系,管窥延安文学体制之一斑,并在此基础上对盘桓其间的一桩文坛"悬案"做出并非裁决的解读。

一

抗日战争爆发后,随着中国原有的两大文化中心北平和上海相继陷落,一次规模空前、影响深远的知识分子大迁徙拉开了帷幕。延安,这个《水浒传》中"末路英雄"们借以全身远害的荒陬小邑,几乎是一夜之间成为荟萃四方"文化英雄"的战时"文化城"。据不完全统计,抗战时期延安(含陕甘宁边区)共有各类知识分子4万余人,其中受过高等教育的近万人,文学艺术工作者407人,作家227人。[1]对于当时仅有150万人口的陕甘宁边区来说,这一文化景况可称得上是叹为观止了。

1938年,各地知识分子奔赴延安臻于高潮。据八路军驻西安办事处统计,当年5—8月间,经该处介绍赴延的知识青年达2288人之多,全年共计万余人。[2]当年头九个月里,徐懋庸、何其芳、卞之琳、沙汀、陈学昭等著名作家相继从国统区抵达延安,丁玲、吴奚如率领的西北战地服务团和刘白羽率领的抗战文艺工作团第一组也陆续从前线归来,汇集延安的文学界人士骤然倍增。此前延安地区虽有战歌社、山脉文学社等文学社团开展活动,但还没有建立起文学方面的统一组织。与国统区相似的是,音乐、戏剧在延安声势最为浩大。与文学相比,这两种艺术形式更便于和受众沟通交流,社会动员的效果也更为显著。或许由于这个原因,在延安最先建立的是音乐工作者的统一组织——陕甘宁边区音乐界救亡协会。该协会隶属于陕甘宁边区文化界救亡协会(简称"边区文协"),后者是延安全体文化艺术工作者的统一组织,成立于1937年11月,

---

[1] 朱鸿召:《延安文人》,广东人民出版社2001年版,第5页。另参见刘增杰:《从左翼文艺到工农兵文艺——对进入解放区左翼文艺家的历史考察》,载《中国现代文学研究丛刊》2006年第5期。

[2] 朱鸿召:《延安文人》,广东人民出版社2001年版,第4页。

有团体、个人、名誉三类会员，其中团体会员包括社会科学、国防、语言、文字、文学、音乐、戏剧等诸多领域的群众社团。在抗战初期，延安的文学活动和各文学社团一直由边区文协代为领导，鉴于延安地区作家队伍日渐壮大，文学界统一组织的创建工作遂被列入边区文协的议事日程。

1938年9月11日下午2时，成仿吾、艾思奇、刘白羽、沙汀、卞之琳、陈学昭、丁玲、徐懋庸、何重芸、周扬、雪苇、沙可夫、田间、柯仲平、任白戈等延安文学界人士齐集边区文协救亡室，陕甘宁边区文艺界抗敌联合会（简称"文联"）成立大会在这里举行。会场高悬革命文学导师高尔基和鲁迅的画像，显得庄严凝重，令人肃然起敬，表明即将成立的"文联"与世界无产阶级文学和30年代中国左翼文学的双重传承关系。大会议程简单，但气氛热烈。边区文协主任、因《大众哲学》一书声名鹊起的左翼学者艾思奇担任大会主席。首先由刚从前线归来的刘白羽汇报文联的筹备经过，他在发言中指出：文联是为适应抗战对于文艺的重大要求而诞生的，它的任务是选拔文艺干部、提供文艺食粮、创造抗战中的文艺理论。随后与会的其他文学界人士及中央印刷厂文艺小组的代表相继发言，并在下列问题上达成共识：广泛建立文艺小组、动员文艺干部深入前线、出版文艺刊物、加强文艺理论建设等。大会推举丁玲、林山、田间、成仿吾、任白戈、沙汀、周扬、柯仲平、雪苇、刘白羽等组成执委会。会后举行了聚餐和别开生面的文艺表演，与会者纷纷登台献技：有柯仲平的诗朗诵、陈学昭的法文歌、丁玲的小调、沙可夫的俄文《游击队歌》等。①

作为边区文协的一个子会，文联并无独立组织边区文学活动的职权，它甚至仅仅是一个有名无实的"影子"团体。至于在文联成立大会上讨论通过的工作任务，在此后相当长一段时间仍由边区文协负责实施。唯一的例外是1939年2月创刊的《文艺战线》，它挂在文联名下，编委会由文联执委组成，周扬

---

① 林茫：《我们的"文联"成立了》，载1938年9月20日《新中华报》。

任主编。这份刊物在延安编辑，却由桂林生活书店承印销售，夏衍为发行人，装帧印刷精美考究，在粗糙简陋的延安出版物中算得上是鹤立鸡群了。但因邮路不畅，刊物出版后送达延安往往迁延日久，甚至连编者也不能及时看到。因此，《文艺战线》在延安几乎没有产生什么重大影响。早在文联成立之前，边区文协就已与边区各群众文艺社团、临时性文艺组织及下属文艺刊物建立了垂直领导关系，照现在的观点，如果中间再插上一个文联，单从工作效率上讲不啻是叠床架屋，画蛇添足。然而必须指出，在战争背景下工作效率固然重要，资源控制则更是不容稍懈，二者非但互不矛盾，相反还互有关联。将分散的个人分门别类地组成准军事化梯队并非可有可无之事，因为这只会加强而不会削弱资源控制这一首要之务。另外，边区文协的职能主要在于行政和组织，况且其工作范围覆盖文化事业的所有领域，对于人数剧增、素以散漫著闻的作家只能进行"宏观调控"，而文联作为专业性团体，更有利于在文学界内部乃至人际之间施以"微观干预"，以弥补边区文协力量之不足。文联与边区文协可谓一虚一实，相得益彰。

文联成立八个月后（1939年5月），由边区文协主办的文艺刊物《文艺突击》发布了这样一条启事：

> 边区文艺界抗战联合会为与全国文艺界抗敌协会取得密切的联系起见，于五月十四日下午在文协召开全体大会，决定改为中华全国文艺界抗敌协会延安分会，选举成仿吾、周扬、萧三、丁玲、艾思奇、柯仲平、沙可夫、严文井、赵毅敏、陈学昭、张振亚等为理事。①

本文所要论述的延安"文抗"，其得名始于此。关于这个事件，边区政府机关报《新中华报》的报道却与《文艺突击》颇有出入。按《文艺突击》的说法，"文联"是改名，目的是与全国性文艺统一战线团体——中华全国文艺界抗敌协会（1938年3月成立于武汉，同年9月迁至重庆，简称"文协"或"文

---

① 《文艺突击》新1卷第1期，1939年5月25日。

协总会")取得密切联系，在名义上它则是作为后者的分会而存在的。而《新中华报》在相关报道中却只提"文抗"不提"文联"，只说"成立"不说"改名"，至于文抗与文协总会的隶属关系也语焉不详，仅将其成立目的敷衍为："开展边区的文艺工作，团结在延安文艺工作者。"①实际上，文抗与文联的差别并不单单是名称，而所谓加强与文协总会的联系，从此后的情况来看也是一纸空文，内部建制的趋于完善和各项权责的逐步落实，恐怕是文抗区别于文联的根本所在。也就是说，文抗不再像文联那样徒有其名，它正在朝独立团体的方向转化。

文抗成立后不久，新当选的理事会推举周扬、萧三、沙可夫3人为常务理事，张振亚为秘书，而以前的文联仅有十几个开会时才露面的执委，并无"常务"可理。半年后（1940年2月），文抗又进一步扩大理事会，选举丁玲、萧三、周扬、周文、曹葆华5人为常务理事，还仿照文协总会的设置，建立了自己的下属机构：总务部（周文负责）、组织部（丁玲负责）、出版部（萧三负责）和研究部（周扬负责）。据这一届理事会向重庆文协总会提供的会务报告，延安文抗成立以来取得了如下成绩：截至1940年2月15日，登记在册的会员67人，下属29个文艺小组，共计325人；抗战文艺工作团已派出6组；《文艺突击》已出满一卷，决定改名为《大众文艺》，拟向"文艺大众教育"方向发展；研究部下设"文学顾问委员会"，对文艺小组进行辅导，并计划定期举办文艺座谈会和演讲会。②严格说来，以上所述不无"掠美"之嫌：文艺小组和抗战文艺工作团此前一直由边区文协直接领导；《文艺突击》的主办单位也并非文联或文抗，各期封面均由边区文协和文艺突击社联合具名；另外，《文艺突击》自新一卷开始，力图由单纯的文学刊物转变为包括音乐、美术、戏剧等其他艺术门类在内的综合性刊物，这项工作自然并非文联或文抗这类单纯的作家团体

---

①《中华全国文抗会延安分会成立》，载1939年5月19日《新中华报》。
②《向总会报告会务近况》，原载《大众文艺》第1卷第1期，1940年4月15日，收入钟敬之、金紫光主编：《延安文艺丛书·文艺史料卷》，湖南文艺出版社1987年版，第367—368页。

所能胜任。有趣的是，文抗在报告中绝口不提以文联名义出版的《文艺战线》，而这份刊物主要在国统区发行，与《文艺突击》相比文协总会同人应当对它更为熟悉。由此观之，甚至是对于圈内人士来说文联的影响都十分有限，更遑论圈外人士了，而《新中华报》无视文联存在的报道恐怕也能够说明这一问题。

概而言之，文抗取代文联是延安文化体制实施转换的一个重要标志：边区文协作为延安文化事业的一元化领导机构，已经不能适应不断扩大的文化队伍和文化活动的需要，通过将相关工作逐步移交给文抗和其他子会，边区文协正从延安文艺界的核心位置上悄然淡出。或者说，文抗正渐渐由"虚"转"实"，而边区文协则渐渐由"实"转"虚"。及至1941年7月1日，这一转换才正式完成：

> 本分会为开展文艺工作，团结从事文艺创作及文艺运动的同志，决自本年七月一日起，改为独立工作团体，接收陕甘宁边区文化协会原有杨家岭会址、财产及一部分有关文艺工作，正式启用印记，开始办公。嗣后凡有关于本会信件往还及事物接洽，均请迳函或移驾杨家岭本分会为荷。①

这则刊登在《解放日报》上的文抗启事，宣告了一个新阶段的到来。边区文协好比是一只抱窝的母鸡，现在雏鸡不仅破壳而出，而且羽翼渐丰，因此它的使命也就告一段落了。同年8月25日，文抗由杨家岭原边区文协会址迁往隔河相望的蓝家坪，自此"蓝家坪"便成为文抗的代称而在延安文艺界流行一时。

二

目下关于延安文艺的论著常常将"文协"（指"边区文协"）与"文抗"混为一谈，其实别说现在，即使在当时，就算是身与其事者对这两个团体的关系也不甚了然。比如韦荧初入延安时就曾为之困惑不已，日久天长，见闻渐广，她才理清其中端绪："'文抗'延安分会虽早在三九年就已成立，做了不少工作，

---

① 《中华全国文艺界抗敌协会延安分会启事》，载1941年7月2日《解放日报》。

但它是作为边区文协的一个团体会员。日常生活与边区文协在一起,没有另外设一个摊子。"①也就是说,边区文协与文抗至少有两年时间(1939—1941)是一个单位两块牌子,因此不少当事人在使用这两个名称的时候也往往不加区分。比如陈学昭在她的自传体长篇小说《工作着是美丽的》中,就把她最初供职的边区文协误称为"文抗"。②曾任文抗党支部书记的刘白羽则回忆说:"艾思奇是'文抗'的主任,丁玲是副主任。"③事实上艾思奇只担任过边区文协的主任,而文抗的会务则初由总务部主任负责,后由理事会下设的"工作会议"集体主持,并未真正实行过一长总揽的领导体制。④可见,文抗与边区文协的关系是如此错综复杂,以至连当政主事者在回首往昔之际也不免张冠李戴。

在文抗成为独立团体之后,边区文协并没有完全退隐,它转由中共陕甘宁边区中央局(后易名为中共中央西北局)和边区政府直接领导,尽管在名义上它还是边区文化事业的一元化领导机构,但工作范围已日趋狭小,工作性质也渐趋单纯。1942年2月9日,边区文协第二次代表大会筹备委员会举行首次会议,对边区文协的机构进行了调整,推选柯仲平为主任,下设秘书处、大众化工作委员会、《新文字报》报社、《边区群众报》报社、戏剧工作委员会、组织部、出版部和卫生工作委员会,并决定将新会址设在延安南门外西北旅社旧址。⑤不久,一些以通俗性、普及性为特色的文化团体被划归边区文协领导,如民众剧团、西北文艺工作团、陕甘宁边区地方艺术干部学校、延安业余杂技团、

---

① 韦䒕:《蓝家坪"文抗"——延安作家之家》,见程远主编:《延安作家》,陕西人民教育出版社1992年版,第500页。
② 陈学昭:《工作着是美丽的》,浙江人民出版社1979年版,第169页。
③ 刘白羽:《心灵的历程》,中国青年出版社1994年版,第388页。
④ 文抗历史上曾短暂设立过一长制的"主任"头衔,但并未发挥任何作用,故可忽略不计。1945年7月,文抗召开理事会全体会议,选举丁玲为主任委员,一度宣告解体的文抗似有恢复之势。一个月后日本投降,大部分文抗会员随即赴华北、东北新解放区,文抗新的领导机构未及展开工作便因其成员(包括丁玲)的风流云散而形同虚设。此后一直到1947年,文抗再度与边区文协合而为一,不复是一个单位实体或独立的文学社团。参见《延安文抗新理事会成立》,载1945年7月27日《解放日报》。另参见钟敬之、金紫光主编:《延安文艺丛书·文艺史料卷》,湖南文艺出版社1987年版,第363—365页。
⑤《边区文协举行首次筹委会》,载1942年2月20日《解放日报》。

边区小学教师联合会等。①这一变化说明，边区文协的工作重心已转向通俗文艺和文化普及方面。民众剧团（柯仲平于1938—1941年任该团团长）是陕甘宁边区最有影响的通俗性文艺团体，《边区群众报》和《新文字报》均为普及性读物，主要面向文化水平不高或正在"脱盲"的工农兵群众。边区文协的新任领导人柯仲平是"街头诗""朗诵诗"以及旧戏改革的积极倡导者和实践者，在群众性文艺活动中表现得异常活跃，他的通俗化文艺主张与边区文协新的主导职能堪称珠联璧合。在实际工作中，边区文协与文抗之间不再是上下级的关系，角色职能上的明晰分野使它们互不统属且各当一面。由于在大众化等问题上的观念差异，以及在文艺运动中所持的不同线路，边区文协、文抗和延安另一重要文化机构鲁迅艺术文学院（简称"鲁艺"，周扬于1939年11月起在该校主持工作），逐渐成为抗战前期延安文艺界三个风格殊异的支派。

三

1979年，周扬在接受美籍华人记者赵浩生的采访时，谈到了当年延安文艺界的基本格局："当时延安有两派，一派是以'鲁艺'为代表，包括何其芳，当然是以我为首。一派是以'文抗'为代表，以丁玲为首。这两派本来在上海就有点闹宗派主义。大体是这样的：我们'鲁艺'这一派的人主张歌颂光明……而'文抗'这一派主张要暴露黑暗。"②在不久后举行的中国作协第三次会员代表大会上，丁玲对周扬的话进行了反驳："一名外国记者，赵浩生先生写过一篇访问报告，说延安嘛就有宗派。有两派，一派是'鲁艺'，为首的是谁谁。另有一派是'文抗'派，'文抗'派是以我为头子，还有艾青。事实上，当时我恰恰不在'文抗'。'文抗'有七个负责人，他们是萧军、舒群、罗烽、白朗、

---

① 据1942年6月26日《解放日报》关于边区文协"加强整风学习"的报道，边区文协下属七个文化团体，即西北文艺工作团、民众剧团、《边区群众报》报社、《新文字报》报社、陕甘宁边区地方艺术干部学校、延安业余杂技团和边区小学教师联合会。

② 赵浩生：《周扬笑谈历史功过》，载《新文学史料》1979年第2辑。

艾青、于黑丁、刘白羽，是他们七个人轮流主持，没有我……"①一个言之凿凿，不容置疑；另一个矢口否认，急于避嫌。难道周扬完全是向壁虚造？而丁玲又是否真像她自己所说的那样清白无辜？本文无意卷入周扬与丁玲之间的是非恩怨，只想指出为双方所忽略的某些历史细节，借以说明他们各自眼中的文抗存在着多么大的距离。

1938年7月间，丁玲从西安回到延安，参加了文联成立大会，并与周扬一起当选为文联执委。正如上文所述，文联不过是一个空名，所谓"执委"也并无实际意义。但不可否认的是，文联作为文抗的前身，周扬和丁玲都应算作它的创始人。嗣后，丁玲先是在马列学院学习了一段时间，于1939年11月调任边区文协副主任，主持边区文协的日常工作。在文抗成为独立团体之前，文抗的驻会作家一直挂靠边区文协，也就是说，他们所属的工作单位不是文联或文抗，而是边区文协，加之边区文协的驻会人员以作家为基本主体，故而在许多文抗作家的心目中，丁玲是他们的老领导、老上级。不但如此，由于丁玲在左翼文坛的卓著声誉以及爽朗大度、平易近人的性格气质，她在文抗作家中间似乎享有"精神领袖"的特殊地位。但丁玲本人并不以为然，她说艾青是"独立大队"，萧军更是个"英雄"，根本就不服她"管"。②应该承认，丁玲所言并非过甚其词，但作为论据却有些不中肯理：像艾青、萧军这样声名远播的文坛宿将在文抗作家中毕竟为数不多，而个人的独立性与文艺上的共同旨趣也决非冰炭难容。刘白羽关于文抗的回忆倒是透露出一个不可忽视的信息："丁玲一直是一个自始至终从来没有大作家做派的人。因此，她成为'文抗'这个小单元里和谐的核心、快乐的核心"，"工作一天以后，丁玲的窑洞便自然成为我们聚会之所"。③从上下文来看，刘白羽所说的"文抗"似未排除成为独立团体之后的文抗，而丁玲作为文抗的"核心"也并非纯然由于职务上的原因。

---

① 丁玲：《讲一点心里话》，见《丁玲全集》第8卷，河北人民出版社2001年版，第77—78页。
② 丁玲：《讲一点心里话》，见《丁玲全集》第8卷，河北人民出版社2001年版，第78页。
③ 刘白羽：《心灵的历程》，中国青年出版社1994年版，第388页。

甚至连毛泽东也发现，在丁玲周围有一个"文化人的俱乐部"，戏言她有"名士气派"。①诗人李又然在一篇回忆丁玲的文章中，更以诗人的语言编织出一个诗一般的错误："丁玲主持文代大会，成立文抗，并且领导文抗。"②对于李又然只图行文痛快而不计现实利害的表述，不知丁玲看了会做何感想——这岂不是坐实了她文抗"头子"的罪名？平心而论，如果将"文抗"置换为"文协"，李又然的说法大致是可以成立的。按照通常的看法，与文抗"分家"之后的"新边区文协"是原边区文协无可置疑的继承者，但细加推考便觉此说并不尽然：新边区文协在承袭原边区文协的名号和地位的同时，却失去了堪称一时之选的宝贵资源——驻会作家，相形之下，文抗则因全盘接纳了这一资源而成为原边区文协事实上的"嫡派正支"。总体说来，走马灯般频频变更的团体名称对于文抗驻会作家这一特殊群落的稳定并未构成太大影响，正因为如此，"文抗作家"这一名词才有所凭借而不致流于泛泛。既然文抗与原边区文协具有如此紧密的血缘关系，丁玲在边区文协主持工作的那段经历就事关重要，不可不究了。但不知何故，在上引讲话中丁玲却对此避而不谈。或许丁玲认为，她在文抗作家中的地位纯属工作原因，与刻意经营的"文人圈子"并无牵涉。如果不考虑抗战前期（1937—1942）延安特殊的文化语境，应该说这种解释倒也合乎情理。然而遗憾的是，历史却往往不是以情理为法则来建构自身的。

抗战前期，由于中国共产党奉行温和开明的文化政策，进入延安的文人在选择职业上享有较大的自由权利，而各文化单位的招贤纳士活动也颇为独立自主。这样一来，个人与单位便构成了某种"双向选择"的关系，各文化单位在一定程度上亦可视为文人"自由组合"的产物，而文化单位与文人圈子这两个原本各具内涵外延的概念就不免互有交叉。从这个意义上说，上引周扬的观点

---

① 丁玲：《毛主席给我们的一封信》，见《丁玲全集》第10卷，湖北人民出版社2001年版，第284页。
② 李又然：《丁玲》，见程远主编：《延安作家》，陕西人民教育出版社1992年版，第26页。

并非凿空之论。至于文抗这类带有群众结社色彩的文化单位，情况就更为复杂：仅就其成员来说，即有驻会作家、挂名理事、普通会员之别。三者在名义上虽同属某一文化团体，但究其实却分别为不同文化单位或文人圈子的成员，同时这个团体本身又兼具文化单位和文人圈子的性质。凡此种种都导致固有名实关系的变形乃至逆转，当年的遗留问题在事过境迁之后也因而更显扑朔迷离，周扬与丁玲的口舌官司或与此有关亦未可知。

1941年1月，丁玲在主持边区文协工作一年零两个月后前往延安县（川口）农村体验生活，为时三个月，在此期间她仍是边区文协的在编人员。同年4月《解放日报》创刊，丁玲调任文艺副刊主编，因组稿需要与文抗作家依然保持着密切联系。8月，文抗宣布成为独立团体并召开第五届会员大会，选举丁玲、欧阳山、艾青、萧三、柯仲平、周扬等27人为理事。新一届理事会推选9名理事组成"工作会议"主持会务，会议主席由成员轮流担任，①这大概就是丁玲所说的"十个人轮流主持"。至于工作会议的成员到底是9人还是7人，目前尚待考证，因无关本文主旨，在此不赘。丁玲在一篇回忆文章中，针对这一时期她的活动做了如下耐人寻味的表白："至于《文艺月报》，我参加过第一、二、三期的编辑工作。第三期还未编完，我就离开文协（指'边区文协'——引者按），到了乡下。那里交通不便，几乎就没有读到它。我调到报社工作后，就不再是文协的副主任；新成立的文抗，我也不是负责人；我同一些人一样，无非是一个挂名理事，偶尔参加过一两次会议，这都是有文字记载，可以查证，不是我信口胡说的。"②丁玲在文章中极力证明她与独立以后的文抗，包括其主办的《文艺月报》之间并没有什么瓜葛，而且绵里藏针，话里有话，

---

① 《中华全国文艺界抗敌协会延安分会第五届会员大会记录》，载《中国文化》第3卷第2、3期合刊，1941年8月20日。另参见钟敬之、金紫光主编：《延安文艺丛书·文艺史料卷》，湖南文艺出版社1987年版，第361—362页。

② 丁玲：《延安文艺座谈会的前前后后》，见《丁玲全集》第10卷，河北人民出版社2001年版，第275页。

所谓"一些人"显然指的是周扬，言下之意，我和你周扬一样，不过是文抗的挂名理事，有职无权，与文抗没有人事上的隶属关系，为什么我反倒成了文抗的头子呢？1942年3月11日《解放日报》文艺副刊出满百期，丁玲将工作移交给舒群，回到文抗当驻会作家去了，这也是她来延安以后长久未能实现的愿望。实际上，早在离任两个多月前丁玲就将住处搬到文抗会址蓝家坪，②尔后一直到1943年春文抗解体③她都是文抗作家中的重要一员（专职作家而不是文化官员或报刊编辑，终其一生都是丁玲对于自身社会角色的自觉认定），其间她还担任过文抗会刊《谷雨》的编委和文抗整风学习分会的主任，④这同样是有文字记载的。难道丁玲如此健忘？

　　质而言之，丁玲针对周扬的反驳并没有切中要害，或者说二人之间展开的是一场错位的对话。其症结主要在于如何划定文抗的性质：它到底是一个群众性的文学团体，还是战时共产主义制度下的一个文化单位，抑或一个有着某种共同旨趣的文人圈子？从丁玲关于往事的叙述中，我们不难体味长久以来变幻莫测的文艺界批判运动给她带来的巨大精神创伤，以及由此衍生的过度心理反应，而后者又导致她对关乎名誉的种种"春秋笔法"分外敏感，甚至不惜牺牲逻辑的严密为自己奋起辩护。毋庸讳言，这种辩护或多或少是无力而徒劳的。毕竟，在抗战前期新旧文学体制参差交错的历史前提下，控名责实的结果往往只会适得其反。

（本文选自《新文学史料》2008年第4期）

---

① 黎辛：《〈野百合花〉·延安整风·〈再批判〉——捎带说点〈王实味冤案平反纪实〉读后感》，载《新文学史料》1995年第4期。

② 1943年春，文抗为配合整风运动，动员作家深入基层并宣布终止一切活动。参见《作家相继下乡，文抗分会结束会址》，载1943年5月1日《解放日报》。

③ 《文抗作家进行文件研究》，载1942年5月1日《解放日报》。另参见袁良骏：《丁玲生平年表》，见袁良骏编：《丁玲研究资料》，天津人民出版社1982年版，第24页。

戏剧社团

人民抗日剧社的战斗风姿

杨醉乡

> 杨醉乡，原名杨增爱。陕西延川人。1927年加入中国共产党。历任永远区委宣传部长、列宁剧团团长兼党支部书记、工农剧社社长、人民抗日剧社党支部书记、抗战剧团团长、民众剧团副团长、陕甘宁边区文化协会秘书长。1949年出席全国第一次文代会。新中国成立后，任陕西省文联主席、省文化局局长，政协陕西省第三、四届委员会委员等职。著有秧歌剧《送公粮》、秦腔《崔福才转变》等。

1935年12月，中共中央瓦窑堡会议后，毛主席又在瓦窑堡党的活动分子会议上做了《论反对日本帝国主义的策略》的讲话，批评了党内一些同志认为民族资产阶级不能和工人阶级联合的观点，决定建立抗日民族统一战线的策略。为适应这一新的转变，1936年元月，党中央将工农剧社改为人民抗日剧社，剧团领导班子和组织机构没变动。党中央由瓦窑堡迁往保安县后，韩维琴、延成年等七八名红小鬼，持中央军委政治部介绍信加入剧团，进一步壮大了剧团力量。

根据时局的发展和客观条件的不断变化，我们已由过去的以协助地方工作为主，变成了以宣传演出为主。因为我们剧团的人员来自四面八方，文化程度和年龄差异很大。戏剧班的演员多是十五六岁到二十岁左右的青年；歌舞班全是七八岁到十一二岁的小娃娃。不少小演员的生活都很难做到全部自己料理。因此，给排练和演出带来很大困难。加之我们的演出地点不固定，流动性很大，更由于战争环境，生活要求军事化，无论走到哪里，都要坚持出操、站岗、学习军事知识，进行战争演习。所有这些，困难显得也就更突出了。危拱之、刘保林和我，既是领导，又是演员。我们的演出水平与现在的文艺团体相比当然很悬殊。但在硝烟弥漫的战争年代，从上到下，都有一颗火热的心，都明白为谁打仗，为谁演出。剧团的所有成员都置身在火热的战争生活中，人人感情真挚。再者，成仿吾、冯雪峰等领导同志不断给演员做指导，因此尽管我们的各种条件很差，但大家的精神面貌很好，演出水平逐渐提高。人民抗日剧社的重大演出活动，按时间顺序回忆如下：

一、毛主席和斯诺一起看戏

党中央迁至保安县后，在1936年初夏的一天下午，抗日剧社在县城西南的周河岸边大草坪露天剧场演出。开演前，党校学员、被服厂和鞋袜厂的女工、合作社与苏区邮局的职工、人数众多的红军官兵、拖儿带女的村民，都从四面八方拥向剧场。舞台虽然简陋，但布置很朴素庄严。台前红色绸制大幕布上，书写着"人民抗日剧社"几个大字。台上还贴了几幅以团结抗日、建设苏区、支援前线为主要内容的标语。演出三个小时，有短剧、舞蹈、歌唱、哑剧等多种表演，演出了《亡国恨》《侵略》《丰收舞》《红色机器舞》等节目。

那时，我们的道具都很简单，但表演形式和音乐伴奏却别具一格，很有特点。《丰收舞》是由十几个女孩子表演的，她们光着脚，穿着农民的衣裤和花背心，头上系着绸头巾，跳起舞来动作优美整齐，充分体现了苏区军民获得丰收后的欢乐景象。《统一战线舞》主要反映党中央动员各民族结成统一战线，团结抗日的主题。舞蹈中，有一群群青年穿着白色的水手服，戴着水手帽，先以骑兵队形，再以空军队形和步兵队形，最后以海军队形出现。《红色机器舞》更加精彩动人。小舞蹈演员们用音响和姿势，用胳膊、大腿、头部的相互作用，逼真地模拟了气缸的发动、齿轮的旋转和发动机的轰鸣，以此体现未来工业化的中国的远景。

演出正在进行，不少观众突然把目光集中到与毛主席坐在一起的一个外国

1939年,毛泽东与美国记者斯诺在延安

人身上。他高个儿,黄头发,蓝眼睛,手里拿着照相机,与毛主席不时地说说笑笑。当有人说明他就是远渡重洋来陕北苏区的美国记者埃德加·斯诺后,人们都向他投以友好欢迎的目光。这位美国朋友很动感情,他与其他观众一起,不时地为每个节目拍手叫好。当《侵略》一剧演到日本强盗在一个农民家设宴,把中国人当椅子坐,喝醉了酒还侮辱女主人时,斯诺先生竟与大家一起高喊"打死日本强盗!""打倒杀害中国人民的凶手!"等口号。演出休息期间,被服厂和鞋袜厂的女工们,互相拉歌。猛不防,她们把口号引向斯诺记者,高喊:"斯诺先生来一个!"斯诺只得站起来打手势说明自己不会唱歌,但周围喊声仍然不停。这时,毛主席笑了笑,向他说了几句话后，他才鼓起勇气唱了《荡秋千的人》。唱罢，又是一阵热烈的掌声，整个剧场充满了极为欢乐的气氛。

斯诺先生看完我们的演出，余兴未减，第二天专程走访了剧团主任危拱之，并请求歌舞班的孩子们重演几个舞蹈，并一一照了相。毛主席和中央一些领导同志请斯诺和孩子们吃了一顿饭。开饭前，毛主席摸着几个孩子的头亲切地说："你们演戏跳舞一定很饿，这顿饭要好好吃。"

斯诺先生对我们的演出评价极高，他在《西行漫记》一书中写道："在共产主义运动中，没有比红军剧社更有力的宣传武器了，也没有更巧妙的武器了。"这本书的出版说明前边所附的六张演出剧照，就是那次我们在保安演出时拍摄的。

二、为不打内战、要求抗日的东北军演出

我们在保安演出后不久，在安塞县的周恩来副主席让我们去安塞为东北军宣传演出，以此鼓励东北军与我们联合起来一致抗日。我们经过几天行军赶到安塞后，先休整两天。周副主席在百忙中看望了大家，并给每个人缝了一身灰直贡呢列宁服。不少人高兴得跳起来，一致保证很好完成任务。临行，周副主席一再叮咛我们："对东北军说话要和气，态度要诚恳，通过宣传演出，一定要在东北军撒下'中国人不打中国人'的种子，让它开联合友军之花，结共同抗日之果。"

我们宣传演出的地点在安塞县之南，距县城50多里的杨家沟村。这里是红区与白区的交界处，是个小城镇，每五天逢集一次。由于我党联合抗日的方针已在东北军产生深刻影响，互相敌对的局面已经结束。因此，每次逢集，红军与东北军，苏区群众与国统区群众都能自由上街买卖。

我们到了杨家沟后，通过三种方式做争取东北军的工作。一是张贴宣传抗日和建立统一战线的标语；二是通过私下接触谈心与东北军交朋友；三是宣传演出，激发东北军的抗日爱国热情。

东北军的官兵绝大部分是东北三省的同胞,他们饱尝了家乡沦陷的苦头,要求抗日之心极为迫切。当他们在《亡国恨》一剧中看到日本鬼子蹂躏东北,杀人放火,奸污妇女,抢夺我国资源的滔天罪行后,有的人泣不成声,有的人激动得站起来接连高喊:"打回老家去,收复东三省!"这时,红军战士和苏区群众就趁热打铁,高呼"中国人不打中国人!""欢迎友军一致抗日!"等口号。这种台上演抗日戏,台下呼抗日口号的动人场面,我至今记忆犹新,难以忘却。有一次演出正在高潮,东北军一个矮胖团长满脸横肉,见了自己的部下就用鞭子乱打,大声呵斥:"都回去,不准你们看红军的戏。"但他刚一走,士兵们就乱说乱骂:"忘掉祖宗三代的卖国贼,你不让看,老子偏要看。"就这样,他一来,大家躲开;

周恩来、叶剑英、秦邦宪在延安

他一走，大家又入剧场，使胖团长毫无办法。当我们完成任务离开杨家沟时，东北军不少官兵一再向我们表示：你们的戏演得好，唱出了我们的心声，说出了我们的愿望，今后上边强迫我们与红军打仗时，枪口朝天放，大炮轰荒山，保证不伤红军兄弟。

我们回到安塞县城，叶剑英参谋长就赶来看望大家，并向我们做了时事报告。末了，他语重心长地对大家说："演出已经二十多天，你们把日寇的侵华罪行和党的统战政策搬上舞台，感化了不少友军，比办几期训练班都解决问题。不过，你们又有新的任务，要西进到新的苏区宣传演出。路程相当遥远，得步行十多天，才能到达目的地。大家有没有完成任务的信心和勇气？"我们众口一词回答："有，保证完成任务。"

三、奔赴三段地

告别安塞，我们又奉党中央命令，到内蒙古三段地慰问高岗领导的游击队。出发时已是初秋季节，早上和夜晚寒气逼人，行军中又遇上了连阴雨，单军衣被雨淋湿，越发感到寒冷。不少小演员连续滑倒在地，等挣扎着爬起来，完全成了小泥人。我们是军事化行动，除年龄过小的孩子外，其他人行军中都有一个背包，并配发一支步枪或大刀、长矛等武器，还要携带一些干粮和道具，累计起来行李已经不轻。这对年幼的红小鬼和女同志来说，负重确实不轻。尽管剧团人员有的家破人亡，成为孤儿；有的苦大仇深，自觉加入革命队伍，对党忠诚，意志坚强。但在异常艰苦的环境下，有时也难免情绪低落。在困难面前，我们团部号召大家在行军中要做到大帮小，男帮女，强帮弱，提倡阶级友爱。这样一来，一些体弱女同志和小鬼的行装就被别人抢着背走了。还有一些身强力壮的小伙子，不但帮别人背行李，扛武器，有时还得背一背一些实在支持不下来的娃娃们。剧团领导和党团骨干在极为艰难困苦的行军途中，不断给大家讲红军爬雪山、过草地、克服重重困难的故事。有时还编一些幽默风趣、鼓舞士气的顺口溜。如发现有小鬼滑倒在地，就让别的孩子喊："天上下雨地上滑，自己跌倒自己爬，不哭鼻子不叫妈，毛主席夸咱是好娃娃。"逗得大家哈哈大笑，滑倒者爬起来又鼓起勇气坚持前进。

但是，越向西走，困难越多。临近解放没多久的新区定边时，只见沿途人烟稀少，到处是沙漠茫茫。这些地区曾经被国民党军队和地方土匪烧杀抢掠，粮食补充越来越困难，三天两头断粮。另外，当地一些狠心的地主在逃跑时，又填了一部分水井，饮水也成了大问题。我们这支演出队伍，行进在浩瀚的沙漠中，像一叶小舟，非常缓慢地向定边城移动。

我们到达定边休整几天并给当地军民演出两场戏后，继续朝内蒙古三段地进军。定边到三段地只有100多里路程，如果在平原或丘陵地区，一天到达不了也差不多。但定边以北的沙化程度更厉害。一刮大风，天昏地暗，连眼都睁不开。脚踏在沙子上，又松又软，往往是进一步退半步，费力极了。在这样的环境中，人人累得满头冒汗，气喘吁吁，只感到口干舌燥，嘴唇破裂，连话都不想说。这样，第一天过去了，还没有走完路程一半，我们只好在沙漠中露天宿营。在几个大沙丘中间选择两块低洼地为住宿点。风大，天冷，大家浑身直打哆嗦，没办法，只好三五人为一堆，背靠背以每个人的体温互相取暖。为了鼓舞士气，一些参加过长征的文艺战士和红小鬼又给大家讲红军爬雪山、过草地的故事。一想到红军长征，大家突感眼前的困难小了，决心大了，"长征"精神简直成了我们战胜困难，勇往直前的最好动员令。但是，饥饿、寒冷、口渴，体力消耗太大，人人过于疲劳，一个个还是不知不觉地进入了梦乡。等到东方破晓，大家不约而同地笑了：原来每个人身上都是厚厚一层沙土，一个个成了活的沙人。

抖落了身上的沙土，我们又开始了艰苦的行军。由于头一天过度疲劳，行进速度越来越慢。就在这时，忽见前方卷起一股黄沙，由远而近向我们迅速移动。孩子们惊慌地大叫起来："哎呀不好，起了大旋风。"有一个快眼小鬼突然说："不对，像是马队。"其他人也陆续看准了。我和危拱之急忙下达"做好战斗准备"的命令。没等我们就绪，马队已到眼前。为首的一位年轻骑兵，背长枪，挎战刀，年轻英俊。他熟练地跳下战马，热情地对我们说："你们是剧团的同志吗？太辛苦了！"危拱之主任答应"是啊"，并反问对方："你们是哪部分部队？"那位年轻战士爽朗地说："我们是三段地来的游击队。"这下子，前来迎接我们的三十多名游击队战士与剧团文艺战士沸腾起来了。大家互相握手，问寒问暖，不少红小鬼高兴得跳起来狂喊："我们胜利了！"迎接我们的骑兵战士把许多小家伙抱在怀里亲吻戏逗，好像久别重逢的亲人相见。大家稍作休息后，游击队同志将我们的行装先驮在马上，然后又将红小鬼和走不动路的演员搀扶上马继续向西北方向行进。有了马队迎接，我们于天黑前就到了三段地。

三段地位于内蒙古西南边与宁夏苏区盐池交界的地方。这里是牧区，游击队与当地蒙古族牧民都住帐篷，居住地点不固定，常年流动。这里的几百名游击队员，北拒赵老五、张廷芝等土匪武装的骚扰，西防马鸿逵匪军的侵袭，三段地成了苏区的北大门，战略位置非常重要。我们到达三段地后，受到游击队和当地居民的盛情接待。他们在一张桌子上摆了几只断头去蹄的红血羊和用桶盛着的马奶酒，红羊上插着许多短刀。我们入席后束手无策，不知咋样吃。周围蒙古族人民哈哈大笑，有几个走上前来取下插在红羊上的短刀，示范着割肉吃。马奶酒很酸，红羊肉只有七八成熟，要在平时，很难吃得下去。但因为，一则这是按当地蒙古族习惯以最隆重的仪式欢迎贵宾，如果不吃，影响工作开展；二则我们演出人员也异常饥饿，就顾不得许多，还是狼吞虎咽地饱餐一顿。

我们在三段地演出两场后，因局势紧张，游击队要奔赴前线打仗，蒙古族兄弟用骆驼把我们送至定边县。

三段地蒙古族人民能歌善舞，我们最后一场演出是与他们联欢进行的。双方都出节目，虽然相处时间短暂，但我们之间的感情还是相当深厚。分别时，送行的蒙古族代表一再要求我们：局势稳定后再到三段地来演出。

四、为红军一、二、四方面军大会师联欢

我们由三段地返回定边后,中央经济部与中央党校先后迁至这里。经济部部长毛泽民(毛主席之弟)同志接见了我们。他在祝贺我们赴内蒙古演出成功的同时,建议我们好好休整几天,再为定边军民演出两场,然后返回保安。我们答应了毛部长的要求,打算让过度疲劳的全团同志洗洗澡,理理发,换洗衣服,彻底消灭一下虱子,好好治一下许多孩子身上的疥疮。但刚等我们住下,又接到陕甘省委要求我们迅速赶到甘肃洪德城,为一、二、四方面军会师后,取得山城堡大捷做祝贺演出的加急电报。大家闻信后,高兴得连蹦带跳,一扫长途奔波的疲劳,只在定边休息一夜,第二天就开始西去甘肃的新征途。

我们经过两天急行军赶到洪德城。这里是满目荒凉的大山区,人烟稀少,交通不便。洪德城很小,四面群山环抱,环江河由北向南流去,河岸两侧有小块土地。临近洪德城时,只见三个方面的红军驻满郊外。他们有的在靠山崖的破窑洞里住宿,有的在河岸或路边搭帐篷宿营。由于长时期的行军作战,战士们一个个面黄肌瘦,头发很长,但在胜利会师后却显得精神饱满,情绪高涨。看见我们过来,那些历尽千辛万苦的男女战士和首长,热情地鼓掌,夹道欢迎我们。我们也边鼓掌边呼喊:"欢迎长征英雄汉!欢迎长征英雄汉!"有些小鬼不时被红军战士抱出队外,被这个亲一亲,被那个摸一摸。机灵的小演员也抱着长征英雄的脖子亲切地说:"早就等待这一天,可把你们盼到了。"

我们进城后,陕甘省委书记李富春同志接见大家。他激动地说:"你们来得真好,这是一个意义特别深远的演出,千载难逢,机会不多得。希望你们用歌声唱出红军战士的心愿,用演出鼓舞战士们奔赴前线消灭日本鬼子的士气。预祝你们演出成功。"危拱之和我分别表示要很好完成任务。

第二天,听说朱总司令和后续部队要进城,要求我们和其他单位的同志到城南约2里的大路旁迎接。由于朱总司令衣着和战士们一样,我们又从未见过朱总司令,所以当朱总司令从我们身边过去,我们也没有认出来,实在感到遗憾。

晚上,红四方面军司令部请我们吃饭,吃的是糜面糊糊拌羊肉。大家好久没有吃过这样的美餐,只感到香气扑鼻,美味可口。饭抬来了,康克清同志亲

自拿铁勺给大家盛饭，她边盛边说："听说你们好久没有吃饱肚子，一定饿了，今晚要不讲客气尽饱吃，都是自己人，别见怪。"等到大家都端上饭碗吃饭，她抚摸着一个正在狼吞虎咽吃饭的小鬼说："你想不想家呀！"小鬼抬起头看了康克清同志一眼说："当红军想家，就不能打败日本鬼子，等全国都解放了我再回家。"康克清同志听后满意地笑了笑说："真乖，像个红军战士的样子。"

饭后，我们在城外一个露天舞台演出。开演前，先由周副主席和朱总司令讲话。周副主席嗓音洪亮，异常激动地说："二、四方面红军全体指战员同志们，你们辛苦了！我代表党中央和毛主席迎接你们。"这时，台下爆发了雷鸣般的掌声，大家共同高呼"中国共产党万岁！""庆祝红军大会师！"等口号。周副主席接着说，我们一、二、四方面红军大会师具有特别深远的历史意义和伟大的现实意义。它标志着中国工农红军是一支在中国共产党领导下，战无不胜，攻无不克，所向无敌的部队，任何艰难险阻动摇不了我们北上抗日的坚强意志，任何凶恶的敌人阻挡不住我们胜利前进的步伐。红军长征二万五千里，是世界军事行动的创举，只有无产阶级政党领导的军队才能做得到。长征以我们的完全胜利和敌人的彻底失败而结束。伟大的长征与伟大的会师，将永载史册，这是我党、我军的光荣和骄傲。（热烈鼓掌）这对于巩固陕甘苏维埃红色政权，改变敌我力量对比，加快抗日战争取得全面胜利的步伐，将起很大的促进作用。让我们紧密地团结在党中央周围，高举抗日爱国的伟大旗帜，为打败日本，为解放全中国，为实现我们共产党人的最终目的而英勇奋斗！（以上是回忆讲话的大意，并非原文。）

大家以热烈的掌声对周副主席的讲话表示欢迎后，朱总司令开始讲话。他身体强壮结实，眼睛很大，有50多岁年纪，穿着打着补丁的军衣，双腿打着裹腿，脚上穿着草鞋。和普通士兵简直没有什么区别。给人以威武朴素、和蔼可亲的感觉。他卸下军帽，拿在手中，在热烈的欢迎掌声平息后，首先代表二、四方面军对党中央和中央红军的盛情欢迎和接待表示衷心感谢。随后他说：我们一定要服从党中央的领导，加强革命团结，我党发展史和红军壮大史都证明，团结则兴，分裂则亡。我们一定要坚持团结，反对分裂，不断壮大抗日民族统一战线的力量，把已经取得的成绩作为新的起点，担负新的重担，夺取新的胜利（大意）。他讲完话，台下再次爆发雷鸣般的掌声。周副主席和朱总司令讲话时，四周炮声隆隆，前线红军与胡宗南和马家军队的战斗仍很激烈。

这时已是11月下旬，甘肃东北的气候已很冷了。红军驻地和舞台下点燃了一堆又一堆的篝火，给三路红军会师后的胜利增添了节日的气氛。当我们演戏时，周副主席、朱总司令和其他红军高级将领与战士们坐在一起观看。他们一个个笑容满面，每到精彩处，与士兵同志一起为我们拍手叫好。我们除演过去的传统节目外，还上演行军休息中加班编写排练的《红军会师》活报剧、《歌唱红军英雄汉》、《长征颂歌》等节目，会师和山城堡大捷的喜悦，给当天晚上的演出，增添了无上的光彩，台上的歌唱声与台下的鼓掌声、口号声交织在一起，划破夜空，传遍四方。许多节目重复了多次，也难以表达战友胜利会师的欢乐心情，演出足足持续了五个小时之久。

五、聆听毛主席的教诲

我们从甘肃返回保安后，已是天寒地冻的隆冬季节。我们正准备进入深山老林烧木炭过冬时，由西安传来张学良、杨虎城两将军发动双十二事变、扣留蒋介石的消息。当时，包括我们剧团在内的许多红军战士和苏区群众都要求迅速处决蒋介石。我们立即停止烧木炭，编写、赶排庆祝西安事变胜利和要求处决蒋介石的文艺节目。编排两天后，突然接到毛主席要到剧团为我们讲话的通知。大家很高兴，心想毛主席一定会鼓励和支持我们的行动。但是出乎我们的意料，毛主席一到剧团，开口就对大家说：红色的文艺战士同志们，蒋介石被扣你们一定很高兴吧！该杀头，对不对？我们几乎一齐回答：就是该杀头。毛主席接着话语一转说：蒋介石的头杀不得。杀了头，日本鬼子高兴，亲日派高兴。中国就要发生大规模的内战，给日本帝国主义大举入侵中国以可乘之机。我们的主张是让他答应我们提出的条件而放之，叫作逼蒋抗日嘛！他不抗日，共产党不答应，全国人民不答应，全世界同情中国人民的国际反法西斯阵营不答应。你们见过驴子上山吗？它不上怎么办？不外乎三个办法：一是前面拉，二是屁股上推，有时还得用第三个办法，那就是用鞭子抽。我们大家团结起来做赶驴子上山，逼着蒋介石抗日这件工作好不好？大家回答说：好！我们愿做这项工作。毛主席高兴地说，你们是人民抗日剧社，是党领导下的文艺组织，我相信你们能够把我们党解决西安事变的主张宣传得好。毛主席讲完话，大家一齐热烈鼓掌。不少同志深有感触地说，毛主席和党中央为我们剧团把心操咂咧！我们一定要按照党中央的指示去宣传。

六、进入延安，文艺队伍的壮大

1937年元月延安解放后，我们随党中央一起迁到延安。经过一段时间，危拱之调离剧团，从事外交工作，上级委派刚由白区到达延安的黄植同志任剧团主任，由我任剧团党支部书记。随着我党影响的日益扩大，许多敌占区的进步知识分子和著名文艺工作者像丁玲、艾青、张庚等都陆续来到延安。

这些从敌占区来的文艺战士又为我们剧团编写了一些好的节目。其中，中央教育部邓杰同志创作的话剧《小先生》、我创作的快板剧《消灭汉奸》《三姐妹》、温涛创作的《叮铃舞》、左明创作的话剧《梦游北平》、李柯创作的陕北道情《送郎上前线》等剧目，都在尔后的演出中受到观众好评。伴随许多文艺作品相继问世的同时，一批新的文艺团体像战地服务团、民众剧社、西北文工团等也迎着抗日战争的暴风雨陆续诞生。

值得一提的是许多著名文艺工作者和党的负责同志，他们不仅是创作者和编导者，而且还亲自登台演出。1937年初夏，廖承志、赵平山、朱光等与我及董芳梅联合演出《阿Q正传》一剧。廖承志扮演王胡，赵平山扮演阿Q，我和董芳梅扮演小尼姑。演出特别成功，毛主席和中央其他领导同志不时地为演员喝彩鼓掌。

（本文选自《陕西文史资料》[第12辑]，陕西人民出版社1982年版。标题为编者所加）

我在延安抗战剧团

口述：刘 炽　　整理：董 馨

> 刘炽，原名刘德荫，曾用名笑山。陕西西安人。1939年4月入延安鲁艺音乐系第三期学习。毕业后入音乐研究室当研究生兼助教。后任东北文工团作曲兼指挥等职。新中国成立后，历任中央戏剧学院歌剧团作曲兼艺术指导、中央实验歌剧院作曲兼艺委会委员等职。

1936年12月，我从西安到了延安。开始在文阳镇当红军，后来就到了延安。我现在谈这个，主要是说红军里也有音乐工作、戏剧工作、舞蹈工作、文学工作、美术工作。开始叫"人民剧社"，再往前叫"中央剧团"。这个剧团是江西老根据地的文艺工作者，经过长征，在一、二、四方面军的红军和陕北红军会合以后，部队成立的一个人民剧团，也叫"锄头剧社"，之后又叫"人民剧社"，后来归中央宣传部领导了，又叫"中央剧团"。抗战爆发后，改成"抗战剧团"，此前还叫过"列宁剧团"、"人民抗日剧社"（简称"人民剧社"），后来改为"抗战剧团"。

为什么要提这段呢？因为很多人一谈起延安文艺或陕甘宁边区文艺，总是把这段给忽略了。我在这个剧团，而且这个剧团培养出来的人才全国各地都有。比如有中央民族学院艺术系的主任刘峰，中央美术学院国画系的主任李琦，哈尔滨市的文化局副局长兼歌舞剧院院长沙青，已故的"北影"总摄影师张召彬，上海电影厂一个作曲的叫高田，西安市的文化局局长韩维晴，等等，都是这个剧团的。南京一个医院的党委书记王英也是这个剧团的。这个剧团的老团长现在还活着，叫杨醉乡，在西安，是陕西省政协委员。他是我们的老团长，也是我们土生土长的剧作家，也是一个好演员，专门演农村老太婆。他写了不少剧本。

去年《舞蹈论丛》有一篇文章，专门介绍这个剧团，介绍这个剧团的经验。这个剧团由农民的孩子和陕北方面的小知识分子组成，连我们团长都是中学生，导演也是中学生，后来在作战中英勇牺牲了，叫芳春。现在陕西省做市委宣传部长的黄植，原来就是我们这个团的指导员。中央戏剧学院的院长李伯钊，杨尚昆同志的爱人，《长征》这个大话剧的舞蹈教员，也是我们这个剧团的。还有个叫温涛的，1936年参加红军，后来死在香港了，他编了很多舞蹈，同时还是一个木刻家，一直是忠实于祖国，忠实于人民的。还有王世荣，后来在自卫战争中到了齐齐哈尔，1946年至1947年，曾当过齐齐哈尔的市委书记。有一次，他在楼下擦枪，被一颗子弹打中得了破伤风，抢救无效死去了。

我说这个剧团，谈的两个问题是，他们没有专门的知识家，顶大是个农村的小知识分子中学生，但是他们担负着红军和人民中间的宣传工作，还是

1937年，刘炽在延安人民剧社当小演员

很受人民欢迎，非常受欢迎。我们每一次下乡回来总是带回一大片锦旗，赠的锦旗。而且有时老百姓跑十几里路、几十里路来接我们。有时下雪，老百姓就扫雪，扫十几里路来接我们。前面的一场还没有演完，后场的人已经来接我们了，两家有时还抢着让我们演。在演出的时候，老乡总是兴致勃勃，慰劳红军啊，慰劳剧团呀，鸡、桃、肉、白面呀等等都拿来给我们。老百姓非常关心、喜欢我们。关于这方面，美国记者斯诺先生曾有过报道。

就是在那样一种艰苦条件下，战争环境中，我们没有专家，没有音乐家，没有戏剧家。所谓舞蹈家，也就是温涛同志，过去在上海、在国外还学过一点舞蹈。剩下的这些，过去留学苏联的时候，作为普通的学生学了点苏联集体舞，不是舞蹈专业，有什么经验呀？又没有器材，整个演员队伍大部分都是农民出身。我呢，算是个城市去的，西安去的，才十五六岁嘛，一共上了四年学，还做了三年工，我的文化程度就是这样。

也就是说我们既没有专业知识，又缺少理论专家，演员也都是没有基本功的农民的孩子。为什么会受到欢迎呢？我想是两个问题，一个是上级给的宣传任务，非宣传不可，而且任务很明确。每一个历史时期都是中央宣传部直接领导，实际上中央宣传部很多同志也在我们团里参加演戏，像廖承志同志就在我们剧团演过两个大戏，还演了一些小戏；像中央纪律检查委员会的办公室主任王玉清，也参加我们那的演戏。他们经常来，指导我们，自己也参加演出。由于上级中央宣传部的直接领导，规定每一个时期的具体任务，我们非完成不可，这就决定了宣传的内容、艺术节目的内容。你比如说在争取友军、争取东北军时，蒋介石把东北军搞到西北来打共产党，东北军张学良的部下又不愿打。有这个基础，我们就要争取。争取他不打我们，把枪往天上放，再进一步调转枪头往蒋介石那放。对此，我们就写了《亡国恨》，写的是东北的流浪汉，爸爸妈妈被日本人害死了，他就流浪到关内，一面打霸王鞭，一面要饭，哭着唱着。演这个戏的时候，东北军在下面看着都哭了，勾起了他们想妻子儿女的情绪。晚上，有的就半夜跑到我们这边。在战场上就往天上放枪，再后来就调转枪头和我们一起战斗。

还有那时红军经过长征以后没多少人了，用毛主席的话说走了二万五剩下二万五，就是几十万红军，后来就剩下连干部一共两万五千多人了。我参加革命正好就是剩下两万五千多人的时候，是最低潮的时候。我们红军那时有个《扩红活报》，这是一种特殊的形式，又有歌，又有舞，又有花。把这件事情很快宣传起来，是我们文工团创造的。等一会我再说形式，现在我讲的是内容，宣传内容，就是任务的内容。因为上级领导得比较具体，抓得也比较紧，又派了很多干部来帮助我们，像廖承志呀，王玉清呀……很多，我就不一一列举了。这是上级领导帮助我们一手创作，一起演出的内容上的问题。

我们演出的对象是什么人呢？大部分是陕北的农民。红军战士也是一部分，是穿上了红军衣服的陕北农民和江西、湖南、湖北、四川的农民，云南、贵州的农民。那个时候参加革命的有钱的人大多不参加，对象主要是穷苦的农民。他们自然缺少文化，缺少艺术欣赏的习惯。因此，根据他们的情况，尤其是部队到了陕北，基本是根据陕北农民的口味，因为你要进行宣传，你首先得让他愿意看你演，听你唱，看你跳。如果你演的是与他们格格不入的东西，那你就达不到宣传的目的。所以，要采取一个人民喜闻乐见的形式。

因为我们没有专家，我们只有向农村的民间艺人学习。我们的老师就是民间艺人。我们团就有好几个，你说他是民间艺人也可以，你说他是在农村喜欢红火热闹、过年过节总是唱的、唱道情的、跳秧歌的、唱民歌的、弹三弦、拉二胡的也可以。当时在我们看来就是民间艺人，但是他们参加革命了，受到教育了，把他们所熟悉的那些东西拿来了教我们。这是革命任务，革命宣传工作的任务。正好解决了艺术表演、艺术作品的一个形式问题。我们也是在摸索中找到了这么一条道路。实际上，这也就是后来毛主席在延安文艺座谈会上所讲的，一个是"为什么人"的问题，一个是"怎么为"的问题。当时虽然没有《在延安文艺座谈会上的讲话》，可是1937年毛主席的《新民主主义论》就出来了。在《新民主主义论》里面，关于新民主主义的文化提了四点，就是：民族的、民主的、科学的、大众的。科学的就不是落后的、封建的东西；民族的就是在民族这片土地上的；民主的当然就不是专制的了；大众的就不是少数人的"阳春白雪"。

所以，我们在1935年就成立了这个剧团，一直到陕西解放，成立了现在的陕西歌剧院。我说要解决这两个问题，也是从我写文章的时候，和一些同志谈完以后，逐渐地形成这样的认识的，开始大家只是朦胧地在做。你看我们小孩跳舞，也就一把口琴伴舞，没有别的乐器。在延安城里演出时，还有个教堂留下的风琴。乡下演出也就是两把口琴，加强一下节奏，可以跳得整齐一点。

（本文选自《我们的演艺生涯》，中国书店2008年版。标题为编者所加）

陕北公学流动剧团
成仿吾

> 成仿吾，原名成灏。湖南新化人。早年留学日本，"五四"时期从事新文学运动。1928年在巴黎参加中国共产党。1934年10月，随中央红军参加长征。1935年10月到陕北后，历任中共中央党校教务主任、陕北公学校长、华北联合大学校长、中共晋察冀中央局委员、华北大学副校长等。新中国成立后，历任中国人民大学、山东大学校长和党委书记，中共中央顾问委员会委员，中共中央党校顾问，全国政协第五届常委会委员等职。著有《从文学革命到革命文学》（合著）、《长征回忆录》、《战火中的大学》等。

陕北公学流动剧团是值得载入陕北公学校史的一颗明珠，她是陕北公学的骄傲，她成立后坚持了文艺为抗战服务、为工农兵服务的正确方向，在炽热的战斗岁月里，发出了耀目的光辉。

陕北公学在延安时，就组织了一个陕北公学剧团和陕北公学合唱团，是一支比较活跃的文艺队伍。当时，陕甘宁边区的戏剧运动初兴，1937年5月延安成立了"人民抗日剧社总社"，领导延安和陕北各地区的剧团，有"中央剧团""平凡剧团""战号剧团""青年剧团"等，演出许多抗日短剧，如《亡国恨》《放下你的鞭子》《死亡线上》。这些剧目起了教育人民、动员人民抗战的作用。1938年初，为了庆祝"五一"国际劳动节，陕公和抗大准备联合召开纪念会。陕北公学十三队学生自编话剧《生死关头》，要求和十四队女生联合演出，女生队开始不敢和男生同台演戏，我鼓励女生队说："为革命登台，要勇敢自信，要勤学苦练。"这些从未演过戏的男女学员们，勇敢地接受了任务。《生死关头》这出自编自导自演的抗日话剧，在"五一"节联欢会上胜利地演出了。陕北公学剧团就这样成立起来了。接着又带着《生死关头》和其他节目参加了延安工人和各界群众召开五卅运动十三周年纪念活动，在延安民众戏院的广场上和其他剧团联合演出。当演到汉奸被游击队员枪毙时，群众热烈鼓掌，振臂高呼："打杀汉奸卖国贼！"台上台下抗日激情融为一体。当时在延安演出抗日戏剧时，经常会出现这样的场面。说明文艺为抗战服务的强大生命力和感染力。

5月以后，陕北公学在关中旬邑看花宫成立分校。国民党统治区进来许多爱好文艺的青年，分校立即开始筹备成立"陕公流动剧团"。8月间正式成立。从各区队学员中选拔了三十多个文艺爱好者，集中在校部看花宫，大的二十五六岁，小的十四五岁，却没有一个文艺专业工作者，一切都要从头学起。剧团只有三孔窑洞，既无排练场，也没有布景、道具，只有一副锣鼓、几把二胡和一些简单的乐器。但是大家积极性很高，大树下、打麦场、庭院里，处处是排练场。经过三个月的准备和排练，排出了一些独幕话剧和活报

陕北公学校长成仿吾

剧。如《游击队长》《在敌人的牢狱中》《国际商店》《十月革命大活报》等等。虽然力求反映工农兵斗争生活，但是演员多是来自大城市的知识青年，身穿工农衣，却缺乏工农劳动者的气质，依然是一派洋学生腔。群众看了不满意，剧团的同志们也很苦恼，怎样才能演得像工农兵，有工农兵的语言和气质呢？！

这时，我从总校到分校来主持工作，到看花宫后，就到各单位了解情况，当得知剧团同志们的苦恼后，就去和大家谈心。大家原以为校长一来，可以帮助解决道具、灯光、布景等装备，使剧团正规化。但我一到剧团就提出了一个他们意想不到的问题，我问："为什么陕公剧团要加上'流动'两个字？"大家迟迟疑疑地回答："要流动演出吧！"我又问："向哪里流动呢？"大家说不上来。我恳切地对大家说："要流动到工农群众中去，你们是为工农服务的革命文艺战士，不能脱离工农群众。资产阶级、小资产阶级的文艺，工农大众不欢迎。几次演出为什么群众不满意？就是因为你们是洋学生，不懂工农的生活和思想感情。所以剧团要下乡去演出，向农民学习，学习他们的语言，了解他们打土豪、分田地后生活的变化，以及怎样支援抗日战争等等。现在流动到农村去宣传抗日，将来还要流动到抗日前线去，以后还要搞社会主义。我们无产阶级文艺工作者，就要树立这样远大的理想。"大家听了心头豁亮了，很表赞成。为工农演出，向工农学习，从此就成为陕北公学流动剧团的努力方向。

怎样流动到群众中去呢？我还提出了具体的意见。由于边区工厂少，剧团主要是到农村中去，我说，不要带炊事员，团员分到农民家去吃派饭，帮农民干农活，坐在炕头谈家常，学习农民的语言和思想，演出后听取农民的批评意见修改我们的节目。

剧团团长黄天同志立刻组织大家讨论剧团改革的方向和方法，重新拟定了下乡演出的剧目，连日赶排了街头剧《放下你的鞭子》，并学习用陕北话演出。临出发前，我们从陕公学员中抽调了两位当地干部到剧团来担任下乡演出的向导和顾问，帮助剧团同志们克服不熟悉农村生活的困难。并嘱咐同志们，下乡演出好坏不要紧，重要的是和农民群众打成一片。

这样，陕北公学流动剧团开始了第一次下乡演出，迈出了和工农结合的第一步。大家背着行李、乐器和幕布，步行30里，到旬邑县所属各个村庄去演出。迈出这第一步并不是轻而易举的。大家都是第一次下乡，有的连关中农民的语言也听不懂，同志们也一时改不了学生腔，讲起话来文绉绉的，被农民称为"字儿话"。但是大家看到广大农村严重缺乏文化生活的状况，激励起为农民服务的热情。团员们一到村里，放下背包就帮助老乡挑水、劈柴、扫院子、送粪肥，晚上在打麦场上点起汽灯，唱歌演戏，群众扶老携幼围拢来看演出。群众看到《放下你的鞭子》时，竟然忘记是在演戏，给卖艺的女孩子丢起钱来。演出后，群众纷纷跑到演员宿舍来问寒问暖，夸奖这些后生"有学问"、"歌子唱得好"、"戏演得真"。他们把文化下乡和共产党的领导联系起来，说："只有共产党来了，才能有这世道，庄户人在家里也能看上戏！"群众质朴的称赞，给大家很大鼓舞。在流动演出过程中，根据群众讲述的母送子、妻送郎参军抗日的生动素材，创作了小歌剧《送郎上前线》，用陕北民歌曲调演唱，很受农民欢迎。群众说："这是演咱村的事哩！"对用当地家乡土音演唱格外感兴趣。剧团在一处只住四五天，便流动到外村去演出，每次离村时，群众总是恋恋不舍地送出村口好远，拉着同志们的手说："欢迎你们再来！"流动演出三个月，同志们的心头打开了和农民感情交流的闸门。回到学校时，这些文艺战士从思想感情到语言气质都发生了明显的变化，他们开始扎根于人民的泥土了。

剧团回校后，做了汇报演出，唱起了刚学来的陕北民歌，演出了自己创作的新歌剧《送郎上前线》。高亢的陕北民歌使全校学员耳目一新，很快就传唱开了。几十年来，许多陕北公学老同志，每听到陕北民歌，就好像听到乡音一样亲切。剧团同志们给陕北公学带回来人民的歌声和人民的斗争生活。剧团的变化引起学校的重视，我很高兴地对他们说："你们演得好，好就好在群众的乡土味儿多了，洋学生的味儿少了。"

为了锻炼这支文艺队伍，我们还有计划地组织剧团去参加实际斗争。1939年春，国民党顽固派积极进行反共宣传，大肆鼓噪"一个政府、一个主义、一个领袖"的法西斯主义，欺骗国统区的人民群众。我们决定派陕北公学流动剧团到当时国民党管辖的旬邑县城和职田镇去进行一次突击式的演出，宣传党的抗日民族统一战线政策，揭穿国民党顽固派的反动宣传。

这是一个战斗任务，我到剧团去做战前动员。分析了形势后，问大家："派你们到旬邑县和职田镇去演出，和国民党顽固派面对面地斗一斗，敢不敢去？"大家异口同声地说："敢去。"接着具体地提出了斗争策略和方式，除了演抗日戏外，还要加上讲演、贴标语等宣传形式。同志们斗志昂扬，准备了三天，就大摇大摆地冲进了旬邑县城。当时还维持着国共合作局面，我们剧团是文化团体，突如其来，国民党顽固派一时摸不清来意，未加阻拦。同志们进城后，分为几路，一面打起锣鼓，召集群众，演出抗日戏剧，节目中间加上简短的讲演，宣传党的抗日民族统一战线政策，宣传党的团结抗日的主张，宣传八路军、新四军的抗敌战绩。另一方面分头到大街上针锋相对地刷标语。在"一个政府，一个主义、一个领袖"的标语旁，我们写上"坚持抗日民族统一战线，团结起来，打败日寇！"在"三民主义万岁！"标语旁，我们写上"抗日民主万岁！"和"人民团结万岁！"机智而又鲜明地表达了我党团结抗日的坚定立场。剧团两天的演出，轰动了旬邑县城各阶层人民，就连国民党的军警，也情不自禁地挤在群众中伸长脖子看我们的演出。

两天的演出，是一次成功的政治突击，扩大了我党的影响，揭穿了国民党的反共欺骗宣传，争取了国统区的人民群众。

我们还注意提高剧团的艺术水平。剧团突击演出后，我们给剧团出了一个大题目，要剧团把高尔基的《母亲》改编为一个多幕话剧，当时田汉同志已写好了第一幕，由剧团继续写成一个完整的剧本，争取在"五一"国际劳动节演出，宣传无产阶级先锋战士为人类解放事业而奋斗的崇高理想，对陕北公学学员进行革命人生观的教育。

剧团同志勇敢地接受了这个艰巨的任务，在集体讨论的基础上，推举侯金镜同志执笔。只两个多月时间，完成了五幕四景大型话剧《母亲》的编剧任务和排练任务。全校学员都十分关心《母亲》的演出，华侨学员献出了西服，女学员送来花被面做连衣裙，大家动手自己制作服装布景。

1939年的"五一"节，《母亲》如期正式演出了。剧中的主人公青年工人鲍威尔由郭维同志（现任北京电影制片厂导演）扮演，母亲由王丹一同志扮演。鲍威尔在法庭上愤怒控诉资本主义罪恶，赞颂人类光明未来的讲演，激起了陕公学员的革命豪情。连续几天，《母亲》成为广大学员谈话的主题。我很高兴地对剧团同志们说："《母亲》演出的成功之处，就在于激发起广大陕公学员认真思考中国革命的未来，并决心为一个光明的新中国而奋斗。"《母亲》的演出，对全校"社会发展史"和"政治经济学"的学习，起了很好的配合作用。

后来《母亲》还到校外去演出，在几个村庄同时演，一场接着一场，有时一直演到天亮。我们党在三原县安吴堡开办的青年训练班的负责人冯文彬、胡乔木同志特地邀请陕公剧团到安吴堡去联欢，演出《母亲》。连演了十来天戏，有《母亲》，也有其他短节目，受到青训班同志的热烈欢迎。

陕北公学流动剧团成立十个月，走上了一条文艺为工农服务，为抗战服务的革命道路。这些年轻的文艺战士，在斗争中提高了政治觉悟和艺术水平，许多同志后来成为新中国文艺战线上的领导骨干。也有不少同志在战斗中英勇牺牲了。如剧团团长黄天同志是一位很能干的领导干部，他领导着陕北公学剧团和华北联合大学文工团，东奔西走，在抗日战争和解放战争中发挥了重要的作用。可惜在1943年冀东根据地反"扫荡"战斗中，壮烈牺牲，为无产阶级的革命文艺献出了宝贵的生命。

1939年7月，陕北公学和鲁迅艺术学院等学校合并为华北联合大学，陕公流动剧团和鲁艺一部分学员合并改编为华北联合大学文艺工作团，挺进敌后，活跃在更加广大的华北敌后战场。

（本文选自《战火中的大学》，人民教育出版社1982年版）

记鲁艺实验剧团及其后台工作

钟敬之

> 钟敬之，浙江嵊县人。曾在上海劳动大学学习。1935年在上海参加左翼剧联。曾担任《大雷雨》《欲魔》《夜光杯》《塞上风云》等舞台剧的美术设计。1938年赴延安，同年加入中国共产党。曾任延安鲁迅艺术学院戏剧系教员，兼任鲁艺美术工场、鲁艺实验剧团主任。在此期间曾为《松花江上》《秋瑾》《冀东起义》《带枪的人》《前线》《白毛女》等舞台剧进行美术设计。1942年参加延安文艺座谈会。曾获陕甘宁边区文教界英模甲等奖。新中国成立后，任北京电影学院副院长等职。著有《在延安舞台上》《延安十年戏剧图集》《人民电影初程纪迹》等。

鲁迅艺术文学院的戏剧活动，一向十分活跃，在1938年春建院之初的两个月间，就已演出了《人命贩子》《大丹河》等大小剧目10余个。尤其是在"七七"抗战周年纪念时，先后创作并演出了歌剧《农村曲》、改编旧剧《松花江上》以及三幕话剧《流寇队长》，都得到一定好评。当时正值戏剧系第一届前阶段学习告一段落，为了结集人才，适应延安文娱活动及开展新的演剧工作，学校决定于8月1日宣布创立一个专业性的戏剧团体"鲁艺实验剧团"。当时剧团成员有龚伟、肖逸、孙强、温容、韩塞、里诃、张平、徐一枝、阿甲、张东川、李纶、关鹤童、张林骖、王久晨、王地子、齐瑞棠、张鲁、张守维、邸力、路玲、陈锦清、张颖、熊塞声、岳慎、方华、庄焰、王一芬、李非等。团的主任和各科科长都由戏剧系教员兼，剧团主任及教育科长为王震之，组织科长为李伯钊，剧务科长为钟敬之；导演有左明、崔嵬、张庚，还有音乐顾问向隅，医药顾问马海德。剧团于8月27日，与鲁艺第二届开学同时正式举行成立典礼。来宾有李卓然、萧向荣、徐懋庸等同志，晚会上演出了两幕话剧《一心堂》和新编京剧《松林恨》，稍后又演出三幕话剧《打虎沟》。

剧团成立之初，这些艺术青年个个生趣盎然，革命情绪饱满，工作热忱高昂。青年们那时经常聚集在城内与边区文协同院的两间平房里，紧张地组织学习（包括政治学习），进行排戏。近旁的中央大礼堂（即旧天主教堂）可给我们借用，这样，就有个小小舞台作为排戏和演出的"基地"。鲁艺校址是在北门外路西山坡上开了些窑洞，离城有1里许，我们每天上课吃饭总得往返赶路。那个时候我因工作任务在身，为便于使更多精力集中于改建那个教堂里的小舞台，以及试验设计制作几种铁皮灯罩来管制汽灯照明等项工作，有一段时间我就索性在与舞台旁通的一间不设门扇也无窗纸的小屋里住下。

艺术家钟敬之

每当晚会散场之后，在暗淡的菜油灯下工作或读书，虽然觉得十分寂寥，但精神却很愉快。在这一年内，实验剧团又排演了多幕话剧《团圆》（沙可夫作），并开始新歌剧《军民进行曲》（天蓝等编剧、冼星海作曲、张庚导演）的排练工作，于翌年1月15日上演。这是鲁艺实验剧团初期的活动情况。

1939年2月，鲁艺全院做了一年来的工作检查，认为过去规定的教育计划，偏重于培养专门人才，忽视培养前方急需的有多方才能的文艺干部。为了与前方取得更多的直接联系，便于更好开展戏剧运动，加强前方和敌后的文艺工作，鲁艺于3月间派出实验剧团去前方开展工作。这个剧团由团长王震之率领，由肖逸、张平、安波、龚伟、徐一枝分任各科科长，团员有张鲁、王地子、安琳、方华、周云深、齐瑞棠、翟其春、朱革、徐徐、江雪、刘谟、张潮、黎辛、聂眉初、王韦等近30人。他们离开延安后经西安东进渑池，北渡黄河入山西垣曲，越王屋山经阳城、晋城，北向高平、壶平、长治，达潞城地区八路军总部驻地。而后即在广大太行山区平顺、陵川，又渡浊漳河，北向黎城、左权、和顺，东至赞皇、内丘一带，随时随地开展工作。后转榆社、太谷，南下风陵渡过河，于年终西返延安。

延安鲁艺旧址

他们在前方的九个月间，做了大量工作，先后共计演出达百余次，创作话剧及新编曲剧20余个，以及许多歌曲、小调、杂技等。此外，他们还帮助其他剧团排戏、教歌、讲课各数十次，还进行了各种类型的宣传工作，总之成绩是很可观的。

当实验剧团大部人员上前方之后，留在后方的人员大部分是对京剧具有专长和爱好者，如阿甲、罗合如、张东川、李纶、陶德康、王久晨、赵奎英、薄平等，便组成了一个"鲁艺旧剧研究班"（即"鲁艺平剧团"的前身），先后演出有《刘家村》《夜袭阳明堡》《天快亮了》，以及稍后的《钱守常》等剧，开始对旧剧形式进行探索改革。在那时的鲁艺周年纪念晚会上，还曾演出王震之的三幕话剧《冀东起义》，由张庚导演。

在这一年，陕甘宁边区剧协正在酝酿组织一次规模较大的戏剧演出，以推动边区戏剧运动。据当时负责此项工作的张庚同志回忆，那时，毛泽东同志把他找去说，延安也应当上演一点国统区名作家的作品，《日出》就可以演。并说这个戏应当集中一些延安的好演员来演。为了把戏演好，应当组织一个临时党支部，参加工作的党员都要在这个支部里过组织生活，以保证把戏演好。这样，鲁艺（包括实验剧团留延人员）实际上负起了这次的主要任务。于是抽调人员，集中精力，着手搞《日出》的筹备演出和组织工作。我参加了这个工作并担任舞台设计，导演为王滨。那时，我们虽然并不完全了解毛泽东同志倡议演这个戏的深意，但大家都在加倍努力，决心把戏演好。这个戏是以"边区剧协"工余剧人协会的名义演出的，但实际上鲁艺实验剧团与总政、抗大的几个文艺工作者是合作的主力军。该剧导演王滨和组织者之一的田方以及演员颜一烟、张成中等，都是当时总政宣传大队和抗大文工团的，在这次演出后都留在鲁艺工作，成了重组实验剧团的骨干力量。那时鲁艺教务处有个艺术指导科，内有郑律成、千学伟、华君武、李丽莲、李鹰航等，负责对外做些教导工作。王滨、田方、颜一烟等来后，由田方负责。

《日出》是1940年元旦起在延安正式公演的，一连演出12场，以后又在

9月间由实验剧团重排并再演多场,均得领导和群众的赞赏。剧中演员和人物如李丽莲的陈白露,王一达的潘月亭,千学伟的张乔治,田方的黑三,颜一烟的顾八奶奶,范景宇的胡四,韩冰的翠喜和林白的小东西等,都给观众留下了深刻印象。从这个戏演出以后,一批解放区以外著名作家的剧本以及几个外国名剧,先后在延安舞台上陆续演出,影响并推动了延安戏剧运动向前发展。

实验剧团自前方返回延安后,在经过一段总结和调整后,于1940年2月间改组成立新的实验剧团,以田方为团长,王滨为副团长,内设研究、演出、剧运三科。各科负责人为:研究科长钟敬之,不久钟调离剧团去负责筹建"鲁艺美术工场",由于敏继任,干事干学伟、陈锦清;演出科长王滨,干事张平、张守维;剧运科长田方,干事王地子、龚伟。当时田方曾经提出的一个《剧团改组后的计划草案》,其中说道:"鉴于抗战剧运的进展,理论与技术上有提高的必要,须在为党的文艺政策的贯彻实践中,向全国范围扩大影响,需要建立一个较正规的剧团,在理论教育和技术训练的配合下,培养有新的思想认识与技术修养的优秀戏剧工作者。努力树立紧张严肃刻苦虚心的团风,克服个人散漫的不良作风,团结一致保证生活和学习的纪律性,提高警惕性。"以上这些,是该实验剧团当时提出的工作任务和目标了。那时正值鲁艺教学上趋向专门化,各系都组成有专门的研究创作机构,如文学研究室、音乐工作团、美术工场以及实验剧团。所以剧团的学习气氛也大为高昂,积极成立理论和政治的学习小组,草拟学习规约,着重听艺术论和戏剧概论课,上马列主义课,开展关于新文化问题的讨论会。先后又请何思敬同志讲哲学,吴亮平同志讲"形式与内容"问题。刚从前方回延安的袁牧之同志也来团做报告。在这期间的业务活动也开展得比较活跃。演出方面为庆祝鲁艺成立两周年,由王滨认真导演了王震之编写的反映农村生活斗争的多幕话剧《佃户》,主要演员有李莫愁、张平、张守维、田方、于蓝、姚时晓等。同时,还先后排演了《婚事》《钟表匠与女医生》,以及9月间重排并演出的《日出》。为了使团员有更多的实践机会,在11月间选排了契诃夫的3个小戏,由陈锦清导演的《求婚》,马瑜导演的《蠢货》、史行导演的《纪念日》，作为团员普遍学习的剧目，一直到年终前才演出结束。

在这年的10月前后，水华和肖昆等同志自重庆来到延安，他们随身带着一份得之不易的教材，即章泯尚未译完的斯坦尼斯拉夫斯基体系的部分译稿，水华对此已有研究，经和张庚同志商定后，便在戏剧系第四届教学实践中探索试行斯氏体系。这对实验剧团的理论和表演的学术研究影响极大，不久就作为重要的内容被提上议事日程了。当时由天蓝、曹葆华两位同志根据苏联斯坦尼斯拉夫斯基学派戏剧家B.E.查哈瓦的《导演的原则》和T.拉普泊的《演员的工作》，以及斯坦尼斯拉夫斯基著作《论演员》等著作编辑成了《演剧教程》一书，被列为鲁艺实验剧团的重要教材。

此外，剧运科还做了不少辅导工作，对边区和延安的剧运起过一定作用。如那时从前方来鲁艺学习的剧团，有王江三带领的黄河剧社和谢力鸣带领的奋斗剧社，来团学习达半年之久。他们的有关编导、表演、话剧、旧剧、音乐、舞蹈、装置、美术等课程，都是由实验剧团派人或转请人去完成教学的。土地子还去延安文化俱乐部主持举办了"导演训练班"，以及派出人员去为烽火、抗战、边保等剧团和女大、青干校等单位讲课。在这一年内剧团自己演出了《佃户》《婚事》《闲话江南》《棋局未终》《钟表匠与女医生》和契诃夫的3个小戏及重演《日出》等9个戏，共演16场。帮助其他剧团上课排戏、设计制作、调查访问、座谈报告等工作为464次（其中演出、排戏参加全过程的有《一年间》《蜕变》《钦差大臣》《大战平型关》《松花江上》等11个剧目；部分参加的有《秋瑾》《马门教授》《维也纳暴动》《塞上风云》《阿Q正传》《李秀成之死》等7个剧目）。

为了配合业务学习，年前12月开始排演由青年剧作者刘因创作的四幕话剧《中秋》，它描写了沦陷区农民的苦难生活及反抗斗争。该剧由张庚导演，许珂任舞台设计，参加的演员为干学伟饰朝庭，刘镇饰大拉，熊塞声饰小巧娘，田方饰营混子，范景宇饰芒种，王一达饰毛孩，张云芳饰毛孩家，马瑜饰大老茂等，阵容相当整齐，并用新的排演方法试行探索，历时半年，于翌年6月演出。

1941年10月，实验剧团的组织机构与干部人选，经鲁艺院务会议决定做了调整，成立团务委员会，采取集体领导制度，由张庚、钟敬之、田方、王滨、于敏、水华、许珂、姚时晓、何文今、王大化、干学伟11人组成团务委员会。团务委员会以钟敬之、田方、王滨、于敏、水华5人组成常委会，并以钟敬之为主任，田方为副主任。团内组织略做调整，即团部下面不设各科，改设研究室和演出委员会。研究室由水华负责，干事范景宇，下分演员导演组、舞台装置组、理论剧作组，分组进行学习与研究；演出委员会由何文今负责，委员有张守维、马瑜、张成中、邸力，负责排戏演出制作等的一切计划和实施。

当时陕甘宁边区剧协为开展边区各地的剧运，决定将在戏剧节（10月10日）举行一次较大规模的会演，以检阅该年度的演出阵容。那次参加的节目中有鲁艺实验剧团的《带枪的人》、青年艺术剧院的《上海屋檐下》、部队艺术学校的《悭吝人》、文化俱乐部业余剧团的《新木马计》等。从此，实验剧团即以全力投入革命史剧《带枪的人》的筹备及排演工作。《带枪的人》是苏联包戈廷写的剧本，从一个侧面反映了伟大的十月革命。演出此剧是在中国舞台上首次出现列宁和斯大林的形象。此剧由王滨、水华任导演，钟敬之任舞台设计，主要演员为干学伟饰列宁，田方饰俄国士兵伊凡·雪特林，严正饰斯大林。全剧13场及尾声，舞台布景场面及人物的众多是空前的。自1941年12月27日彩排，于翌年元旦正式公演，连演10余场，获得颇多赞誉，这是对鲁艺实验剧团的一次全面检阅。

在《带枪的人》演出总结之后，按照当时公布的《剧团1942年度工作大纲》，该年度2至6月工作中心集中于学习研究，7月开始排戏，拟于戏剧节演出。前一段以研究室工作为主，每人参加一组，由组长领导分期进行。演员导演组以研究斯坦尼斯拉夫斯基演剧体系的表演艺术为中心，重在研究体系的表演技术及其基本练习。舞台装置组以了解与研究一般舞台美术的理论为主，并重视技术实习，包括实习写生、构图和模型制作等。后一阶段排戏，原计划排演夏

鲁艺实验剧团话剧《带枪的人》演出剧照

衍的四幕话剧《愁城记》，后因整风学习，改变了这些计划。

1942年延安整风运动开始，实验剧团于4月间调整学习计划开展整风学习。鲁艺在整风学习中，联系实际触及有关学院的教育方针和教学工作的检查，思想认识都有提高。在"七七"抗战五周年纪念活动时，鲁艺戏剧部（含实验剧团和戏剧系）的师生们，遵循党的文艺新方向，突击创作并演出了几个反映华北军民反扫荡斗争的话剧，有《我们的指挥部》（陈荒煤作）、《军民之间》（袁文殊作）、《民兵》（姚时晓作）、《三光政策》（骆文作）等，这些剧本虽然不是直接来自前方的，但说明鲁艺已经在踏着新的步伐开始前进了。随着整风运动的不断深入，文艺工作者更加明确了文艺为群众服务，向群众学习的方向。1943年的新年和春节，整个延安掀起一片红火热闹的群众秧歌运动。实验剧团的同志们都先后投入秧歌运动的行列，并与鲁艺音乐部的同志们一道，在向群众艺术学习的过程中产生不少深受广大群众欢迎的新作品，包括《兄妹开荒》以及小节目《打腰鼓》《挑花篮》《拥军花鼓》等等。这年秋季，西北中央局号召延安各文艺团体分头下乡，鲁艺组成一个以实验剧团和音乐工作团为基础，又增加文学、美术等专业人员40余人参加的"鲁艺工作团"，由张庚率领去绥德地区开展工作，团员有田方、水华、王大化、贺敬之、马可、华君武、安林、张平、于蓝、王家乙、林农、欧阳儒秋、唐荣枚、李焕之、刘炽、关鹤童、时乐濛、丁毅、王元方、孟波、黄准、张鲁、陈克、吴梦滨、计桂森、何路、王岚等，又有地委宣传部吴文遴参加协助工作。这个工作团在年前出发至第二年4月回延，在外面做了大量工作，特别是他们在当地干部的帮助下，集体创作了新歌剧《周子山》带回延安演出，深受广大群众的赞赏。从此以后，鲁艺实验剧团和鲁艺音乐工作团的组织，虽然都未曾宣告解散或改组，但却不再在演出中单独出现这些名称了，实际上它们已经较早地与鲁艺戏剧部、音乐部一起合并编组，共同进行整风了。

1944年夏，西北战地服务团由周巍峙率领从华北前方工作多年后返回延安，集中进行工作总结，在与鲁艺戏剧部（包括实验剧团）和音乐部的同志们共同相处期间，开展了一系列较有影响的戏剧创作及演出活动。其中，就有1944年9月演出的反映太行山区沁源战斗生活的四幕话剧《粮食》。这是陈荒煤、姚时晓、水华集体创作并得到周恩来同志大力支持和鼓励的。又如同年冬为了配合整风学习，在中央的倡议下，由中央党校和鲁艺联合演出了苏联作家柯涅楚克的三幕五场话剧《前线》，以及在鲁艺又同时开始创作与排练于翌年为党的"七大"召开时献演的大型新歌剧《白毛女》。这些演出和创作，都凝聚着并表现了鲁艺实验剧团和鲁艺音乐工作团以及西北战地服务团的许多艺术家们的心力，不过那时已经不再使用原来团体的那些名称了。有关鲁艺实验剧团的沿革及其工作状况，只能做此略记。

一个剧团的工作成果，都表现在舞台上与观众见面的效果，而为了取得这些成果在幕后的许多埋头苦干默默无闻的工作，是常常不易被人们见到的。当我们已了解鲁艺实验剧团的一些基本情况之后，再看看他们在后台干了些什么吧。

鲁艺实验剧团处在抗日战争年代的重要后方基地延安——我党中央所在地，全国人心向往之，文化要求颇为迫切，戏剧演出任务也极频繁。但当时的物质供应十分困难，工作受到极大限制。为了保证戏剧演出的基本条件，唯有依靠自己动手，出力献智，创造性地去完成任务。这样，剧团后台工作的任务更为繁重，例如，当时因为没有电灯，在舞台上只能用煤油汽灯做光照，而汽灯这东西是很难驾驭的，首先是要保证点燃照亮，不被风吹气塞所熄灭，再则要控制光照，还得专门制成几种铁皮灯罩，做出舞台上需要的顶光、面光、侧光、天幕光等照明效果，使用的灯有时多达十几个，所以当时在舞台上管理汽灯光照是后台工作中最为艰苦的。实验剧团在这方面曾取得过些经验，颇值得重视。还有为演员的造型直接服务的化装，因为那时边区已在被封锁的状况下，购买化妆品的来源断绝，怎么办呢？有的同志开动脑筋，经过多次实验，使用一些可作代用品的物品，土法上马，制成各种油彩涂料，因而产生了许多富有创造性的好办法。举例来说，如演出革命历史剧《带枪的人》时，就专为扮演列宁的演员做的一个钢盔式的"硬壳头套"，以及塑造斯大林的面型用的一种特制的"鼻油灰"，都是利用雕塑家塑像用的胶泥，调制成一种带强油性的塑泥来代用的。还有演员的穿戴和携带及陈设的小道具等，几乎都得自己动手制作。在这方面，实验剧团的同志们充分发挥了自力更生的精神，也体现了革命演剧运动中的传统作风。包括经常担任角色的一些同志都积极参加这种工作，如演员张守维、王家乙、陈克等管理汽灯灯光，每次紧张工作中搞得满头大汗；马瑜、范景宇、史行等对化装及化妆品的制造，人人称道；还有邸力、于蓝、李波、高维进、林白等几位女同志经常热心地参加服装的缝制及保管等工作，也为难得。至于布景大道具的装置制作，在每次演出时更须动员众多人力。所以，当我们看到剧团在取得成绩的时候，对许多一贯埋头尽责于后台工作的那些"无名英堆"，是不能忘怀的。

鲁艺实验剧团由于有这些同志的努力，各类演剧用品都从无到有地逐渐积累起来，并且与日俱增，这些宝贵财产都得到了妥善的保管和护理，这不仅满足了每次演出的需要，给演出提供了方便，又大大节省了演出费用。那时延安的各个机关学校，文娱活动都很活跃，多数因为缺乏晚会和演剧的用品，都要向鲁艺实验剧团告借求助（据保管室统计，1940年间对外供应就有166次），因此，剧团在这些方面对延安的戏剧活动，还负有难以推卸的责任。如曾经在《解放日报》上见到过这样一个启事："实验剧团保管室所有一切演剧用品，供应延安各剧团借用，损坏甚巨，兹决定自即日起开始整理修补，所以本室存物，一律暂停出借。凡各剧团借用本室物品者，务希于本月21日以前来我团清理手续，特此通知，尚乞鉴谅。"这样看来，鲁艺实验剧团的那些埋头在幕布后面辛勤劳动的同志，其影响又及于延安舞台的其他方面去了。

1987年12月

（本文选自《在延安舞台上》，文津出版社1989年版。内容有删节）

忆边保剧团和三旅宣传队

朱悦鹏

> 朱悦鹏，原籍陕西临潼。1938年参加八路军，同年赴延安，入延安中学学习。1945年入党。曾任贺晋年将军秘书、陕甘宁边区警备第三旅政治部宣传队宣传员，长期从事部队政治宣传工作。新中国成立后，《解放军报》创刊初期从广州军区调至解放军报社，先后任编辑处和记者处领导职务。著有《冲刺人生》、《东北解放战争纪实》（合著）等。

1939年1月到1945年8月，我在陕甘宁边区保安部队剧团（简称边保剧团）和后来的三旅宣传队工作。

边保剧团（1943年改编为警备第三旅宣传队），只算得上是边区部队文艺百花园中的一朵小花。它是1942年以前延安仅有的两个部队文艺团体中的一个，它的足迹几乎遍布陕甘宁边区。

白手起家

1939年初春，我正在陕甘宁边区中学读书。这是当时边区唯一的一所中学，学生中的一部分是从国民党统治区来延安的青少年。一天，学校的教导主任找我和另外几个同学谈话。教导主任说："调你们到剧团去工作。有什么意见？没有的话，后天就走。"

听说去剧团，我十分高兴。那时我还不到13岁，喜欢唱歌、跳舞，看见别人拉胡琴，手就痒痒。1938年10月，我从国民党统治区刚跑到边区，看延安抗战剧团演出时，就想参加这个剧团，但没去成。这下到剧团工作的愿望实现了。

边区中学设在安塞县吊儿沟一个地主庄园里，这里与世隔绝，四面环山，真是个世外桃源。第三天，我们一行七八个小鬼，随来校领我们的刘广同志离开吊儿沟，翻山过岭，沿着小路，直奔边区保安部队驻地。50多里山路，大半天就到了。

剧团在哪儿？刘广同志把我们带到只有三户人家六七孔窑洞的村子里。他说：

"到了，剧团就在这里。"

我们的心一下子凉了半截。这叫什么剧团？人只有二十几个，幕布、服装、道具、锣鼓乐器一无所有。我和同年龄的同学周伯平、赵大纲哭起来了，都想回学校去。

过了几天，召开剧团成立大会。我们列队来到边区保安部队政治部驻地——西营村。西营也只有十几户人家。政治部的几个科、几十名干部，有的借住民房，有的住在自己搭的棚房里。这儿没有礼堂，也没有能坐下几十人的大房间。剧团的成立大会就在一个向阳的平地上举行。我们围个半圆，席地而坐，正前方放了一张八仙桌。不一会儿，一个身子比较肥胖、中等个头的中年人来了。他笑眯眯地和大家打了招呼，就讲了起来。

他叫吕振球，是边区保安部队政治部主任。听说他到过苏联，在莫斯科东方大学学习过，还见过斯大林。我们这些青少年，由此对他肃然起敬，相信他说的准没错。

吕主任说："今天我们保安部队的剧团成立了，就叫它'边保剧团'。我们这个剧团，是个贫雇农，房无一间，地无一垄。但是我们有人，现在是有二十多人，以后还要吸收几十人。有人，就能办事。你们当中能人不少，有从雪山草地走过来的，有从学校来的，有从边区山沟来的，可以八仙过海，各显神通。"

吕振球同志这几句话，说得我们心里热乎乎的。接着，吕主任又说了成立剧团的道理:"我们保安部队是散处在陕甘宁各地的红军游击队编成的。每县有一个大队,还有独立营、保安团。保安部队是边区人民的子弟兵。他们的任务是保卫河防,保卫边区。成立边保剧团,就是要为边区人民和边区保安部队服务,为抗战服务。你们办剧团,困难不小,真是白手起家。我愿意和你们一起努力办好边保剧团。"吕主任还宣布了剧团的负责人为赵淮川同志、刘广同志。后来又调来了樊树鹏同志。

吕主任的讲话给我们增添了克服困难的勇气。"白手起家办剧团"成了大家的行动口号。

边区保安部队和边区人民最喜爱秦腔和眉户调。政治部确定剧团主要用这两种地方曲调演出。

延安民众剧团是诗人柯仲平同志领导的秦腔剧团。边保政治部和民众剧团商定,让边保剧团派人到民众剧团学习几个月。我是陕西临潼县人,那里是秦腔的故乡,无论大人小孩,都会哼哼几句。这下子我可成了"红人",只要剧中有小孩,差不多都由我扮演。周伯平是湖南人,赵大纲是江苏人,团领导干部赵淮川是河南人,还有江西人、四川人都学唱起秦腔来了。

没有幕布、服装、道具怎么办?穷有穷的办法。除了买布缝制幕布外,演戏用的服装,主要靠干部捐赠。吕振球主任把前方同志送他的日本军用黄呢子大衣捐给剧团。从1930年到1945年,我们演的所有戏里只要有日本兵,都穿这件呢大衣。有的同志捐出从家穿出来的长袍、西装、礼帽、学生帽等等。剧团派人到民间寻找旧的锣鼓、钹、钗,作价买来。就这样三拼两凑,演个小戏也能对付了。

艺术为了抗战

剧团成立不久,安塞县真武洞要开群众大会,地方同志特意请我们到大会去宣传,还说最好能多演几个节目,边区群众多少年没看到演戏了。这可难为了我们。不去,地方同志的盛情难却,也失去了一次宣传抗日的好机会;

去呢，剧团着实拿不出什么像样的节目，这会使群众失望的。经再三斟酌，剧团还是答应了。我们突击排练了《黄河大合唱》中的几个选段，没有乐器配合，就来清唱；又从延安留守兵团政治部烽火剧团要来宣传抗日的小演唱《小放牛》脚本，分配我和赵大纲扮演牧童和少女，民众剧团编写的秦腔短剧《查路条》，也赶排出来了。就这样，剧团成立后的第一次演出，竟然奉献给边区人民了。

真武洞群众大会那天，边保剧团的锣鼓声，打破了陕北山区的宁静，抗战的歌声激励了男女老少。秦腔《查路条》告诉老乡们，要提高警惕，站岗放哨，盘查行人，严防汉奸破坏和捣乱。看戏的人们情绪十分高涨。这对我们这些没有任何艺术修养的文艺工作者，无疑是很大的鼓舞。

1939年11月，中国共产党陕甘宁边区第二次代表大会在安塞县徐家沟召开了。毛主席向大会做了政治报告，陈云、李维汉、肖劲光同志也在大会上讲了话。这次会议号召边区成为抗日民主模范区。在这个意义重大但又十分简朴的会议上，我们剧团被邀请去演出助兴。我们除了演出《黄河大合唱》（选段清唱）、《小放牛》、《查路条》，还增加了几个小节目。我们演唱的水平太低了，但参加会议的领导同志和代表们给了我们很大的鼓励，每个节目演完后，他们都报以热烈的掌声。

剧团的同志"为抗战而艺术"的勇气和热情，弥补了艺术水平的严重不足。此后，我们的胃口越来越大。剧团不久开始排练民众剧团马健翎同志写的大型秦腔《中国魂》。这个剧写的是日本侵略军占领我东北三省后，一个日本军官将俘虏去的一个中国妇女霸占为妻，并把这个妇女带去的男孩收为养子。"七七事变"后，日本军官驻防湖北，雇用了一个中国老头看管花园。经过较长时间的接触，小孩和老头建立了深厚感情。孩子从老头口中知道，他原来是中国人，杀中国老百姓和杀死他父亲的就是他那个日本"爸爸"。小孩知道自己的身世后，决心报仇雪恨，杀死了那个日本军官，和母亲、老人逃出虎口，奔向抗日阵营。《中国魂》成了边保剧团的保留剧目，走到哪里演到哪里。

我们是部队的剧团，为抗战而艺术，要面向人民，更要面向军队，有军队剧团的特点。为了实现保安部队领导对边保剧团的这一要求，吕振球主任亲自领导几位同志为剧团编写剧本。这几位同志是胡友之、杨一擎、袁建、孔厥等。吕主任领导创作的第一个大型秦腔叫《英雄战士》。这个剧的主题、人物、情节、场次，都是吕振球同志构思设计的。经过集体讨论，由孔厥同志执笔，你一句我一句地凑了几天几夜。创作《英雄战士》时，吕主任始终和大家一起讨论、修改。排练时他又在场指导；演出时只要有空，他场场都看，不断修改。《英雄战士》是边保剧团自己创作的第一个剧目。这个戏反映华北抗日前线我们八路军一个连队与日寇展开激战，因寡不敌众，一个战士被敌俘去。在敌严刑拷打下，他宁死不屈，敌人恼羞成怒，将战士绑赴刑场处决，此时我主力部队和游击队设下埋伏，将战士救出，消灭了这股敌人。《英雄战士》演遍了边区保安部队，成了部队进行爱国主义和革命英雄主义教育的好材料，因而为广大指战员所喜爱。

接着，吕振球主任还领导剧团编写了第二个大型秦腔《机密信》。他说《机密信》的情节是他在苏联学习时，听到苏联红军流传的一个故事。他仍旧采用集体讨论、写作、修改的办法，直到演出。《机密信》的主题是：一个战士受命把一封写有重要情报的机密信送到指挥机关，他经过种种困难，始终严守机密，完成了任务。这个戏情节曲折，人物突出，全剧可演近两个小时，也是深受指战员欢迎的剧目之一。

运用十八般武艺

1942年底，边区保安部队改编为警备第三旅，原警备一团和保安九团一个营合编为警七团，原警备五团改编为警八团，原保安四团和保安九团一部改编为警九团。我们边保剧团随边保司令部、政治部由延安移防定边县，并改编为**警备第三旅宣传队**。三旅宣传队除边保剧团成员外，又补充了原警五团宣传队几位同志，他们是秦世杰、成凯旋、王存生、赵洲、刘玉海等。

警三旅驻防三边分区（三边分区辖定边、靖边、安边、盐池等县，其中靖边县城长期为国民党第十一旅占领，它是边区北部的一个钉子，经常威胁边区的安全），三旅的任务是保卫陕甘宁边区的北大门，部队平时以战备的姿态搞训练，搞生产，学文化，一旦有情况，就拉出去打仗。

1943年初到1945年8月，是三旅宣传部队工作十分活跃的几年。这是延安文艺座谈会给宣传队带来的新气象。

我们宣传队只有四五十人，为了运用多种文艺形式进行宣传，大家真是"八仙过海，各显神通"。除了秦腔、眉户调以外，我们采用的文艺形式还有京戏、山西梆子、河北大鼓、话剧、陕北道情、陕北秧歌，还有自己创作的小歌剧（自己谱曲）。我们到蒙古族人民中收集民歌，组织小乐队，演奏《森吉德玛》《五台山之夜》等曲调。1944年和1945年毛主席推崇平剧《逼上梁山》和《三打祝家庄》，三旅的领导同志从国民党统治区买了一套古戏服装，宣传队将平剧《三打祝家庄》移植成秦腔，又排练了几个大型古装秦腔戏如《三滴血》等，还排练了京戏、山西梆子的几个折子戏。运用多种文艺形式，更好地吸引了群众，增强了宣传效果，但却给四五十人的宣传队带来了很大的工作量，一人要学几种本领，成天忙得团团转。就说我自己吧，我喜爱文学，讨厌演戏，但在宣传队不可能随个人心愿，为了完成领导交给的任务，加上一个青年兴趣广泛和求知的欲望，我既是一个秦腔主要演员，又要去农村、部队采访，写通讯，写剧本，还要自己哼哼几句，谱上曲子。京戏、山西梆子，我唱不好，但学会拉几个小段，有时给他们拉二胡。最使我头痛的是男扮女装。在剧团和宣传队的六七年，我始终躲不过去。老同志说我不愿扮演女的就不是个好革命者。我只好扮演了。当然，男扮女装不只我一人。延安的男女比例，当时有人统计是18（男）比1（女）。我们宣传队从成立到1945年只吸收了两名女的。她俩都是陕北山沟里来的女娃娃，没念过几天书，读台词都困难，开始一上台就哆嗦，不是忘了词就是做错了动作，所以，不得不采取男扮女装的办法。大概有七八个同志，几乎包了女角，有长期扮演老太太的，有扮演中年妇女的，扮演少女的任务大都落在我的头上。每次演出结束，热情的陕北老乡都想看看演戏的人，尤其是女娃娃。他们一定要知道究竟是男的还是女的，弄得人真不好意思，有时你在城镇或乡间走路，被他们认出来了，除招惹一些尾随的人以外，还听到叽叽喳喳的议论：原来是个男的。

最令人难忘的是扭秧歌。这是我们经常采用的街头宣传形式。逢年过节，我们全队化好装，敲锣打鼓，扭上秧歌，到地方机关、学校、街头演几个小节目，或给大家拜年问好，或宣传党的方针政策。1943年7月15日，为了打退国民党发动的第三次反共高潮，定边县举行反对内战挽救危亡群众大会。我们的秧歌队在小小的定边县城穿街过巷，揭露国民党要反共打内战的阴谋，宣传边区军民保卫边区、保卫延安的坚强决心。秧歌队吸引着无数群众向大会会场聚集。万人大会上，三边地委书记兼旅政委王世泰、专员罗成德、边区政府委员高崇民以及战斗英雄、劳动模范，都表达了反对内战、保卫边区的决心。我们的秧歌队在群众的铁流中更是意气风发。一个文艺工作者的心和群众一起跳动，是最使人兴奋和幸福的。

（本文选自《中国人民解放军文艺史料选编·抗日战争时期》［第一册］，解放军出版社1988年版）

踏遍陕北山山水水的民众剧团
黄俊耀

> 黄俊耀，陕西澄城人。毕业于陕西省立同州师范学校。1932年参加革命工作。1938年赴延安，同年加入中国共产党。历任陕甘宁边区民众剧团演员、导演科长、戏剧处处长，陕甘宁边区陇东地区文工团团长，西北军政委员会戏曲改进处副处长，西北文化部艺术处副处长，陕西省戏曲研究院院长，一级编剧，中国戏剧家协会常务理事，中国戏曲现代戏研究会主席，陕西省文联主席、名誉主席等。著有戏曲剧本《阎王寨》、《梁秋燕》、《解忧公主》、《两颗铃》（合作）、《游西湖》（合作）、《女巡按》、《神神打架》、《大脚好》等。

毛主席支持剧团成立

约在1938年春天三四月，在延安市工人代表会议期间，当时工会负责人齐华陪同毛主席看戏，当晚演出的是秦腔传统戏《升官图》《武家坡》。刚解放不久的延安群众，争先恐后去看戏，把个剧场拥挤得水泄不通。看到高潮处，小伙子们激动得又是鼓掌又是打呼哨，嘴里连叫"好！"毛主席看到如此情景，便对齐华说："群众这么喜欢这种形式，就是内容太旧了。"齐华向毛主席介绍了在座的边区文化协会副主任柯仲平同志。

主席说："你看秦腔这种形式，群众这么喜欢，如果换成抗日的内容，就成为革命的戏了。你看我们是不是应该搞？"

柯仲平立即热情地回答："应该，应该。我们立即就去办理。"

听了毛主席的指示，他立即招兵买马，首先请来了延安师范语文教员兼学生业余"乡土剧团"领导马健翎，然后又去找演员。经过四五个月耐心的不知疲倦的工作，终于把民众剧团成立起来了。

1938年7月4日晚，在延安城内东街的火神庙戏台上，正式演出了马健翎创作的两个秦腔革命现代戏《好男儿》和《一条路》。

看完这两出戏，台下观众纹丝不动。突然，"打倒日本帝国主义！""打死汉奸卖国贼！""共产党八路军救国爱人民！"的口号声冲破云霄。老团长激动不已，站在舞台前，把手举到额角，既似鞠躬，又像敬礼，对观众表示谢意。接着，他面对欢腾的观众大声说：

"同志们，同志们！我们陕甘宁边区民众剧团，在党中央毛主席的亲切关怀支持下，现在正式成立了！（掌声）今晚，是咱们民众剧团演出的第一台戏，今后给大家还要不断演更多更好的戏！"

老团长脸上有一圈黑旺黑旺的大胡子，从此，"大胡子团长"在延安城乡群众中很快流传开了。特别是那些上了岁数的老头子、老太太，看见他就笑眯眯地说："这就是咱们民众剧团的大胡子团长，他领民众剧团到处给咱群众演戏。"

我们跟他走了很多地方，所到之处，盘查放哨的，不但不向他要路条子，也不查他，对他笑脸相迎，问寒问暖，高兴地说："咱们大胡子团长领咱的民众剧团又回来了。"他的大胡子，就是最好的证明公文。

顶着困难，奋发图强

民众剧团诞生了，一支新型的革命戏曲队伍开始战斗了。但衣、食、住、道具任何东西都没有，不可能一下子全都解决。当时延安条件非常艰苦，每人每天一斤粮（高粱粗小米，只能喝稀饭）、二钱盐、三钱油。

大家挤在一起住，紧张地工作着。一次日本飞机轰炸后，剧团暂时住在宝塔山后沟里一个敞口子大石窑洞里，男女之间用幕布隔开挤在一起。这地方叫"石窑坪"。

在这里，马健翎创作了《有办法》，张季纯创作了中型秦腔现代戏《回关东》。接着就在石窑坪赶排。但是吃饭还得返回城里，在"文协"灶上吃，因当时剧团还未被批准为吃公粮的正式事业单位，吃"文协"同志们节余的小米。吃顿饭，路上往返 10 余里。来回需经延安东关蹚水过延河。

此年冬天，马健翎创作了一本大型秦腔现代戏《哪台刘》，这个戏剧情跌宕起伏，几个英雄人物感人肺腑，一度成为民众剧团的看家戏。

据马健翎说，剧中所写人物、故事确有其人其事。是一位从前方战场上下来的干部讲给他听的，他把故事又讲给柯老。老团长听后，颇受感动，鼓励他把这个故事写成一本秦腔，并根据自己的生活积累补充了一些细节。从编剧到排戏，老团长自始至终关心帮助。这个戏为民众剧团争了光辉！

1938年冬，民众剧团第一次小长征，由老团长率领，从延安沿路演到延长、延川、清涧、瓦窑堡、子洲、子长、定边、华马池，又经过新安边、志丹回到延安。演出的剧目有《小先生》《上海小同胞》《冲上前去》《中国的拳头》《好男儿》《有办法》《小精怪》《一条路》《小放牛》《哪台刘》《回关东》等五六个晚会的剧目。

队伍壮大了

第一次小长征剧团仅二十多人，就演出这么多的戏，每人身兼数职。如马健翎既是编剧，又是导演；既是敲鼓的，又是检场的；必要时还要化装起来，补补角色。连炊事员都闲不下，除给后台烧水供水做饭，还要演戏呢。王晓民（抗大派来的军事干部）要指挥训练乐队，又弹三弦，拉二胡，也要演戏。沿路又吸收了李文宇等几个演员。

我们演戏没有服装、道具、汽灯等。老团长为剧团到处奔走呼吁。

李富春得知剧团经济拮据，送来一百元钱，毛主席送来一百元，贺龙同志送来二十元，老团长把消息向大家一公布，大家一下子欢腾起来了。拿钱买了一头驮东西的毛驴，买了一盏汽灯，还置办了一些急需物品，如化装颜料。服装是从当地群众临时借来的。剧团同志宣传动员，群众非常喜欢听。所到之处，受到党政干部群众的热烈欢迎，加上当时演戏不要钱，只管吃顿饭，再随便给些慰劳品，如大肉、小米、鸡蛋和各种蔬菜，慰劳品中，煮熟的鸡蛋最多。这台戏在此地刚演完，又到另一地去演。走时，每人两个口袋光鸡蛋就装得鼓鼓囊囊，同志们一路走，一路吃，鸡蛋壳扔得一路尽是。名声传出去后，这个地方还未演完，那个地方就派人赶着毛驴，拿政府邀请信来接了。如果找不到剧团，向群众打问："民众剧团朝哪条路走去了？"人们就会不假思索地说："你照着鸡蛋皮去找吧。"

我们刚回到延安，《新中华报》便刊出《民众剧团小长征胜利归来》的消息。李富春见到老团长，握住他的手，兴奋地说："白手起家，白手起家，欢迎欢迎，欢迎你们演出胜利归来。"提议民众剧团队伍再发展壮大些。老团长立即四处奔波，选择人才。

马健翎创作的方言话剧《国魂》，在东关抗大首次公演时，没想到毛主席也亲自来看。看完戏他说："很好很好，故事情节很动人嘛，你们把它改为秦腔，就可以为更广大的人民群众所欢迎了。"马健翎按照毛主席的指示，立即动手把《国魂》改为秦腔。毛主席又看了秦腔，赞扬说："内容很好，可以动员沦陷区人民起来参加抗战，艺术上也好。"

不久，毛主席约见了柯老，对他说："请你转告马健翎同志，戏名改为《中国魂》较合适。"秦腔《中国魂》又演出了，成为我们的王牌戏。有一次，周恩来看完戏，兴奋地走上舞台，抱起演小孩子的小演员李文宇，同志们立即报以热烈的掌声，欢迎周副主席。

1939年夏季，从青委调来了侯唯动、张克勤、党培英（女）、肖玲（女）、刘玉琴（女）、黄俊耀、周敦等一批干部；从鲁迅师范、边区中学调来了魏光忠、程思荣、米成义、马估平等十多名青少年；从社会上也陆续来了一批人。由于演出任务繁忙，人员猛增，思想状况日渐复杂，生活纪律一度混乱，后来经过老团长和党支部耐心的工作，民众剧团又形成了团结友爱的良好风气，成为像陕公、抗大、青干校一样的革命艺术队伍。

此年，马健翎除创作大型秦腔现代戏《三岔口》外，又创作演出了《查路条》，李刚扮演戏中的主人公刘妈妈，他把一个根据地的新型老太太演得声情并茂，栩栩如生。慢慢人们淡漠了他的真名实姓，谁见了都喊他"刘妈妈"，在陕甘宁边区到处受到人民群众的欢迎。

1941年，老团长为剧团请来作家刘白羽、柳青、草明、董淑，每人每礼拜给我们上两次文化课，每次两小时。马健翎教戏剧课；尚伯康教马列主义艺术理论课；马可教音乐课。偶尔还请些名人讲话，如塞克、丁玲、胡采、张鼎丞、陈伯达、吴玉章等。听完课，拿上笔记本分组讨论，最后出题考试，打分，公布，主要是为检查督促巩固学习效果。经过半年时间的刻苦学习，大家的文化素质和艺术素质，有了显著的提高。老团长给大家也曾多次讲民族的、科学的、大众的文化艺术等新知识。在延安当时艰难困苦的条件下，老师讲完课，盛情"款待"吃一顿饭，就算了事。

带来生机

1939年底，民众剧团住到安塞真武洞的马家沟，给边区党代会献演。大会要剧团演一出配合工人运动、要求政府当局积极抗日、反映大后方工人与黑暗势力针锋相对的罢工斗争的戏。马健翎同志急忙临时编写出一折秦腔小戏——《干到底》，我担任主演。

剧情发展到高潮，观众手舞足蹈，"啧啧"称道："哈，好鞭子生。"直到现在，我仍弄不清楚他们为什么把我叫鞭子生，我猜想是对演唱俱佳的称誉。过去我曾听到过老百姓称旧戏班里的小生叫"鞭子生"。我思想渐渐发生了波动，心想，革命宣传工作怎么成了旧戏子，剧团内有些同志思想也起了波澜，如从事音乐工作的同志，走在街上，不肯把板胡唢呐之类乐器拿在手上，唯恐群众把自己当旧戏子看待。我同样，这种封建残余曾一度顽固地束缚住我的思想,老幻想着上前线拿枪去打仗,觉得做政府工作,总比别人当旧戏子看待坦然些。这种思想,直到1942年整风运动才得到彻底改变。

1942年5月23日,毛主席发表了具有里程碑意义的《在延安文艺座谈会上的讲话》,提出具有历史意义的"文艺为工农兵服务"的指导方针,在文艺界引起巨大反响。文艺工作者深入到工农兵中去,了解工农兵,描写工农兵,使文艺工作者思想得到彻底改造,创作出许多为工农兵所喜闻乐见的文艺作品,尤其是秧歌运动,在陕甘宁边区蓬勃发展。秧歌曲调吸取了陕北民歌的精华,又糅合了革命文艺工作者的智慧,使一种新型的文艺形式日臻成熟,推广开来。戏曲又带动具有民间色彩的秧歌向前发展,形成一种更高级的搬上戏曲舞台的文艺形式——秧歌剧。这就是延安文艺工作者在不断的艺术实践中,不断改造,不断完善,使整个根据地戏曲艺术不断发展的辩证法。

我们当时对秦腔板式唱腔了解得不那么清楚。于是有人讥笑我们是假秦腔。为了使戏曲更好地为人民服务,先要弄清完美的秦腔。为此1943年农历正月十五前后,西北局指示陕西地下党,动员来关中一个以青少年演员为主体的秦腔戏班子——裕民剧社,充实民众剧团的力量。戏班老师有木匠红、任习坤、朱宝家、杨安民等。

延安整风运动后,又从鲁艺调来了安波同志。安波是一个有很高造诣的音乐家。他改变古老的秦腔戏曲音乐艺术程式,整理出一套新的秦腔曲谱。这种大胆的艺术实践,被我们应用到马健翎创作的大型秦腔现代戏《血泪仇》里,达到新内容和改造旧形式的有机结合,使人感到自然舒畅,悦耳动听。这时,延安民众剧团的艺术水平已经发展到了一个新阶段。

由此我深刻体会到,戏曲艺术要得到发展,必须吸收知识分子(新文艺工作者)参加,按照戏曲美学规律,大胆实践,不断创新,才能推动戏曲艺术的发展。延安民众剧团的历史证明了这一点;新中国成立后,整个戏曲的艺术实践,也充分证明了这一点。

大众艺术野战兵团

1940年元月,在延安女子大学小礼堂,召开了边区第二次文代会,我当选为代表。胡乔木主持会议,毛主席做了《论新民主主义的文化》的报告。

会后,老团长让我给剧团全体同志传达了会议精神。这时的民众剧团,可以说兵强马壮,将近百十人。会后,我们扛着"大众艺术野战兵团"的大红旗,向关中分区,浩浩荡荡地进发了。

关中分区,是陕甘宁边区的前沿阵地,国民党保安团经常派遣小股反动民团,闯进边区制造摩擦,寻事挑衅。在这种地区活动,随时都有遭到袭击的危险,因此给我们不少同志分别发了枪、手榴弹、矛子(戳标),确定民众剧团为半军事化的战斗队、宣传队。设军事教官,班队编制。

陕甘宁边区民众剧团《血泪仇》演出剧照

出发前，毛主席给剧团送了三百元钱（据说是《论持久战》稿费）；周恩来、董必武、博古等中央领导同志各给剧团送了五十元钱；陈云同志给剧团送了一台照相机。中央领导送的这么多钱，除买骡子、毛驴、戏箱外，剩了一百多元。老团长用白布缝了条小布袋装着缠在腰间，日子久了，这袋子便成了一只虱窝窝，但又是神奇的清醒剂，要遇到困难和艰难险阻，他便把袋子托在双手上，举到大家面前，鼓励大家，使大家又来了精神。

经过五六天翻山越岭的急行军，到关中分区所在地马家堡。习仲勋担任地委书记，那时他还是个青年小伙子。他盛情款待了我们，地方邀请我们协助他们整顿一下关中剧团。老团长叫我去关中剧团，当了短时期的协理员（党支部书记），排了几个民众剧团的戏。有一次，老团长命令全团紧急集合，挑选出精干的青年，组成十多副担架。他亲自带队，率领大家冲上前线，参加战斗。途中，正好碰见习仲勋，他若无其事地问大家干什么去，老团长说明我们的目的，他赶忙伸开双手，笑着阻止我们："快回去，快回去。前沿不要你们这些演戏的娃娃，你们打仗，那还要我们干什么？"他顿了一会儿，告诉大家："淳化县的牛营长来请你们去演戏，慰劳慰劳驻扎在白区的八路军。我同意你们去，这里的顽军想在军事上给我们一个突然袭击，已经被我们打退，你们可在白区淳化县，在政治上给顽军以打击。"

袭击与反袭击

到淳化公演第一场戏，影响很大。第二天中午，由八路军独立营营部出面下了请柬，邀请国民党团部各位长官、县长和县党部的人们来看戏。国民党军队提前到场，占去场子一半的空间，独立营战士占了一半，中间留开一条通道。双方党政军官员坐在最前边一排，双方军队齐整整，前边支了一排重机枪，兵士有秩序地就地打坐，怀里照例抱支步枪，周围站一圈群众，市民、农民密密麻麻一大片，挤得水泄不通。面对刀枪林立的严肃气氛，老团长不失时机，镇静自若地走上舞台，略略躬身，大声说："欢迎大家来观看我们的演出。"他的话仿佛划破了凝滞的空气。突然想起什么似的，他怒不可遏地挥动手臂："我们演的都是打日本、救中国的戏。你们国民党军队，最近在××地区不打日本，反而掉转枪口，对准我们抗日有功的八路军、新四军！你们×××投降了日本帝国主义，当了无耻的汉奸卖国贼，仗着小日本的淫威，来屠杀和欺压中国的老百姓，你们还像不像、是不是中国人？！"他愈讲愈怒，眼睛里射出仇恨的光芒。"前些日子，就在这一带，你们进攻我们边区，你们请看。"他拿手指狠狠地朝台上的幕布指去。"在马家堡，你们用机关枪把我们的幕布打穿了多少小洞洞！你们吃中国老百姓种的粮，穿中国老百姓做的衣，脚踏中国的土，头顶中国的天，不去打日本，却来打我们！你们还是不是中国人？有没有良心？真是一群无耻的卖国贼。你们哪个如果认为我说的不对，说的不是事实，那么请你走上台来，咱们当着所有战士和老百姓的面辩论辩论。来呀！"他连连朝国民党将士挑战地招手，示意有勇气的人走前去。这时，场内突然躁动起来。国民党军队在长官密令下，立即有一部分退场，八路独立军营相应地退场一部分，为可能将会发生的冲突做出有备无患的准备。国民党党政官员狼狈不堪，灰溜溜地溜走了。老百姓围拢得更近了。老团长讲完话，民众剧团若无其事地演戏，老百姓随着剧情，时哭时笑，赶戏演完，太阳已快压山了。

为有清香寒中来

秋末冬初，定边地区已经寒风凛冽，狂风裹着沙子打在人脸上，针扎一般疼。大家冻得拿手捂面遮寒。太阳好时，就挤在一起晒暖暖。试想，群众和军队早已穿上棉衣或者皮衣，可民众剧团的同志还是单衣单裤、草鞋，冻得瑟瑟缩缩，但我们可爱的同志，没有一个人喊一声冷，叫一声苦。风沙一阵强似一阵，一会儿就扑落一层。吃着面条和馍馍，咬一口"咔嚓""咔嚓"地响，怪瘆人的，老团长发现一群平素生龙活虎的小八路，现在龇牙咧嘴，怎不流下辛酸的泪水呢？他沉闷地"吧嗒吧嗒"直抽旱烟，掉过头，偷偷地落下泪来。

马健翎建议去找三边军分区司令员贺晋年，有二三小时工夫，他们匆匆忙忙回来了,老团长面带喜色,兴奋地告诉大家:"军队可支持我们一些生羊毛。为了防寒,我们自己动手学着捻毛线,然后织成毛衣、毛裤、毛袜等。现在,拿我《边区自卫军》的全部稿费,给病弱的同志先缝制些棉衣。"

第二天,羊毛已扛回来了。军队还专门派来技术人员,教捻毛线技术。

两三天工夫,不少同志已经开始织毛衣了。同时,排演了尚伯康同志的秦腔现代戏《八千马》,我和张云、史雷、李刚等主演。马健翎创作了两个眉户现代戏《十二把镰刀》和《两亲家》。史雷和贺原野主演《十二把镰刀》;我和李刚、程思荣、王四儿主演《两亲家》。在定边创作演出的这三个现代戏,均收到良好的艺术效果。不久,中央派人送来两驮子黑山羊短皮袄。艺术品和生活品获双丰收,全团

陕甘宁边区民众剧团史雷、贺原野演出的《十二把镰刀》剧照

上下，谁个不欢，哪个不喜！

　　第三天清早，大家穿上了新毛衣、新毛裤、新毛袜，还有的穿上新短羊皮袄，暖融融的，背起背包，兴高采烈地出发了。队伍出城后有些同志深情而俏皮地回头对着定边喊：再见吧，定边！

　　我国老一辈无产阶级的革命大众诗人，我们敬爱的老团长——柯仲平同志带领他呕心沥血创建起来的民众剧团，足迹遍及陕甘宁边区的沟沟道道，山山峁峁，坡坡洼洼，只要留下他足迹的地方，没有人不认得这个可爱的令人尊敬的大胡子团长。新中国成立后，毛主席在北京见到他时，握住他的手，风趣而幽默地说："要找着鸡蛋皮，才能找到你这位大胡子团长啊。"

（本文选自《延安艺术家》，陕西人民教育出版社 1992 年版）

我与《血泪仇》

马健翎

> 马健翎，原名马飞雕，又名翎儿，笔名马健翎。陕西米脂人。抗战前曾任中共米脂县委宣传部部长、延安师范学校教师。1938之后长期担任陕甘宁边区民众剧团编剧、导演、团长。新中国成立后，任西北区文化部副部长、西北民众剧团团长、中国作协理事、陕西省戏曲研究院院长等职。著有《马健翎现代戏曲选集》等。

接到《解放日报》副刊部的来信，要我写一篇《〈血泪仇〉的写作经验》。好些时候，好像一块放不下的大石，压在我的身上，想来想去，只把我能想起的、实实在在的情形乱七八糟地写出来。担当不起"写作经验"几个字。

写剧本，有先指定了主题，然后根据那个主题，搜集材料，观察事物；也有先有了受感动的人物与事件，觉得把它写出来，就可以表现一个什么主题的。我自己觉得后者有把握。

如果严格地说来，一个剧本的写出，基本上都是靠着先有材料的。因为无论哪一个剧本，不管是以什么为主题，都是表现生活的，生活是剧本的血肉，是最基本的材料。

《血泪仇》的材料，是我过去（在旧社会里生活时）和后来，看到的听到的（报章杂志看到的，也算听到的）许多人物与事件。它们，有些本身就刺激我感动我，有些是经过我的脑子推理和想象，变成了刺激我感动我的东西。过去在旧社会里，我不仅看到听到人家被压迫受痛苦，我自己就是其中的一个。看到听到谁个被压迫受痛苦，一定同时就看到听到有人在压迫人残害人。

延安民众剧团的两位老团长，左为诗人柯仲平，右为剧作家马健翎

可以说《血泪仇》是使我憎恨、怜惜、激愤、愉快、赞美的一部分人物与事件，组织结合起来的东西。

世上没有而且不会有的人物与事件，我不写的；世上的一些人物与事件，不刺激我不感动我的，我不写的。

《血泪仇》里那些遭难的人物与事件，当我听到的时候，有的使我难受，有的当时我就掉泪了，有的我设身处地地替他们想，想象到他们的悲哀情景，不由得也掉泪了。至于当我写作的时候，那些受难人的情景和哀鸣，在我脑子里演映与哭诉时，我自己禁不住滚滚泪下，常常滴在了稿纸上，有时兴奋到不得不放下笔，躺一会儿。

我写东西的时候，不爱旁边有人，因为我写东西的时候，跟着剧情与词调，不由得脸部就表演开了，口里就哼哼起来了，有人在旁边，觉得怪难为情的，感到是一个很大的束缚。

过去的储蓄，和新近得到的许多材料，里边有黑暗的、光明的。把这些围绕在主要的人物身上，虽然在我们中国的现实里有的是，但是为了把他形成一个整体的结合，变成一个故事，而且还要红火热闹，可让我费脑筋啦。

又要求近情近理，又要求红火热闹，又要求情节联系，一贯到底，因此在没有动笔以前的构思，真是一件吃力的苦事。这么觉得不合理，那么觉得没有味道，想了又想，变了又变，好容易想出一个轮廓，把主要的人物记下来，把前后发展的次序记下来，最后计划出一个我自以为很有劲的收场子，才有信心拿起笔来。

红火热闹是任何戏本的基本条件，红火热闹不是单指令人欢乐的东西，凡是让人感动的，不管是使他笑、使他哭、使他愤怒，都算让他觉得红火热闹了。常在戏台下，见观众看戏看得一把鼻子一把泪，但是他向左右的人说："美！红火得太！"这是指有内容的东西。至于有些东西，单靠形式的华丽、跳跃、耍滑稽等，也会让人觉得红火热闹，但那只能给观众一时的印象罢了。

主题新鲜进步有积极性，很容易想出来，把材料组织结合后，变成故事，也比较容易；最难的是，怎么样用活的人、生动的事件，把那个故事充实起来。往往有些东西，单听介绍它的主题与故事时，觉得很好，等到把实际的东西看了以后，又觉得并不好。我自己往往想到一个故事，里边表现一定的主题，向周围的同志谈起来，都说不坏，鼓励我快写，有的我写了，有的勉强写出来，它就不好，有的经过很长的时间也写出来了，有的一直到现在还没有写。这因为主题仅仅是理论概念，想到的故事，仅仅是浮面的东西，没有相当的现实生活演变它，就不敢下笔，即所谓心有余而力不足。

有了腹稿，并且记下人物与事件的大纲，开始动笔了，更多的问题就来了。想不到的事情多得很呢。我写《血泪仇》的时候，有些地方，如果是勉强写出来，总觉得不像，或者不太像。于是就要找对那些事情清楚的人谈，或者自己观察和剧内大体相同的人，看他是怎样形容举动，肯说什么话——这里边有些虽然是直接属于剧本的人——搞不清楚这些，就写不出东西来，会把导演和演员弄得没办法的。剧本上所写的东西，应当是"如见其人""如闻其声"。

《血泪仇》是一个很长的剧本，因此我写的时候，主观上经常注意着在前一场里，埋伏下后一场的变化，这样的连续，提起观众的注意力，引起观众对剧中事物的关心，觉得看不到底心不甘。但也不敢"泄漏天机"，指出了下场是什么，而应当是，让观众关心到"这事情到底怎么了结呀"的程度就行啦。老百姓看戏时，肯说这样的话："这戏好，能拉住人呢。""这戏把我钉住了。"

旧形式里的剧中人，替作者说话太多，这最显著的表现在独白与旁白上。《血泪仇》里，我没有用一句独白，这是我有意识有目的的一种试验，并不是否定独白。我觉得独白，用之于表达某人当时的心理与感情，精而少地用一下是可以的。如果完全是替作者介绍剧情与人物的独白，那是非常枯涩的，那是一条便宜路，走多了会减少戏剧的表现力的。当见台上独白很长的时候，台下观众像一窝蜂似的，嗡嗡起来了，有些人在这时候买粽子吃凉粉去了。旁白的应用，更要恰当，最容易把对方冷冷地摆在台上，甚至于把对方隐灭了。至于旧形式里的上场对子下场诗，更是生硬不可用的东西了。

不用独白与旁白，还要把剧中人物故事介绍清楚，结构就更费力，克服这些困难，就不得不多表现，多采取现实手法了。

戏剧是完全靠语言表达人物与事物的，剧本里的文字，只是语言的符号。写《血泪仇》的时候，我时时刻刻检查，看是不是无意中用了旧戏里的那一套成熟的而又是陈旧的语句。这是利用旧形式最肯犯的毛病，我自己打破这个东西，是经过相当过程的。

同样的意思，因为成分身份的不同，说话的口气就不同；同样的意思，又是同样的成分身份，因个性的不同，说话的口气也不同。所谓"什么人说什么话"，这不单是指说话的意思。还有一个说话的口气，也是很重要的。所以剧中人的语言，一定要像那人的意思，也像那人的口气。像那人的意思，是比较容易的，像那人的口气，就非得有相当的生活经验不可。像不像，是剧本基本条件之一，再一个就是红火热闹了（使人感动）。谁也不能对任何生活都有相当的体会。不过，生活相当丰富的人，把剧中人有的能写像，有的感到写得不像；而生活体会太差的人，往往连自己写得不像都感觉不到。我是一个小资产阶级知识分子出身的人，我写《血泪仇》里那个遭难的贫穷老头子王仁厚时，他的一举一动，一言一语，我常在玩味：我所写的他的语言，是不是用我的语言说明他的意思？（这是不对的。）更要玩味：我所写的他的语言，是不是用我的意思代替他的意思？（这就更不对了。）

我最怕在活人的口里，说出文章笔法的语句来，写文章是靠文字说明一切，传达一切。而人们的表情动作，有的简直就代替了话，有的起着接连上下句的作用等，如果拿着笔，在纸上写剧本的时候，忘了这个东西，最容易写出文章笔法的语句来，那是非常破坏真实的。应当知道，多少不识字的人，都会用他们的口，说明事物与表现感情的。就是有文化的人，说话跟他写文章并不一样的。

语言的感情化也是很重要的，这跟"像"是有连带关系的，但是"像"了，不一定就"感情"了。我写《血泪仇》里悲伤的场面，有的在初写出时，剧中人的语言，意思口气倒是对着呢，但是不知怎么觉得没有劲（感情），等到动人的句子，在脑子里叫出来时，我自己登时就掉泪了。

《血泪仇》是运用秦腔写的，有说有唱。我对于在什么时候什么情况下该唱的问题，还在摸索中。觉得在非常感动的时候，最应当唱，也应当有叙事的，也有代替对话的，可以说有的是内容上要求其吟咏，有的是形式上要求其润色。

写唱词给我的为难最多，感到秦腔的调子，有复杂的感情，字句的结构，虽然多少有点伸缩性，但是基本上是死板的，再加音韵的限制，写起来是非常费劲的，往往因为一韵不妥，搁笔数次，太没有办法解决，逼得人非多少用一点陈腐的句子不可。不遵守它那一套句法，就很难顺口地唱出来，没有韵，听起来就不响亮了。我们对于旧的音乐歌曲，知道得太少，对于新音乐理论与技

王震將軍給馬健翎同志的一封信

健翎同志：

卓然同志並轉

我很久想給你寫信，因為「血淚仇」和「窮人恨」的演出，前後我看過五、六次。觀衆都爲劇情激動着：對於人民的敵人高度的仇恨，對於身受重重壓迫的人民高度的同情。你把中國社會兩個天地描繪如此深刻，在舞台上形象的表現出來。逼這怎麼清楚，使人透澈看到反動統治階級匪幫，殘酷、野蠻、黑暗、罪惡等等。同時，你又表現了被壓迫階級，即中國民族苦難農民的性格；你寫到中國偉大的共產黨在那時際，表現的合宜；隨後寫到邊區被解放了的人們自鳴階級的欣欣向榮，自覺友愛的意識。劇中給予我們當打碎反動統治階級之後，要鎮服和改造殘統治階級遺淫難苦的鬥爭。因此多次看它，使我對前天今天明天如何服務人民，都有啓示意義。至於對俘虜兵激破階級覺悟作家，有表現特別大的。我們千萬的觀衆們，希望你這位邊區的光榮自豪的偉大英勇鬥爭的新劇本上演。

此致

敬禮！

王震 十一月十三日

术更差，因此很难着手逐渐改进。我非常迫切地希望旧的民间艺术家、新的有志于大众音乐的音乐家同我们合作。

唱词应当是流畅活泼通俗的随便话，音韵响亮好听，是最好的，这一点我自己觉得不容易办到，需要多学习，多丰富语言，多写，慢慢克服。有一点非得把握好不可，就是上句的末一字，要用"去"声，下句的末一字，要用"平"声。不这样处理，不但不明确不好听，往往封演员的口，唱到那里真叫人不好开口，硬唱出来，不是把字音歪曲，便是不入调，听起来非常别扭。旧戏子常对唱不通的句子，因为音韵不顺改音的理由，比不识字的理由还大。中国旧形式的唱词，大半是这样的。曲子因短句与

王震给民众剧团马健翎的信（1948年11月13日）

调的不同，有些地方有例外。我们当然不形式主义讲究雕琢，自寻枷锁，但为了唱起来顺，听起来好，最低限度的讲究是必要的。这是很小的一点经验，比我清楚的人多着呢，但往往有些剧本里有这个问题。我自己知道而且注意这个问题，但在《血泪仇》里，演员们提出好几个唱不出来的地方。

乱七八糟说了许多，该结束了，有几句话，应当稍微解释重复一下。上边所说的，唯有感动人的人物与事件，才是写剧本的好材料，并不是说要完全靠现实生就的感动人的东西，像根据水浒写武松那样现成。最要紧的是，抓住现实的本质，推广扩大，推断它的发展，那么许多表面上并不生动的现实，而实际上是伟大的现实，就会变成感动人的东西。感动是情感的表现，情感各有不同，对于劳苦的人民大众，没有热爱，就不会对他们的悲伤表同情，不会关心他们的命运，也不会切齿痛恨那些迫害他们的人。

感动不能虚伪做作，感动一定是真实的，如果给一个不大熟识也不太敬慕的人写信，哪怕你再怎样修辞造章，也不会有真实情感的。

我写《血泪仇》的时候，我自己想出来的几句话时刻在指挥我，纠正我："近情近理，红火热闹，教人看得懂，受感动；看完了，明白世事，懂得道理。"

（本文选自 1944 年 6 月 21 日《解放日报》）

西北战地服务团第一年纪实
陈 明

> 陈明，江西波阳人。1934年参加中华民族武装自卫委员会。1935年积极从事"一二·九"学生救亡运动，并参加成立中华全国学生联合会的筹备工作。1936年，加入中国共产党。1937年5月到延安，入抗日军政大学学习，历任西北战地服务团宣传股长、陕甘宁边区留守兵团政治部宣传大队长、延安文化俱乐部副主任。解放战争时期，转赴华北、东北各地，在农村参加土改，到野战部队采访。新中国成立后，任中央电影局剧本编审等职。

成立经过

1937年卢沟桥的炮声震撼了全中国。党中央首先发出通电，号召全国人民团结抗战，全面抗战。党中央一声号令，延安古城沸腾了。长征后集结在陕北的红军，带着工农革命的战斗传统，带着在新形势下党中央制定的统一战线新政策，草鞋步枪，昼夜兼程，源源开赴山西、河北抗日最前线。设在延安师范学校的抗日军政大学校部，东关的抗大七、八、九、十、十一队，城内府衙门的十二、十三队，更是充满朝气，歌声激昂，从全国四面八方汇集到这里来的年轻人的心呵，早已飞到那炮正隆、血正红的祖国大地去了。人人都急于打听信息，等着命令。昨天我们听说延安的一些知名作家组织记者团去前方，今天中宣部又来了指示，把我们抗大四大队演出《母亲》和《回春之曲》的主要演员都留下来，成立一个宣传队。朱光同志通知我，让我参加筹备。过了几天，把这两个准备成立的组织并在一起，正式定名为"十八集团军西北战地服务团"。

抗大毕业学员奔赴敌后抗日前线

当我们集合一起，宣布西战团成立时，二十几个人都眉飞色舞，热烈鼓掌，大家都是一个心愿，一定要把全部力量贡献给神圣的民族抗战和亲爱的祖国，一定要把党的抗日救国的主张宣传到前线后方，唤起民众，参加抗战，争取抗战的胜利。

朱光同志代表中央宣传部，把西战团的任务、筹备经过和组织机构讲了之后，便宣布上级的任命，丁玲为西北战地服务团主任，吴奚如为副主任。陈克寒为通讯股长，陈明为宣传股长，李唯为总务股长。丁玲是大家早就熟悉的作家，是延安文艺协会的主任。协会在抗大同学中组织了很多的业余文艺小组。6月间在纪念高尔基的大会上，我们都见过她，听过她讲话，我们十二队、十三队联合演出《母亲》就是在这次纪念会上。吴奚如是抗大的教员，大革命时就是北伐军的连指导员。现在他们来担任领导，足见党中央对这个团的重视。毛主席也非常关心。他先后几次对丁玲说："这个工作重要，对你也很好，到前方去可以接近部队，接近群众，宣传党的政策，扩大党的影响。组织上嘛，在延安属军委管，到了前方由总政管。出发以前，需要什么，找肖劲光同志。宣传工作，问中宣部。组织机构可以小一点，你们几个领导同志，称呼团长可以，称呼主任也可以。下边就不要设'部''科'，我看叫'股'就行了。宣传上要做到群众喜闻乐见，要大众化。现在很多人谈旧瓶新酒，我看新瓶新酒、旧瓶新酒都可以，只要对抗战有利。你是写文章的，不会演戏，但可以领导，没有搞过，可以学会。团里有几个人的历史、政治面貌没有搞清楚，这不要紧。在工作中可以慢慢了解，对他们不要有成见，不轻易做结论，要帮助他们；有这样几个人，你们就有事情做了。"

中央宣传部部长凯丰同志也同丁玲谈了好几次话。

我们成立了党支部，书记是吴奚如，宣传干事丁玲，组织干事陈克寒。还成立了民族解放先锋队，是专门为了在青年中做工作的。宣传股下分戏剧、歌咏、张发（书写、印制、散发标语、壁画）、杂耍（大鼓、双簧、相声）等组，成员有吴坚、陈正清、李劫夫、苏醒痴、朱焰等。通讯股的主要工作是采访新闻，撰写通讯报道，编辑发行油印小报《战地》，为宣传股写作歌词、剧本，需要时也上台参加演出。成员有王玉清、戈矛、天虚、高敏夫、黄竹君等。最早的一批女团员是夏革非、朱慧、洛男、李君裁、王钟、吴光伟等。

西战团是党领导的一个部队建制做文艺宣传工作的组织，每一个团员都应该成为了解、宣传和执行党的路线和政策的模范战士。从建团之日起，我们就十分强调党的领导和突出组织的政治性和军事性。西战团的成立是7月下旬，见报是在8月下旬。

准备工作

（一）加紧学习政治

我们团员大部分是抗大的学员。在抗大时，我们学习政治，也学习军事。现在调到西北战地服务团，我们懂得，我们不仅是唱歌的、演戏的、说相声的。我们走到哪里，就要把党的政治主张和政策宣传到哪里。我们每个人的言行举止、衣着仪表、处人处事，处处都关系到党的威望和八路军的信誉。特别是到了新区，在友党友军面前，在广大新区人民群众面前，我们要用自己的工作，用我们的言行，揭露敌人长期的造谣、诬蔑、欺骗，扫除人民头脑中可能存在的怀疑和误解。因此我们首先抓紧学习党的抗日救国十大纲领、统一战线政策，请领导同志李富春、何长工、莫文骅等做报告，讲经验，学传统。我们请熟悉友区情况的同志为我们介绍情况。在西战团的成立大会上，许多中央领导同志都来了，毛主席也讲了话，勉励我们继承红军的传统，遵守三大纪律、八项注意，宣传内容要大众化，作风也要大众化，要向人民学习，要为人民服务，要扩大党的影响，争取抗战的胜利。毛主席的教导和领导同志的讲话，我们反复学习讨论，成了我们宣传工作的指针，也是鼓舞我们前进的力量。

　　（二）创作、排练

　　那时，由于各种原因，我们手头上的剧本、歌曲很少，密切结合形势、适应抗战需要的东西，几乎没有。我们只得大家动手，各尽所能。有的分工进行创作，有的根据现有材料，进行改编。从建团到排练，工作很多很杂。为了能够早日上前线，我们准备工作的时间不是很多。在一个短时间内，我们选排了几个比较流行的小剧如《放下你的鞭子》等，另外集体创作街头剧《保卫××》，这是一个可以根据战场形势变化而改动的鼓动剧。张天虚写了一个有钱出钱、有力出力，全面抗战的剧本《王老爷》，丁玲写了独幕剧《重逢》。曲艺节目则有张可写的好几段大鼓词如《劝夫从军》《抗日救国十大纲领》等，苏醒痴同志则专门从事相声的写作和表演。我们把红军时代的歌，田汉、聂耳的歌，塞克、冼星海的歌，吕骥、孙师毅的歌，都拿来练唱；法国大革命中流行的《马赛曲》也被填上了新词。通讯股的高敏夫同志（可惜已去世了），他是陕西人，矮矮的身材，伛偻着背，带一副黑边眼镜，像一个老夫子。他常常眯着眼，入神地为大家哼着一个又一个陕北高原上流传的淳朴的情歌、民歌，我们听得都着迷了。李劫夫同志把这些曲调用心记录下来，然后让高敏夫或别的同志填写新词。新词新意，赋予曲谱以新的生命，大家越唱越顺口，群众越听越喜欢，很快就流传开了。

经过短时期的突击排练，我们在延安小礼堂进行演出，对一个阶段的准备工作，做一次群众性的检查。虽然我们的节目还不够丰富，但博得了延安观众的赞赏，特别是那些旧瓶新酒的节目，最受欢迎。原来只演话剧的夏革非、王钟两位女同志，都是陕西人，她们上台演唱刚刚学会的山东梅花大鼓，李劫夫三弦伴奏，她们的嗓音柔润，吐字清脆，而张可仿刘宝全的京韵大鼓，深沉含蓄，苍劲有力，余韵长存，演唱的全是抗日救国的内容，博得了热烈的掌声。观众的欢迎，增加了我们的信心。从此西北战地服务团的曲艺大鼓好一阵子名传西北。

（三）丁玲、吴奚如参加演出

这两位主任，都是左联时期的著名作家，从来没有粉墨登场过。他们在团内主要是做领导工作、政治工作，为着赶任务，抽暇也写点东西，工作需要什么，他们便写什么，听从集体分配。我们过的是军事生活，他们两位也不例外，没有特殊。我们每天清晨出操，晚上点名，他们也从不缺席。在排演话剧时要他们担任角色，他们也不推辞，一口答应，而且果然上台表演，这在当时对全体团员是很大的鼓舞。

《重逢》是丁玲写作的第一个剧本，是为了演出的需要而赶写的，由夏革非、王玉清、陈明演出。吴奚如在剧中扮演一个被敌寇囚禁的共产党员。他那时非常消瘦，化装以后，枯槁的面容只显出两只坚定的大眼。台下观众认出了他时，都只悄悄地议论。大概是因为同情他扮演的角色，笑不出声，还替他担一分心事咧。丁玲在《王老爷》一剧中扮演一个八路军的政工人员，在剧末出场，说服王老爷应该有钱出钱，支持抗战，有不多的两三段台词。她一出台，就被观众认出来了，因为她除了在脸上涂点红显得健康一点外，几乎没有化装。她穿着一身灰军服，腰系皮带，腿缠绑腿，脚着草鞋，刚一露面，一片笑声传遍礼堂，丁玲只好暂停片刻才说台词。她和吴奚如一样，说话时家乡口音很重，一个湖北腔，一个湖南调，真是南腔北调，演革命人倒很自然，很亲切呢。

当丁玲出台的时候，毛主席恰好来看戏了。毛主席来得晚，从前门进不来，观众挤得密密麻麻，无插足余地了。那时领导同志如果来晚了，都习惯走后台进来，从前台跳下去就座。这次我们要立新风，建立舞台秩序，规定在演出进行中，无论是谁都不能从台口上下，影响观众。现在毛主席来了，怎么办呢？我们只好把规定告诉毛主席，问是否可以等戏闭幕时再到前台去。毛主席立刻回答说："遵守你们的规定。"当他听到丁玲在台上讲话和台下的笑声时，忍不住走到台前一角，我们引他从侧幕的缝隙中静静地望着台前，直到闭幕了，毛主席才高兴地走下台去。毛主席的行动，深深地教育了我们全体，我们到处宣扬，毛主席是遵守秩序的模范。

（四）广场——舞台——广场

这指的是我们开始尝试改良秧歌，使这一古老的民间艺术也能为抗战宣传服务。

那时我们全团同志都充满了革命激情，工作时都非常积极主动。大家看到"旧瓶新酒"的大鼓、相声、小调等节目在群众中的影响和作用，几个东北籍的同志便建议：是否可以利用秧歌为抗战宣传服务，把它从广场搬上舞台呢？秧歌在我国农村普遍流行，大都从春节闹到元宵。人们装扮成旧戏里的人物，划旱船、踩高跷、耍龙灯，在锣鼓鞭炮声中走街串巷。这种红火热闹，很多人在儿童时代见过，但现在要利用改造，办法实在不多，也没有可以学习借鉴的榜样，但我们勇于一试。

同志们的建议马上变成了行动。晚饭后的休息娱乐时间便成了排练的时间，鼓点一响，李劫夫同志吹响唢呐（唢呐是向老乡借用的），同志们便舞将起来，几个东北同志自然成了老师。其中林国权同志舞得最好，兴趣最大。他腰肢灵活，一扭一摆，招式很多，一条手帕在他的手上，活像一只乘风飞舞的白蝴蝶。演员分别化装成工、农、兵、学、商各界和日本侵略者、汉奸。舞蹈的内容极简单，就是全国人民大团结，打倒日本帝国主义和汉奸，且歌且舞，唱的是我们改写的抗战小调，舞蹈则着重奔放矫健的大动作，旧有的一些低级调情的表演全部摒弃。我们给这舞取了一个好名称——《打倒日本升平舞》。排练了几天，第一次去延安城里接受群众的检验。我们化了装，从东关住地出发，涉过延河，进到城里，沿路招引了很多观众，在十字街头，围成一圈，里三层，外三层，挤得水泄不通，听着我们的小调，看着我们的舞蹈，人人喜笑颜开，鼓掌喝彩，很多人还跟着队伍回到东关我们的住地，流连忘返。

经过这次试验，我们有了把握，便把秧歌舞搬上了舞台。这次观众全是干部和领导同志。毛主席很赞成这一形式，鼓励我们在艺术上还要加工提高。从此，从陕西到山西，秧歌舞便成为我们经常利用的宣传形式之一，但那大半是在农村、城镇。1938年4月西战团在西安，我们把它搬上了大城市的舞台，给城里人开了眼界，留下了新鲜的印象。1940年，延安鲁迅艺术学院在广场演出《兄妹开荒》《夫妻识字》，延安民众剧团演出眉户剧《十二把镰刀》，1943年中央党校三部演出《一朵红花》《牛永贵负伤》，留守兵团政治部宣传队演出《刘顺清开荒》，等等，经过更多的文艺工作者的探索与开拓，从内容到形式，都有了更多的革新、创造和提高，成为比较完美、深受广大群众欢迎的秧歌剧。这些优秀节目的出现，使秧歌剧在当年艺术舞台上占有重要的地位。

（五）总务工作

到9月中，经过近两个月的筹备，我们的大小节目大约可以连演两三天。这时团员逐渐增加到三十来人。此外还有担任事务工作的管理员、炊事员、饲养员、卫生员、勤务员等七八个人。军委供给部给每个人发了一套新军装，一双布鞋。从主任到勤务员，每人每月发零用钱两元。伙食每人每天小米20两（16两1斤），菜金四分。月底伙食如有节余，叫伙食尾子，可以分给个人。这都是从红军时代继承下来不成文的规定。军委给我们调来一匹马，七头小毛驴，行军时走在路上，也还浩浩荡荡，有点可观了。演出时常用的二胡、三弦、锣鼓家什、幕布、服装等，我们都设法张罗到一些。负责总务工作的是李唯同志，从西战团成立到1944年西战团回延安，七年中辗转西北战地，他一直负责这项工作。这位同志个子不高，不爱随便说话，心地热情。他是抗大十二队的学员，东北人。我们演出《母亲》时，他管服装道具。那时我们就看出了他的人品和才能。成立西战团时，便把他推荐给团里，让他做最琐细繁杂的事务工作，果然他是一个非常负责的埋头工作的好同志。他偶然在话剧中担任一个不重要的角色。在西安演出京剧时，他学着打单皮，胜任地充当文武场面的指挥。

我们的管理员朱文山，炊事员老吴、老魏、老李都是随四方面军长征过来的老同志。三个小勤务员，一男二女，也都是长征过来的，这是一群使人怀念的老同志。他们不只是西战团的有功之臣，而且是很值得我们学习的人，我后边准备专章记叙他们。

延安到太原

（一）离别延安

上前线去大家是高兴的，但延安却实在使人留恋。我们有的人在这里只住了半年，最多的也只住八九个月。并不是因为这里繁华、美丽、优裕，而是因为她在我们每个人的心上留有深刻的烙印。我们都像朝圣一样，从四面八方汇集到这里，有的坐大卡车，更多的是跋山涉水，步行而来，大家都是冲破国民党设置的重重关卡和封锁，经历着千难万险到来的。我们都抛弃了温暖的家庭，离别父母兄弟姐妹，只是为了更好地接受党的教育，执行党的指示，挽救国家，振兴民族，争取社会主义和共产主义的实现，千里迢迢，投奔延安。延安的生活虽然艰苦，但党的教导，比父母还殷切，同志间的友谊，比骨肉兄弟还深。我们在这里半年所得到的教益，胜于过去二十年。现在我们这一支小小的队伍，只有四十多个人，它要像一把尖刀，插到前方战地，开辟抗日救亡的阵地，煽起人民抗日救国的热情。它是一团火，要燃烧起人们对帝国主义和汉奸卖国贼的新仇旧恨。它要像长江大河，波涛澎湃，推动人们跟着共产党指引的航向，胜利前进。延安呵，我们就要离开你了，我们是从你这里获得新生命的，我们永远不忘你，我们永远把你的传统继承，并且发扬光大。

9月22日，四十多个人，迎着朝阳，向东出发。十八集团军西北战地服务团的红旗在晨风中飘扬，丁玲走在最前面，接着是六七个女团员，再后是通讯股的同志们……走在队伍最后的是吴奚如。每个人都像战士，背着自己的背包、挎包。体力强些的还分别背着乐器、小道具。炊事员同志还要背着铁锅和担着饭盆、菜盒等餐具，有时还带着一点备用的粮食。马上铺着丁玲、吴奚如的行李，小毛驴驮着幕布、服装和女团员的部分衣、被等。

延水伴着我们行进，有时离得远些，有时近些。陕北的秋季，天高气爽，阳光明丽，晒在我们身上暖烘烘的。这是我们第一天行军，大家多么兴奋呵！一路歌声，我们走上了长征的途程，留在后面的延安使我们十分留恋，而展现在我们前面的是无限向往的新天地。我们从这里出发，为了抗战的胜利，为了新中国的诞生，前进，前进！

因为是第一天行军，我们只走40里，在四十里铺宿营。这天由李唯和管理员打前站，提前先走号房子。炊事班也提前出发，为的是先到宿营地，为大队准备好烫脚水和饭菜。张发组也派出两个同志，提着颜料筒，沿路绘制宣传标语和漫画。

（二）甘谷驿的音乐会

陕北原是很偏僻的地方，黄土高原，山峦起伏，道路崎岖。后来修了一条土公路，从洛川到榆林，但是经常塌方，一下雨更是延河涨水，道路泥泞。在这样交通阻塞的荒僻小镇，居然也露出一座尖顶的竖有十字架的教堂，原来还住有黄头发绿眼睛的洋神父。延安城就有这样一个小教堂，红军进城的时候，神父跑了，教堂无人管，便成了我们的小礼堂。延安城东10来里的桥儿沟，也有一座教堂，比城里的还大、还漂亮，这时是中央党校的校址，后来又成为鲁迅艺术学院的校址。甘谷驿是一个仅有一二十户人家的小村，离延安70里，可是坐落在这里的教堂却是金碧辉煌，淡黄色的墙壁上描绘着许多美丽的图案。外国人早跑了，当地的老百姓——其中自然也有教徒——把教堂保管得很好，谁也没有占用，似乎想不出用它干什么。我们一到，甘谷驿的群众就把我们接待在那里宿营。我们一踏进教堂，也就像教徒朝见圣母那样高兴。多好的礼堂，音响效果也好，还有现成的座位，只是舞台小，不能演戏，但如果开一个音乐会岂不更好？群众会欢迎吗？试一试吧！大家顾不得休息，有的打扫会场，有的悬挂幕布，还有的去采摘野花。甘谷驿的村长派人通知邻村，我们自己就地打响锣鼓。不一会儿，从四面八方拥来了年轻小伙子，梳着粑粑头、插着红花的少妇，拖着辫子的少女，还有白胡子、黑胡子的老汉，连小脚婆姨也含羞带笑，扭捏地走在后边，娃娃们围在锣鼓家什的周围。会场打扫干净了，大红色的幕布，上面扎着粉白色的方体字，前面摆着刚刚采来的蓝色的、黄色的野花，喷洒过一点水珠，多么新鲜呵！一群群听众拥了进来，椅子坐得满满的，后来的就站在四周。墙边小神龛里，窗户台上都坐满了人，都用欣喜好奇的眼光打量着台上。这里过年有过社火，有过盲人说书，可是这么多穿军衣的男兵女兵来演戏唱歌却从来没有过。利用观众等待的时间，一个同志站在台上，教大家唱歌，只有四句简短的歌词，曲调是陕北调，悦耳清新。歌词是：

　　诸位同胞，听我来说，
　　对日作战吧依呀咳，
　　老百姓都来参加抗战，
　　才打胜仗吧依呀咳。

听众情绪很高，不一会儿便都学会了。

音乐的确是最大众化的艺术，它直接打入人们的心灵，什么人都能懂，都能为自己懂得的、喜欢的音乐而振奋激荡或者感叹忧伤。这个临时的小小的音乐会上的节目，有洋的《国际歌》《马赛曲》，更多的是土的《抗战小调》、《要打得日本强盗回东京》、大鼓《劝夫从军》等等。会场本来是喧闹的，但一报节目，齐唱、独唱、男声、女声、三弦、二胡、小提琴，会场即刻安静了，每当一曲完了，观众便啧啧称赞，热烈鼓掌。

天黑下来了，演奏会欲罢不能，我们没有准备照明，正在着急，谁知教堂里那些吊灯里的蜡烛都有人上去点着了。这里，那里，高高低低闪烁着小的烛光，群众的精神似乎更集中，在灯光下喊道："再来一个，再来一个！"

音乐会一直开到夜晚来临，大家都忘了饥饿，还是早晨7点吃的早饭呢。朱文山几次来催，该吃饭了，明天还要赶早行军呢，这才宣布音乐会结束，听众还是迟迟不动，舍不得离开会场，好大一会儿人才散尽。

这一夜，我们就在教堂打地铺。白天行军30里，装舞台，拆舞台，又饥又累，演奏时唱了这个，又唱那个，有的同志嗓子都唱哑了，可是大家都兴奋得睡不着觉。谁说农民不懂音乐？音乐是不应该由少数人垄断的。只要抒发的是人民的心声，就会引起人民的共鸣。人民热爱共产党，人民不甘心当亡国奴。我们为他们歌唱，他们被我们感动，我们彼此是互相知心的。这样好的礼堂，原来是宣讲天父、圣母的地方，可是我们在这里唱出了几亿人民的心声，唱出了抗战必胜的豪情壮志。多好的夜呵！我们永远不会忘怀的、甘谷驿的农村音乐会。

（三）石油城——延长

不两天，我们到了延长。到延长的时候是下午，从一条陡立的山路上冲了下去。尽管丁玲、吴奚如、值班带队的同志一再传话，队伍不要走散了，快要进城，注意队列整齐。但一群年轻人，凭着各人的兴致，带着征服高山的豪情，一个劲地往下冲，有的在前，有的在后，几十个人的队伍拉得很长，一直到山下才停脚，整理队列进城。这天晚上，几乎没有人不叫腿肚子痛，但大家都乐呵呵的，以经过了一场还没有经过的锻炼而高兴。

第二天，队伍休息一天。刚吃过饭，大家又一哄而起，嘻嘻哈哈闹了起来。原来是边区五老之一的徐老——徐特立同志来看望我们来了。徐老已经年过花甲，须发花白，但身体健康，精神矍铄，说话谈笑风生。他老人家在长征路上，就常常给战士讲故事，鼓舞士气，消除疲劳。我们自然都愿意听他讲，十分欢迎他在这里做"垄断性"的发言，大家兴致勃勃，聚精会神地听。徐老主管边区的教育，这次到延长来视察工作，并且调查这里石油的生产情况。这时我们才知道，尽管国民党嘴里高叫"国共合作"，实际对我们边区的石油，还是严格封锁禁运的。断绝能源供应的政策，国民党是早已有之了。当时这里开采方法还是土办法，比较落后，只能生产少量的煤油和蜡烛。原来我们在抗大学习或晚会演出，都靠这里的出产。这天我们要给群众演出，没有时间去参观工厂，实在可惜。但延长出产石油，这个印象一直留在脑里。以后我们回到延安，为能点着煤油灯而常常想到这个小厂和在厂里劳作的人们。当长远的后来，人们一谈到能源石油时，我们总要联想到，不知延长的石油现在怎么样了。

也许这只是一个无足轻重的小油井，但当时它与延安，与陕甘宁边区，与我们这些需要它的人，关系是多么密切呵！现在在我们的国民经济生活中，石油占有很重要的位置，当年那个小不点的地方，也应该是能有所发展的吧。边区的一草一木，我们是都不应该忘记的。曾经在困难时期给过我们光明的延长石油，我们是永远不会忘记的。

（四）过黄河

黄河两岸都是层叠的山峦。我们在西岸行军，上上下下，左右绕行，刚走过一座馒头似的山顶，眼前又出现了另一座，周围全是蜿蜒起伏的山脉。我们绕山而行，隐约听见了时断时续的"雷"声，渐渐，"雷"声越来越大，山和谷应，恰似霹雳轰鸣。黄河，黄河已经来到我们的身边了！中午我们下山到平渡口。真是黄河之水天上来，只见那黄色的浊流，像万马奔腾，蜂拥而下。河上一条船也没有。我们伫立河边，放眼望去，阳光下浪涛翻滚，上下无尽，对岸也是壁立的山峰，虽然名叫渡口，实际看不到渡口。这里有的只是几丈宽的一块空地，疏疏朗朗长有几簇花生，靠山边住着几家船户。打前站的同志找来了船工，十来个人，抬着两条长方形的平底木船。问船工才知道，河对岸的渡口在下游约2里远的地方，顺水转弯，这里望不见。我们大家目眺黄河，带着好奇心，看着那些黝黑结实的船工。他们将怎样制服这野马般的奔腾叫嚣的激浪，把我们带向彼岸呢？在这惊天动地的巨浪面前，果然有个别胆小的人心惊肉跳，脸色泛白，对丁玲说道："主任，我有心脏病，怕渡不过去，在河当中出事。要不，我走西安到山西追你们去。"丁玲宽慰他说："不要紧，你看那些船工，那么从容、自信、平常，我们可以放心。今天天气晴朗，没有风。从这里过河的队伍很多，还没有听说出过问题。你心脏不好，让卫生员陪着你，先吃一点药好了。"

每只渡船一次可以上十多个人，因为还带有牲口，要分两次渡。第一批过去一半多人，其余的人携带牲口第二批过去。

过渡时没有用桨，只摇几把大橹。船工把航向看准、拨正，大家齐心协力，顺水飘舟，随波逐流。站在船上倒不感觉什么，在岸边观望的，人人都捏着一把汗。船到中流，只见波浪涛天，那一叶扁舟，一会儿被抛上浪尖，一会儿又沉落浪谷，不见踪影，这样几上几下，几分钟后就靠拢对岸渡口了。我们紧张了半天，这时才松一口气。古往今来有多少人在这黄河渡口感叹观止呵！

渡船要放回西岸，船工们拉着纤，逆流而上，把船往上游拖，一个多钟头拖了三五里路，从这里再把船放回，船顺水势，如离弦之箭，转眼便回到了我们等候的岸边。这第二次渡河，那几条毛驴慑于河水的声势，任你推拉鞭逐，怎么也不肯迈步过桥上船。我们只得用衣服把它们的眼睛、耳朵都蒙住，然后左右扶持，前拉后拥，一个一个牵了上船，有的硬是提着尾巴抬上去的。几个团员紧拉缰绳，站在它们身边，又摸又抚，防备它们受惊乱动。幸好，上船后它们都十分老实，一路安宁，总算平安无事，渡过了黄河。我站在舱里，放眼四望，极力想把这山高水急，一似驾骏马，乘浮云，转瞬千里，东渡黄河的景色都摄入眼底，然而来不及仔细观察，我们的船就靠在山西省的岸边了。呵！渡黄河，渡黄河，就是这样刹那间的一瞬吗？我们和那些长年累月战斗在奔腾激流中的船工们握手道别，我们隔河遥望对岸的高山和山后远方的人民。再见吧，船工同志们！再见吧，英雄的陕北人民！再见了，延安！呵！陕北，呵！延安！我们离开你了，一天远似一天地离开你了。什么时候再回来呢？我们的心永远向着你，永远想着你呵！

（五）东渡第一县——大宁

山西长期是国民党土皇帝阎锡山统治的地盘。那时阎锡山迫于形势，口头上也喊抗日，喊守土抗战，实际上十分恐惧共产党、八路军到他的老巢来开展抗日游击战争，危害他的封建割据。这时日本侵略者已经侵占河北，进入山西，山西全省岌岌可危。阎锡山不能阻击日寇，更无法阻止八路军东渡黄河，源源开赴前线。山西人民老早看透了老狐狸阎锡山的假面具，从心里拥护共产党，渴望八路军来拯救自己的家乡。我们刚一过河，步入大宁县境，经过第一个镇子曲峨的时候，大宁县的人民群众就纷传八路军的战地服务团过了黄河，到他们县来了。他们对红军是很熟悉的。1935年，毛主席、彭德怀指挥红军，渡河东征，威震山西。

  密云遮星光，
  万山乱纵横，
  黄河上渡过民族英雄们。
  威风凛凛是哪个，
  我们的铁红军。
  卖国贼阎锡山，
  太原坐得稳。
  传来了警报胆战又心惊。
  沿河堡垒一扫尽，
  吓掉汉奸魂。

  那时这支歌曲曾经唱遍黄河两岸，至今依旧在人民群众中流传。这时，他们把对共产党、对红军、对八路军的感情，完全倾注在西北战地服务团的身上。我们是第一次在这里感受到广大人民群众对共产党的拥护。时隔四十多年，那种热烈情形，犹历历在目。

  第二天我们从曲峨动身，没有走好多路，就遇见从大宁县的牺牲救国同盟会和战地动员会等抗日群众团体专程派来欢迎的代表，他们一再向丁玲、吴奚如表示欢迎，陪着我们的队伍一同步行，走到离县城5里地的故乡村时，又有县政府、各群众团体、学生一百多人，手挥红绿小旗，在大路两旁，列队欢迎，不断地鼓掌，呼口号"欢迎八路军上前线！""欢迎西北战地服务团！""打倒日本帝国主义！"在欢迎的队伍里，有牺盟会的人，有战地动员会的人，其中不少人是共产党员，还有阎锡山组织的主张公道团，有妇女、学生。我们和他们都一样握手、鼓掌、呼口号。我们的队伍继续前进，一路歌声不断，走进了大宁县城，县长带着一群官员在城门口等候。大宁县的群众团体，杀猪宰羊来慰劳我们，很多人拥到宿营处来和我们热情交谈，对穿着军装的女团员，特别赞羡。夜晚我们演出，整个会场笼罩在团结抗战、全民抗战的热烈气氛中，台上的演员与台下的观众同仇敌忾，融成一片。我们深深懂得，山西人民和我们这样心贴心，正表现了他们对共产党的拥护，对共产党的政策的支持。我们第一次从群众中体会到当一个八路军战士的光荣，同时也更感到当一名八路军战士的责任的沉重。

（六）古城临汾

出了大宁县境，又走过蒲县的几个小镇，一路都是热热哄哄。虽然每天行军，每夜演出，但人们都十分兴奋，精力旺盛。到临汾的那天，依然是秋高气爽的好天。临汾是著名古城。丁玲自己和王玉清、邹业顺三个人走在队伍前边，进城打前站。连日行军，他们未显疲劳，反倒更加麻利，三个人大步流星，很快进入闹市。县政府在哪里呢？他们问一个穿中山服的年轻人。那人指着刚从对面跑过来的一辆人力车说道："坐在车上戴礼帽的正是县长。"邹业顺急忙追了上去，丁玲和王玉清也随着走去。坐在车上，戴着礼帽，穿着中山装的中年人，无可奈何地停车下来。王玉清的军服很整齐，臂章、胸章、皮带齐全，军帽下面那一对眼睛，显出他的精明，他上前介绍道："这是我们西北战地服务团主任丁玲同志。"说着他把盖着第十八集团军总司令部的大印的关防护照递了过去。这位县长接过护照，仔细观看，好像在看一封很长很长的信似的。王玉清担心他可能还不理解是怎么一回事，便详细解释，并重复说："这是我们团的主任丁玲同志。我们奉第十八集团军总司令部命令，开赴前方，路过贵县，向群众宣传国共合作，团结抗战，随后搭火车去太原，周恩来副主席正在太原等候我们。请贵县长予以方便。"这位县长仍不开口，只从手里拿着的显得很重的那一页关防的纸边，斜着眼睛把丁玲从脚到头打量一遍。丁玲那时脚上穿的是一双用旧布条打成的草鞋，袜子上布满尘土，腿上缠着蓝色的裹腿，因为蒙了一层很厚的尘土，成灰色的了。那一身灰色的老布军服，穿了十来天，不消说也是很惹县长注目的，圆圆的脸上，浮着暗色的尘土和闪亮的汗珠。你说她是女人吧，却穿一身八路军军服，你说她是男人吧，两边帽檐下又露出一束黑发。县长过去没见过这样的女兵，可能也没听说过丁玲。他仔细看过之后，又打量那两个男同志，也是一样的打扮，一样的风尘仆仆。他收回眼光，再从头看那张盖有大印的护照，大概不是伪造假冒的，是地道的八路军。他也不了解周恩来，但他听到过这个名字，是共产党里的能人，常和阎司令长官说话的。于是他慢条斯理地说道："好吧，我吩咐他们给你们准备住房，你们到县政府找秘书科去。"说罢他转身坐上车，踏响车铃，那车飞快地跑过去了。后来我们听说这一经过，大家把这场冷遇和大宁、蒲县的热情接待相比较，不免有些气愤。但我们是八路军的宣传队，我们不在乎这些官僚们的眼色，我们工作的对象是人民群众。我们互相勉励，今晚的演出一定要更加精彩。领导们决心一下，大家兴高采烈，匆匆忙忙地准备当晚的宣传演出。

吃晚饭的时候，那位县太爷领着一群穿中山服的先生到住地来慰问我们了。看到他那满面春风的样子，我们真以为打前站的同志的传言是有些过分了。

我们吃完饭，赶去舞台时，我们几乎不敢相信自己的眼睛了。舞台上、舞台前同时点燃了七八盏煤气灯，这是我们一路来还不曾有过的。广场上群众站得满满的。这里的舞台是一般的旧戏台，一路来几乎每个村都有这样一个戏台。临汾的这个台比较大，两侧有厢房，可以当作演员化装的地方。广场也特别大，看样子可以容纳五千多人。我们从台上望下去，只看见人头攒动，一层一层伸到很远很远。每个人都用新奇和企望的眼睛望着台上。我们的心热了，眼睛模糊。这些群众不是来看热闹的，他们是来看八路军的，来看红军的。他们不是来看"青面獠牙""红眉毛绿眼睛"的红军，而是来看英勇善战的八路军，来看人民的子弟兵。我们，我们这四十几个人的小小队伍，承受着多么重的负载呵！

那位县长亲自来了，他换了一身长袍马褂，大概算是国民党官员的礼服吧。他的一位秘书之流的人物在台上向观众介绍了一下我们西北战地服务团之后，便请县长致辞。县长的讲话，真出乎我们的意料，他把中午在大街上遇见丁玲等的经过，如实地描述了一番，他说过去知道丁玲是个作家，但当看到她时，无论如何也不敢相信。他形容丁玲的那双草鞋，那顶草帽。他以为一个作家，一个著名女作家，怎么能是那么一副样子？他说他从这里认识了八路军，八路军原来是这样地艰苦，这样地朴素，这样地同老百姓一个样。八路军能这样吃苦，八路军的作家能这样吃苦，他觉得中国有救了。只有这样的军队才能得民心，才能争取抗日战争的胜利。我们简直不相信他是一个国民党员，他在为我们宣传，但我们认为他是在说真话。

他的这番话，博得了群众的欢迎。群众热烈要求："欢迎丁玲讲话！"丁玲为群众的热情所激动，她两手叉着皮带，像一名战士，大步跨到台前，她放开嗓子，话说得很短，扬臂领着群众高呼口号。我们第一次看到她这样高举双手，一扫平日的温和持重，像年轻人一样。自然，那时她也还年轻，但在战地服务团却是一个大姐姐，是数一数二的年长者。她好像完全忘了自己，完全把自己融合在群众的热浪里了。

第二天，县长特别请丁玲到他家里做客，把他的夫人、女儿都叫出来陪客。谈到山西的战局，他充满了悲观，他不相信阎锡山的什么守土抗战真能保住山西，他认为临汾危急，失在旦夕。他拜托丁玲能照顾他的妻女。丁玲自然宽慰他，说了抗战必胜的信念和党的抗战政策主张，表示八路军和山西人民共存亡的决心。1938年2月下旬，我们重到临汾，为民族革命大学师生慰问演出时，娘子关已被敌寇突破，临汾告急。我们还打听那位县长，但他早已不在临汾了。是因为他对国民党阎锡山抗战没有信心，又说过拥护八路军的话而被撤职了呢？还是他又找到了另外的安身立命的地方而溜掉了呢？3月初，临汾果真失陷了。

我们在临汾停留了两天。第三天清晨，我们告别了临汾的群众和这位县长，搭上火车向北走了。轰隆隆隆，轰响着的车轮伴着我们的歌声驰向太原。我们党的代表，中央军委副主席周恩来同志正驻节在那里。

1981. 7.

（未完，待续）

（本文选自《新文学史料》1982年第2期）

易俗社与西北战地服务团

丁 玲

> 丁玲，原名蒋冰之。湖南临澧人。1930年参加中国左翼作家联盟，任左联《北斗》主编。1936年9月到达陕北保安，历任中国文艺协会主任、中央警卫团政治部副主任、西北战地服务团主任、《解放日报》文艺副刊主编、陕甘宁边区"文协"副主席等职。新中国成立后，先后担任中国作协副主席、党组书记，中央文学研究所所长，中共中央宣传部文艺处处长，《人民文学》主编等职。

1938年3月初，正当日寇突破娘子关，太原沦陷，侵略军沿同蒲路南下，风陵渡岌岌可危的时候，正当八路军在山西战场火烧阳明堡、平型关大捷之后，胜利消息被国民党严密封锁的时候，我们西北战地服务团奉十八集团军总司令部的命令，从山西乘最后一列火车，搭最后一只木船，横渡黄河，来到了国民党统治区陕西省省会古城西安。由于敌机的频繁扫射轰炸，由于国民党政府抗战不力，领导失策，抗战失利，这时西安人心惶惶，到处挤满了南逃的无家可归的难民和从前线下来的兵士与伤员。我们奉命来到这里，带来了八路军在山西旗开得胜的捷报，带来了共产党全面抗战的主张和抗战必胜的信心。红色的"十八集团军西北战地服务团"的团旗前导，我们穿着整齐的军装，迈着有力的步伐，在古老的西安街道上行进。我们队伍里的女兵，和杨得志同志送给我们平型关缴获的十件日本军大衣特别引人注目。街旁商店里的店员、顾客和马路上的行人，纷纷挤到路边，有的眉飞色舞，带着压抑不住的微笑，鼓掌欢迎；有的用惊异好奇的眼光，仔细打量或悄悄议论。一路上我们高唱抗战歌曲，走向陕西省抗敌委员会为我们指定的驻地——梁府街女子中学。

这时，抗战已经八个月了。八路军不只在山西河北取得了不少胜利，而且深入敌后，发动群众，武装群众，开展游击战争，粉碎日寇扫荡，坚持华北抗战。一些国民党部队的官兵和自发的人民武装也发扬了民族正气，为保卫国土做出了牺牲。而国民党中央政府却继续执行着一整套导致抗战失败的错误政策，消极抗战，积极反共。西战团初到西安，这里的政治环境和阎锡山统治的山西不同，和八路军活动的广大山西农村更不一样。我们应该马上和西安的各界群众见面，我们必须紧紧依靠西安市的各界群众才能冲破国民党当局必然制造的种种障碍、限制，才能在西安站稳脚跟，宣传共产党的抗战主张和八路军的胜利消息，顺利开展工作。于是我们举行记者招待会，参加省市各界妇女的"三八"节纪念会、文艺界座谈会，会见国民党省党部、省政府的衮衮诸公，阐明我们的立场与工作计划。同时，准备上演反映山西前线军民团结抗战的多幕话剧《突击》。剧本由南国剧社的老艺术家塞克和作家聂绀弩、萧红、端木蕻良等人集体创作，塞克导演。为了争取在短期内演出，我们一面写作，一面把剧本送国民党审查，一面排练，一面进行舞台美术的设计和制作。当时西安的报纸曾经报道说："西战团的全团同志用突击的方式排演《突击》。"而我呢，我就亲自出马，去会见陕西易俗社的社长高培支老先生，去和他商量租借易俗社的场地，作为《突击》演出的舞台。这事看起来似乎不很重要，但却关系着我们在西安第一次演出的成败。当时西安别的剧院都太小，座位又少，几经比较，同志们选中了易俗社。国民党党部在剧本审查等方面，没有办法阻挠我们，但在演出场地或其他问题上，还是可以横生枝节，在暗中为我们制造困难加以破坏的。

第二天，我和王玉清同志一起来到易俗社，走进了社长的办公室。高培支先生是一个教育家，样子很像中国画上的那么一个端庄肃穆、非礼勿视、非礼勿言的道貌岸然的老者。我们穿的是西战团的制服，上身是军装，下身是马裤，我还披一件黄色的日本军官的呢大衣。王玉清向他介绍了我，我接着说，西战团是十八集团军的宣传队，说了目前形势与我们在西安应做的工作……他很注

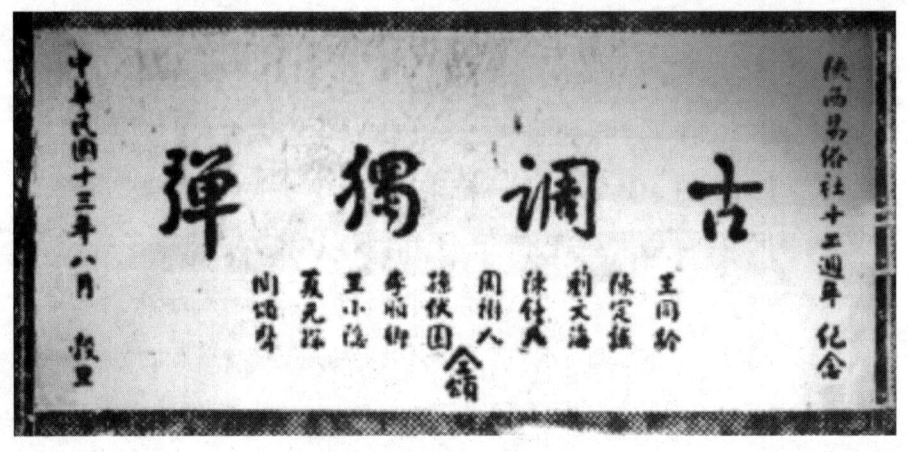

1924年，鲁迅给易俗社的题词

意地听着，并且说了几句仰慕的客套话。接着我把带来的一顶细罗纱的双人蚊帐、几盏宫灯式的纸灯、两把画得很美丽的纸伞送给他。我说，这些是从日军仓库里缴获的胜利品，不是好东西，送给你表示一点心意，请收下留作纪念。高老先生接过赠品，说道："我向来不受礼。但这是从抗战前方带来的胜利品，来之不易，我拜领了。我要把它们放在客厅，供大家欣赏，谢谢你了。"

这之后，我们便进行租借演出场地的谈判。我说，现在是抗战时期，我们体谅易俗社同人工作生活的不易，我们愿付出场租。我又说我们西战团是宣传队，没有演出经费。八路军在前方抗战，军费奇缺。我们团员每人每月只领用津贴两元。我希望他们站在抗战立场上，给我们的演出以支持，帮助。我还讲了一些我们在山西前方的工作和群众的反映，都是热情拥护的。我真希望他能为我的陈述而有所感动。他虽然肃然起敬地聆听着我的讲话，间或还要问一两句，但是，我以为他的心就像他的面孔一样，是很难动容、很难打动的。他听了我说了那么多，只是重复地说那几句简单明了的答话："我们的场租是固定的，不管是哪个剧团，每天两场，租金是二百五十元，一个钱也不能少，这是惯例。如果我们自己破坏了，我们今后不好办事。"

自然，他这话是有道理的，但是我心里仍有不服。我一心认为我们是抗战最坚决、生活最艰苦的十八集团军，山西人民对我们无限敬爱，特殊照顾，可是这位老先生却如此顽固，我真有点想不通。我心里明白没有什么可以再商量的了，但总舍不得立刻离开，好像还有所等待一样。可是这位老先生却站了起来，摆着一副送客的样子。我只好站了起来，同时脑子里忽然有一个新的东西钻了进来，我心里想：也许正因为我们是十八集团军，是共产党领导的军队，人家才不肯减少一个子儿的租金。对，可能就是这样。于是我伸出手来，爽快地说道："社长先生！好吧，我理解你，场租就按照你们的规定。我们马上来人装台，布置会场。今后仍请关照。"他一听我说得痛快，好像轻松了许多。他说："我通知下面办事的人，你们随时可以来。"接着，他亲切地问道："你们的门票定价多少？"我回答说："四角和两角两种。"他即刻说："太少了，定价太低了。你们这个剧团的名气，完全可以卖一元和八角。要不，你们要赔钱的。"我已经站了起来，诚恳地答道："我们是做宣传工作，不是营业演出，为了使更多的人民群众能来看戏，我们的门票只能定这个价钱。"他有点奇怪地看着我，没有再说什么，我们就分手了。

这以后，我们的同志就天天去易俗社布置舞台剧场。易俗社的一些演员、学员、工作人员，三五成群，站在远处好奇地望着我们，慢慢地走近来交谈，最后还有人自动地来帮助我们。那时西战团除了做事务工作的同志、炊事员、勤务员等外，包括拿笔杆的记者和诗人在内，男女团员只有三十多人。大家忙了两个星期，塞克导演的话剧《突击》就上演了。三天演出七场（其中有一场是专门慰劳伤兵的），场场客满，掌声雷动，轰动了战时的古都。尽管每天都有空袭警报，但阻止不住潮水般涌来的观众。我们共产党领导下的宣传队，第一次在国民党统治的大城市里，冲破了国民党反动派的限制、阻挠，用艺术武器胜利地宣传了党的抗战纲领。我们知道，这正表明了在国民党统治区的广大人民群众对八路军和中国共产党的热烈欢迎与忠诚拥护。我们全团同志都为此兴高采烈。但是，正如高培支先生所预言的，我们赔钱了。门票收入虽然够付剧场的租金，但其他的演出开支，如布景、道具、服装等等，却一时没有着落了。我的心里悄悄地有些愁闷。

演出一结束，我特地带着七百五十元，再去易俗社，会见社长高培支先生，我亲手把场租钱交给他，并且对他和他们的工作人员对我们这次演出的全力支持表示感谢。我刚从挂包里拿出手巾包，他就伸出一只满是密密麻麻的皱纹的手，压住我的手道："我看得出来，你们这次公演赔钱了，我不要你们的场租。三天，你给我二百元，够我们的开销就行了。这种开销，我们没有办法补贴。"我手不能动，看着他的脸，一副肃穆的样子，两个干枯的眼睛却显得有点湿润润的。他把手挪开了，对他们的一个工作人员，又像是对着我说："我从来没有看见过像他们这样的剧团。来我这里演出的剧团、戏班可多了。你看，这就是他们的团长，她是有名的女作家，可是成天台上台下，和团员一起，什么事都做，同吃一样的饭菜。真令人奇怪，几十个人像一个人那样，不分高低，抢着干活，成天乐呵呵。我少收他们的场租，不是因为他们拿不出来，也不是我们钱多。我只觉得我应该这样做。我们易俗社的子弟都能像他们这样就好。"他又望着我说："不是我夸你们，我是不当面夸人的，可是你们剧团，你们这些人都是平凡人，都是好人。你给我二百元就行了。我只收这样多，绝不多收。"易俗社的另一位工作人员也在旁边说："高社长说了只收二百元，他向来是说一不二。他少收你们的租金，这是破天荒第一次，你们就领情好了。"

我满心激动。高先生给我们的哪里只是少收的那五百五十元钱呢？在他的心里，在我的心里，这都是最高的鉴赏与情感。我拿着留下的五百五十元钱，像捧着几亿人民的希望，迈着沉重的步子，走出易俗社的大门，和高培支先生郑重握手道别。

这年的夏天，在华北，各地的人民游击战争方兴未艾；在西安，意料中的国民党反动派对我们的限制与迫害接踵而来。西安的反动当局悍然封闭了西北青年救国联合会、民族解放先锋队、学生联合会等救亡团体。陕西省国民党省党部居然也给西战团来了一纸通令，说什么西战团应该到战区活动，限即日离境，否则逮捕负责人等云云。在中共陕西省委和十八集团军驻西安办事处的支持与领导下，并请示延安党中央批准，我们采取了"针锋相对、磨而不裂"的斗争方针。我们用蒋介石自己说的人无分老幼、地无分南北，都有抗战的责任的谈话，驳斥了国民党省党部的谰言。同时提出为了筹措开拔经费，西战团决定，在西安举行第三次公演。当时我们看到京剧特别是秦腔在西安拥有广大的观众，因此我们便把京剧、秦腔作为我们第三次公演的主要内容。在我们自己，这还是一次艺术上旧瓶装新酒的尝试。同时，我们也抱有一点希望，希望有更多的剧团、戏班都能用自己擅长的艺术形式，来为抗战宣传、抗战胜利服务。在繁忙紧张的政治斗争气氛中，为这次演出选择剧目，我们颇费了一番心机。我们选中了老舍先生在杂志上发表的两个剧本《忠烈图》和《烈妇殉国》，前者用京剧形式演出，后者用秦腔形式，争取十来天排练完毕，仍借易俗社的舞台演出。那时，我们全团只有夏革非同志原是西安人，会几句秦腔，其余的演员都要从头学起，要在短短的十来天里，排好一出京剧、一出秦腔，实在太困难了。在这为难的时刻，我们想到了新结交的老朋友，我再一次来到易俗社，拜会高培支先生。这次见面，我们就像老朋友了，我把我们的演出计划、剧目和我们的困难都据实相告，希望得到他的帮助与支持。高老先生毫不迟疑，非常仔细、非常清楚、非常慷慨地答道："我们帮助你们，从开排的日子起，文武场面派人来；你们演员不全，我们派人补；导演我们负责……"我们谁也没谈到场租。就这样，在酷热的西安，我们的同志每天到易俗社时，易俗社的先生们都按时等候在舞台上，汪振华、肖润华两先生负责导演。易俗社的其他演员从旁辅导，旦教旦，丑教丑，头牌旦角有名的"陕西梅兰芳"王天民亲自指导夏革非。着装连排的时候，高老先生就让管衣箱的人把最好的衣箱打开，把最好的行头拿出来，任我们挑选试穿。演出的那天，他们派人为演员挥扇化装、描容，整理

易俗社创始人之一
高培支

头饰,汪振华、肖润华和其他许多人都坐镇在后台,直到夏革非同志掀开帘子,步上舞台,获得满场彩声的时候,他们才和我们一样,放下心来,并且发出会心的微笑。观赏了这次演出的西安观众都赞美夏革非同志是"从延安来的王天民"。这是西北战地服务团在西安的最后一次演出,也是最有声誉、最使人难忘的一次演出。但更加使我难以忘怀的是高培支先生和易俗社的全体同人,在国民党反动派的政治高压下,对共产党领导的一个宣传队的工作给以如此巨大、有效的帮助时所表现的无私和勇敢。我们西战团的全体同志,我们每个人都永远记得这种崇高正直的神圣友情。

7月底,我们西战团结束在西安的工作,奉命凯旋延安。我们向易俗社告别的时候,高培支老先生又为我们之间的无私友谊增加了一笔浓重的彩绘,他赠给西战团一套衣箱。他说:"我佩服你们,尊敬你们,送你们的这套剧装行头,不是新的,新的我送不起。你们回延安,到乡下,这些也够用了,希望你们一路平安,前程万里。"

现在高老先生已经与世长辞多年了,但高老先生正直无私、端庄肃穆的面影仍历历在目。今年是易俗社建社七十周年纪念，我谨以这篇短文怀念易俗社领导成员之一的高培支先生，并向易俗社全体同志表示热烈祝贺。易俗社现在是我国仅存的有成就的最老的剧团班社之一，我希望他们继承优良传统，争取更大光荣，在党的领导下，在社会主义精神文明的建设中，放射出更加灿烂夺目的光辉。

（本文选自《陕西戏剧》1982年第10期）

回忆延安平剧研究院

任桂林

> 任桂林,河北束鹿人。幼时学唱昆曲,1935年入山东省立剧院学习京剧。1937年在西安与刘仲秋等共同创办夏声戏剧学校。1939年,任第二战区歌剧队副领队。其间创作并主演歌剧《即墨之战》与《郑成功》等。1941年赴延安,任延安平剧院研究员。1944年与李伦、魏晨旭共同创作京剧《三打祝家庄》,获得成功。1947年到晋察冀解放区,任华北联合大学平剧团剧场主任。新中国成立后,任中国戏曲研究院副院长、中国京剧院副院长等职。

《延安文艺丛书》编委会约我写篇回忆延安平剧研究院的文章。作为曾经在该院工作、学习和生活过的一个成员,我感到有义不容辞的责任把亲身经历过的一些事情写下来,作为史料,以供读者参考。可是我从来没有记日记的习惯(现在看,这是个缺点),手边又没有其他的文字资料,只好凭着记忆来写,难免挂一漏万,所能回忆起的,也可能有不准确的甚至错误的地方。这就有待于在延安平剧研究院工作过的同志来补充和指正了。

抗日战争时期,中日矛盾成为主要矛盾,国内阶级矛盾降到次要和服从的地位。抵抗日本军国主义的侵略,成了全民族的共同任务。反映在文艺上,就要求用一切文艺形式进行抗日宣传,以动员和组织群众投入全民抗战的热潮。当时在延安鲁迅艺术学院有个平剧(即京剧)研究会,共八人,由阿甲负责。为了用平剧这一传统的形式来宣传抗战,提出了"旧瓶装新酒"的口号,由王震之根据传统戏《打渔杀家》改编成反映抗日内容的《松花江上》,阿甲扮演了剧中的渔翁这一主要角色。这个戏在纪念抗战一周年(1938年7月)上演,

延安鲁迅艺术文学院旧址

在延安很有影响。由于没有经验，这个戏虽然还不算成熟，但它却是延安时期最早出现的现代戏之一，在延安演出是很有影响的。

由于抗战，国内阶级关系起了新的变化，党的政策，从没收地主阶级的土地改为"二五"减租的政策，以团结各阶级各阶层的爱国人士，共同对敌。如开明士绅李鼎铭先生就担任过陕甘宁边区政府的副主席。在这种现实生活的启示下，1939年初，阿甲同志编写和导演了另一出现代戏《钱守常》，写一个开明士绅不堪忍受日本侵略军的残酷压迫，投到了游击队。这个戏曾在鲁艺上演，我也参加了演出。学院领导还对剧本进行了奖励。

平剧是技术性很强的一种艺术，可我们当时都不大懂技术，更没有扎实的基本功，为了学习和继承这份民族艺术中的宝贵遗产，就必须上演一些传统剧目（因为平剧的各种表现手段和技术、技巧，大都寓于剧目之中，即所谓"戏不离技，技不离戏"）。但延安当时没有戏装，于是就起意购买一份戏装，以供演出之用。可是经济相当困难，哪里有这笔钱去买呢？恰好当时在重庆国民党参政会担任参议员的七位共产党人，包括毛泽东、陈绍禹、董必武、周恩来等同志，他们是国民党发工资的，大约每人每月三百元。他们从不据为己有，而是用作党的开支。结果他们便捐了一千多元，作为购买戏装之用。1939年，中央组织部派阿甲和我到西安，托封至模先生购买了一份戏装，运回延安之后便在鲁艺成立了一个平剧团。

这时鲁艺设有四个系、两个团，即文学系、戏剧系、美术系、音乐系、实验话剧团、鲁艺平剧团，另外还有一个美术工厂。鲁艺平剧团已初具规模，团长为阿甲，副团长为罗合如，主要成员有陶德康、李纶、任均、方华、王一达、陈冲、石畅等人，演出的剧目，大多数是经过整理的优秀传统剧目。

鲁艺平剧团的同志，有的在参加革命前是票友，有的是京剧爱好者，但没有一个是正规的科班出身的。他们出于爱国热情，来到延安，又由于抗日的需要，服从组织的分配，从事戏曲工作，严肃认真地对待党交给的任务。那时没有剧本，排戏是按《戏考》来排的。《戏考》到哪里去找呢？后来到毛主席的书库里找到了《戏考》，再加上大家一块儿凑，于是排演了《群英会》《法门寺》《四进士》《坐楼杀惜》《玉堂春》《审头刺汤》《击鼓骂曹》等剧目，受到了群众的欢迎，特别是从全国各地来到延安的干部们的欢迎。那时延安还没有电影和其他舞台艺术，能够看到话剧和京剧，就是难得的艺术享受了。

这时在晋西北担任第一二〇师师长的贺龙同志，听到延安已有平剧演出，他便在第一二〇师的直属下，成立了战斗平剧社。贺龙同志下命令，只要会哼几句京剧的不管是连长、指导员还是士兵，也不管你愿意不愿意，都调到战斗平剧社。王镇武同志曾告诉我，贺龙同志向他们讲过："延安搞平剧团，我就搞平剧社。"于是当时晋绥边区的另一支平剧队伍——第一二〇师战斗平剧社很快便建立起来了。社长是王镇武，副社长是张一然，政治指导员是薛恩厚。

张一然是唱老生的，嗓子相当好，拿手戏是《四进士》，在晋西北有"仙岛牌"之称（因张喜欢吸"仙岛牌"香烟），而且能编写剧本。他编导的《嵩山星火》，在晋西北和延安都演出过，反映很好。

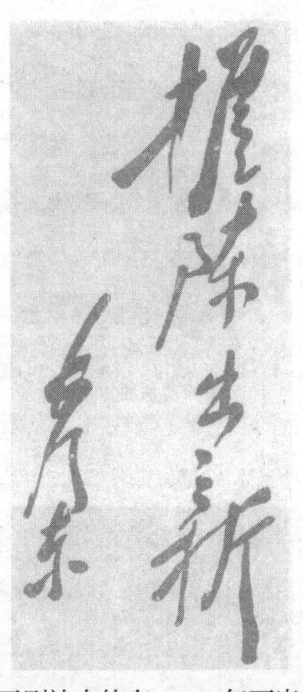

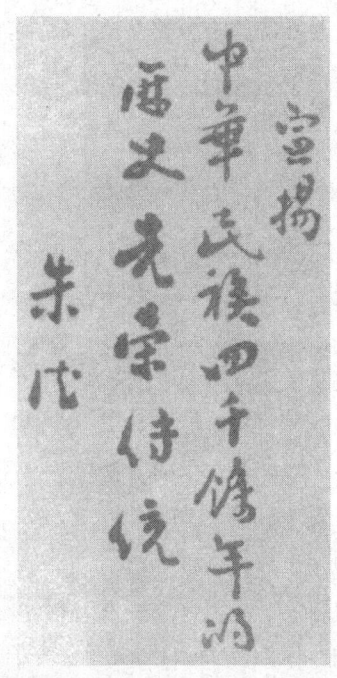

毛泽东、朱德为延安平剧研究院成立题词

第一二〇师战斗平剧社大约在1941年下半年到了延安。后来贺龙同志调任陕甘宁晋绥五省边区联防军司令员，也到了延安。这时，便酝酿两个平剧团体合并的问题。结果是鲁艺平剧团离开鲁艺，划归联防司令部领导，同第一二〇师战斗平剧社合并，成立了一个新的团体，这就是延安平剧研究院。

延安平剧研究院是1942年成立的。我记得成立时没有举行什么仪式，那时延安都不这样做，只是出了一本特刊，即《延安平剧研究院成立特刊》，上面刊登了毛主席的题词"推陈出新"，朱德总司令的题词"宣扬中华民族四千余年的历史光荣传统"，林伯渠主席的题词"通过平剧使民族形式与革命精神配合起来"，李鼎铭副主席的题词"教亦多术"。此外还有柯仲平、张庚、阿甲、王镇武、李纶、魏晨旭等同志写的文章。后来全国解放后，中国戏曲研究院成立时，毛主席的题词又发展为"百花齐放，推陈出新"，成为整个戏曲工作的指导方针。

延安平剧研究院成立时约一百一十人，除正、副院长外，设秘书长一人，协理员一人，下设研究室、演员队、总务科、秘书科，是相当精干的。第一任院长是由社会部长康生兼任的，副院长由中共中央办公厅处长邓洁兼任，秘书长是罗合如；第二任正、副院长由张经武、柯仲平兼任，秘书长是王镇武；第三任院长由刘芝明兼任；最后，专职院长为杨绍萱，副院长为罗合如。协理员先后有朱云峰、慕生才、许世平、余平若、孙方山、刘继久等同志。

延安平剧研究院，既是研究团体，更是演出团体，演出任务是很繁忙的。演出时，大家一齐上，做行政工作的同志也参加演出。演出地点多在杨家岭礼堂、八路军大礼堂、边区政府礼堂、中央党校礼堂，有时也在新市场演出。那时延安还没有电，演出时用煤气灯。有时在台上演戏，管灯光的同志就出来给煤气灯打气，观众也习以为常，那时也没有汽车，用马车拉戏装，演员都是走来走去。我们住在城北的小砭沟，离杨家岭礼堂、中央党校礼堂比较近，到城南的边区政府礼堂，就要穿过延安城，往返有二三十里路。有时从下午三四点钟出发，演出归来时，已是天将黎明了，可是没有人叫苦叫累。在艰苦的环境中，大家始终保持着乐观的精神和蓬勃的朝气。

当时延安的干部，都是实行供给制，每人每月只发一元（边区纸币）的零用钱，买点牙膏、肥皂、手巾之类生活用品。因此我们的演出都是包场。所谓包场，也就是管一顿饭。观众看戏是不花钱的，也无钱可花，只是由组织上分配戏票。那是在战争时期不得不过的一种军事共产主义生活。

延安平剧研究院成立后不久，整个延安就开展了整风运动。1942年2月1日，毛主席在中央党校做整顿三风的报告，也就是克服主观主义、宗派主义和党八股。因为在长征途中的遵义会议上，只是解决了当时具有紧迫意义的军事问题和组织问题，还来不及从思想上、理论上对王明的错误路线做彻底的清算，再加上抗日战争开始，大批爱国知识分子到了延安，这些人或多或少存在一些非无产阶级的思想,世界观需要来一个改造。恰好当时抗战进入相持阶段,敌人进攻不动,我们也反攻不了。党中央和毛主席决定利用这个空隙,开展全党的整风运动,以提高党内外同志的思想觉悟和马列主义水平,巩固无产阶级思想在党内外的阵地。党中央选择了二十二个文件,印发给全体干部,作为整风文献。延安平剧研究院也参加了这次整风运动,认真学习文件,开展批评和自我批评,取得了很好的效果。

陕甘宁边区银行发行的"边币"伍圆、拾圆

在整风运动中,毛主席还针对延安文艺界存在的问题,召开了延安文艺座谈会。朱总司令、任弼时同志等许多负责同志都参加了会议。中央文委书记何凯丰同志主持会议,毛主席致简短的开幕词,大家便开始热烈地争辩和讨论。参加会的文艺界人士有一百多人,延安平剧研究院派阿甲、王镇武、张一然和我参加了这次重要会议。我记得共开了三次会,都是星期天开的。会上大家畅所欲言,从中也暴露出不少非无产阶级的思想和模糊的认识。毛主席认真地听取发言,并不时用铅笔记下来。我们几人都未在会上发言,只是听着争论而已。到了5月23日,也是个星期天,白天没有开会,晚上在中央办公厅西侧的广场上,用三脚桨挂着煤气灯,在耀眼的灯光下,毛主席把已经写好的结论,读给大家听。大家坐在土坡上,细心地听着。仿佛是一股清新的风,吹拂着每个人的心田,使人感到温暖,也使人感到振奋。这就是有名的《在延安文艺座谈会上的讲话》。这个讲话总结了"五四"以来新文艺运动的经验,解决了延安文艺界的一系列问题,指明了文艺发展的方向和道路。不仅在延安而且在全国都产生了深远的影响。时隔四十多年,这个讲话的基本精神对于今天的文艺工作,仍然具有指导意义。不过那时是战争年代,现在已进入全面开创社会主义建设新局面的时期,时代向前发展了,环境有了很大的变化,因此对于《讲话》也不能机械理解,搞"凡是派"那一套是不对的,否定《讲话》的基本精神也是不对的。我非常同意周扬同志提出的,对于毛泽东文艺思想一要坚持、二要发展的方针,这才是具有历史唯物主义态度和实事求是精神的方针,也是坚持真理和发展真理的正确道路。

在整风和《讲话》之后,延安文艺界的确出现了一片新气象,主要是文艺和边区人民的生活结合了起来,不少文艺工作者努力去表现新的人物、新的世界。延安平剧研究院创作和演出了《上天堂》(编剧张一然,导演王一达)、《难民曲》(编剧李纶,导演张一然),前者写边区人民的美好生活,后者写河南难民在水、旱、蝗、汤(汤恩伯)等天灾人祸的压迫和摧残下,逃荒到边区,得到了安居乐业。这两个戏对比鲜明、强烈,演出效果很好。此外还演出了《回头是岸》（编剧张梦庚，萧甲，导演王一达）、《张学娃过年》（编导张一然）、《边区自卫军》（编剧魏晨旭，导演王一达）、《鬼变人》（编导王一达）等剧目。

这时，延安平剧研究院已划归中央党校领导。中央党校校长是毛主席，副校长是彭真同志，教务处副主任刘芝明同志兼任平剧研究院院长。以前几位院长都是挂名的，刘芝明同志虽然也是兼职，却是管事的院长。我记得他有时在晚上提着个灯笼，步行到平剧院来检查工作，与同志们谈心。他是很热爱京剧艺术的，而且在工作中坚决执行"推陈出新"的方针。

当时任中央组织部长的陈云同志，为了贯彻《讲话》的精神，曾召集文艺界的同志们开会，号召大家到群众中去，到农村中去。我们响应陈云同志的号召，也到延长、延川一带农村里，演出《难民曲》《上天堂》《嘉兴府》等剧。《嘉兴府》是传统武戏，就在土台子上翻筋斗，也没有摔伤的。这次在农村演出两个多月，观众（主要是农民）看得津津有味，这说明陕北的乡亲们不只喜爱秦腔、秧歌等地方戏曲和民间文艺，而且对于京剧也是很感兴趣的。

1944年中央党校俱乐部上演了《逼上梁山》（编剧杨绍萱、齐燕铭，导演齐燕铭），轰动了延安城，毛主席还热情地给杨绍萱、齐燕铭写信，其内容已众所周知，不再赘述。在《逼上梁山》的启示和影响下，延安平剧研究院也试图搞些新编历史剧。这时正好看到一个油印的小册子，即毛主席在抗大的讲话，也就是新中国成立后编入《毛泽东选集》的《矛盾论》，其中有一段谈论三打祝家庄的意义，指出它是《水浒传》中唯物辩证法的最好的事例。我们对此很感兴趣，想把它编成戏，便请示院长刘芝明同志，经他同意，并指定由李纶、魏晨旭和我三人，合作写这个戏。在他的领导下，《三打祝家庄》的创作便开始了。

魏晨旭同志对《水浒传》是相当熟悉的，可是他手边没有这部书。在延安要找到这部书也很不容易，后来我们到毛主席处借到了一百二十回的《水浒传》。我们详细地阅读了全书，特别是反复研究、推敲有关三打祝家庄的章节。在构思和写作中，我们得到了齐燕铭同志的帮助。在刘芝明同志的主持下，中央党校曾召开过数次讨论会，大家的发言，对我们很有启发。延安平剧研究院的同志们也为这个戏出了不少主意。在同志们的关怀和促进下，我们几易其稿，历时七个月，不分白天黑夜，终于写出了《三打祝家庄》。

那时的《三打祝家庄》是分为两个晚会演出的，也就是"一、二打"一个晚会，"三打"一个晚会。"一打"写的是调查研究，"二打"写的是利用矛盾各个击破，"三打"写的是里应外合。由王一达、魏静生导演，经过他们的加工，演出相当完整。

在"一打"中阿甲扮演钟离老人，魏静生扮演石秀，孙震扮演杨林，经过演员的创造，为剧本增色不少，成为一个新的石秀探庄，演出很受欢迎。"二打"由于剧本始终没有写好，虽然也表现了各个击破的主题，但是对扈家庄、李家庄，哪个虚写，哪个实写，我们捉摸不定，结果都是实写，戏就显得分散。不过薛恩厚演的扈太公，还是有所创造，萧甲演的扈三娘，也有所发挥，在演出方面弥补了一些剧本中的不足。本来传统戏中有《扈家庄》，可是我们都不会，也找不到剧本，因而也就无法在原有的基础上加以改造，使之为新的主题服务。

"三打"是写里应外合的，这就难住我们了，因为我们都没有做地下工作的经验，连这方面的知识也没有。彭真同志很关心这个戏，他写过一封长信，指示我们如何来写《三打祝家庄》，我们将它贴在剧院的俱乐部内，供大家阅读，可惜这封信已遗失了。彭真同志当时兼任中央城市工作部的部长，他还指定了两位同志来具体帮助我们。这两位就是刘宁一同志和刘慎之同志，他俩都做过党的地下工作，有着丰富的生活积累和斗争经验。刘宁一同志告诉我们，里应外合的关键是寨楼问题，因祝家庄城高水深，只从外面攻打是不行的，必须派人混进庄去；进庄之后，也要上下配合，也就是上层掩护下层，下层进行活动。梁山好汉中的孙立同祝家庄的教师栾廷玉曾是同窗学艺的好友，有过一段共同练武的经历；后来孙立在登州起义，归顺梁山，但栾廷玉并不知道，孙立正好利用这种关系，混进庄去，这就为里应外合创造了条件。打入敌人的巢穴之后，经常会遇到料想不到的意外，那就要沉着镇定，随机应变，方能化险为夷，转危为安。如果稍有不慎或者遇事惊慌，都很容易暴露身份，以致前功尽弃。刘宁一同志还讲到他自己曾伪装成医生，来往于京汉路上，因他是近视眼，戴了一副眼镜，俨然是知识分子。在学校读书时，也多少学了点医务知识，因此化装为医生，而实际是搞党的地下工作。这对我们很有启发。我们还请教过延安平剧研究院的炊事员邱魁元同志，问他马夫的手有什么特点。他说马夫的手与一般人不一样，因天天和马缰绳打交道，手磨得拉拉碴碴的，和树皮一样。这些生活知识和经验，对我们有很大的帮助。

我们根据地下工作的原则，在生活的基础上进行艺术形象的创造，既尊重《水浒传》中三打祝家庄的基本情节而又有所发展，创造出乐和、顾大嫂、孙新等形象以及反面人物祝小三、老五、二混子的形象。

"三打"的演员阵容相当整齐：张一然演宋江，牛树新演顾大嫂，张梦庚演李妈，王镇武演乐大娘子，任均、方华演祝家二位夫人，赵容美演孙立，孙震演孙新，阿甲演钟离老人，都很称职，特别是王一达扮演的乐和，赵魁英扮演的祝小三，更给人留下了深刻的印象。当时的演出可以说又一次轰动了延安城，在延安的干部中连续演出了两个月之久。有的老延安到现在还念念不忘当年上演《三打祝家庄》的盛况。

《三打祝家庄》演出之后，我们便派人将从毛主席处借来的《水浒传》还回去，并附了一封信，没想到毛主席马上回了信，内称，首先向作者、导演、演员、音乐工作者、舞台工作者祝贺，并说此剧继《逼上梁山》之后创造成功，巩固了平剧革命的道路。可惜这封信已遗失了。是怎样遗失的呢？当接到信时，由张梦庚同志在八路军大礼堂后台向大家宣读，每个同志都受到了莫大的鼓舞。之后，将这封信送给了当时的院长刘芝明同志。后来刘芝明同志调东北工作，他又把此信交给了张梦庚。梦庚正好去张家口（此时已解放）邀请教师和演员，他便将此信放在他的窑洞里，可是谁也不知道。张梦庚从张家口回来，就留在了晋西北，再也没回延安。我们不久也撤离了延安，这封信也就没有了下落。现在想起来，真是十分可惜，可是也怨不得谁，只能是在战争环境中的一种意外损失。

在上演《三打祝家庄》的过程中，还发生了一起不幸的事件。一次我们在中央党校演完了"一、二打"时，准备第二天接着演"三打"，是给中央办公厅演的。演完戏后，大家兴高采烈地回到住所窑洞时，已到深夜。突然间，一些窑洞塌了下来（延安的窑洞多在春暖花开冰雪融化时塌毁），当场砸死了两位同志。一位女同志，名叫谌曼里，是周恩来副主席和邓颖超同志的干女儿、金紫光同志的未婚妻；一位男同志叫张复兴。这是两位很有才气的演员。天明时，马上通知了中央办公厅，办公厅来人问候，并停止了演出。邓颖超同志也亲自到剧院来看死去的干女儿，周副主席当时在重庆未能前来。大家看到死者面上的血迹，无不悲恸不已，泣不成声。事后开了追悼会，将死难的战友埋葬在山下的一孔石窑洞中。作为一个幸存者，我想到这些为革命而献身的战友，心中就感到阵阵隐痛，同时也鞭策自己在有生之年，努力为人民做点事情，才对得起死去的同志。

延安平剧研究院除上演《三打祝家庄》之外，还上演过一些新编历史剧，如田汉编写的《岳飞》、张一然编写的《嵩山星火》、王一达编写的《武大郎之死》、杨绍萱编写的《十一郎》、魏静生编写的《河伯娶妇》、石天等编写的《北京四十天》等等，都收到了良好的效果。可以说这个时期的创作和演出是相当繁荣的，这是同整风运动和毛主席的《讲话》的影响分不开的。

延安的许多领导干部，都喜欢看京戏，因此中央的重要文艺晚会，包括"七大"的演出等等，经常由延安平剧研究院参加演出。毛主席也多次看我们的演出。记得1945年日军投降后，毛主席在张治中先生的陪同下前往重庆，同蒋介石国民党谈判，一去四十天，延安的同志们都十分担心。后来国共双方签订了《双十协定》，毛主席返回延安，同志们奔走相告，兴高采烈。当天晚上，党中央组织了欢迎晚会，由我们演出节目。开演前，我们正在化装室里化装，忽然毛主席来到了化装室，大家十分高兴，问候毛主席身体如何。他说很好。又问他在重庆看了什么戏。他说蒋介石请他看了《十三妹》。我们问："技术一定比我们好吧？"毛主席说："技术当然不错，不过演出风格不高，不如你们！"这是毛主席对我们的鼓励。时间不长，毛主席就到前台看戏去了。那天晚上的演出，大家心里热乎乎的，特别带劲。

抗日战争胜利结束后，形势发展很快，延安的同志们纷纷下山。中央党校走了，抗大走了，鲁迅艺术学院也走了，都迁往东北。我们受到这种空气的感染，也很想下山，但组织上不同意。后来在大家的要求下，经组织同意，我们离开延安，开始长途跋涉，但刚刚走到绥德，时局有所缓和，中央组织部来电报，要我们返回延安。我们服从组织的决定，在罗合如、阿甲的率领下，立即步行返回延安。这一来回，大约有1000里的路程。回到延安后，安子文同志（他这时已是中央组织部长，彭真同志已去东北）对我们讲，毛主席还在延安，你们还是要留在延安的。到了1947年，这时胡宗南加紧向延安进攻，陕北高原弥漫着战火。在一个晚上，中共中央办公厅主任杨尚昆同志做动员报告，他说延安现在还有九千人要撤退，运输工具严重不足。怎么办？大家要克服困难，每人所携带的衣物，不能超过15斤。在仓促之中，我们于1947年3月8日离开延安，路经绥德，夜间渡过黄河，到了兴县，再经岢岚、五寨、雁门关、代县等地，于5月1日到达河北阜平县的城南庄。一路上都是晓行夜宿，每天走50或70里，有时住在老百姓家里，有时住在山洞里。生活是艰苦的，但情绪十分高涨。到了阜平，我们才知道周扬同志已任华北局宣传部副部长。我们去看望他，他对我们说："你们已归华北联合大学领导了，需要到校部去报到。"于是我们继续东行，到了河北省束鹿县大李家庄，见到了成仿吾校长，他表示欢迎，还端出一大盘花生来招待我们，并要我们在离校部不远的董家屯住下来。延安平剧研究院的工作就从此结束了。后来与有关单位合并，改称华北平剧研究院，1949年迁往北京。新中国成立后定名为中央京剧研究院，以后又分别改组、衍变成中国戏曲研究院和中国京剧院等单位。不过，这已经是后话了。

四十多年过去了，中国大地已发生了翻天覆地的变化。但是回想起来，延安平剧研究院的一些好的传统和优良作风，仍有现实意义，值得珍惜和继承。例如：

第一，在剧目建设和表演艺术上，它比较好地处理了继承和革新的关系。一方面，它在实践中，批判了"五四"以来一些人对旧剧（主要是京戏）采取的全盘否定的民族虚无主义，对民族艺术加以认真地学习和继承。另一方面又对传统剧目进行了一番选择和整理的工作，并且积极地创作和演出新编历史戏和现代戏。当时虽然没有明确地提出"三并举"的剧目工作政策，但在实际工作中，却是使这三种剧目同时并举，并没有偏废。在演出上，接受了话剧理论（比如斯坦尼斯拉夫斯基体系）的一些好的影响，比较注意刻画人物性格，表现人物的内在感情。尤其可贵的是建立了导演制，对演出的完整性起了很大的作用。总之，延安平剧研究院在"推陈出新"方针的指引下，走的是一条全面改革和创新之路。由于当时处于战争环境，加上演出比较繁忙，还来不及进行更多的理论研究，对自身的经验也未很好总结，但它在京剧改革方面所起的巨大作用却是客观事实，不容抹杀。江青对这段历史是了解的，她本人当年还参加过演出活动。但她后来为了篡党夺权，捞取政治资本，自封为"京剧革命的旗手"，对开始于延安时期的京剧改革的历史事实一笔勾销。但是，历史无情。今天，江青的谎言已被彻底戳穿，历史又恢复了它的本来面目。

第二，当初在延安从事京戏演出活动的内行并不多，绝大多数是服从领导的安排和组织的决定，干起戏曲工作的。但是革命的理想鼓舞着我们这批爱国青年，为了革命事业的需要，我们确是做到了干一行，爱一行；爱一行，钻一行。大家在延安平剧研究院这座革命熔炉中，受到了锻炼，在思想觉悟和业务水平上都迅速得到提高，不少人后来成为很有成就的编剧、导演、戏曲理论家以及领导戏曲工作的干部。今天的条件比当年好多了，但是青少年演员首先也应当树立革命的理想，要热爱自己的专业，培养自己的事业心和责任心，勤学苦练，走又红又专之路，才能为人民做出应有的贡献。那种见异思迁、三心二意、懒懒散散、得过且过的人，是不会有出息的。

第三，那时我们在延安演戏，根本没有那种旧社会所遗留的"同行是冤家"的不良习气，都是为了革命而演出，大家和睦团结，亲如兄弟。比如阿甲、张一然、魏静生都是唱老生的，关系甚好，任均、方华都是唱旦角的，也从未发生过矛盾，陶德康和我，都是唱小生的，总是互相谦让，王一达是唱丑角的，凡演丑角的都是他的学生，就更没有矛盾。彼此之间完全是一种同志式的关系，谁也不争牌位，不争名次，不争剧目，不争先后。互相尊重，互相学习，互相交流，形成了一种良好的风气。今天的戏曲团体中，更应当提倡这种戏德，并在新的历史条件下，加以发扬光大。

在全面开创社会主义建设新局面的历史时期，我们要继承和发扬延安精神，在戏曲工作的岗位上为建设社会主义的精神文明尽心尽力。为此，我愿与同志们共勉之。

1982 年 11 月

（本文选自《戏曲艺术》1983 年第 1 期）

延安西北文工团的闪光足迹
苏一平

> 苏一平，陕西西安人。抗战初期在西安曾组织学生剧团。1939年赴延安，入马列学院学习。1940年调陕北公学文工队任指导员兼党支部书记，旋任西北文艺工作团副团长、团长，兼任陕甘宁边区文化协会组织部副部长。新中国成立后，任中共中央宣传部文艺处副处长、中国艺术研究院党委书记兼副院长。创作有秧歌剧《牛永贵挂彩》（合著）、《红布条》，歌剧《如兄如弟》，京剧《昆仑草》（合著）等。

西工团的创业、发展和经历

西北文工团（初名陕北公学文工队）成立于1940年9月1日。当时直属中共西北工作委员会领导。

陕北公学文工队，最早酝酿组成于1940年7月。王亚凡任队长，彦军任副队长。10月间，苏一平从马列学院调任指导员兼党支部书记。陕公文工队的任务是开展西北少数民族文化教育工作，具体就是开展内蒙古伊克昭盟的文化教育工作。其成员大多来自各城市剧团较有修养的戏剧工作者。陕公文工队成立不久，就紧张地排练曹禺的名剧《蜕变》，拟在陕公成立三周年校庆会上演出。当时，陕公校长成仿吾、党组书记兼关中分校校长罗迈（李维汉）、西北工委负责人贾拓夫都非常关心和支持文工队的工作，不仅抽调合适人选，而且具体解决许多演出问题。《蜕变》首次在延安排练，邀请鲁艺的史行（导演）、何文今（舞台设计）、张云芳（主演）帮助工作。公演后获得好评。

1940年12月5日，陕公文工队与斯曼尼、白衣领导的关中七月剧团合并，更名为陕公文艺工作团。它是以演出与学习并重，除学习马列主义、毛主席著作及时事政治外，还安排了文学、戏剧、音乐、美术等专业课程，聘请茅盾、张仲实、刘春、张录、丁玲、艾思奇、萧三、萧军、王曼硕、张庚、翟强、史行、马可、安波、潘奇、向隅、李焕之、时乐濛、杜矢甲、唐荣枚、江风等任教。1941年"皖南事变"后，陕公文工团又排演了宋之的的《雾重庆》，一连演出多场，很受欢迎。

为开展内蒙古少数民族地区的文化工作，该团选派朱丹、王亚凡、李庆森和鲁艺的陈叔亮、刘炽、焦心河、杨思仲（陈涌）等深入伊克昭盟乌胜旗做实地考察，了解蒙古族民众文艺、风土人情和抗日的战斗事迹。这次考察收获很大，王亚凡和刘炽很快创作出反映蒙汉民族团结共同抗日的歌剧《塞北黄昏》。刘炽和李庆森还整理了蒙古族民歌80余首，李庆森整理了蒙古族舞蹈《打鬼》等。《塞北黄昏》在延安公演，深受党中央和延安各界人士的赞赏。可以说，这是延安鲁艺早先演出李伯钊的歌剧《农村曲》之后的又一部反映少数民族生活的剧作。同年9月16日，党中央发布《关于高级学习组的决定》，陕公文工团及时配合上演了东方明翻译的苏联剧作家别洛克夫斯基的四幕话剧《生活在召唤》，还特请戏剧家塞克执导。这个戏的演出对延安党、政、军干部，尤其高级领导干部的学习起了积极的促进作用。

1941年底，陕北公学合并到延安大学，陕公文艺工作团改名为西北文艺工作团，由西北中央局领导。毛主席亲笔题写了团名，并由程铁、张沼滨制成洁白闪亮的团徽。

西北文工团由苏一平等五人组成领导班子，下设五个组：

团长兼指导员：苏一平。

副团长：朱丹、白衣（兼生活干事）。

秘书（秘书长）：王亚凡。

党支部书记：李慕琳。

西北文艺工作团团长苏一平

支部委员：徐瑞林、李建彤。

研究组长：韩戈鲁、东方明。

成员：王汶石、闻捷、沈霜、凌丁、寒十坡、万淳。

戏剧组长：高歌、郭介人。

成员：周戈、裴然、陈若绯、肖松、黎虹、舟冰、张涛、孟莉。

音乐组长：李建彤、林丰。

成员：岳松、李庆森、舟冰、阮爱芹、闵利生、李凝、肖松、关键、伊力。

美术组长：石鲁。成员：刘迅、程士铭、东方、吕崇头。

总务组长：刘鹏杰、兰运夫。

西工团成立不久，便在延安北关文化沟（大砭沟）口土台子上演出音乐节目，并分头在街头教歌，张贴宣传画，书写街头诗。1942年初还积极参加、组织了新年的文艺活动。不久又赶排了曹禺的《北京人》，于5月1日至15日在边区参议会大礼堂演出。

就在这个月，毛主席召开了延安文艺座谈会，发表了有历史意义的讲话，给整个文艺工作指出了为工农兵服务的正确方向，与工农兵结合的正确道路。西北文工团学习了《讲话》的精神，总结了过去的工作，认识到当时处在抗日的紧张阶段，应当编演反映群众斗争生活的戏剧才能接近现实，影响群众。不久西北局指示我们今后的主要任务是"开辟文化教育落后的农村工作，改变过去只演大戏的倾向"。为此，西工团确定了新的工作方针，走上了面向农村、面向群众的道路，这是西工团重大的历史转折。

1943年春节，延安掀起了轰轰烈烈的群众性大秧歌运动。西工团参加了街头秧歌活动，有《秧歌舞》《赶毛驴》《小放牛》《挑花篮》等节目。其中《向劳动英雄学习》《拥军花鼓》《拥军爱民》《红军万岁》等歌舞剧，最受群众欢迎。西北局宣传部和文委于4月25日向所属剧团发出的指示写道："本年春节，鲁艺、西北文艺工作团等所演出的秧歌剧，都值得介绍和学习。"萧三在《解放日报》撰写的《可喜的转变》中也说，今年春节的宣传活动，使艺术大众化往前迈了一大步，其中举到西工团的《红军万岁》，说这是整风学习的结果，文艺座谈会上毛主席做结论的结果，文艺工作者思想上起了革命的结果。

按照中央决定，1943年上半年，延安杂技团和陕甘宁边区艺术干部学校（即人民抗日剧社、"七七事变"后的抗战剧团）先后并入西工团，团的规模逐渐扩大，力量迅速加强。合并后，"边艺"副校长张季纯任西工团团长，苏一平任副团长。

同年5月，随着全党整风学习全面展开，西北局决定将西工团转入中央党校三部学习。到了11月，西北局召开各剧团会议，以贯彻毛主席新的文艺方向，组织剧团下乡，活跃群众文化生活，分五路下去，有一路是以西工团为主，抽调民众剧团和边区群众报社的同志，组成边区文协下乡工作队，开赴陇东分区。领队：柯仲平、秦川。秘书：谭吐。党支部负责人：张庆云。剧务组：马健翎、林丰等。音乐组：岳松、彦军、关键、川静、刘烽等。杂技组：张金奎、刘定标、孟莉等。总务组：程秀山。另有民众剧团的史雷、张云、孙凌；边区文协的戴临风、王琳等。这支战时文艺轻骑队，受到西北局办公厅的热烈欢送，于12月2日出发，直奔陕甘宁边区西南边境的陇东分区。团员们跋山涉水，日夜兼程，有时还冒敌军袭击的危险，千方百计地送戏给战士和群众。这期间，创作和演出的节目有《孙万福回家》《模范城壕村》《如此宁县》《边区的一天》《八路军和老百姓》《钟专员和胡县长》《马渠游击小组》等。

与此同时，留中央党校三部的苏一平、周戈等创作了《一朵红花》《红鞋女妖精》《牛永贵挂彩》等秧歌剧。陈若绯、张涛、李凝、闵利生等同志在边区文协钟纪明的带领下，巡回延安城乡进行演出。

1944年4月，西工团从陇东地区返回延安，立即转入全边区开展的大生产运动。男同志开荒种地，砍柴烧炭；女同志纺纱织布，锄草做饭。同时，还办起中庄农场和乐器工厂。生活上不仅做到自给自足，而且上交不少余粮。其间，为配合政治形势和生产任务，创作了《学习劳动英雄》《选好人》《睁眼瞎子》等剧目，并在思想上、艺术上都达到了一个较高水平。

1945年，伟大的抗日战争临近胜利，西工团的创作与演出更为活跃。先后编演了《一盏灯》《好纱织好布》《傻瓜》《不求神靠自己》以及《保卫和平》等。尤其在安塞一带演出，一天演三场，二天一搬家，任务十分繁忙。年底，开始排练茅盾的五幕话剧《清明前后》。

1946年7月，在国民党"磨刀"，我党被迫也要"磨刀"的紧张形势下，西工团人事做了调整。团长：苏一平。副团长：林丰。秘书（秘书长）：方杰。党支部书记：裴然。创作组：戴临风、王汶石等。宣传组：石鲁、李梓盛、程士铭等。演员组：高歌、王文、陈若绯、胡岗等。乐队：刘烽、川静、岳松、彦军等。10月底，西工团携带新创作的时事漫画、歌曲、街头诗、群众诗画等赶赴延属二十里铺、甘谷驿以及延川、子长、安塞等县农村巡回活动。11月底，为保卫边区、反对内战，赶排了柯仲平的大型歌剧《无敌民兵》，演出效果甚佳。12月间，再次赴洛河川、金盆湾、南泥湾慰问演出。这时，胡宗南聚集重兵于洛川、陇东一线，我军抽调数旅兵力待命自卫。西工团日夜活跃在前线，为部队演出、慰问，发挥了巨大的鼓舞作用。

1947年春，蒋介石悍然发动全面内战，重点进攻延安。西工团全体同志在"一切为了前线，一切服从战争"的口号下，勇敢投入了伟大的自卫战争。有的参加正规军，有的参加游击队，有的随军转移，有的从事地方工作。既是宣传队，又是工作队、战斗队。一支五六十人的文艺劲旅，自背行装，扛上刀枪，边行军，边演出，几乎走遍了陕甘宁边区的山山水水。除了说快板、写标语、拉洋片、讲形势，以及唱歌、说书等形式外，还演出不少反映群众战斗生活、激励军民团结对敌斗争等的戏剧，如《无敌民兵》《白毛女》《孙大伯的儿子》《红布条》《边境上》《二媳妇纺线》《睁眼瞎子》《红土岗》《进城》《傻瓜》《解放战士》《交党费》等。还密切配合形势编写了《大进军》《自卫战争进行曲》《民歌联唱》《打骑兵》等歌曲，流行甚广，鼓舞了战士和群众。1948年初，西北局决定将西工团改为西北文艺工作团第一团，将绥德分区文艺工作团（建于1944年4月19日，前身为绥德专区民众剧社）改为西北文艺工作团第二团。这两个团分别在绥德、义和一带农村投入轰轰烈烈的土地改革运动，历时半年，受到很大的教育和锻炼。

1948年4月22日，革命圣地延安光复。西工一、二团继续跟随彭德怀、贺龙和习仲勋同志指挥的西北野战军开展新区工作，配合解放西安的战斗。1949年5月西工一、二团会师西安。同年11月，西北局决定两团正式合编，组成统一的西北文艺工作团。团员猛增到三百余人。团长：林丰。副团长：裴然、王丕祥。秘书：高步文。戏剧科：韩维琴、王爱民、王文。组教科：程士铭、姜应宗。秘书室主任：张延手。总务科长：刘青云。研究室：王丕祥、岳松。随着两团合并，又一批骨干力量充实进来，像姜应宗、高鹏、郭阳庭、贺鸿训、王绳武、李鸣九、刘斌、艾友、王焱、常秀霞、常美容、党淑珍、井梅、李黎、张芙茵、冯蔚蓝、梁文达、王爱民、蔡怡、樊林、蒲克、路萌、杨进保、薛济仁等。

为适应新的形势需要，西安一解放，西工团便吸收了一批知识分子，像安华、莫里、莫西、张敬仁、陈光、杨华瑞、李毓楠、丁鸣、咖嚓、王征、王琳、丹吉、丹琳、钟灵、康众人、吕冰、孙尔敏、邵维宾、谭托、李晓白、艺文、任志杰、曹金山等。同时，从华大调来刘增培、江提、王蔷、鲁燕、李德杰、艺兵、曹杰、李淼等。此外，还招收了几批10来岁的娃娃，举办各种训练班，培养了一批新生力量。如孙继光、卫天西、张国衡、周龙、张曼石、张全贞、宫敬之、宫定远、大西、小西、席福洪、张强、郑惠芳等。这批同志大都成为以后院里的骨干。

（本文选自《延安艺术家》，陕西人民教育出版社1992年版。内容有删节）

记忆长河中的小浪花
——"青艺"纪事

白 凌

> 白凌，又名徐霞琴。浙江长兴人。1939年4月到达延安。后入延安中国女子大学学习。1942年入延安青年艺术剧院，参与演出话剧《一年间》《上海屋檐下》等。新中国成立后，任中国人民赴朝鲜慰问团第七分团演出团团长、中国青年艺术剧院副院长、中央歌剧院领导小组副组长等职。

周扬同志生前曾不止一次地说："从延安到今天，能保留下来的文艺团体也只有青艺一个了。"是的，从延安的青年艺术剧院，到今天的中国青年艺术剧院，已近五十个年头。而当年的老人呢，大部分都分散在全国各地，有些已离开了人间。前几年邓止怡去世，1988年沈贤又谢世了，这样，留在今日的青艺老人就只有李之华、雷平和我三个人了。当人生的旅途到达这一驿站时，不禁发生怀旧之幽情，从记忆的河流里撷下几朵小浪花留作纪念吧！

我是这样到延安青艺的

1939年4月，我从晋西前线由地下党指引到了延安，朋友关心我，问我打算进什么学校，我说我准备进鲁艺。我曾去考过，是姚时晓同志主考的，还没有决定去或不去。朋友劝我学政治，打基础，我听了他的话，进了中国女子大学普通班，一年后考入高级研究班第二班。成天钻在资本论、哲学、联共党史、俄文等书本中，勤学苦练。但，就是在这种情形下，也没有改变我对文艺的爱好。在校内我参加了舞蹈组的《谣人舞》《八人舞》演出。参加了由冼星海指挥的五百人演出的《黄河大合唱》。我还是个无戏不看的狂热观众，那时专业的业余的演出甚多，无论是在杨家岭中央礼堂、党校礼堂、边府礼堂，还是新建的八路军大礼堂，只要有演出，我都一个不漏。甚至搬到桥儿沟去了的鲁艺，相距十几里，看一场戏来回就得走30多里也不在乎。去时带上两个馍馍，边吃边走，回来踏着月色饥肠辘辘，亦不懊悔。

  1940年6月，女大俱乐部主任夏革非找到我和五班的程子平、三班的邓寿雨去参加后勤部邓洁同志牵头并有青干校、儿艺、部艺及女大等联合演出的《一年间》，这是一次业余活动，我这个戏迷也上台了。演员中有颜一烟，是位剧作者，在鲁艺的《日出》中演顾八奶奶，给我留下很深印象。导演是翟强，也是较有造诣的。在《一年间》的排练中，我认识到戏剧工作的严肃性。在晋西，无论排练或演出，只凭热情而不懂舞台，不懂人物创造，这次是第一回接触认真地排练和认真地进行创造。我扮演的是新娘子——艾珍，夏衍同志笔下的这个南方小城的温顺善良贤淑的女性，由于我生长在南方和家庭环境的熏染，我是能够理解的。这个戏演出后很受欢迎，从城区演到枣园、边府礼堂，场场满座。有同志告诉我，张庚同志看戏后曾说"发现了一个悲剧演员"。当时我并没想到这次演出竟成为我日后转为从事专业工作的契机了。

  1941年秋，学校通知我和同班同学王影去中央青委谈话。青委副书记兼青救会主任冯文彬同志接见我们。他说："青干校艺术部要扩大建成一个专门演话剧的剧院，想调你们去演戏。"我一听，不假思索地说："我不干！"回答干脆，毫不犹豫。冯主任一愣："那么你想干什么呢？"我答："上前方，当县委书记。"他笑了，觉得我这话幼稚天真。"噢！县委书记，当然，县委书记是重要的，可文艺工作也是革命的需要。革命嘛，一支武军、一支文军，两支军队缺一不可，两支军队都重要。"王影在一旁笑着不说话，接着冯文彬同志对我说："塞克同志看了你的戏，他指名要调你们。"那时候，我对塞克的认识还很浅，只知道他是个戏剧家、诗人。他导演的《钦差大臣》和《铁甲列车》我都看过。特别是他的那首歌词《心头恨》使我难忘，短短四句词，道出中国人民对日寇侵略者的仇恨："种子下地会发芽,仇恨种下也生根,不把鬼子杀干净,海水也洗不清这心头的恨。"一想到这支歌,就想到抗战初期背井离乡途中那尸横遍野的惨状;在山西前线敌机扫射时,同学成批在身旁倒下;到处是流浪、灾难深重的同胞。一想到这些我就想唱这支歌。现在,冯文彬同志说,塞克希望调我到青艺,我沉默了很久说:"让我考虑考虑。"我和王影回到学校,商议结果还是到"青艺"报了到。

延安青年艺术剧院院长塞克

读书热和读书迷

那时,延安青年艺术剧院还没有一块牌子,去后不久,才在山下总务处前面立了一块横匾式的"青年艺术剧院"的木头牌,两边立着两根木桩。青艺离母校女大只相隔一条延河,两山遥遥相对,同学们来看我以及我要回学校都很方便。

我到了青艺之后,正兴起一阵读文学艺术书籍的热潮,我也成了一个读书迷。这可不是一件简单的事,对我来说,是在突破我有生以来的生活禁区。演员室当时由丁洪、胡果刚负责,规定一门必修课程——名著选读,并要求自由选择阅读更多的书。我自幼在基督教环境中长大,除教会学校的课程外,只能在每晚祈祷前读《新旧约全书》,此外一切小说乃至文艺作品均被认为是邪书。为此我还出过一次笑话,在排《一年间》时,听说延安文抗协会一位作家要到排练场来看排戏,我吓得赶快躲起来,演员们拉着我问怎么回事儿。我说我害怕,他们要把我写进小说中怎么办?虽然我在女大勤奋地读过不少政治书籍,却没有看过小说。名著选读使我跨进了一个新的世界,使我这个不算文盲的文盲拓宽了眼界,获得了新知。我如饥似渴地阅读鲁迅、高尔基、托尔斯泰、斯汤达尔……的书,栩栩如生的人物,比起舞台上出现的要细腻得多。从演戏表现中国旧社会到喜欢表现外国旧社会的,不管啃得动啃不动,狼吞虎咽,着了迷。

书,并不多,大家轮流排队等着看,别扭得很。青艺图书室里的小说都被一抢而空,我性子又急,怎么办?忽然想到出去借,便想起叶剑英同志的书架上有大量的文艺书籍。在女大时,通过同学认识叶剑英同志的夫人吴博,于是,我去女大南边王家坪总参谋部,直奔吴博住处,借了厚厚一摞中外名著。真开心,一摞书,很馋人,可没有存放的书架,九个人挤在一铺土坑上,窑洞土墙上只有一个小壁洞,大家的笔记本都挤满了,哪有放书之地。这样吧,发扬风格,言明以不损坏为条件,大家轮流读。那时候,我们陶醉在书的海洋里,宁静、安谧、集中、认真,一心一意充实自己。我们读了许多文艺作品,也读了一些文艺理论著作,斯坦尼斯拉夫斯基的《演员自我修养》,是我们必读的书。文学名著使得我对政治理论书上获得的一些概念和理论有了感性的理解,对一些我不曾经历的不理解的陌生世界有了间接的体会,更重要的是学习到如何观察生活和认识生活的方法,这对于一个从事演员工作的人来说是多么重要啊!

演出《上海屋檐下》

继《雷雨》《铁甲列车》《伪君子》之后,延安青艺要排夏衍名著《上海屋檐下》。《上》剧又作为剧院成立的第一个剧目,比较隆重,新建的八路军大礼堂，搭上三层楼的上海弄堂横剖面布景，许诃的设计和钟敬之（《铁甲列车》设计者）一样具有相当水平。没有想到杨彩玉这个角色由我担任。天晓得，我刚20岁出头，对这位饱经风霜、历尽人间辛酸的知识妇女怎么体现呢？当排到杨彩玉和匡复最后拥抱时，我真想推开饰演匡复的陈戈。可吴雪导演在台下不高兴了："怎么，你都不知道怎么谈恋爱吗？！"我不敢反驳，只在心里骂导演："你才会谈恋爱呢！"说实话，我那时虽和男朋友写了两三年信，却连握手还没有经历过呢。不过话又说回来，读过的书，这时对我却起了微妙的作用，弥补了我心里的某些空白点，让我逐渐地理解和感受到一些东西，有助于接近这个角色。在《上》剧排练前演员做了很长时间的案头工作——读参考资料。我则捧了一本鲁迅的《伤逝》反复研读，写人物小传，谈上海知识分子种种遭遇，排演中出现的问题，在台下努力琢磨，向同台老演员请教，与同志们交谈，也就是从这儿开始，逐渐懂得表演艺术的艰苦。如果说这个人物的创造算完成任务的话，也只有彩玉向匡复那段长长的剖白，尚可称得上是个闪光点："在柏油路粘脚底的热天，葆珍跟着我在街上走，起初，走了不多的路就喊脚痛，可是，日子久了，当我问她'葆珍，还能走吗'的时候，她会笑着跟我说：'妈！我走惯啦，一点也不累。'……这是——生活！"每说到此，我自己完全沉浸于其中，观众屏住呼吸。至今，我仍能感到那段话既打动我自己，也在打动观众。至于对整个人物的体现还是比较浅。当时，院长塞克指出：《上》剧是一部交响乐，每一家人都是交响乐中的一个部分，主旋律在林志成一家，此起彼伏要有节奏地配合。这段精辟分析，我在1956年第二次在北京上演时才真正有所体会。

郭云英和我

到了延安青艺，又遇见郭云英。她和我在《一年间》同台演出，那时她12岁，饰演戏中的小丫头阿香。闹新房时，她从床底下爬出来，以及第三幕她疯了，眼睛发直走向舞台中央，这两段戏给观众印象较深。这一次《上海屋檐下》又演我的女儿林葆珍，真是巧得很。此时才知道她是延安青艺附设的儿童艺术学园中的学员，她和我不仅有两次同台演出的缘分，而且还有一段更巧的趣事呢。那次排《一年间》，我俩合盖一床被子，她这么小年纪就参加革命，我有些惊奇，我问她：你怎么到延安的？她不假思索地回答："还不是学了你教唱的歌，才离家参加革命。"我莫名其妙，以为听错了或是她没有说明白。再追问，才知她是山西永和县的一个小学生，我那时是山西二战区政宣队队员，在晋西乡宁、吉县、隰县、永和一带流动演出，宣传抗日，有时到作战部队，有时到各学校去教抗日歌曲。我曾去过永和县民族革命小学，娃娃们才10来岁。领他们喊"团结起来，打倒日本帝国主义！"教他们唱"红日照遍了东方……我们在太行山上……敌人从哪里进攻，我们就让他在哪里灭亡"，"我们都是神枪手，每一颗子弹消灭一个敌人，我们都是飞行军，哪怕山高水又深"。孩子们唱得很认真，多少双小眼睛瞪着台上的小教员，他们越认真，我就越起劲。一堂课下来，一群孩子跟着我到宣传队驻地。宣传队要出发到别处了，孩子们手提土豆、山药、鸡蛋来送我，拉着我的衣角不放。以后听说这些孩子中许多都参加了抗日工作，作为抗日宣传员来说，看到自己播下的种子已经发芽，是可引以为自豪的。但却万万没有想到，几年后那些我曾教过唱歌却不知道名字的孩子，有一个又在延安相遇，并且同台演出，今后又将在一起工作。这种奇遇恐不多吧！这是四十多年前的事了，自那以后，近半个世纪以来，我们两人一直保持深深的友谊。她也行将离休了，现在是广东省舞蹈学校的校长。

去见周副主席

从三边演出回来后，为了加快甄别工作，支部书记要我去见周恩来同志，请他证明一个与吴雪有关的人的情况。行前，我把吴雪和这个人的关系按材料背得滚瓜烂熟，生怕副主席提问时回答不上来"吃螺丝"。那一天，去杨家岭中央领导居住的窑洞。在等候室里心中怦怦跳，当叫到我进去时，都不知道怎么迈进门槛了。进去一看，原来，中央领导住的窑洞和我们住的一样，只是一条白单子把床铺隔在里面，外面的一半就是一张长桌子办公。小超大姐热情招呼着，问长问短，副主席腾出工夫见我的第一声就说："你不就是《沁源围困》中的演员吗？"顿时，我的拘泥、紧张就打消了。话入正题，副主席讲到吴雪当年所在那个单位的情况和那个人本身的情形，清楚地告诉我"那人不是特务，不用怀疑他"。至此，我觉得问题解决了。正要告辞，墙上的电话铃响起，副主席打一手势要我坐下，他站在电话机旁和毛主席通话。小超大姐随手递过副主席的茶杯放在电话机旁小桌上，多么体贴的大姐！她估计谈话不能三言两语结束，我则环顾左右等待还有什么事。三五分钟电话结束，副主席回过头对我说："我看了你的戏。沁源突围是很残酷的，乡亲们的斗争可歌可泣，你演的这个母亲没有表演好呀！"当时我很尴尬。他继续说："一个母亲宁可把婴儿闷死在怀里，也要保住乡亲们的生命，那是一种什么感情？你想想！"副主席语气平和，神情严肃："一场血腥的搏斗过去之后，鬼子搜山队又转到别处去的时候，山洞的乡亲们出来了，你怀抱着死去的婴儿一步一步地走出来，是什么神态？……噢，你很年轻，不理解……但你是演员，应该去深刻地体会群众的思想感情。"

自那以后，"要深刻体会群众的思想感情"成为我创造角色的座右铭，不仅为演戏，而且在一切工作——无论担任行政领导或是做党的工作——都成为我行为的指导原则。

（本文选自《高原·演出·六年：延安青年艺术剧院、联政宣传队回忆录》，中共党史出版社1990年版）

延安业余杂技团

褚志远

> 褚志远，吉林宁安人。1933年加入中国共产主义青年团。1936年赴苏联学习。1940年回国，同年9月到达延安。后任延安青年救国联合会宣传部部长、青年俱乐部主任、延安杂技团团长等职。抗日战争胜利后奔赴东北。新中国成立后，任辽宁省石油化工局副局长等职。著有《无憾生涯——褚志远回忆录》。

1941年秋，"青年文化沟"一片忙碌景象。鲁艺、青艺、延安平剧团、西北文工团、文协、剧协等单位在俱乐部成立了"十月革命二十四周年纪念活动筹委员"，准备上演话剧《雷雨》《日出》《马门教授》《悭吝人》《上海屋檐下》《雾重庆》和京剧《三打祝家庄》以及秦腔《中国魂》等地方剧目，庆祝苏联十月革命节。当时，我建议专门组织一个杂耍晚会，演出魔术、武术、曲艺等。筹委会同意了这个建议，让我们物色演员。经过一段时间排练，这个杂耍晚会在中央组织部大礼堂举行，上演武术"耍钢叉""舞双刀""空中飞人""叠罗汉"等，还有魔术"变活人""煮鸡蛋"等，曲艺有清唱、大鼓、三弦、相声小段等。这些节目短小活泼，雅俗共赏，赢得全场一阵阵掌声。后来，中央组织部秘书长武竞天同志专门找我说：这个杂耍晚会大家都愿看，能不能再演一场？武竞天同志是青年俱乐部老熟人。工作之余经常同我们聊天，于是在他的支持下，我们又组织了一次规模更大的演出。各艺术院校的名演员、教员、专家也都参加了，演出内容非常丰富，武术魔术还配了音乐。结果演出成功，轰动了整个延安。

不久，中青委负责人冯文彬找我说："群众这么喜欢杂技，你能不能组织个业余杂技团?"我说:"能呵。"他说:"这可是件好事,那你就物色人,我负责给你调。"冯文彬同志很高兴。陕甘宁边区《群众报》总编辑也积极支持这件事,专门写了一篇评论文章,批判杂技不算艺术,不能登大雅之堂的社会偏见,并把我和部队艺术学校王地子同志拟的《延安业余杂技团招收团员简章》一起在《解放日报》上发表。经过一段筹备,第二年春业余杂技团终于在青年俱乐部成立了,团员六十多人,王地子任团长,我任副团长。就这样,延安第一个杂技团在烽火硝烟的抗战年代里诞生了。

第一次正式演出,是在延安城南门外毛主席题字"延安新市场"的露天广场,服装、道具、乐器都是演员自带。演出这天,延安部队战士、机关干部、妇女儿童以及山村市民,像赶集一样拥到露天广场,里里外外围了个水泄不通。开演以后,人们拍着巴掌叫好,笑声不断,演一场不行,只好又加了一场。

从此以后,业余杂技团的名气越来越大,后来冯文彬同志指示我们与西北青年救国会的文工团合并,正式成立"延安杂技团"。我被调离青年俱乐部专任杂技团团长。杂技团扩展到一百五十多人。队伍壮大,演出任务越来越多,经常用马车拉着道具、服装,翻山越岭,深入各地为工人、农民和部队战士演出。不辞辛苦,也不要报酬,深受人们欢迎。有一次,延安文艺界的同志问我:"你是在苏联哪个艺术学校毕业的?"我笑着说:"我是在苏联东方大学学政治的。现在搞杂技是一边干一边学。"

1942年,在我调任杂技团团长之前,因青年俱乐部年久失修,活动场所又窄小,我找到延安鲁艺搞美术设计的徐一枝同志,请他设计了一个改建方案。可是计算了一下至少要用二百元边币。这可把我难住了。俱乐部从来不收费,这笔钱从哪来呢?想去想去,终于有了办法——募捐。于是我首先给毛主席写信,说了募捐的事。不久,主席的秘书叶子龙同志打电话告诉我,主席见了信后立即做了批复。当天我就接到中共中央办公厅转来的信,主席在我原信上批道:

宗池同志：

　　来信收到，你所要募捐的钱，答复如下：

　　青年的工作我们应当支持，哎哟，可惜我一个月只有一点点津贴费，满足不了你的要求，请你到叶季壮同志处，找他谈谈，他会援助你们一些吧。

毛泽东

　　主席批复得这么快，真叫人激动啊。当时正值艰苦抗战时期，叶季壮同志是军委供给部部长，他们的经费也有限，怕也拿不出太多钱。于是我又到王家坪找朱总司令，想请朱老总再帮助解决一部分。

　　朱老总住在一个坐北朝南的石头窑洞里，里间是卧室，外间办公，一个两屉桌上摆着文件、摇把电话机、砚台和装毛笔、沾水笔的木制笔筒。我进屋后，身穿褪色灰军装的朱老总见我有些紧张局促，便慈祥地说："年轻人，坐下谈吧。"我就把主席批复的信递给了朱老总。他戴上花镜看了一遍，操着四川口音笑着说："我也一样哟，一个月只有一点点津贴费，没有别的私有财产。青年工作我们当然是支持的，但现在国难当头，要一切从俭，修建俱乐部也要量力而行。既然来了，我不叫你白回去，也请你到叶部长那去，看他能帮助你多少。"说着就抽出笔写了个批条："请叶部长酌情帮助一些经费。朱德。"

　　从朱老总手里接过批条，我笑着说："谢谢朱总司令对我们的扶持，有时间请你到青年文化沟运动场打篮球，大家还都想你呢！"那时朱德同志经常和小鬼们打篮球。听我说完他笑了并说："一定去，一定去！"

　　临走时，朱总还嘱咐我说："拿到钱后要精打细算，好好利用这几个钱，如今正是艰苦抗战时期，困难很多，钱来之不易哟，可别浪费呵！"朱老总语重心长，说得我心里热乎乎的。

　　到了军委供给部叶季壮部长那里，他看了毛主席和朱总司令的批示，立即给批了一百元边币。又一次嘱咐说：一定要节约用钱。

　　后来，我把捐款的经过告诉了陕甘宁边区政府主席林伯渠同志。林老听了哈哈大笑："是呵，咱们党从领袖到一般干部都一样呵，除去每月仅有一点津

1941年,陕甘宁边区政府主席林伯渠(右)和副主席李鼎铭在政府门前

贴,哪还有积蓄呢?好吧,青年俱乐部就在我们边区,支持青年工作我们边区政府理应有份,也捐上一百元吧。"

就这样,二百元修建费终于募齐了。我们拿着这笔钱精打细算,按着能省就省、因陋就简的原则,开始修理改建青年俱乐部。后来,我离开俱乐部调到杂技团当团长,改建还没有完成,蒋介石掀起第三次反共高潮,令胡宗南率三十万国民党军队进攻延安,改建任务便结束了。

在敌人对延安实行经济封锁时期,我们杂技团积极响应毛主席"自己动手,丰衣足食"的号召,利用演出空闲时间,和边区人民一道开荒种地,摇车纺线,渡过了难关。后来按照中央"精兵简政"的指示,杂技团精减到五十人,仍坚持在田间、地头工厂继续为工农兵服务,直到1943年7月,全团人员调到中央党校第三部（均为文艺团体和文化界人士）参加整风学习。一年多时间，杂技团演出了七八十场，每场都有上千名观众。

延安文艺座谈会召开后，延安开展了大秧歌运动，当时我正在中央党校三部学习，也参加了党校秧歌队，队员都是从一、二、三部选拔的，人才济济，吹拉弹唱，跳舞演戏，会什么的都有。艾青和丁玲同志任队长。秧歌队还组织了乐队，金紫光会弹奏会作曲当了队长。我会三弦当了副队长。艾青、丁玲同志率领秧歌队进工厂、下农村、到部队慰问演出，深受欢迎。有时我们还在杨家岭、枣园向中央领导同志汇报演出，群众用大红枣、柿子饼慰问秧歌队。

1944年春节，秧歌队到第三五九旅驻地南泥湾演出。指战员们里三层外三层，围得人山人海。在演秧歌剧《牛永贵挂彩》时，郭靖扮演一位冒着生命危险掩护八路军伤员的老大娘，当她用眉户调唱一段内心独白时，感情真挚十分逼真，许多战士都激动得泪水涌流。有的带头呼口号，台上台下情感交融。当我们合唱《南泥湾》时，战士们也一齐跟唱，场面十分动人。后来我们还专门给南泥湾的老百姓演了一场。在第三五九旅，我们每到一处，战士们都像分别的亲人一样，杀猪宰羊，请我们吃饭喝酒。临别时送一程又一程，久久不肯离去。

到了1945年秋，一天晚上，我们正举行周末晚会，忽然宝塔山上锣鼓喧天，鞭炮齐鸣，一堆堆篝火映得满天通红。原来《解放日报》社的同志们刚刚得到新华社消息：在我国横行十四年的日本帝国主义宣告无条件投降了。喜讯传来，整个延安沸腾了。欢呼、拥抱、敲锣打鼓、扭起大秧歌，个个热泪盈眶，闹腾了一夜，谁也没睡觉。

（本文选自《无憾生涯——褚志远回忆录》，黑龙江人民出版社1990年版。标题为编者所加，内容有删节）

史实与考辨

关于"演大戏"问题的论争
曾 芸

对于"演大戏"问题的认识和评价,如同"演大戏"的现象存在一样,明显地分为两个阶段。1940年至1942年延安文艺座谈会之前,人们对"演大戏"评价的基调是肯定、赞扬,这就使"大戏热"的温度急剧上升。但是,在热了差不多两年之后,到了1941年末,即有人对竞演大戏现象,提出批评和质疑。但因为是少数人的与众不同的意见,所以并没有形成舆论,也没有对"大戏热"起到降温作用。延安文艺座谈会之后,对"演大戏"问题又形成基本否定的一边倒倾向,但仍然有些人坚持认为"演大戏"有积极作用,不是什么大问题。但这种肯定"演大戏"的意见明显处于劣势。在几乎一边倒的否定"演大戏"的批评声中,加上一系列强有力的组织措施,"大戏热"骤降到零度,"大戏"在延安戏剧舞台上基本绝迹。

历史一再证明,对于意识形态领域的问题,特别是对于文学艺术问题,"舆论一律"往往是一种假象。在一定历史条件下,就会冲破这种表面的"一律",爆发出过去被压制的意见,而且往往又形成另一种虚假的认识统一。其实,对于文艺现象认识不一致才是真实的,合理的;强求一致,是违背规律的,也是不可能的。关于延安剧运中"演大戏"问题的认识评价及其争论,就经历了这样的过程:从一味地肯定到一味地否定。结果导致20世纪80年代前期出现的对那段历史再认识的分歧,基本倾向似乎又回到当初肯定演大戏的起点上。

那么,究竟应该怎样认识这个问题才算比较合理呢?为了汲取历史的经验教训和找到正确答案,有必要从三个方面进行考察,即当时对"演大戏"是怎样评价的?后来又是怎样认识的?今天应该如何历史地看这个问题?

起初对"演大戏"的评价

1939年末至1940年初,延安首次上演大后方剧作家的作品《日出》,当时报刊上发表了一些文章,对《日出》的故事、人物、中心思想及演出的意义、效果,进行了多方面的评述。比较重要的是崇基(艾思奇)的《〈日出〉在延安上演》[1]、于敏的《介绍"工余"的〈日出〉公演》[2]与《评〈日出〉公演》[3]这三篇文章。它们都肯定《日出》的上演,认为此举有不容忽视的重要意义。这些意见归纳起来,有下面几点。首先,它显示了艺术工作的态度和成绩。于敏在文章中指出:"工余剧人协会成立之后,不能不向延安的戏剧界和观众说明自己工作的态度。这个说明,不是用语言,而是用实际工作。他们要选一个'大'戏,一个'写得好'的戏,一个'难'演的戏,来锻炼自己,这个选择便落在《日出》身上。"演出者认为,为了在第一次演出中表明自己工作的态度和成绩,找不出足以"用武"的、反映延安和边区现实生活的剧本,因为这些剧本不"大"、不"难",写得不够好。所以,《日出》"这部'大戏'的演出,测验了我们戏剧工作者的能力"是不低的。

其次,它能够使延安观众开阔视野。于敏认为:"《日出》的上演,将给延安的观众,特别是生长在内地的同志们,揭开更广阔的视角境界。"过去,延安观众所看到的都是反映边区军民抗战的戏剧,现在则看到都市的生活,知道这些人间地狱的黑暗和人生的悲惨。它测验了延安戏剧观众的水平,八个挤满观众的晚会,说明了受到欢迎。

再次,它能培养和锻炼戏剧工作者。一些文章认为,导演、演员和舞台工作者,将从《日出》的排练与演出中学习技术,积累经验,这是最可宝贵的东西。这可以把延安的戏剧引向灿烂的远景。同时,戏剧工作者能够接触更多的题材,学习写作技术。

---

[1] 1940年4月15日《中国文化》,第1卷,第2期。
[2] 1939年12月16日《新中华报》。
[3] 1940年1月24日《新中华报》。

最后，它使延安剧运的领域更加开阔。有人认为："从延安有了演出活动以来，便泛着抗战剧的巨流，而且一天天在涨大着。《日出》的公演，应该是而且不能不是一条支流的开始，它涓涓地汇入那条巨流而增加它的汹涌气势"，"我们要使延安的戏剧活动接触多方面的题材，要把这个活动建立在广大的基础上而不是把它局限于狭小的天地"，"从延安戏剧活动的见地看，《日出》公演判然划分出两个不同的时期。若果说，在过去的时期我们曾经沿着一条较为狭隘的道路前进，那么，现在这条道路是被放宽了"。

此外，茅盾在写于1941年的《记"鲁迅艺术文学院"》[1]一文中，也对在延安演出《日出》《雷雨》等"大戏"热烈赞扬。他说，现在有了赏心悦目的晚会，鲁艺实验剧团演出了果戈理、莫里哀、莎士比亚不朽名作，或者是曹禺的《日出》等。他还介绍说"中电"一行数十人为拍摄《塞上风云》经延安，看了《日出》的演出，赞叹道："想不到你们在这里演出这样的大戏，而且演得这样好。"

在这种评价和赞扬"演大戏"的声浪中，几乎对每一个上演的"大戏"都有文章做肯定性的评介，阐述它们的意义。仅举四例，以见一斑。

其一，延安文化俱乐部业余剧团要上演德国沃尔夫（1888—1953）的《新木马计》（四幕九场），于是便有许多文章赞美。成思写了《介绍〈新木马计〉》，丁玲写了《〈新木马计〉演出前有感》，陈亦发表了《论〈新木马计〉》[2]等。这个剧本描写德国工人反抗希特勒统治的斗争。有英勇的行动和残酷的斗争，有针锋相对的论争和各色各样的人相。据此，成思说："这个剧本给我们以丰富的斗争经验和多种多样的斗争方法，以及变化无穷的秘密工作方式"，"这是一个不仅给人以兴奋，而且给人以现实的教育的剧本"，"对于沃尔夫这个剧本在延安的演出，我们以此向战斗中的德国工人阶级弟兄，作无限亲热的、友爱的致意"。陈亦指出："尤其当德国法西斯疯狂地向苏联进攻的今天，这

---

[1] 《延安文艺丛书·报告文学卷》，湖南人民出版社1984年版，第1—8页。
[2] 这三篇文章分别写于1941年10月23日、27日和11月20日《解放日报》。

戏的演出是有其重大的意义的。而那种在最严密、最凶狠的特务之下的秘密工作的方法和坚决，却实在是对我们今天革命工作者的一种有力的教育。"

其二，1941年11月鲁艺实验剧团演出苏联包戈廷（1900—1962）的《带枪的人》，骆文在《写在〈带枪的人〉上演前》[①]中说："《带枪的人》在延安的舞台上唱着欢乐战斗的歌。"黄钢也指出："这剧本指教了我们——工作者、干部、战斗员们，更好的工作、战斗，如列宁式的，如一个布尔什维克那样。鼓起我们对于工人阶级的坚强信任和为它的长远事业的无比的勇敢献身。"[②]这便是《带枪的人》上演的意义。

萧三评论《带枪的人》时说："鲁艺实验剧团这次《带枪的人》的演出，列宁的形象是毕肖的。我在这里祝贺有才能的演员干学伟同志的成功！""但是缺点是只见列宁的外表、动作，却看不见列宁内心生活的表现。列宁的'平凡'、亲切、可爱也不够。"总之，"《带枪的人》在延安的这次演出，是可喜的"。[③]

其三，1942年1月延安青年艺术剧院演出夏衍的《上海屋檐下》，克明认为：从这个戏中，我们可以观照中国小资产阶级"从苦难的现实生活里面，可能改变的环境里面，他们转弯抹角地经过各种各样的路而达到他们必要达到的境地"，"在大后方，尚有一大批小资产阶级因政治的不明而苦闷着，有的被生活压折了脊背，抬不起头，喘不过气来。因此，《上海屋檐下》的时代，可以说尚未完全结束"。所以，今天上演这个戏，自有它的意义在。[④]

其四，陈白尘的七幕史剧《太平天国》1942年5月2日由"部艺"实验剧团在八路军大礼堂正式演出，此剧排演达三个月之久。排练时，请了徐特立、范文澜、塞克、钟敬之、张仃、许珂、石畅、江明、王影、季纯、水华等亲临指导。全剧演员百数十人。

黄照认为，此剧"对中国青年学生和一般国民是绝对有好影响的：它为我

---

① 1941年12月24日《解放日报》。
② 《〈带枪的人〉剧本介绍》，载1941年12月25日《解放日报》。
③ 《谈〈带枪的人〉在延安的演出》，载1942年1月14日《解放日报》。
④ 克明：《介绍〈上海屋檐下〉》，载1942年1月7日《解放日报》。

们节省读许多芜杂史料的精力,而又用一种生动的艺术方法把一个时代历史真相展示在我们眼前"。其中许多精妙的台词,"寓着许多借古讽今的意味",使人觉得新鲜可爱。①

总之,当时人们对演出大戏这种现象,以及所演剧目是同声赞扬的。但是,时隔不久,便有人对这种风气提出异议。1942年5月以后,便发展为公开地、强烈地批评和否定演"大戏"这种倾向。

后来的争论

首先对演大戏现象公开提出批评的,是张庚1941年4月15日发表于《新中华报》的一篇文章。②他指出:"自从1940年以来,延安比较地少演中国戏,而几乎不演自己编的戏,偏于演外国戏和反映外面生活的戏。这事虽然表现着舞台技术的一种大进步,但一般观众也常常感到延安的舞台很少从自己的观点来反映抗战中的生活和形象,引以为一种憾事。延安的观众,对于戏剧总是很关心的,他们的这些意见,从事剧运的人必须慎重地来考虑。"

程中写于1941年2月20日,发表在第二年4月22日《解放日报》的《所望于延安剧坛的》一文,对于延安戏剧界争演中外名剧,轻视贴近现实生活的戏剧,提出委婉的批评。他指出:两年来,延安戏剧界在中外名剧的介绍方面,做出了不少的成绩。从1940年春开始,先是操持着《大雷雨》的演出,后来演了《日出》,随后是《雷雨》《蜕变》,接着又是俄国果戈理的《钦差人臣》、德国沃尔夫的《马门教授》、法国莫里哀的《伪君子》、俄国伊凡诺夫的《铁甲列车》以及其他很多多幕或独幕中外名剧。这些名剧的介绍演出对于戏剧艺术水平的提高和满足观众欣赏的要求,以及冲击粗制滥造的戏剧,都是有益的。可是,又产生了另一种偏向,即"只顾到争先介绍外间富有艺术价值的名剧。这些名剧所反映的内容,大多因为时代和地点的关系,同我们的现实生活较为

---

① 1942年5月7日《解放日报》。
② 《关于〈竞选〉等三个时事剧的演出》,载1941年4月15日《新中华报》。

疏远。它的作用不能使这里的多数观众切身锐敏地感受和领会,以增高他们的斗争情绪;它不能给我们的现实生活以直接反映、刺激和推动。自然,它从反面或间接给予观众的启示和教育作用,是不容否认的,而且这种东西我们同样是需要的,笔者并不疑义。问题却是对于能反映我们现实生活,直接给现实生活以揭发、刺激和推动的东西反而极为少见,这样的事实不能不说是一个缺憾吧?"他认为,演出像上举中外大戏,固然也有其意义,但与反映边区现实的戏剧的作用是不能相提并论的,"戏剧越接近现实,就越能发挥它的战斗性;越有现实性、战斗性的戏剧,才越有艺术性。艺术性不是超现实的东西"。程中对延安剧坛提出希望:"艺术性尽管提高(实际上现在还不够高),世界名剧也尽管介绍,这种工作是必要的。然而对于更能反映现实生活、刺激现实生活、推动现实生活的东西,应该多出现些,至少应该把注意力放在这方面,向这方面努力。"

在延安文艺座谈会进行期间,1942年5月13日,边区文委所辖戏剧委员会,首先响应文艺座谈会的号召,召开了戏剧界座谈会,检讨了剧运方向等问题。"讨论一开始,就比较尖锐地批评了从上演《日出》以后,近一两年来延安'大戏热'的偏向,并指出了忽视(或者不够重视)广大民众和士兵观众的错误倾向,由此导出了剧运的普及与提高问题……过去延安剧运在提高工作上有了较大的偏向——有了'大戏热',有了过于强调技术,有了自觉或不自觉地把观众对象限于延安机关公务人员、学生知识分子的狭小圈子,而忽视了更广大的民众士兵观众的偏向。而当时政治形势所要求于戏剧运动(一般的文艺运动也一样)的,是如何启发、团结广大民众士兵,在克服困难、迎接光明这一主题下动员起来。"[1]会上,多数同志认为,"延安演多幕戏,演外国戏,不无偏向,但在政治影响上亦有其重要性。今后,应鼓励反映边区、反映战争的剧作","一致认为,针对今天局势,戏剧应有深入农村、深入部队的准备"[2]。

---

[1] 唯木:《当前的剧运方向和戏剧界的团结》,载1942年5月19日《解放日报》。
[2]《本市戏剧界举行座谈会》,载1942年5月17日《解放日报》。

6月27日,边区文委临时工作委员会,召开延安剧作者座谈会,有30多人出席。萧三在会上号召剧作者积极地写反映边区、反映八路军、反映敌人凶狠的剧本。塞克、王震之等谈到延安过去只演大戏,只演外国戏,看不起自己写的小戏,是一种应纠正的偏向。主张今后剧作者应以工农兵为主要对象,要在普及中提高。最后,会议决定剧作者赶写小型剧本,决定创作反映左权将军英勇殉国的剧本,由王震之、刘白羽、陈荒煤负责,要求"九一八"演出。①

江布在《剧运二三问题》②中说:有人告诉他,边区参议员连《雷雨》也看不懂,更毋论《新木马计》。在该文第三节指出:"年来,延安的舞台上颇演了些外国剧、古典剧之类的'大戏',在这样安静的地带,演演这些戏,就在增长些观众的见闻上,亦未始不可。因为这是包含着教育意义的事情,何况又是技术上的'提高'呢!"但从演《日出》起,延安舞台上开始了竞演大剧的风尚。"虽然当时有这样一种声明似的说法.'我们不演《原野》,不演《雷雨》,而单演《日出》,就因为它比前两出戏包含着更多的现实的暴露。所以,如果因为延安演了《日出》,就以为其他非抗战内容的戏也通通可以上演之列,那完全是可笑的推测。'(崇基:《〈日出〉在延安上演》)但随着《雷雨》是立刻就来了。这意味着戏剧工作者当初对于所以要作大剧场运动,像是还没有很好的认识之准备。这倒并非说这里'一样应该演小戏'(事实上,小戏亦不一定容易演),只觉得大家把大戏竞演一阵,乱演一阵(如一些修养极差的剧团之亦争演大戏),这与戏剧工作者的初衷是有些不大合适的。在工作本身说,若干导演与演员,对于所演出之剧本是否有相当认识与把握,还是疑问。这种为演大戏而演大戏的精神,能从一位向我来借剧本的朋友话里看到。他说:'抗战剧本演腻了,要换换口味,至少要三四幕的。'于是乎,大戏便这样'驾轻就熟'地接连演出来了。演大戏和大戏本身都不是坏事,但目的都

---

① 《延安剧作者座谈会商讨今后剧运方向》,载1942年6月28日《解放日报》。
② 载《谷雨》第4期,1942年4月15日。

应该认清，态度应该严肃。在这荒山黄土贫困的境域上，去花万千元置堂皇的布景，这种技术的炫耀，是提高了观众的眼光呢还是提高了戏剧工作者的本领呢？有时不能不感到有些惶惑了。""听说为了苏德战争之宣传，曾把《海滨渔父》之类的外国戏搬到了陕北的工农观众面前……老百姓却给我们点戏，要个《小放牛》。"

江布还指出，抗战以后，戏剧专家们"沉浸在外国戏圈子里了，表面上似乎显得技术甚高，其实这只是虚胖，并不结果实的"。"边区的现实生活中，有丰富的题材、新的形象，这比陈旧的以及顾八奶奶与胡四或四凤和大少爷更有教育意义。但有些戏剧工作者却着眼于新奇的，花花绿绿的，来炫耀观众之耳目。而对于观众是否真能接受或欣赏，却置之不顾。"

延安文艺座谈会之后，文艺界根据毛泽东讲话的精神，从剧运方向和普及与提高等角度，对过去的戏剧工作进行了反思。当时在报刊上发表了不少这类文章，其中也表现了认识上的分歧。

张庚在《论边区剧运和戏剧的技术教育》[①]这一长篇文章中，批评检讨了"演大戏"的问题。他指出："两年来，自从延安上演了《日出》之后，演出'大戏'成了一时的风气。所谓'大戏'，乃是反映外国的名剧和一部分并非反映当时当地具体情况和政治任务的戏，而这些戏，又都是在技术上有定评、水准相当高的东西。"张庚指出，演这些戏的目的，主要在于提高技术，对于内容的考虑倒在其次。我们不去积极想办法提高戏剧创作，"而一味演出'大戏'，这不能不说在剧运上形成一种严重的偏向"。接着，他又指出："演'大戏'这种风气从延安传播出去，在敌后几个主要抗日根据地，也出现了演大戏的风气，不仅使主要剧团，甚至使地方戏剧、连队剧团也受到若干影响。""我站在自己的工作岗位上来说，两年来剧运走了严重的偏向，自己实不能辞其咎，应当好好地来反省一下，来纠正偏向，改进工作。"

为什么会出现这种偏向呢？张庚认为：这是因为"我们根本忽视了一件事，

---

① 连载于1942年9月11日、12日《解放日报》。

就是今天我们要把戏剧变成大众的,光是拿一些外国的或者旧时的东西'普及'一下,那是没有用的……必须从大众的基础上发展出新的戏剧来不可"。一句话,"大戏"风气的出现,是因为没有正确认识和处理好普及与提高的关系。

什么是戏剧发展的正确道路呢?张庚指出:"今日的戏剧,必须以表现工农大众的新生活为主,以描写工农大众中的新人物为主,才能在老百姓中间着实地生根,并且发展起来。"

石隐不同意张庚的观点,写了《读〈论边区剧运和戏剧的技术教育〉》[①]一文,其中第二个问题是"偏向出在哪里"。石隐针对张庚的"延安演了《日出》以后,演大戏成了一时风气","不鼓励创作","而一味演出大戏,这不能不说在剧运上形成一个严重的偏向"等论点,指出"照这样说仿佛偏向出在'演大戏'上。我想,就两年来的事实而论,《新木马计》4幕9场,该是大戏了,却没有脱离现实内容,不能算是错的。而演出契诃夫的《蠢货》等,是独幕的小戏,却是失去了'政治上责任感'的,该算是偏向的代表例子。可是两年来的剧运偏向并不出在演出戏的'大''小'上"。石隐认为:"演出外国名剧,并不是简单地'借镜',而是经过了再创造的,是经过了导演、演员、舞台设计、舞台工作者,整个演出团体的思想感情了的,已经与原来剧本大为不同。演出,是通过演出团体世界观的现实的再现。从在什么地方,什么时候选什么剧本,到用什么办法去演出,是演出团体对当时现实的反映、判断,那么,只就演出的是'外国名剧'这一点,何以能说明是'要求往上提高一步'?"石隐的结论是:"偏向出在没有用戏剧来为当前现实斗争服务。"他的意思是:大戏可以为现实斗争服务,小戏也可能脱离现实;外国名剧经过再创造,也可以是服务于现实斗争的。他以当时延安演出的《生活在召唤》、大后方演出的《屈原》强烈的现实意义,来证明他的论点。他还引用马克思在《路易·波拿巴的雾月十八日》中的话:"借用它们的名字、战斗口号和衣服,以便穿着这种久受崇敬的服装,用这种借来的语言,演出世界历史的新场面",以此支

[①] 1942年10月1日、2日《解放日报》。

持自己的观点。可见，石隐并不反对戏剧为政治服务，特别提出要为一定时期的总口号服务，军事、政治、文艺概莫能外。

但是石隐文章的观点并不明确。首先，他没有说明当时延安剧坛是否存在"大戏热"这种现象，这就失去了立论的基础，对张庚的反驳也就失之空泛。其次，他没有明确说明当时所演"大"戏与现实的关系如何，它们或其中一些戏是服务于现实的，还是脱离现实的，这些戏为现实服务的作用与反映边区现实生活的戏为现实服务的力量，有什么不同。第三，他对张庚的驳斥有咬文嚼字之嫌。因为所谓"大戏"的内涵在当时是明确的，尽人皆知的，它不是一个与"小戏"对立的概念，而石隐恰恰做了这样浮表的理解。第四，照他的文章，似乎只要思想内容进步的戏剧都可以不分时代和环境，也不论与现实关系的远近和群众的需要，拿来上演。第五，任何戏都可以经过导演、演员的再创造，改变其与此时此地的现实、观众疏远化的本性，而成为现实服务的戏剧。这似乎把一个戏剧固有的、确定的意义，变成了任人"再创造"的无定性。总之，石隐没有明确提出戏剧的创作和演出要以反映边区的现实生活为主，而只是强调那些"大戏"也有其现实意义和教育作用，从而否认"大戏热"是当时剧运的偏向，这是缺乏说服力的。因为，石隐的论敌并不否认那些中外"大戏"的进步性和一定的教育作用，而只是认为，那些戏与当时的现实生活和最紧迫的战斗任务较为疏远，不如那些反映当时生活和政治斗争的戏剧，更为群众所需要，更能为现实服务。

在批评"大戏热"的同时，延安戏剧界对斯坦尼斯拉夫斯基体系与生活的关系问题，进行了研讨。这个问题，直接关系着戏剧的普及与提高。

首先发难的是程秀山，他在《史坦尼体系和生活》[①]一文中开宗明义指出：戏剧的普及和提高之所以争论不休，恐怕与斯坦尼体系和体验现实生活的关系这个问题有关。有人主张普及与提高分工，说什么你们去搞普及吧，我要研究好斯坦尼体系，将来提高你们的演技。这种论点，实际是理论与实际的脱节。

---

① 1942年6月4日《解放日报》。

有人误以为，斯坦尼体系可以只靠体验，而不要熟悉生活。把体验与生活分割开来，这是理论与实践的分工论。它可以引发出普及与提高的分工论。当今的关键是向体系学习，还是向生活学习？离开实际生活，来"研究"斯坦尼体系，对戏剧运动是有害的。把斯坦尼体系和生活实践分割开来，是对斯坦尼体系的曲解。老老实实把我们的精力下在熟悉生活，下在大众演剧的阵地上吧，否则，什么真实感、下意识、幻想、进入角色，都会落空的。

接着，舒非发表了《关于史坦尼斯拉夫斯基体系与目前中国演剧》[①]。指出：由于讨论剧运中的普及与提高，自然涉及斯坦尼体系问题。他谈了三个问题：（1）作为戏剧革命而树立的制度：指出斯坦尼体系创立的历史背景。（2）戏剧发展的历史总结：指出斯坦尼体系是对过去戏剧表演理论的继承与发展而形成的科学方法。（3）艺术家的演员之肯定：指出斯坦尼肯定了演员作为艺术家的地位与体验和现实的密切联系。但舒非的主要目的，不是讲述斯坦尼的理论，而是廓清对这一体系的迷惑、误解，以期正确解决戏剧中的生活与体验、普及与提高的问题。

张庚在《论边区剧运和戏剧的技术教育》一文中，也对过去学习斯坦尼中存在的问题提出批评。他说：过去"在表演技术上去学习史坦尼斯拉夫斯基。学习他们的长处，接受他们的技术，本是必要的，但是，我们走到对于他们迷恋和机械模仿的地步，把他们对于技术上的独创当成了教条，根本忘了从实际需要中去酌量取用他们，把他们的技术和中国今日的生活加以结合"，"是单纯搬过来的……结果，我们不是自由运用技术来表现新生活，而是拿新生活来适应旧技术的标准"，所以，我们不能因噎废食，对于技术还要多学习，注意消化和运用。

理论上的争论，需要实践的检验。经过一年的艺术实践，延安的戏剧舞台面貌一新。萧三在《可喜的转变》[②]一文中做了概括的说明。他说：许多争论

---

① 1942年8月7日《解放日报》。
② 1943年4月11日《解放日报》。

问题，"在去年文艺座谈会以来的研讨和实践当中，在整风学习中，得到了解决。这使创作的方向，文艺界工作的态度，在今天有了新的可喜的转变"。"一年来，我们的文艺创作有了些什么转变呢？在戏剧及各种演出方面——过去，特别是40年、41年，延安（及华北各根据地）演'大戏'的风气相当严重……以致在我们的舞台上看不见今天、本地的斗争生活，只看见死人和洋人！"接着，萧三例举了受群众欢迎的一些新剧作，如《我们的指挥部》《军民之间》《反扫荡》《刘家父子》《贵姓》《流动医疗队》及《整编》等。

延安的"大戏热"曾波及其他解放区，延安对"大戏热"的反思与批评，也带动了其他解放区对这一偏向的检讨。1944年6月，沙可夫谈到晋察冀边区文艺运动发展的经验与教训时，也指出演"大戏"是一个偏向。他说："在1940年冬至1941年秋这个短期间，许多文艺工作者与文艺团体对文艺大众化与开展群众文艺运动的工作似乎觉得所谓'不够过瘾'或者'此路不通'，于是争先恐后大演其《巡按》《婚事》与《雷雨》《日出》以至《复活》《大雷雨》与《带枪的人》等等名剧大戏，造成一种非常不健康的风气与热潮，这可以说是后来提出清算的脱离群众、脱离实际、脱离政治任务的'艺术至上主义倾向'的十足表现。这种现象在晋察冀边区虽然不像后方那样延续得很久，但它给敌后新文艺事业的损失还是不小的，这不能不说是一个痛苦的经验教训。"①

应该历史地、客观地评价"演大戏"

评价历史的功过是非，应该具有历史唯物主义的观点。"在分析任何一个社会问题时，马克思主义理论的绝对要求，就是把问题提到一定历史范围内。"②这就要求占有大量材料，从事物的本来面貌出发，全面地进行分析，然后才可能得出合乎事实的结论。相反，离开当时的历史背景，以今天的标准去衡量历史现象，必然得出全盘否定的错误结论；或者站在片面的角度看问题，也会陷

---

① 沙可夫：《晋察冀新文艺运动发展的道路》，载1944年7月24日《解放日报》。
② 列宁：《论民族自决权》，见《列宁选集》第2卷，人民出版社1972年版，第512页。

入各执一端的无休争论中，永远找不到正确答案。在这个复杂的问题上，简单地肯定或否定，都不是科学的态度。

通过本章列举的"演大戏"的事实，以及当时和后来人们对这一问题的争论的意见，在评价"演大戏"问题时我们应该注意以下几个方面：

第一，"演大戏"现象的出现，有主客观的原因。从创作主体方面说，许多戏剧工作者来到延安这个新的世界，一时对新生活新人物还不熟悉，写不出反映现实斗争的剧本。从客观方面说，当时延安的知识分子和干部，迫切要求看戏，欣赏艺术。一些戏剧团体，也想通过"大戏"来锻炼和提高演技。从观众审美心理上说，人们都要求不断更新，听到或看到具有新鲜内容和新颖形式的艺术作品，以获得欣赏心理上的满足。从表演心理学上看，同样也要求演出新的故事，扮演新的角色，以获得审美再造欲望的满足。在这种文化心理的推动下，就促进了戏剧舞台的更新和发展。从最早上演《日出》的动机看，也是从这两方面出发的。所以，演大戏现象也是历史的必然，是完全合乎规律的事情。因为在此之前，延安创作和演出的几乎都是"抗战戏"，这种单一化的戏剧，迟早会受到审美心理和表演心理的冲击而改变。至于"演大戏"为什么恰好出现于1940年元旦，这却是偶然的。

但从组织上看，它与1939年10月诞生的工余剧人协会有关。参加"工余"的成员，都是延安各专业文艺团体的骨干，他们修养好，水平高，有抱负，敢创新，所以成立伊始就把"介绍世界戏剧名著，进行实验性演出，来培养艺术干部和提高延安戏剧艺术水平"作为宗旨。因此，才有"演大戏"之举。这是顺应观众要求，合乎演员愿望的具有进步意义的举动，自然迎来了连演八场、场场爆满、领袖赞扬、干部欢迎的热烈场面。

第二，"大戏"的剧目都是具有定评的中外优秀的名作，没有一个内容落后的戏剧。而且，其中还有几个是反映苏联十月革命、歌颂列宁的革命戏剧。中国现代戏剧家曹禺、夏衍、陈白尘、阳翰笙的作品的进步意义，是人所共知的，无需多论。仅以外国的作品而言，沃尔夫是当时德国进步的戏剧家，第一次世界大战后参加了工农运动，1928年加入德国共产党。纳粹上台后，他被迫流亡国外，继续从事反对希特勒的进步活动。他所创作的戏剧，多以反法西斯斗争为主题。延安上演的《新木马计》《马门教授》，都是他的优秀剧作。《马门教授》是沃尔夫1933年创作的剧本，写犹太籍医生马门教授一贯认为科学与政治无关，直到纳粹分子侵占了他所创办的医院，对他进行种种迫害，他才认清了法西斯的凶恶本质，终于不甘屈服而自杀。他的儿子则与工人群众一起，同法西斯分子进行着英勇的斗争。从全局看，像这样的剧本，与当时的斗争任务是一致的。另外，有些剧本即使不像这类作品与现实联系那么紧，其内容也都是有进步意义的。对此，人们是没有分歧的。

第三，对"大戏"的排演是认真的，表现了强烈的创造精神。延安当时的物质条件和演出经验十分薄弱，要排演"大戏"，遇到了剧本印刷、服装道具、化装用品、灯光装置，以及对剧本生活的陌生等一系列问题。但是导、表、职员，都能以突击、战斗的精神进行刻苦的工作。为了演出，往往是齐心合力、密切协作，就地取材、自己动手，尽可能达到满意的效果。以《带枪的人》的演出为例。它是苏联著名剧作家尼·包戈廷为纪念十月革命二十周年而创作的，以列宁领导十月革命为题材的戏剧。1941年8月鲁艺决定排演该剧。人们听说列宁的形象要在中国舞台上出现，十分高兴。纷纷将手头保存的有关列宁的书刊、绘画、雕塑和照片送来。甚至还有人专门为扮演列宁的演员送鸡蛋、肉等补品和钱，表示支持和鼓励。该剧是一个长达三幕十三场另加一个尾声的大型史剧，人物多，场面大。但从决定排演到演出，只有四个月的时间。导演王滨、张水华决定采取分排合成的方法，即先让扮演列宁的干学伟自己先行准备，同时排演其他人物和场次的戏，然后合成。干学伟当时只有24岁，是鲁艺戏剧系的助教。为了塑造好列宁的形象，他特意重读了《列宁选集》等，并运用与中央领导人接触的间接经验，加深了对列宁的理解。同时，他反复观摩了《列宁在十月》《列宁在1918》两部电影，从化装、服装到形体动作和声音，尽量接近角色。每次试装需要四个多小时，一次因头套扎得过紧，几乎使他发生脑贫血而晕倒。

1942年初,《带枪的人》在延安南门外新建成的陕甘宁边区大礼堂正式演出。当"列宁"在舞台上出现时,场内静极了,人们屏息静观,不久,便爆发出热烈的掌声。报刊上发表文章,给以高度评价。苏联设于重庆的塔斯社驻中国分社,还专门将摄有列宁形象的剧照寄往苏联刊载。

在当时,有一些赞扬"演大戏"的文章,主要是肯定这种认真、刻苦的演出态度和难能可贵的精神。

第四,毋庸讳言,"演大戏"的确也存在一些较为严重的问题。

首先是比例失调。"演大戏"的初衷是,在抓紧创作反映现实生活的剧本的同时,演出一点中外名剧,以开阔观众(主要是干部)的视野,提高演出技巧。毛泽东当初提议演《日出》,意思也是说除了边区戏剧以外,国统区的名剧也可以演一点。即使是《日出》演出并轰动延安之后,当时报刊的文章也指出它是整个戏剧运动的支流。如果恰到好处地掌握这个限度,在延安演出一点"大戏"是完全必要的,有好处的。然而,后来"支流""一点"这个限度被突破了,它膨胀开来,扩而大之变作"主流""一大片",呈现出喧宾夺主的势头。这是违背演大戏的初衷的。后来人们所批评的正是这一点。任何事物的存在和发展都有一个"度",量变可以引起质变,如果超过了这个界限,事物就变成另一种性质。"演大戏"的问题不在"大戏"本身,也不在演它,而在于许多艺术团体互相攀比、不顾条件,以能"演大戏"为主、为荣。一句话,问题在于"竞演大戏",以至它在延安戏剧舞台上占了压倒一切的强势。相比之下,反映边区生活的戏剧演出,却明显减少。这种比重失调的情况存在了两年多的时间,的确是一种很不应出现的现象。延安文艺座谈会之后,文艺界批评竞演大戏是一种偏向,是应当纠正的方向性的问题,这是比较符合实际的。这种批评,不是否定"大戏"和"演大戏",只是否定过多地竞相演出大戏、"大戏热"。现在有人大谈延安所演大戏的进步性,以及丰富延安剧目和锻炼戏剧工作者的积极作用,并以此全盘肯定竞演大戏,不承认它是一种偏向,这是离开争论焦点的空论，自然也就不能正确总结历史的经验。

在这几点上，争论的双方都认为，演"大戏"不等于方向问题。如延安戏剧运动初创期的1937年，人民抗日剧社就演出过反映西班牙工人斗争的翻译剧本《矿工》《秘密》，1940年的《日出》，1942年的《俄罗斯人》（西蒙诺夫著），1943年的《生活在召唤》（洛契诃夫斯基著），1944年的《前线》（涅楚克著），1946年的《升官图》（陈白尘著）、《清明前后》（茅盾著），等等，这些都没有人说是剧运方向问题。这是因为，它们是"支流"，而且大都与现实的斗争任务联系比较紧密。这一情况表明，批评了"竞演大戏"这种偏向，并没有禁演"大戏"，也没有使剧作者处于人为的封闭状态，只是经过调整，把"演大戏"放在了一个适当位置而已。

其次，是削弱了创作反映现实生活戏剧的积极性。在竞演大戏的这段时间内，许多文艺团体把主要精力放在排练和演出"大戏"上，把为干部服务当成第一位的工作，从而与工农群众的联系，与生活的联系都削弱了，自然也极少创作出反映现实生活的新剧本。当时，许多人只是抱怨好剧本少，在那里消极等待好作品的问世，而没有去深入工农兵群众生活，积极地去创作。好作品等不来，短小剧本看不上，只好去选演"大戏"。

最早演出大戏的工余剧人协会，本来也声明其宗旨主要是"集合多数艺人的才能，集体地创造反映这伟大时代的作品"，但这一目标并未落实。作为亮相的第一次演出，则是宣布要演《大雷雨》（后来因故改演《日出》）。显然，这是以演"大戏"代替了创作优秀剧本，与其成立宗旨是相违的。任何时代，作为戏剧运动成绩的首要标志，只能是创作。如果把演出别国别人的剧本作为主要工作，戏剧事业就不能进步，从而也就难以发挥戏剧服务于现实的重大作用。延安竞演大戏的消极后果，正在这里。

最后，是有些"大戏"脱离实际，缺乏现实意义。任何好戏，都是现实生活的真实反映，有其思想和艺术的价值。在演出时，必须有所选择。特别是在那民族生死存亡的严重关头，在烽火连天的岁月，更应注意剧目的思想内容与此时此地现实的关系，不能只是为了开阔视野而演出。在竞演大戏时期，不少剧目是有现实意义的。但也不能不看到有些剧目与平时的形势没有什么联系，只是为了娱乐和开眼拿来上演的。如《钦差大臣》《婚事》《伪君子》《悭吝人》《求婚》《第四十一》《茨冈》《蠢货》等，就属于这种情况。在当时历史背景下，演出这些戏是不合时宜的。特别是《第四十一》这样的戏，当时在苏联就是一个有争议的作品，阶级意识比较模糊，还掺杂有人性的单纯表现。在延安演出它，其作用也是不好的。

总之，对"竞演大戏"问题的讨论，对于延安剧运乃至各解放区的剧运健康发展是极为有益的。而到了1942年党中央召开的延安文艺座谈会以后，广大戏剧工作者端正了方向，明确了任务，学会了正确处理普及与提高的辩证关系，从而普及工作和反映现实的创作，受到普遍重视。在选演"大戏"时，注意了戏剧内容与现实生活、斗争的密切联系，把学习技术与服务现实结合起来。毛泽东的《讲话》提高了戏剧工作者的思想，澄清了一些模糊观点，激发了为现实、为群众服务的积极性。广大戏剧工作者响应党和毛泽东的号召，深入生活，到前线，到敌后，到农村、工厂去，和工农兵群众结合，创作和演出了一批时代气息浓厚的新戏剧，推动了剧运的健康发展。

（本文选自《延安文艺史》，河北教育出版社2009年版）

音乐社团

峥嵘岁月的歌
——忆"鲁艺"河防将士访问团
张 鲁

> 张鲁,原名张绍曾。河南洛阳人。幼年时即喜爱民间音乐。1938年夏入延安抗日军政大学学习,后转入鲁艺实验剧团任演员、合唱队员。1940年春任冼星海秘书兼音乐系助理员,同年夏又入音乐系学习两年。毕业后在音乐研究室进行创作。1945年后,任晋西北文联音乐部副部长。1946年至1949年任华北联合大学音乐系教员、华北大学音乐班班主任。1950年后任天津中央音乐学院音工团副团长、中央歌舞团团长、黑龙江省歌舞团歌剧团团长、黑龙江省文联副主席、河北省文化厅顾问、河北省音协名誉主席、中国音协常务理事等职。参与创作音乐作品有秧歌剧音乐《赵富贵自新》《夫妻逃难》,歌剧音乐《血泪仇》、《白毛女》(合著)等。

受陕甘宁边区政府的委托、鲁迅艺术学院的委派,1942年2月3日我们出发去绥德、米脂、葭县①一带慰问保卫边区、保卫河防的将士们。另外,大家还担负着一个任务,即深入到工农兵中去收集民间音乐,包括戏曲、器乐曲、说唱等民间传统音乐,对其进行整理、研究、加工和再创作,目的是繁荣解放区的文艺创作。

成立于1938年的延安鲁迅艺术学院,其办学宗旨是服务抗战,培养艺术干部,研究正确的艺术理论,继承中国民族艺术遗产,建立新艺术。所以鲁艺一直十分重视对民间音乐遗产的继承,提倡鲁艺师生深入生活,去收集、挖掘、整理、研究民歌民乐,并在此基础上加工创作出富有民族特色的音乐作品。根

---

① 葭县,即今佳县,后文同。——编者注

据毛泽东主席关于"清理古代文化发展过程，剔除其封建性的糟粕，吸收其民主性的精华是发展民族文化，提高民族自信心必要条件"的原则，在音乐系主任吕骥的倡导下设立了"民歌研究会"，开始收集、整理和研究传统民歌的工作。吕骥、安波、郗天风、树连（李凌）、铁铭等同志是这个研究会的元老。1941年民歌研究会更名为"中国民间音乐研究会"，参加者主要有吕骥、向隅、安波、李焕之、马可、关鹤童、张鲁、刘炽等同志。鲁艺的教育方针是教学与实践相结合。所以一般每届学员的学制为三个月，学习期满后结合各系各专业的情况，把学员分成若干小组分头下乡实习，或组织流动性的文艺工作团到边区各地边演出边收集整理传统艺术。"河防将士访问团"就是这样成立的。

访问团一行九人，由木刻家马达任团长，音乐家安波为副团长，团员有美术系焦心河、庄言，音乐系关鹤童、刘炽和我，文学系的邢立斌、张潮。出发前吕骥同志召集我们开了一个会，强调了收集、整理、研究民间艺术尤其是民间音乐的重要性和重大意义。他说："中国民歌流传了几千年，无论是内容还是形式都很丰富多样，它记录了各个时代劳动人民的生活，反映了他们的苦难、他们的欢乐、他们的劳动、他们的爱情和他们的希望。"他还举例说，1927年后在党的领导下建立了中国工农红军和革命根据地，各根据地的军民在极其艰难困苦的斗争中，运用民歌的曲调填入革命内容的歌词，给传统民歌注入新的血液和新的生命活力，无论是揭露地主阶级残酷剥削、歌唱土地革命、宣传妇女解放、鼓励青年参加红军，还是少年儿童放哨、识字学文化等，无不充满了革命激情，而且富于本地域本民族音乐特色，这些新民歌对根据地广大军民巨大的宣传、教育和鼓舞作用是无法估量的。同样，抗日战争期间，陕甘宁、晋察冀根据地广大人民群众也创作了许多反映抗战生活的民歌，这些民歌都是鼓舞人民将抗战进行到底的有力武器。所以吕骥同志再三嘱咐我们"一定要深入到实际生活中去，到民众中间去挖掘那些有积极意义的艺术题材，将其创造成对抗战有益的精神食粮贡献给浴血奋战的广大军民"。吕骥同志的讲话让我们感到这次访问之行意义重大。

一、绥德：为王震将军的第三五九旅演出

我们到达的第一站是绥德地区，警备区俱乐部的同志热情地接待了我们，并和我们商定了具体的活动日程。既然是慰问，那就必然有演出，我们认真地研究制定演出节目计划。我们九个人中，只有四人是音乐系的，如何组织一场晚会，真让我们大费脑筋。最后我们商定，充分发挥每个人的特长，并分工合作演出，能独唱的独唱，能对唱的对唱，能参加小合唱的参加小合唱，最后九个人来个"大合唱"，尽可能丰富多彩，尽可能多给将士们唱几首歌。

经过两天的精心准备，终于排定了第一场演出

艺术家张鲁

的节目单：安波独唱他编写的《夜摸营》等歌曲；刘炽演唱眉户调《张良卖布》；我唱《十二把镰刀》；关鹤童与我对唱《黄河大合唱》中的《河边对口曲》；安波和我又对唱我们二人创作的《中国共产党怎么样？》；九人合唱《枪口对外》（冼星海作曲）、《大刀进行曲》（麦新作曲）等等。这样估计晚会能进行一个半小时。我们把节目单交给俱乐部主任征求他的意见，他们很满意，并十分高兴地告诉我们：你们到这里演出很辛苦，为表示将士们的一片谢意，今晚晚会我们特意给大家准备了一桶红枣汤。

这场演出对我们来说很重要，因为王震同志和第三五九旅的领导都要来观看。而且这是鲁艺在绥德的第一次露面，必须给河防将士们尤其是威震四方的第三五九旅将士们留下一个好印象，为鲁艺增光。所以大家既兴奋又紧张，都抱着只能成功不能失败的决心和信心准备上台。

演出开始了。第一个节目是九人合唱。这个节目很成功，大家精神饱满，声音洪亮，唱得雄壮激昂，全场掌声如雷。第二个节目是安波同志的《夜摸营》。安波是山东人，嗓音粗犷，这首歌歌词幽默风趣，曲调欢快诙谐，而且安波在演唱时用的又是山东方言，唱得妙趣横生，全场掌声、笑声不断，唱完后战士们高声喊着"再来一个！"晚会的气氛十分热烈。我在后台做着上台的准备，因为安波同志唱完后就轮到我了，前几个节目的成功让我感到压力很大，生怕自己唱不好给鲁艺丢了脸。而越紧张就越没有信心，只觉得喉痒口干，胸闷气短。这时看到后台一侧放着一只水桶；灯光下桶中的水闪着红红的波光，忽然想起俱乐部主任说要为我们准备红枣汤，心想这可能就是那桶红枣汤吧。为了压压紧张的心跳，润润干涩的嗓子，我急忙拿起桶边的一只饭碗舀了大半碗"红枣汤"，咕咚咕咚就是三大口，当咽第四口时忽然觉得不对劲，一股刺鼻的煤油味扑鼻而来：啊！原来是点灯用的煤油！可这第四口想吐已来不及了，就在明知是煤油的情况下仍把它当"红枣汤"咽了下去。这下我意识到情况危险，当时脑子里第一个念头是：哎呀！我要死了吧？这时只听台前报幕员正在大声报幕："下一个节目，独唱《十二把镰刀》，演唱者，张鲁！"战士们的掌声响了起来,可我却上不了台,嗓子一点声音也发不出来了。报幕员不知发生了什么事,过来催我上台,才知道发生了这种事故。连忙重新报幕并让人把我送到舞台后面的窑洞里,又急忙向王震同志报告情况。王震同志一听就急了,忙派人找卫生员,条件所限,卫生员一时来不了,王震同志急得大发脾气,全场气氛一下子紧张起来。后来赶到两位医生、护士,采取紧急措施,让我吐出了煤油,又让我服了泻药,这样不断地上吐下泻,整整折腾了大半夜,第二天才恢复了正常。两位医生和护士也整整护理了我一夜。第二天一大早,王震同志又派秘书来询问我的病情,让我又感激又内疚。一个统领千军万马驰骋疆场的将军这样关心爱护一个普通的文艺工作者,而我第一次为河防将士们演出就出了这样尴尬的事情,实在是惭愧万分。这件事让我反思了很长时间,这说明自己还不够一个文艺工作者的资格,还应该不断地磨炼自己,使自己在心理和艺术水平各方面更成熟一些。我决心要接受这次教训,以后在舞台上要沉着、冷静,不能再发生这种不该发生的事件了。

以往在延安时,我们每周都去杨家岭或王家坪为首长们的周末舞会伴奏,在舞会休息间为大家唱几首歌,和中央机关的领导及工作人员一起过欢快的周末。我那时是鲁艺音乐系学员,所以常去为舞会伴奏。这次来到绥德,我们也和俱乐部一起为首长们举办了一次联欢会,好让第三五九旅的河防将士们休息休息,娱乐娱乐。联欢会上,除了我们的节目,还有警备区宣传队的节目,还增加了交谊舞等节目,这就使联欢会显得内容丰富,形式多样。那天王震同志早早就到场了,马达团长带我们去见王将军。当介绍到我时,王震同志亲切地握住我的手仔细询问我的身体情况,询问喝煤油有没有给我带来大的伤害。我红着脸向王震同志表示感谢,并告诉他今晚我要专门为首长演唱《十二把镰刀》,请首长指教。

联欢会的第一个节目就是我的《十二把镰刀》,受到了全场的热烈欢迎,这也为我找回了自信心。从此以后无论在何时何地何种场合,我都没有再紧张过。接下来是宣传队的合唱《三大纪律八项注意》,以及他们自己创作的节目,业余艺术团则表演了大秧歌、旱船等传统节目，最后是交谊舞会。在舞会中间休息的时候，我和关鹤童还演唱了《河边对口曲》（1938年我去晋东南慰问八路军，1939年我返回延安鲁艺给星海当秘书时，给他唱了不少民歌，他觉得很有味道。当演唱《黄河大合唱》时，他觉得唱《河边对口曲》的演员不能准确地表现他的创作意图，特意换上了我和关鹤童，从此这首歌就在黄河两岸流传开来）。在这个舞会上，我们两人再一次用真挚的感情诠释了这首歌的内在精神，因而得到了全场热烈的掌声。

慰问演出和联欢会结束后，我们就开始深入到群众中去收集和整理民歌，这是出发前吕骥同志反复交代的任务，也是我们此行的主要目的。在联欢会上我们结识了业余文工团和第三五九旅宣传队的许多朋友，我想通过他们学习到更多的来自民间的音乐。所以联欢会结束后，根据访问团成员不同的专业和任务，我们决定分组分头工作。马达团长他们收集民间文学和美术方面的作品，我们四个人负责收集民歌和民间音乐。为了更有效地工作，安波同志专门召集我们研究每个人的具体任务。我提出过去接触部队的机会较少，昨晚联欢会上认识了宣传队长，并从他那里了解到部队内有许多会唱民歌的人才，所以我想与宣传队一起留在部队，在部队中进行收集。安波同意我留在部队，而且给我增加了一项任务，就是给宣传队进行艺术辅导，帮助他们提高歌唱水平，并说这是应宣传队之邀。我欣然受命，觉得这是对自己的信任与考验。其他三位同志的分工是：安波除收集民歌外还要搞社会调查，收集英雄模范人物的素材；刘炽到业余文工团；关鹤童在附近农村进行收集。

我们四人兵分几路，到各自分工的地方去收集整理民间音乐。说来奇怪，我要去宣传队的消息不知怎么很快传到宣传队。早晨出发之前，宣传队长和班长就早早来我们的住处接我，让我又感激又惭愧，还有些不安。因为我那时只有二十几岁，从鲁艺音乐系第四期即将毕业，自认为工作经验还很不足。虽然在1938年曾和安波随鲁艺实验剧团到晋东南慰问过八路军，但这次是收集整理民歌、慰问部队再加上辅导宣传队几项任务，我感到这点滴经验远远不够。

但我转而一想，这次到宣传队来辅导对我不仅是一次考验，也是个很好的实践锻炼的机会，不但可以在实践中提高认识、积累经验，而且还能向部队里的民歌手们学到许多东西。这样一想心里就踏实多了。因而我抱着向同志们学习的心态来到了宣传队。我决心从鲁艺的学生变为实际生活中的学生，要从头学起。可是他们却把我看作来自鲁艺的文艺"专家"、远道而来的客人，对我十分热情，处处给予周到的照顾，这让我感到很是不安。于是我找队长，向他说明我到部队的目的是深入生活，向大家学习民歌，希望大家把我看成部队的一员，看成一个新兵、一个学生，千万不要把我当客人。队长和指导员解释说，我们知道在第一次演出时您发生了那件事故（指喝煤油），没有听到您唱歌，大家感到很遗憾，这次联欢会上，我们听了您的《十二把镰刀》，觉得您唱得实在太好了，所以向安波同志提出要求，请您来我们宣传队做指导，大家是真诚地欢迎您。我说："你们那天的演唱水平确实不错，声音洪亮，吐字清楚，情绪饱满，感情充沛，而且部队里有许多会唱民歌的人，我是从心眼里想做你们的学生，拜你们为师啊！"队长、指导员看我一片真诚，渐渐也就不再把我当客人了。

在宣传队的工作是愉快而充实的。我们互为师生，互相学习，相处得十分融洽。我在辅导他们唱歌之余还为宣传队写了《小八路》《新少年》两首歌曲，亲自教他们唱，演出后效果很好，尤其是《新少年》二部合唱，每次演唱都引起战士们的掌声喝彩，因此宣传队就将这首歌作为他们的队歌。这对我是一种极大的鼓励。而我在与宣传队同吃同住同劳动的生活中收获更大，向他们学到了许多东西。让我至今记忆犹新的是从宣传队的一位陕北小姑娘那里听到的一首很动人的歌，歌名叫作《黑狸猫》。小姑娘年方十八，音域并不太宽，但却是个女中音的材料，歌声醇厚，感情深沉，我向她学了三次才学会了这首歌，并记录下来至今难以忘怀。

这是一首爱情歌曲，在陕北当地，老百姓称这类歌为"酸曲儿"。但我觉得这首歌是千百年来劳动人民对封建婚姻制度和封建礼教的愤怒控诉。在根据地建立之前，这里的青年男女婚姻一直不自由，十几岁的姑娘嫁给六七十岁的老头子是寻常的事，而相爱的青年男女却不能结合也是司空见惯的。所以人们就用民歌来表达他们对这种残酷封建礼教的控诉和他们争取婚姻自主的美好愿望。这首民歌就是一首充满了哀怨、愤怒和渴望的歌。虽然曲调简单，但内在感情却很深厚，而且也很优美。后来回到延安参加大生产运动时，贺敬之同志听了我记录的这首歌，认为它很有再创作的价值，于是在旋律上用了变奏手法，把节奏加快，略加装饰，填上新词，把它改编成一首新歌《秋收》："九月里九重阳，秋呀秋收忙，谷子呀那个糜子呀上呀上了场……"这首歌由我唱出后很快就在延安流传开来，群众在田间、场院里劳动时就常唱这首歌。

  在宣传队里有一个南方来的老崔，他是炊事班长。老崔会唱南方民歌，我常利用帮厨的机会向他学唱江南民歌。在宣传队的这段时间虽然不长，生活也比较艰苦，但无论在思想上还是音乐上都有很大的收获。将士们不怕苦不怕死的斗志、宣传队员们热情高涨的乐观主义精神，都让我感到我们的事业是必胜的。在向部队里的民歌手学唱民歌的过程中，我越加认识到民歌是民族音乐的一个宝库，是祖先为我们留下的一份宝贵的文化遗产，如果我们不努力去挖掘、研究和继承，我们的民族音乐就会失去发展的基础。想起在音乐系学习时，吕骥同志让我利用假期到柯仲平、马健翎领导的民众剧团向老艺人李卜学习。我认真地跟他学习了《张良卖布》《五更鸟》和眉户调，向史雷学习了《十二把镰刀》，这些都为我后来成为作曲者和歌唱者打下了良好的基础。而这次在部队的学习更加坚定了我搞民族音乐的信念。

二、米脂：《哀乐》祭英灵

  圆满地完成了在绥德的慰问、辅导和收集民间艺术的任务后，我们决定到米脂去。本来准备打起背包徒步出发，但俱乐部主任告诉我们，王震将军要派车送我们到米脂，这再一次让我们感受到将军对文艺工作者的关怀和爱护。这样我们高高兴兴地坐上汽车，用了两三个小时就到了米脂。

很早就听说米脂号称"乡乐之地"①，而且民歌流传很广。曾刚同志在他的《心声录》中记载：

> 乡乐，在米脂源远流长，誉满全国。它出自米脂县印斗区常石畔村。传说吹奏能手层出不穷。清末时，常聚财、常义财兄弟二人为迎接某学台大人，一口气吹奏40华里，深受学台赞赏，当即启奏"圣上"封为官吹，从此米脂吹手子弟均可参加科举考试。

还听说米脂中学的师生们喜欢演唱民歌，所以我们到了米脂等于到了民间音乐之乡，对我们收集民歌一定会大有帮助。

到达米脂后我们马上开始工作，当然首先仍是对河防将士们进行慰问。当地驻军和米脂中学对我们十分欢迎。我们决定和米脂中学联合起来为将士们演出。所以到米脂后第二天我们便紧张地开始排练节目。我在这次演出中改唱《五更鸟》。演出同样大获成功。让我欣喜异常的是，通过这次演出我发现了不少民歌演唱人才，那就是米脂中学的学生们。他们年纪不过十三四岁，但歌唱得十分有功底。尤其是女声独唱，声音清脆，感情激越，歌声悠扬，印象深刻的有杜锦玉、田家凤、王亚梅、刘荆兰几个女孩子。后来这些女孩都被鲁艺工作团选中参加了1943年春节秧歌队，并成为有名的陕北民歌手，还为我们口授民歌。

慰问演出之后，我们又分头进行采访和收集工作。这里不愧是民歌之乡，我们每个人都收集了许多当地民歌。最可喜的是县民政科负责同志向我们介绍了著名吹奏艺人常峁儿。我和关鹤童决定重点采访他。经过长途跋涉、翻山越岭，总算来到了有名的吹奏之乡米脂县印斗区常石畔村，见到了陕北闻名的吹手常峁儿。初见常峁儿我们感到很惊讶，原以为他会是个饱经风霜的老艺人，没想到他竟是个40来岁高大健壮、质朴和善的陕北大汉，听说我们来向他学习民乐，憨厚地笑着迎接我们。村民听说延安鲁艺的读书人专门来向常峁儿学

---

① 乡乐指唢呐吹奏和民间鼓乐，相当于河北省的民间吹歌。

吹奏，也都奔走相告，一大早就都聚在常峁儿家的院子里。据他讲，他家的土地并不多，主要是靠给十里八乡的群众办红白喜事，以吹奏养家糊口。这时一位来看我们的老者热情地向我们介绍说："常峁儿可是米脂县吹手的第一把交椅，他一口气能吹20多里地哩！你们好好向他学吧！"一边说一边伸出大拇指，一脸的自豪与真诚。常峁儿说他的先辈都是以此为生的，他从小就跟父亲学吹唢呐，吃的苦就别提了，每天天亮就开始吹，吃完饭吹，睡觉前还要吹，吹不对就挨打。我们从他朴素直白的叙述中了解了吹手成长的艰辛，对他越加敬佩，就要求他给我们吹几首曲子。他熟练地操起唢呐十分投入地吹了起来。常峁儿是个真正优秀的吹手。他一举手就是一个优美的吹奏手的姿态。再听他的吹奏吧，每一个音节，每一段旋律都充满了人世间的喜怒哀乐，其感情之真，音色之美，乐感之醇都是我从未领略过的。我们三个人都被他的唢呐声陶醉了。他一口气为我们吹了《将军令》《大摆队》等十几首曲牌，以后又陆续吹奏了其他曲牌，我们从他这里共收集了三十多个曲牌。这些曲子在他的口中吹奏出来风格各异，高亢的如行云流水，低沉的如细雨缠绵，欢快如珠撒玉盘，舒缓似春蚕吐丝，喜悦时令人心旷神怡，悲伤时让人鼻酸难捺。无论喜怒哀乐听后都让人回味无穷，颇有绕梁三日之感。尤其让我们动情的是那首丧礼用乐曲[①]，常峁儿最初吹这首曲子时，并没有说明它的曲牌名，当他突然吹出这首如泣如诉的乐曲时，我们都几乎要掉眼泪了，于是就记下了这首乐曲的谱子，这便是现在全国通用的《哀乐》。我根据自己的亲身经历和李焕之同志的回忆还这首曲子产生的历史真面目。

常峁儿吹出这首悲曲之后，我们的心灵受到很大震撼和强烈的感染，于是关鹤童就记录下了这首乐曲的曲谱，后来中国民间音乐研究会将它收入1945年4月油印出版的民间音乐研究资料丛刊之四《器乐曲选》。那么《哀乐》是如何产生的呢？这就要从志丹墓的移灵说起。

1943年春，按照刘志丹同志家乡人民的要求，党中央决定将志丹同志的灵柩从山西移回陕北志丹县。志丹陵园建成时要选一首祭奠英灵的曲子。鲁艺音乐系的教员向隅同志找到这首悲曲的曲谱，让我和李焕之、刘炽、关鹤童共同讨论看能不能用于志丹墓的移灵。我和关鹤童曾经亲耳听过常㚖儿吹奏这首乐曲，当然没有意见，并向大家介绍了收集这首曲子的经过，于是决定一个音符也不改完全照用。为了加强演奏效果，刘炽同志建议在乐曲结尾处增加一个 fa 音 [乐谱]，但大家反复推敲后没有采用刘炽的建议，仍用 [乐谱] 来结尾。

曲子选定后，鲁艺组织了迎送灵柩的乐队，由向隅同志任队长兼小提琴，队员有李焕之（手风琴）、张鲁（三弦）、彭琰（板胡）、时乐濛、程瑞徵（小提琴）、王元方（低胡）、徐徐（打击乐）等大约十人。（刘炽同志并未参加志丹灵柩的移灵乐队。）

从延安出发前，鲁艺组织学生都去抗大参加迎灵大会。中央派林伯渠、刘景范同志乘汽车前去迎灵，我们随同前往，一路上哀乐低沉，山川为之动容。当灵柩来到清凉山下时，很多群众自发地拦车举行公祭，我们就停下来演奏《陕北出了个刘志丹》《哀乐》。后来沿途不断有群众拦车公祭，但为了赶时间一般就不再停车，便奏《哀乐》来表达我们与群众的共同心声。但老百姓对志丹同志的深切怀念之情实在令人感动，六七十岁的老人、几岁的小孩子都从山坡上来到灵车经过的沟底，有的跪在地上焚香拜祭，有的拿着几个鸡蛋作为供品表达哀悼之情。他们用最传统最真挚的方式来祭奠英灵。就这样我们从延安到志丹陵走了三天，小毛驴驮着行李，而我们自己背着乐器，只要见到群众公祭就要演奏。当把灵柩迎送到志丹县城时，停留在半山上，我们都累得筋疲力尽了，但是这时是祭奠英灵最庄严最隆重的时刻，我们丝毫也不敢松劲，有时一人要吹弹两种乐器，比如焕之同志除了拉手风琴还要吹笛子（后来有文章说刘炽吹笛子，与事实不符）。当志丹灵柩由山上迁移到志丹陵举行典礼时，这首《哀乐》起到相当重要的作用，《哀乐》也由此成了中国人民悼念故去领导首长的专用

---

① 刘炽生前写的文章里，称此曲为《凤凰铃》。经询问《中国民族民间器乐曲集成·陕西卷》编辑部，其主编刘恒之说该省以及老艺人常文清（乳名常㚖儿，1910—1982）的传曲里，都没有《凤凰铃》这一曲牌名。

乐曲。也就是说，《哀乐》从根本上是一首传统的民间器乐曲，不是某一个人创作的，因为它代表了人世间最真挚、最朴素的情感而千百年来被民间广泛传奏，它的流传有着坚实的群众基础，而音乐家只是真实地记录了人民群众发自心底的感情而已。所以谁也没有资格将它据为己有，我们在宣传某一位艺术家的历史贡献时也要尊重客观历史，不能虚构、夸张，更不能张冠李戴或无中生有。1999年11月5日《北京晚报》上发表了一篇署名文章，题目叫作《哀乐送刘炽》，文中感情深沉地写道"《哀乐》送走了它的作者"，这是不符合历史真实的。

西北红军和革命根据地创始人之一刘志丹

从常石畔村满载而归让我们情绪振奋，便更加辛勤地到各村各乡去收集民歌。乡亲们不但热情地欢迎我们，而且还非常主动地配合我们的工作。记得我们的一次民歌收集活动就变成了炕头联欢会。那天大雪纷飞，北风呼啸，我们就没有出去，没想到晚上来了七八个民歌手，其中有两个妇女和一个姑娘。她们有些害羞，说什么也不肯开口唱。于是我们就先唱，以期抛砖引玉。果然，几个歌手争先恐后地唱了起来，一首接一首，而且唱到动情处就在窑洞里扭起了秧歌。我们记完歌谱后，也不由自主加入到了他们的行列，载歌载舞，热闹欢快。虽然没有更多的乐器伴奏（我拉板胡，刘炽吹笛子），都是按照刚记录下的谱子伴奏的，倒也新颖。收集活动变成了一场联欢会，直到大半夜大家才尽欢而散。这次联欢会给我们的启示是，要想尽一切办法挖掘民歌素材。比如那位姑娘不好意思唱，这在以往的收集中遇到过许多类似情况，失去了许多收集优秀民歌的机会，而我们采取"诱唱"的办法，不但让她开口唱歌，而且制造了一个融洽欢乐的气氛，在欢乐的氛围中不仅收集到了民歌，也进一步密切了与群众的感情和关系。

三、葭县：《黄河九十九道湾》

葭县驻军办事处早已知道我们要来，已做了准备，所以我们一到马上就安排得十分周到。

日程的第一项任务仍是慰问河防将士们，我们沿着黄河渡口到驻军的各个哨所进行慰问演出。这次我们九个人没有分工，一齐出动。县政府为我们准备了一头小毛驴驮行李。与前两县不同的是，在葭县的演出十分艰难，一是没有与我们共同演出的单位如宣传队、文工团或中学生歌手，只能由我们九个人演出，而实际上只有八个人能唱。马达团长五音不全，嗓音不好，他的广东方言很重，吐字也不清晰，不要说独唱，合唱都困难。二是葭县驻军的各哨所十分分散，不集中，演出条件极差。我们就只好挨个到各个哨所去慰问。我们觉得，让每一位河防将士都听到我们的歌，这是我们的责任，再辛苦也要做好演出。于是我们把齐唱歌曲作为主要节目，独唱歌曲也增加。安波是我们四个音乐工作者中最年长、经验最丰富的一个，他的节目最多。我除了独唱《十二把镰刀》《五更鸟》，还和关鹤童对唱《河边对口曲》，刘炽唱蒙古调和陕北民歌。加起来也不下两个小时。每到一处我们就热情地为大家演唱，将士们在极为艰苦的条件下守卫边区、保卫黄河，很少有机会听到这么多新颖、活泼、有趣的演唱，因而对我们的演出给予了最热烈的欢迎。战士们的掌声、笑声和"再来一个"的呼喊声让我们忘记了连日奔波演唱的疲劳，得到了莫大的欣慰。

慰问演出告一段落后，又开始了民歌的收集整理工作。葭县之行我们收集整理出了一首反映劳动人民生活的民歌《天下黄河九十九道湾》，至今仍能从广播、电视或街头巷尾听到这首豪迈有力的歌。

这首歌是在葭县的一个靠近黄河边的小村庄里收集到的。村名我已记不得了，只记得这个小村上不过十几户人家，大都住在半山腰的窑洞里，靠撑渡拉纤度日，我就是在船夫艄公的窑洞里跟他们学会的这首歌并整理成曲谱。这是一支反映劳动生活的民歌，内容并不复杂，旋律也简单，且重复咏唱，但却生动地反映了黄河船工们生活的艰辛。从音乐角度讲，它的节奏不是劳动号子，而是在深沉的旋律中表现一种内在的沉重而又稳健有力的风格，我从这首歌里听到了黄河船工沉重的叹息和呼喊，也感受到了劳动的激情和欢愉。在一问一答两段唱词中，似乎看到了船工古铜色的胸膛上晶莹的汗珠，饱经风霜的脸上一道道皱纹，这难道不是中国千千万万劳动人民的真实写照吗？所以我最初听到这首歌时立刻就被它感动了。简单的旋律更集中地反映着生活，体现着音乐形象。在学唱中分析曲调也就是探索民歌各种形式的规律和特点，分析演唱者的感情、表情、微小的动作，也是十分必要的，必须注意他们演唱同样旋律而歌词不同时的处理手法和规律，如调式与语言的关系，应用模进、装饰变奏、乐句的使用等手法。正是这些，才有效地丰富了民间劳动歌曲及其他形式的旋律。民歌曲调发展的手法是多样的，是促成民间音乐高度发展的重要因素之一。采用乐句重复与变奏的手法，是这首《天下黄河九十九道湾》的最大特点。因而我一下子就理解了毛主席《在延安文艺座谈会上的讲话》中号召我们深入实际，向工农兵学习的重要意义。以往我们记录民歌，往往是先记谱后学唱，但这次听了这首船工曲，我却是先学会唱然后再整理成曲谱，因为我觉得生活是音乐最生动、最丰富的源泉，只有先理解了生活，才能更好地理解音乐。曲谱往往是生硬的，而船工的歌是他心中的血和泪铸出来的，才是活生生的。这种内在情感在呆板的乐谱中是表现不出来的。所以现在从一些录音带上一听某些流行歌手用一种懒洋洋、拿腔提调的风格唱这首歌，我就不由得叹息，糟蹋了这首好歌了！

关于"酒曲",就是在酒席上唱的歌。在米脂、葭县、绥德一带流行喝酒划拳的风俗,办喜事时更为流行。席间划拳时,输的一方便要唱一首歌然后再饮酒,酒席上所唱的歌就叫"酒曲"。我第一次听到这首"酒曲"就是在一家人的喜宴上。第一天我们到这个小村采风,正遇一家办喜事,因为没有准备礼物,不好意思入席,就在一旁观看,于是听到其中一个壮汉唱了这首歌。晚上闹洞房结束后,曲终人散了,我们找到那个唱酒曲的人并采访了他。他会唱的酒曲真不少,不同种类的酒曲大概有十多首。当天晚上我们记录了大概五六首,谁记的谱现在想不起来了,好像不是安波就是关鹤童。而我则虚心地向船夫艄公们又去学习如何演唱《天下黄河九十九道湾》了。在学唱的过程中体会他们的内在情感,因而对这首歌的理解也就更加深刻。回到延安后,安波把曲谱交给我,由我在各种场合上演唱。

四、回延安

带着河防将士们的深情厚谊,带着收集到的二百多首民歌的丰硕成果,河防将士访问团于1942年5月下旬返回延安。这时的延安已是杨柳依依了,我们受到鲁艺师生们的欢迎。

5月30日,我们聆听了毛主席介绍延安文艺座谈会的重要讲话,对照毛主席提出的深入实际、为工农兵服务的号召,我感到这三个多月的生活实在太重要了,对我的一生都是巨大的收益。

6月6日晚,在杨家岭中央大礼堂举行延安音乐晚会,延安各文艺团体都参加了演出,鲁艺的重头戏就是我们河防将士访问团的节目。安波唱了两首"酒曲",我和关鹤童唱了《天下黄河九十九道湾》,我自己唱了《黑狸猫》,刘炽唱了一首蒙古族民歌。我们的节目受到了非常热烈的欢迎。这些节目实际上都是我们三个多月辛勤劳动的成果,我们实际上是在用这些节目向领导和延安人民汇报自己的成绩,而观众们的掌声正是对我们成绩的赞赏和鼓励。

半个多世纪过去了，多少往事都随着岁月的流逝烟消云散了，但在我的心目中，鲁艺河防将士访问团这段经历永远不会消逝。它是峥嵘岁月里的一首青春之歌啊！现在，四个人中三位战友都已作古，只有我还在为自己喜爱的民族音乐事业尽着自己的一点微薄之力。我觉得我有责任将这段经历写出来，也算是对已故的三位战友的怀念吧！

（本文选自《音乐研究》2001年第2期）

红花开在黄土高坡
——回忆枣园文工团
慕丰韵

> 慕丰韵，山东蓬莱人。1938年参加抗日革命组织，同年10月加入中国共产党。1938年到1940年先后在胶东、山东纵队军政干部学院，延安八路军军政学院以及延安中央社会部保卫训练班学习。1942年调中央社会部工作。1947年2月跟随毛主席和党中央转战陕北，其间任人民解放军总部直属支队中央警卫科科长。新中国成立后，任公安部边防保卫总局局长，中国延安精神研究会第二届、三届、四届常务副会长、顾问。

1942年的5月，毛泽东主席《在延安文艺座谈会上的讲话》发表之后，延安文艺界依据《讲话》精神，联系各自的实际情况，进行了整风，精神面貌焕然一新，延安文艺界开始面向工农兵。群众的文艺活动迅速发展起来，街头剧、秧歌队走向群众，走向农村。

中央社会部所属的西北公学，集中了一批文艺人才。他们是在整风过程中从鲁迅艺术学院、青年剧院、平剧院等许多部门调来接受审查的同志。在康生发动的"抢救运动"中，一些人被屈打成"特务""内奸"。这些被冤枉的同志没有怨言，仍一心扑在党的事业上，在学习和劳动中都表现甚好，成为社会部机关的一支活跃力量。中央社会部副部长李克农关心、爱护他们，为了贯彻落实毛主席的《讲话》精神，他决定把这些文艺人才组织起来，宣传党的方针政策，动员群众克服困难，迎接抗日战争的胜利。

1943年，中央社会部成立了文娱科，对外叫枣园文工团。汪东兴任科长兼支部书记，段大明任副科长，他们都是老红军。还安排了一个被审查的对象任

1941年，李克农全家在延安枣园毛泽东居住的窑洞前合影。前右一为李克农

副科长，以体现党对被审查同志的政策。我是党支部的宣传委员，音乐组的成员。

枣园文工团下设编导组、演员组、音乐组、剧务组，共有四十多人，是个很小的文艺团体，但大家都是多面手，既演秧歌剧、话剧，也演京剧，很受领导和群众的欢迎。它是盛开在陕北山沟里的一朵红花。

枣园文工团的同志白手起家。音乐组成立时只有一面锣、一对钹和一支笛子，其他什么乐器也没有。音乐组的同志自己动手，用机关杀羊剥下来的羊皮做鼓，上山抓条蛇，用剥下来的蛇皮做京胡；到老乡家里买些梧桐木头，做小提琴。二胡弦、提琴弦都是李部长通过关系从西安买来的。用我们双手把应有的乐器都做出来了，成为一个乐器比较齐全的音乐组。演出需要的道具、服装，剧务组同志自己做，实在不能做的，就向有关文艺团体和老乡借用。

陕甘宁边区的农业生产，当时还是建立在一家一户个体经济基础上，群众还不能完全摆脱贫困。1943年，农民在劳动实践中，发明了一种提高劳动生产率的形式，有的地方叫"变工队"，有的地方叫"扎工队"。"变工"即换工，是农民相互调剂劳动力的一种方法，有人工换人工，有牛工换牛工，也有人工换牛工的。"扎工队"是由土地不足的农民组成，除相互变工互助外，主要是集体出雇于需要劳动力的农民。这是陕甘宁边区经济向前发展的新事物。1943年11月29日，毛泽东主席在陕甘宁边区的劳动英雄大会上发表了《组织起来》的重要讲话，肯定了"变工队"和"扎工队"，认为这是把农民组织起来提高劳动生产率的有效形式。

枣园文工团的同志学习了毛泽东主席《组织起来》的讲话，在思索一个问题：在新的形势下毛主席号召农民组织起来，我们能不能写出一个以群众组织起来为内容的秧歌剧呢？经过酝酿，一致认为这是当务之急。确定由黄钢、简化生、陆石、汪吉负责编写，陆石执笔。他们深入农村，搜集素材，很快写出一个反映农村"变工队""扎工队"发展情况的小型秧歌剧。剧情紧凑，人物性格鲜明，语言简洁。演员李高峰、张婷乙、刘芝贤、杨啸空为把戏演得逼真，背上行李，走进农村，同农民同吃同住同劳动，体验生活。音乐组的同志，搜集民歌素材，为秧歌剧配上了有陕北民歌情调的悦耳动听的音乐。毛主席看后很高兴，给这个秧歌剧定名《动员起来》。

1944年的春季，鲁迅艺术学院、青年剧院的秧歌队走出去到农村演出。枣园文工团的秧歌队，也打着红色的门旗，举着欢度春节的标语牌，吹吹打打地走向农村，到安塞县真武洞村给农民拜年。住在农民家里，同农民一起吃年饭，一起扭秧歌。

最受农民欢迎的是《动员起来》。张婷乙扮演的张栓婆姨，踩着抒情的曲调，在鸡鸣声中走上场，迈着优美的舞步，表演喂鸡的动作，边舞边唱"大红

毛泽东与延安川口乡秧歌队员在一起

公鸡毛呀毛腿腿,乌黑黑的草鸡肥呀又肥,白鸡又把花鸡追,鸡娃子成群满院飞……",优美的舞蹈,富有乡土韵味的歌词,清脆洪亮的歌声,赢得了观众阵阵的掌声,他们称赞道:"好得很咧!"

　　一个小小的秧歌队为什么能把那么多的群众凝聚在一起呢?我随着秧歌队回到延安,脑子里一直在思索着,随手写了一篇日记。记得当时是这样写的:从农民方面来说,乡下缺少文化生活,来了秧歌队,当然老人、小孩,男的、女的,都要争着去看看;从我们秧歌队来说,共产党员要取得群众拥护和爱戴,要取得群众的信任,必须先为群众做些看得见、摸得着的事情,然后再去动员、组织群众干些应该干的事情,不放下架子,以领导者自居,只要群众干这干那,不为群众办点实事,一身官气,官腔官调,永远不会与群众凝聚在一起。《动员起来》若不是演的是农民群众自己的事情，讲的是农民群众自己的语言，群众是不会那样热情欢迎枣园文工团的秧歌队的。

1944年的2月下旬，中央宣传部、军委宣传部和中央西北局宣传部联合组织鲁迅艺术学院、青年剧院、枣园文工团等八大秧歌队，在杨家岭中央大礼堂前面广场上进行秧歌剧大会演，歌声嘹亮，此起彼伏。我们的《动员起来》小剧赢得了党中央领导同志的好评，说它是毛主席《在延安文艺座谈会上的讲话》之后看到的一部好作品。毛主席亲自为枣园文工团秧歌队题词：拿锄头生产劳动，用文化宣传群众，能文能武，中国革命文艺典范。可惜，毛主席的这个重要题词，在解放战争中丢失了。这是几个熟悉情况的老同志回忆的。

1944年的秋天，枣园文工团又上演了苏联话剧《前线》。毛主席和党中央负责同志看后很满意，指示我们要多演几场。

《前线》这个剧本，反映的是苏联红军在卫国战争中同德国法西斯军队作战的情况，1942年发表在苏联《真理报》上。当时正是德国进攻斯大林格勒的时候，是决定红军胜败、苏维埃国家生死存亡的关键时刻。作者考涅楚克，通过对剧中人物思想和行为的描述，尖锐地批判了旧的、保守的作战指导思想，歌颂和赞扬了继承历史好的传统，并敢于接受新的作战方法的指导思想。这个话剧当年十月革命节在莫斯科上演，受到高度评价，获斯大林文艺金奖。

1943年，戈宝权同志把它翻译过来，枣园文工团抢先排练演出。这是三幕五场的大型话剧。重要主人公，是一位苏联老将领、前线总司令戈尔洛夫。他是一个旧型军人，在苏联国内战争时期立过战功，有光荣的历史，但保守、刚愎、自高自大和自满。他看不起那些精通现代军事技术的年轻将领，说当他在国内战争打仗时，他们还不过是在桌子下面爬的乳臭未干的小孩子。因为他不懂现代军事科学，只知道蛮干，经受不起现代战争的考验，被淘汰了。另一个主人公是年轻的军长欧格涅夫。他珍视国内战争时的经验，但也学习新的军事知识。他和红军战士有着密切的联系，得到他们的爱戴。他能够撇开戈尔洛夫旧的作战方法，运用新的战略战术，赢得了胜利，粉碎了德国法西斯军队的进攻和包围。战争开始的时候,他还是个上校,三个月后升为少将,接替了戈尔洛夫总司令的职务。还有一个重要人物,是前线特派记者克里空。这是一个说空话、废话、谎话的废料。他只知道阿谀奉承、歌颂戈尔洛夫,而不敢讲一句真话。

扮演戈尔洛夫的演员是杜印,扮演欧格涅夫的演员是严正,扮演克里空的演员是石英。他们表演的艺术形象真实生动,激发了人们的爱国热情和对苏联红军的崇敬,受到毛泽东主席、周恩来副主席和朱德总司令的赞扬,受到延安广大干部的欢迎。

《前线》话剧演出的时候,正处在抗日战争胜利的前夜,剧中人的思想和活动,引起人们去思索更深层次的问题。凡是看了这个剧的同志常常联系现实生活中一些现象,发些议论。把那些守旧、保守、不体察实情、盲目自大的人统称为戈尔洛夫;把那些勇于探索,敢于继承红军优良传统,又善于接受新鲜事物的年轻人统称为欧格涅夫;把那些吹牛拍马、阿谀奉承、说空话、说假话的人统称为克里空。这个剧的演出虽已过去半个多世纪了,联系现实生活中出现的一些问题,用心想一想,它的主题思想还是有重要的现实意义。

李克农同志培育起来的枣园文工团及其发展的历史给人留下难忘的启示:

党的文艺工作,必须坚持马克思主义的文艺思想,必须服务于党的中心任务,必须为广大工农兵所接受,它才有生命力。

党的文艺工作者,有了明确的指导思想和奋斗目标,就要勇于实践,坚持正确指导思想,敢于排除一些困难,为实现既定目标坚持战斗。

(本文选自《中华魂》2002年第7期)

山沟里的火凤凰
——忆延安中央管弦乐团

许翰如

> 许翰如,原名林犁田。福建金门人。1936年参加援绥抗日救亡运动,1937年加入中国共产党。曾为延安大学、延安鲁艺、延安中共中央党校学员。历任孩子剧团队长、团长,延安中央管弦乐团组织干事、代指导员,华北军大文工团团长。新中国成立后,历任《解放军文艺》编辑组长,中国作协秘书长,国务院文化部艺术局群众文化处、文化部政策研究室干部,教育局局长,《新文化史料》主编、顾问。著有诗文集《迟到的祝贺》、回忆录《大海浪花——回忆孩子剧团的战斗生活》等。

内战爆发前后

日本投降了,全国人民无不欢欣鼓舞。陕甘宁边区广大群众,鲁迅艺术文学院全体师生欢腾雀跃,高燃火炬,敲锣打鼓,扭起秧歌,同庆历经八年的抗日战争取得了全面的胜利。

为了从日伪军手中夺回失地,巩固胜利成果,开辟新区,建立人民政权,在党中央英明决策和统一指挥下,鲁艺师生也和延安各单位、各部门一样,组编成一支文艺大军,开赴前方——东北新区建校、组团开展政治宣传工作。

我怀着十分激动和兴奋的心情,多次去中央组织部找廖志高同志,要求允许我跟随鲁艺文艺大军奔赴前方工作。而廖志高每次都那样和蔼耐心地向我解释到前方或后方工作都有着同样重要的意义,说我是从国统区回延安学习的,现在调你回国统区工作,是党的工作需要……不能去前方工作,我感到遗憾,但还是服从了组织的决定,于1946年元月调去中央党校学习,待命前往国统区工作。

调入党校六支部学习的还有孟波、严金萱等同志，我们每天在一起学习抗战胜利后党中央颁布的有关文件、方针政策，听刘少奇同志讲时局、在新形势下如何开展工作的报告。大家都勤奋地学习，用马列主义、毛泽东思想武装头脑，以积极的战斗姿态迎接党赋予我们的新任务。

正当我们集中精力学习、准备奔赴国统区工作的时候，蒋介石却冒天下之大不韪，撕毁了与我党签订的《双十协定》等所有协定，依仗美国给他撑腰，公然调兵遣将，从陆海空多方运输军队，进攻中原解放区，鲸吞我抗日军民用血汗创建的根据地。蒋介石用他罪恶之手点燃了全面内战的战火。由于形势急剧变化，我们一批拟调赴国统区工作的文艺干部便滞留延安。鉴于全面内战已爆发，中央组织部改变了原计划，遂将我们分配去延安中央管弦乐团工作。

延安中央管弦乐团成立，朱总司令莅会祝贺并讲话

延安中央管弦乐团，在周恩来、叶剑英同志的关怀下，于 1946 年春夏之交进行筹建。金紫光同志受组织之托，由延安赴国统区的北平购置管弦乐器、各种曲谱和教材，并通过我党参与军调部三人小组工作的中共代表叶剑英的帮助，乘军调部的美军飞机运回延安。中央组织部副部长安子文从鲁艺留守处调集一批音乐干部，又从陕甘宁边区各地调来若干有志于管弦乐事业的知识青年五十余人。中央办公厅任命贺绿汀为乐团团长（兼合唱队长），张贞黻、金紫光为副团长，并与组织科长孟波、行政科长卢肃、教务科长梁寒光，弦乐队长陈地、管乐队长谌亚选等同志共同组成乐团团部。延安中央管弦乐团直属以杨尚昆为主任的中共中央办公厅管辖。同时由邓洁（办公厅行政处长）、李伯钊（中央党校文工室主任）、刘仰峤（中央党校秘书处长）以及乐团正副团长组成管理委员会（以邓洁为主任，李伯钊为副主任），代表中央办公厅具体领导乐团的工作。

1946 年 7 月 17 日，为伟大的人民音乐家聂耳逝世十一周年纪念日，中央

1946年,延安杨家岭中央管弦乐团成立大会合影,朱德、徐特立等领导参加了会议

管弦乐团选择这个日子在延安杨家岭中央大礼堂召开隆重的成立大会(该日因洪水阻隔,改为19日开会),是有其特殊意义的。那天到会的人很多,有朱德总司令、徐特立、王明、陈伯达、江青、何思敬、邓洁、刘仰峤、李伯钊、张季纯等党政军、文艺界的领导同志。朱德总司令代表党中央亲临大会祝贺并讲话,大家感到十分亲切和振奋。朱总司令在讲话中说,成立延安中央管弦乐团是一件新鲜事,这是以往所没有过的新事物。你们这个乐团可以说是延安,也是陕甘宁边区,乃至解放区首先建立起来的第一个管弦乐团。金紫光同志去北平买回来一批西洋乐器。这些铜管乐器、大小提琴就是你们今后进行工作的工具和武器。西洋乐器嘛,当然是要演奏西洋乐曲,优秀的西洋乐曲,中国人也是爱听的。不过,管弦乐器也可以演奏中国乐曲嘛。中央管弦乐团不能只演奏西洋乐曲,要走中西结合的道路,要用西洋乐器演奏有中国气魄、中国风格的乐曲……

会场里鸦雀无声,同志们都聚精会神地聆听朱总司令讲话，有的人还边听边写，认真做笔记。大家很敬佩、赞赏率领千军万马驰骋战场的朱总司令这一番话讲得好，讲得及时，讲得深入浅出，为延安中央管弦乐团今后的工作指明了方向。我们都很受启迪和鼓舞，不由得热烈鼓掌。

朱总司令摆摆手，等大家安静下来以后，又继续说，我们新社会人民得到解放，就需要欢乐的歌唱，国民党统治区的人民只有悲哀、愤怒、反抗的声音。音乐应反映社会的现实。我们的音乐工作者应贯彻群众路线，无论演奏乐曲、唱歌，都应做到让广大人民群众赏识……朱总司令军务繁忙，戎马倥偬，却抽出宝贵的时间来参加我们乐团的成立大会并讲话做指示，会后还与我们全团同志合影留念，这是党中央领导同志对我们莫大的关怀和鼓励。

磨砺队伍，提高演奏水平，进入临战状态

延安中央管弦乐团在筹建过程中，就注意抓乐队的培训，每天都有充足的时间让铜管乐队、弦乐队的队员们练习乐曲，并在一定时间内进行合练，提高音乐素质和演奏水平。乐团初创时期没有乐队指挥，就由大提琴家副团长张贞黻、教务科长作曲家梁寒光指挥，以保证乐团的合练不停歇、不中断。李德伦在上海地下党组织安排下，携带了大量乐谱和欧阳予倩等文化界人士赠送的乐器到南京梅园新村中共代表团办事处，随同撤离国统区的同志们来延安，被分配到中央管弦乐团工作，并担任了乐团的常任指挥。他是上海国立音专的学生，学大提琴专业。来乐团后他不仅做指挥，教大提琴，在缺乏专业人才的情况下，还教授其他各种乐器的演奏方法，帮助大家进行基本训练，提高演奏水平。从此乐团各队的分练和合练日渐走上正轨。乐团成立后，首先合练了贺绿汀根据巴哈《小步舞曲》改编的弦乐合奏曲、舒伯特的《军队进行曲》，以及他创作的《森吉德玛》《晚会》《新民主主义进行曲》等管弦乐曲。上述的这些管弦乐曲，曾在音乐晚会上，由延安中央管弦乐团首次演出。

全面内战爆发后，胡宗南率部进犯陕甘宁边区，为适应战争形势的要求，

更好地为解放战争服务，乐团也迅速进入临战状态，适时地改变原有的演出方式，将管弦乐的演出与戏剧、演唱相结合。当时，上海各大城市的民主人士、美国热爱和平的朋友发起了"美国退出中国"的运动。乐团领导及时召开了团务会议，决定声援中美人民的正义行动。按照朱德总司令"我们的音乐工作者要贯彻群众路线"的指示，号召全团掀起一个创作高潮，动员大家写词作曲，编撰戏剧和小节目。

乐团的同志们积极响应团部的号召，怀着对美蒋的愤怒之情，日夜挥笔创作，终于写出了一批经过短时间排练即可演唱和演出的节目，如《要求撤退美国兵》（孔厥、袁静词，许翰如曲）、《打伞兵》（戈壁舟词，梁克祥曲）、《造雷歌》（许翰如词，梁克祥曲）等歌曲，独幕话剧《民兵的父亲》（魏深编剧）、小秧歌剧《参军花鼓》（鲁藜词，孟波曲）。这些节目都在延安的街头、广场演出，受到广大群众的欢迎，获得良好的宣传效果。

我们乐团除了在街头、广场演出，还应邀去电台播演。记得当时延安新华社广播电台设在小砭沟内离枣园不远的裴庄，房屋、设备简陋，虽以手摇机发电，但中国人民反对内战，要求和平民主的呼声就是在这黄土高原的山沟里通过电波传播到全国和全世界。当时我们演唱了由贺绿汀配曲的四部合唱《东方红》，并演奏了《胜利进行曲》（即《新民主主义进行曲》）、《森吉德玛》；李波、许翰如演唱了《要求撤退美国兵》等歌曲。在北平军调部工作的李克农、荣高棠、王光美等同志电告延安说，他们听到了由自己的管弦乐团演奏的乐曲和同志们的演唱，感到十分高兴和自豪。

乐团的演出任务十分紧张繁忙，除了在延安街头广场演出、在电台演播之外，又为欢迎英国克利浦斯夫人的戏剧音乐晚会做准备。乐团经中央办公厅同意，向西工团借调二十余人，向联宣队借调七人，与乐团的同志们集中在党校排练以大型管弦乐队伴奏的《黄河大合唱》。同时还分别排练孔厥、袁静创作的大型歌剧《兰花花》（梁寒光、李刚作曲配乐，导演金紫光、韩冰、孙维世，音乐指挥李德伦，演员李波、严金萱、黄晓芬、李刚、李吟谱、程芸平、黎虹等）。戏剧音乐晚会于是年 10 月 28 日正式演出。

毛主席、周副主席的关怀与指示

毛泽东主席、朱德总司令、刘少奇、周恩来等中央领导同志曾先后观看了《兰花花》的演出，并对这个歌剧提出了很好的建议。毛主席还召见了金紫光、韩冰、李刚等三人到他的窑洞里谈话。他饶有兴趣地谈了看《兰花花》演出后的观感和意见。毛主席说：看了你们的戏，我很高兴。看《兰花花》虽然没有像看《白毛女》那样感动，不过你们演的这个戏也是好戏，特别当前要打仗了，还要动员农民保卫边区，你们演出《兰花花》这类的歌剧，对发动群众动员农民是有好处的……谈话中，毛主席讲到中央管弦乐团的方针时说：你们管弦乐团在目前情况下还是同戏剧结合为好，因为要打仗了，你们的文艺武器也要发挥作用，单纯奏乐，没有形象是很难动员人民的……现在我们还在农村，生产还没有走上分工，艺术上也不要分工太细，将来我们的生产分工了，可以单独建立乐团，只演奏不演戏，那是进大城市以后的事了。

谈到文艺工作者要深入生活的问题时，毛主席说，1942 年召开的延安文艺座谈会开得很好，会上发言的人，讲得最生动、最有内容的同志都是长期在工农兵中生活的，尤其是从抗战前线归来的文艺战士。[①]毛主席还告诫说，不要看不起我们山沟里的文艺，不要看不起工农兵的文艺，要爱护群众的歌唱和音乐，要走在伟大时代的前面。他要求所有的文艺战士要发动群众参加自卫战争和保卫边区的伟大斗争。

在此还应当提及的一件事，就是中国人民伟大的音乐天才冼星海同志过世后，他的音乐遗作由李立三同志从莫斯科带到东北后运回延安。中央领导同志非常重视这些珍贵的音乐遗产，将它全部交给延安中央管弦乐团妥善保存。金紫光同志指派我负责整理登记冼星海的音乐遗作。在整理登记的作品中有《民

---

① 李刚：《归处何方——李刚回忆录》，（香港）天地图书有限公司 1998 年版，第 36、37 页。

族解放交响乐》，这是他始作于 1935 年国家濒危、全国人民抗日情绪日益高涨之时，历经五六年时间，最终完成于莫斯科的一部交响乐巨作；还有《歼灭交响乐》（即第二部交响乐）、《牧马词》等。为完成交响乐的创作，他搜集了许多民间歌曲（如《红军小调》等），其中有对民歌特点分析的提纲、学习中国历史的摘记和创作札记等等资料。

中央组织部副部长安子文，中央办公厅邓洁处长曾经来乐团对团部的同志们说："你们乐团不论在任何危险的情况下都要排除困难，保存好冼星海同志的遗作，这是他留给中国人民的宝贵遗产。"

遵照中央领导同志的指示，我们乐团遂将冼星海的音乐遗作派专人护送至安塞悉心保存。

1947 年 2 月，周恩来副主席召见乐团的同志，做了长达两小时的讲话。关于文艺创作问题，他说我们不搞旧现实主义，但要坚持理想主义的现实主义；对于外国的艺术体系固然要学习，比如学习斯坦尼斯拉夫斯基体系，但重要的是，必须努力创造我们中国自己的艺术体系。恩来同志还和乐团全体同志在杨家岭共进午餐，边吃边谈，气氛热烈而亲切。席间，周副主席说，全国解放后，管弦乐将会得到很好的发展，这是一门高雅的艺术，它在各种艺术门类之中也应占有一席之地。他鼓励乐团的同志在战争中经受考验，保护人才，保存好乐器和音乐资料……

撤离延安，奔赴葭县参加土改

由于战争形势日益严峻，国民党军已迫近延安。中央指示我们乐团撤离延安去葭县参加土改试点工作。是年 2 月 28 日，清晨起床后，大家都忙着整理东西，打铺盖卷。行前，党校教务处长刘火同志，通知金紫光、孟波（时为组织科长兼乐团指导员）和我（时任组织干事），说安子文副部长要召见我们三人。见了安副部长，他热情地与我们握手，让我们坐下后，首先问中央决定乐团撤离延安去参加土改工作大家有何反应,又问行军前的工作是否都准备好了……金紫光、孟波向他一一做了汇报。安副部长说,你们乐团这次去参加土改试点工作是一次很好的学习和锻炼。绥(德)米(脂)一带的土地问题很复杂,葭县就是其中的一个,这个县曾经是"插花地"。接着,安副部长给我们做了以下三点指示:

一、要大胆放手发动群众,不要束手束脚,不要怕别人责难,敢于冲破阻碍,想尽一切办法把群众发动起来;二、到贫雇农中间去,要深入基层,从下面去发动群众,让群众自己出头自己干,不要搞包办代替;三、改造乡村政权,整顿干部作风。他特别强调如何把群众发动起来是当前的主要问题,只有群众真正发动起来了,才能进行土地的分配……

人员集合齐了,乐团的同志们背上了挎包,排成一溜长队,依依不舍地徒步离开延安。此时此刻,大家心情沉重,不时回头眺望那摇曳着青松翠柏的宝塔山,眷恋着在我们身边尚未化冻的延水河,还有这座千年百代的延安古城,它们天天与我们为伴,我们在它们的怀抱里成长,获得智慧和力量,延安的一草一木,对我们来说是多么亲切啊!今天要分别了,谁人心里不难过呢!但是,我们坚信党中央、毛主席在不远的将来将会率领我们昂首阔步重返故地。再见吧,延安!

行军第一天,我们大约走了50里路,傍晚投宿四十里铺兵站。这次离开延安,我们乐团路经甘谷驿、延川、清涧、绥德、米脂、乌龙堡,整整走了十天,于3月10日到达葭县神泉堡。

此时,陕甘宁边区战况紧急,中央准备撤出延安。李伯钊等领导同志要孟波将暂时藏于安塞的冼星海的音乐遗作手稿立即转移到黄河东岸山西临县三交镇待命,同时护送病号和照顾好年高体弱的贺绿汀、姜瑞芝夫妇及张贞黻等一同前往。经两三天的来回奔波,孟波由葭县到了绥德义合镇带队出发,乐团便由副团长金紫光与代指导员许翰如负责带队。

我们初到葭县,被安排住在一个地主的大宅院里。别号"二阎王"的地主高志荣已逃至榆林。我们虽初来乍到，但已受到土改气氛的感染。晚间紫光同志召开各小队队长会议，研究如何配合土改斗争的工作问题。经过热烈讨论，大家认为我们乐团是艺术团体，文艺演出是宣传动员群众的武器，我们应该用文艺武器投入土改斗争中去，这是对土改斗争最好的配合，于是便决定演出歌剧《兰花花》。同志们满腔热情，以雷厉风行的工作作风分头进行演出的准备工作。有的人排戏，有的人搭台置景，也有的人到贫雇农家里借服装道具，全团都动员起来了，真是忙得不亦乐乎。

歌剧《兰花花》我们乐团在延安曾演出过多次，戏路较熟，排练了一整天，翌日就上演了。

听说延安的乐团来演出歌剧《兰花花》，葭县的乡镇各界群众扶老携幼从四面八方前来观看，人山人海，拥挤不堪，有的自带小板凳，有的以砖代凳，有的站着看，也有的娃儿攀到树杈上观看。当看到兰花花受尽地主老财的痛苦折磨，孩子生在猪圈里，以至双目失明……观众情绪十分激愤，在场中喊起了"有仇报仇，有冤报冤"的口号，也有人高呼："消灭地主阶级，穷人要翻身！"台上台下的感情融成了一片。我们乐团的同志在演出中也受到了深刻的教育。

遵照撤离延安时安副部长对我们乐团参加土改工作的指示，我们与县里的干部取得联系，将乐团的同志分散到农民群众中去，访贫问苦，发动群众，帮助组织斗争地主的大会，与贫农团的委员一起将没收来的地主和少数欺压群众的富农的浮财分配给穷苦的贫雇农。

乐团的同志们热情很高，正投入紧张的土改工作之中，一天，突然接到党中央的命令，要我们乐团全体同志做好思想和行动上的准备，随时与地方干部相结合，在当地开展游击战争，打击向我边区进犯的国民党军。

为了贯彻执行党中央的命令和号召，紫光和我立刻召开全团的动员会，传达党中央的指示，准备好与地方干部一起打游击。同时，为了做好同志们的思想政治工作，找个别有思想包袱的团员谈话。乐团有一位同志因曾贩卖烟土、贪污公款，受党内留党察看半年处分，并监督劳动（做木工）三至六个月。我与他谈话时，指出他犯错误后，经过群众的帮助，自己多次检查反省，认识上有所提高，行动上也有明显的进步。经支部研究，同意解除对他监督劳动的处分，希望他认真响应党的号召，在斗争中好好锻炼自己，接受党的考验。

开始宣布中央命令时，同志们思想上没有准备，感到茫然，产生一些顾虑和议论。为进一步消除大家的紧张心理，我们又召开了各队的小队会议，让大家畅谈对中央指示和当前形势的认识。鼓励发言，以自我教育的方式来增强、巩固大家的信心。通过交流思想和讨论，同志们纷纷表示绝不辜负党中央的信任，要勇敢投入到斗争中去。有的人摩拳擦掌，做轻装准备，也有人留下遗书，表示要与敌人拼搏，义无反顾。同志们斗志昂扬，只待中央一声号令就与地方干部携手并肩开展游击战争，狠狠打击进犯边区的敌人。

东渡黄河，为中央土地会议演出

谁也没有料到，第二天中央又传下命令：乐团全体同志撤离葭县，东渡黄河入晋。遵照中央的命令，我们乐团全部人马，又匆匆忙忙赶往黄河渡口高家畔，分批乘坐小木舟，渡过湍急的黄河，在河东的太阳渡上岸，踏上了山西临县的土地。

在临县三交镇，我们进行了总结休整后，又整装出发，横跨河北省，于1947年7月到达晋察冀边区。平山县陈家峪山村是我们乐团驻扎时间最长的驻地。在这里，我们恢复了正常的工作、生活秩序：排练乐曲、戏剧，布置政治学习和业务学习，对该村阶级概貌与土地分配状况也做些调查研究。

其时，据悉党中央将于平山县西柏坡召开土地会议，要我们乐团为会议代表准备一台晚会。土地会议期间，中央同意我们派几个负责干部和骨干前去旁听，为我们创造了一个难得的学习机会。

土地会议将要结束时，我们在西柏坡为中央领导同志、会议代表以及该村邻近的农民群众演出歌剧《兰花花》，博得大家的赞赏和欢迎。演出后，薄一波同志接见我们乐团全体同志,他称赞我们这出歌剧演得好,对配合土改斗争将会起到很好的作用。他希望我们多为农民演出,要虚心向农民学习,和农民交朋友,既要当好学生,也要当先生。他还热情地说,欢迎我们来晋冀鲁豫边区工作。

按照领导的部署,我们即将离开陈家峪,整装前往冶陶。1947年初冬,我们乐团在村口的旧戏台上举行告别演出,为该村群众以及附近的乡亲们演出大型歌剧《兰花花》。演出后不几天,我们整队告别陈家峪,乡亲们闻讯赶来,敲锣打鼓,在村口、山道上为我们送行。团员和老乡,拉着手儿,边走边谈,彼此关心,互相嘱咐,似乎有说不完的话。小伙子们说说笑笑,争着为团员们提小包、背乐器,小姑娘抱着女团员哭哭啼啼不让走,乐团的同志挥手道一声"乡亲们别送了,再见!"老爷子默默地摇着旱烟锅,老大妈眼含热泪说:"同志,欢迎再回俺村来!"亲情依依,难舍难离啊!

为井陉煤矿工人及冶陶会议演出

在行军途中的宿营地,我们乐团曾多次为当地群众演出一些小节目,如李波唱的《翻身道情》,李刚唱的《五更调》,李刚、许翰如对唱的《开会来》,秧歌剧《归队》(于村编剧,杜矢甲作曲,李吟谱导演,演员韩冰、李吟谱、罗玉、张世威)、《参军花鼓》(演员许翰如、李珏、于立修),铜管乐、弦乐(提琴、板胡、二胡)独奏、小型合奏等。路经井陉煤矿时,为了向社会学习,向工人学习,我们赤脚下煤窑,拿起鹤嘴锄刨煤,与工人一起劳动。在矿场上,我们搭起临时舞台,为工人和当地群众演出歌剧《兰花花》。人民群众需要文艺,渴望文化娱乐生活,这也是我们进行宣传工作的好机会,为满足工人老大哥和当地群众的要求,翌晚,我们乐团又演出了一台小节目。第二天午后便和井陉告别。

由于长途行军,许多同志鞋底磨破了,脱线或断裂了,有的鞋帮开了天窗,露出了脚趾，管乐队的陈艾生就主动当起了"鞋匠"，帮助大家掌鞋；有的同志上衣或裤子被野棘刮破了，女同志就穿针引线为大家缝补衣服。

一天，我们越过一个山梁，杜育民身披羊皮袄盖住脑袋只顾往前走，不知有野狼尾随。走在前头的同志看在眼里，十分焦急，怕他遭受野狼突然袭击，便向他大声呼叫，因逆风杜听不见，幸亏走在后面的中央党校的警卫员急忙拔枪相助，连放两枪，把野狼吓跑了……

行军中，我们的生活虽然艰苦，但同志们情绪饱满，意气风发，唱起了《抗大校歌》《鲁迅艺术学院院歌》，你一句我一句，你唱我和，大家同声高唱："啊，延安！你这庄严雄伟的古城……"一路上欢歌笑语，把疲劳倦意全都驱散了。歇息时，我们也不忘学习，金紫光还约请从莫斯科学习回国的孙维世同志给大家讲戏剧课，介绍苏联文艺界艺术活动的情况……

到达冶陶，我们乐团受到以刘郁民为团长的晋冀鲁豫人民文工团同志们的热情欢迎。两支兄弟文艺队伍在这里会师，同住在一个村庄——河东村。

时值晋冀鲁豫中央局在冶陶召开贯彻土地法大纲的会议。两个兄弟团体联合排练了话剧《解放了的唐吉诃德》（苏联卢那卡尔斯基编剧，瞿秋白翻译），由贺绿汀作曲配音、李德伦指挥排练了该剧的序曲及剧中配乐；除此，我们还共同排练了大型歌剧《赤叶河》（阮章竞编剧，梁寒光作曲）。《唐》剧和《赤》剧都是为冶陶会议排练的，并在会议期间先后演出。

冶陶会议结束后，根据中央和晋冀鲁豫中央局的统一部署，我们两个团体联合组成一个学习委员会，领导开展"三查整党"运动。

二次搞土改，进驻石家庄

"运动"告一段落之后，按照中央的要求，为配合解放战争的伟大进程，彻底打垮蒋介石国民党的反动统治，进一步贯彻执行"土地法大纲"，深入发动群众，巩固解放区，支援前方作战，我们两个团体（与晋冀鲁豫人民文工团）

又一次投身于土改工作：少数团员与晋冀鲁豫中央局、《人民日报》社等单位的同志们在石洞、河东、河西村搞土改，大部分同志分成两个队，分别奔赴冀鲁豫区山东阳谷县、冀南区河北威县等地农村搞土改。

1948年1月至5月，我们两支土改工作队完成了该地区土改、整党工作先后回到石家庄。我们刚驻足市内，生活尚未安定下来，敌机就频临市空狂轰滥炸，我们遂迁往郊区柏林庄，集中休整并进行土改工作总结。随后，华北局宣传部决定，将延安中央管弦乐团与晋冀鲁豫人民文工团合并组成华北人民文工团。团长为李伯钊，副团长为贺绿汀，海啸任协理员，卢肃任秘书。

此时，恰逢华北军政大学成立，叶剑英校长（兼政委）从各个部队调集一批文艺战士组建文工团为教学服务并活跃学员们的文娱生活，要求李伯钊给他调几名文艺骨干。经李伯钊、金紫光、孟波、卢肃等同志研究后，决定支援华北军政大学九名文艺干部。

1948年10月由许翰如领队偕同周国瑾、李吟谱、赵力、田耘、杜育民、陆原、续伦、罗玉等九人离团参军，调去华北军政大学文艺工作团工作。

参与接管工作，建立人民艺术剧院

1949年2月，华北人民文工团在以叶剑英为首的军事管制委员会领导下，奉命进入北平参与对国民党文化机构和设施的接管工作。进驻清华大学时，我团由李德伦指挥为大学生们演奏了《晚会》《森吉德玛》《胜利进行曲》等管弦乐作品。师生们没有料到以西洋乐器演奏管弦乐曲的原来是一群从山沟里来的"土八路"，感到十分惊讶和难以置信。但事实却是令人鼓舞的："土八路"演奏的管弦乐曲受到了师生们的热烈欢迎。

1950年，新中国第一所国家剧院——北京人民艺术剧院成立时，原延安中央管弦乐团是其中的一个组成部分，成为该剧院的一支管弦乐队。新中国成立初期，百废待兴，各行各业、各条战线急需干部开展工作。文化艺术界也需要大批人才，延安中央管弦乐团为此调出不少骨干到各个文艺单位，有的人还担负了组建新的艺术团体的领导工作；同时为壮大发展管弦乐队，也曾招聘补充一些新生力量。著名指挥家李德伦与原乐团的几位同志仍然战斗在管弦乐战线上，做出了很大的成绩。

至此，延安中央管弦乐团已不复存在，但是，作为中国共产党领导下，在当年偏僻穷困的山沟里，从无到有，白手起家创建起来的第一个管弦乐团，为了人民的最大利益，服务于解放战争的需要，在两年多的艰苦历程中，做出了自己应有的贡献，完成了党赋予她的使命。乐团的同志们当会感到自豪和宽慰。回忆过去的历史，是为了更好地展望未来。现在时代不同了，我们亲爱的祖国在改革开放的今天，正在走向繁荣富强，各行各业日益兴旺发达，文艺舞台上，百花争奇斗艳。我国的管弦乐事业正如周总理所说的：新中国成立后，管弦乐将会得到很好的发展……90年代，我国重新组建的国家一级管弦乐团——中国交响乐团为普及提高人民群众的音乐素养和欣赏水平，为社会主义的精神文明建设，为中国的管弦乐事业的繁荣发达正奋力创造新的辉煌！

1998年6月于兴城八一疗养院

（本文选自《新文化史料》1999年第2期）

《延安颂》的创作前后
莫 耶

> 莫耶，原名陈淑媛、陈媛，笔名白冰、椰子、沙岛。福建安溪人。抗日战争爆发后，参加上海救亡演剧第五队并担任编剧。1937年10月赴延安，先后在抗日军政大学、鲁迅艺术学院学习。1938年底调八路军第一二〇师政治部战斗剧社任编剧教员、编辑股长，创作歌词《延安颂》，同时执笔创作话剧与报告文学。1944年起任晋绥军区《战斗报》编辑、记者。新中国成立后，历任西北军区《人民军队报》主编、总编辑，《甘肃日报》社任副总编辑，甘肃省文联副主席等职。著有小说集《春归》等。

抗战前，我在上海《女子月刊》社做编辑工作。身处国民党统治区，目睹社会现实中种种不合理现象，不禁向往革命圣地延安。卢沟桥事变的第二天，我和左明商量成立了上海救亡演剧第五队，进行抗战宣传。当时听说八路军千里跋涉挺进华北抗击日寇，而国民党军队却从抗日前线节节败退，我更加敬仰八路军，向往革命圣地延安了。淞沪抗战爆发，我们决定到西北大后方进行救亡宣传，我心中默默地想，到大西北去，离延安就近了。

我们演剧队到西安演出，正是1937年9月间。我悄悄地问队长左明："我们能到延安吗？"左明告诉我，他在街上遇见陕甘宁边区的教育厅长周扬了，他向周扬提出想到延安的要求，周扬同志表示欢迎。不久，就听说延安党中央宣传部派抗战剧社的孙同志到西安八路军办事处接我们赴延安。听了这个大好消息，我们是多么高兴啊！但这时使我们厌烦与恼怒的是西安国民党反动当局派一些文化特务，来我们演剧队的驻地——西安抗敌后援会转悠，造谣诬蔑延安，又以金钱地位引诱，要我们留在西安国民党的剧团工作，还威胁我们不准去延安。他们这些鬼把戏，都一一被我们回绝了。于是在一天深夜，我们悄悄背着简单的行李，奔向西安七贤庄八路军办事处。我们正兴高采烈地走着，没想到走在队伍后面的队长左明，却被特务抓走了。我们到了办事处，办事处的同志对我们热情照顾，并派人向国民党西安当局交涉释放左明。1937年10月，我们终于在党中央的亲切关怀下，在西安办事处的协助下，奔赴陕北高原的延安。

一到延安，我们除为党中央、毛主席和延安军民演出外，集体进入抗日军政大学（第三期）学习。后来，我又到鲁艺学习。延安的生活，是我们这一代投奔延安的青年一生的转折点。我心里常想，我什么时候能唱出自己心灵的歌，唱出自己写的热爱延安、歌颂延安的歌。我虽曾在早年即拿起幼稚的笔，抒发自己反帝反封建的激情，用诗歌和其他文艺形式在厦门和上海的一些报刊上发表过一些习作，但那都是些忧郁的呻吟、苦闷的呐喊、愤怒的号叫，我那时没写过歌颂的东西，不知从何写起。

一天下午，延安城里开大会。散会后，我们几个同学爬上半山坡，站在土坪上，眼望着延安城里出来的一队队抗大同志和战友，歌声和口号声响成一片，而延安城里也是满城歌声回荡。这动人的场面，使我心潮汹涌，热血沸腾。这时，音乐系的朝鲜同学郑律成正站在我旁边，他看出我的激动心情，就对我说："给我写个歌词吧！"他要我给他写歌词，过去已经说过几次，也许是因为我在抗大学习时，写过纪念"一·二八"淞沪抗战的歌词，由音乐家向隅给谱了曲，在抗大唱出。后来，我到鲁艺又给郑律成同志写了个《肉弹勇士》的歌词，由他谱了曲，也由抗大唱出。他这时又叫我给写歌词，正引发了我孕育已久的激情。此刻，那庄严雄伟的延安古城，正巍然屹立于延河边，夕阳正照耀着宝塔山上的宝塔，清清的延河水潺潺流淌着，在夕照中闪闪发光的群山连绵起伏，像围屏似的护卫着延安，显出一抹抹的青黛颜色。眼前这一切清丽感人的景色，在我心里形成了一幅诗意浓郁的风景画。我虽然熟悉我福建家乡青山绿水、鸟语花香的自然美，我也欣赏过我的第二故乡厦门鼓浪屿那海上花园的海滨风景美，但那些美景，比起眼前的延安这庄严雄伟的古城，就逊色得多了。这是革命圣地呵！这里的一切仿佛都沐浴在革命光辉之中。这种雄浑清新的美景，触动着我的心灵，激起了我对延安的无限爱慕之情，创作的欲望在我心中跃动，诗情画意在我脑海中奔腾。我生怕这一闪的灵感飞逝，急忙抽出笔，把满腔的革命激情、美的感受倾写在小本子上，一口气写出了歌词。

我写好了歌词，题目叫《歌颂延安》，交给了郑律成同志。他高兴地拿走了。那些天，我期待着律成同志早点把这首延安的颂歌谱成唱出。我有时看见他在他的窑洞门前低吟浅唱，有时看见他爬上窑洞顶的山头上放声高歌，我理解这是他在寻找最合适的曲调、最动听的旋律，来表达自己的创作激情。

几天后，在延安礼堂举行的一次晚会上，第一个节目就是《歌颂延安》，由郑律成同志和女高音歌唱家唐荣枚同志男女声合唱。我这时悄悄地坐在礼堂的边上，怀着紧张和激动的心情，想看看群众对我写的《歌颂延安》的歌词有什么反应，特别是毛主席和中央首长们的反应。我紧张地注视着坐在礼堂前面的毛主席和中央首长们的表情。毛主席和中央首长们静静地听着，歌唱完后，毛主席带头鼓起了掌，中央首长们也鼓了掌。我的心情是多么激动呵！我终于表达了我歌颂延安的热切心情。

第二天，听说党中央宣传部来人要《歌颂延安》这首歌。不久，鲁艺的秘书长拿来一份铅印的歌页给我看。我一看，原来就是我的那首歌，题目由《歌颂延安》改为《延安颂》。我当时高兴地叫起来："《延安颂》，这题目改得好呀！"我心想：不知是中宣部的哪位同志改的，歌名改得多好呀！

从此，《延安颂》的歌声传遍了延安和各抗日根据地。当时延安开大会时，《延安颂》的歌声此起彼落，这队唱了那队唱。听说周恩来同志在中央机关，还指挥大家唱过《延安颂》。

战争年代里,每当听到《延安颂》的歌声,我总深深地眷恋亲爱的延安。几十年后,当我从电影上、舞台上以及电视和广播中,听到《延安颂》的歌声时,我好像又回到了亲爱的延安,回到了我的母校鲁艺,回到了母亲的身边。

(本文选自《中国人民解放军文艺史料选编·抗日战争时期》[第1册],解放军出版社1988年版)

丁雪松谈郑律成

口述：丁雪松　　整理：梁茂春

丁雪松，四川巴县人。1936年在重庆参加救国会。1938年起，先后入延安抗大、中国女子大学学习。后任陕甘宁边区政府秘书、中共中央西北局研究室研究员。1946年后在朝鲜任华侨联合总会委员长，中国东北行政委员会驻朝鲜商业代表，后兼任新华社平壤分社社长。1950年回国，历任中共中央国际活动指导委员会办公室主任，国务院外事办公室组长、秘书长，对外友好协会秘书长、副会长，驻荷兰、丹麦大使，中国拉丁美洲友协副会长。是中共八大、十二大代表，第四、五届全国人大代表，第六届全国政协委员。为新中国第一位女大使。

音乐家郑律成

时间：1981年7月16日、7月24日、9月4日，1996年7月12日、7月24日

采访地点：北京市台基厂大街一号丁雪松家

采访、记录整理人：梁茂春

一、郑律成首先是革命者

郑律成首先是革命者。在争取民族独立的斗争中，在抗日战争中，在社会主义建设中，他都是坚定的革命者。其次才是音乐家。

郑律成出生在朝鲜全罗南道光州的一个贫困家庭里,但是满门英烈!他的父亲是一位爱国者,1932年就病故了。郑律成有三位哥哥、一位姐姐,都是革命者,他们都从朝鲜到中国来参加了中国的抗日斗争,他的姐夫也是朝鲜抗日团体的领导人,叫朴健雄。

郑律成的舅舅崔兴琮也是很有名的爱国者,是朝鲜"三一运动"[①]的热心参加者,对郑律成的影响也很大。

郑律成一生所走的道路非常曲折,但他一直很乐观地对待曲折、艰难,并一直坚持音乐创作。

他的音乐创作有两个特点:一个是自己出题目、构思,然后请人写歌词,他的《延安颂》《八路军大合唱》《望夫云》……都是这样产生的。二是他自己能够唱歌,他懂声乐,所以他作的曲调,歌唱家、群众都爱唱。

1933年郑律成来到中国,在南京接受了朝鲜在华革命团体办的训练班,之后"义烈团"派他去秘密偷听日本人的电话。这是和国民党联合办的工作,偷听到的日本人的机密消息提供给国民党。他认为这也是他的抗日光荣历史的一部分。

最了解郑律成这一段经历的人是杜君慧(杜君慧的爱人是朝鲜革命同志金奎光),可惜杜君慧在几个月前去世了。

偷听日本人的电话需要有很好的日语能力,郑律成的日语好极了!有一次郭沫若和日本夫人生的儿子在天桥剧场见到郑律成,他们就一起讲日语。郭沫若的儿子惊讶地说:"你的日本话说得真流利!"除了日语,他还能听英语。

二、我们在延安相识

我们是1938年春在延安认识的。认识郑律成的时候,我是抗大第四期女生队队长。我们先是住在延安城内,后来搬到小砭沟。郑律成是抗大政治部的音乐指导。我是在重庆参加革命工作的,在重庆时我也搞过歌咏活动,喜

[①] 朝鲜的"三一运动"是朝鲜人民的反日、爱国运动,爆发于1919年的3月1日。

欢唱歌,后来到了延安,所以和郑律成有很多共同的语言。他经常来我们抗大女生队辅导唱歌,我们就经常有接触。每当抗大开会时,整个抗大好几千人一起唱歌,就由郑律成在台上指挥,这时他就更加显得英姿勃发。

这张照片就是郑律成在指挥抗大学生唱歌,时间是1939年2月。左边站着的背影那是我,因为我是队长,所以站在队伍边上。

他的声音特别洪亮,但是他唱中国歌曲时咬字不太清楚。他爱唱外文歌,意大利文、英文歌,他都唱。但是给我印象最深的是他自己谱写的《延安颂》,他经常在各种场合弹着曼陀铃演唱这首歌曲。《延安颂》这首颂歌把我们革命青年对延安、对革命的热情充分地表达出来了。

他那洪亮的抒情男高音太有魅力了!可惜那个时候没有条件留下录音或唱片。他去世之后,我从他的遗物中找到一盘录音带,是他演唱的一首朝鲜语歌曲,情绪非常悲凉,内容是歌唱家乡和童年的。声音也非常动人。

抗大政治部在延安南门外的山上,郑律成和欧阳山尊等人住在一起,那里离小砭沟不太远。当时毛主席和中央领导经常和大家一起参加文艺晚会,有一次郑律成就坐在毛主席的附近。毛主席还问他:"你是朝鲜人吗?"可见毛主席是知道郑律成这个人的。

大约是1938年的秋天,他开始向我表白他的心情,他叫我"小鬼女军官",主动借给我《茶花女》等文艺书籍,我们一起交流读书的心得。他说我的声音不错,属于女中音,他要教我唱歌。除了教我唱许多革命歌曲之外,还教我唱朝鲜民歌,后来我也能够用朝鲜语唱《阿里郎》等民歌。

他告诉了我他家庭的情况,讲他离开朝鲜到中国南京参加革命工作的经过等等。他告诉我,他在南京从事抗日秘密活动的时候,还不断到上海随俄籍教授克利洛娃[①]学习唱歌。克利洛娃教授非常欣赏郑律成的声音,愿意免

[①] 克利洛娃(M.Krilova,1893—1937),原为苏联莫斯科大剧院演员,1927年到上海,曾参加当地的俄国歌剧团演出,也在音乐会上演唱,并开设了"克利洛娃声乐馆",招收声乐学生,教学成绩非常突出,因而曾被上海国立音专聘为代课教员,周小燕、蔡绍序、唐荣枚、洪达琦等都曾受教于她的门下。

1939年2月,郑律成在女生一队指挥唱歌,左二为队长丁雪松

费给他上课。

我是1937年在重庆入党之后到延安的。郑律成于1939年1月在延安抗大加入了中国共产党。他入党时很高兴。这样,我们的心就靠得更近了。

1939年抗大总校到前方去了,我从抗大调到女子大学。抗大、女大,只隔一条河。我们还能经常见面,一起在延河边散步、谈心。

这段时间是郑律成心情最舒畅的时候,也是他的音乐创作最活跃的时候。除了《延安颂》之外,还谱写了《延水谣》《肉弹勇士》《寄语阿郎》《新山歌》《生产谣》等歌曲。

三、苦恼和忧郁

但是好景不长,我们的恋爱中间经历过很大的曲折和苦恼。大约是 1939 年夏天，他痛苦地告诉我：他在政治上受到了怀疑，被停止参加党的活动了，甚至还要开除他的党籍！只是由于他写了《延安颂》，有影响了，才勉强保留了党籍，组织上只能个别单线联系。

他是在窑洞中跟我说这个事情的，说的时候垂头丧气。以后我们见面就困难了，谈话内容也都受到限制，很多事情都不能说了。

原来，他是被怀疑为"日本特务"了。原因是：大概是 1939 年下半年，康生从莫斯科回来，这时苏联搞"肃反"扩大化，把苏联自己的将军都整死了。据说，在苏联的朝鲜人中的"老布尔什维克"都有问题。苏联整了在西伯利亚从事革命工作的朝鲜革命者。这个消息传到延安，就影响到了中国。苏联到处抓特务，我们也跟着到处抓特务。朝鲜当时是日本的殖民地，苏联怀疑在苏联参加革命的朝鲜人都是日本特务。我们也同样怀疑来中国参加革命的朝鲜青年。所以，在延安的朝鲜人、台湾地区的人都被认为是不可靠的，凡已经入了党的，通通停止活动，没有入党的，一律不再发展。郑律成还算是好的，还保留了他的党籍。

我非常痛苦，像郑律成这样热情参加中国革命的青年，又创作了这么好歌子的青年，怎么会是特务？！世界上会有这样的特务？绝对不可能。

我怎么也觉得他不像特务，他能写出《延安颂》，我们都唱过，不用教也传唱，一个特务能写出这样的东西吗？真是不可理解。天下有这样歌颂革命的特务？

此事给我的压力当然很大。但是，对他还仅仅是怀疑，不是定性。只是怀疑，就有可能弄清楚。我决心等待。

当时，党组织负责同志曾反复找我谈话："你是女同志中我们要重点培养的，你的能力很强。为什么要和一个'特嫌'好呢？这可会葬送你自己的光明前途的。"

领导一而再地来找我谈话："你这么好的条件，和朝鲜人谈恋爱，可惜了！朝鲜人的政治历史复杂，而且无法调查清楚。"他们都不说郑律成到底有什么问题。

我在极度的痛苦、矛盾中，去找武亭商量。武亭也是从朝鲜来中国参加革命的同志,是经历过长征的唯一一个朝鲜人,又是郑律成的好朋友,当时任八路军炮兵团团长。武亭听我讲了之后给我打保票说:"郑律成一家我都了解,他哥哥是牺牲在中国的,我和他哥哥都认识,他绝对不会是特务。"

武亭想拉我们两人在一起照相,可是我的思想负担还是没有完全解除,所以没有同意照相。这样,在延安竟然没有留下一张我们两人合影的照片。前面说的那张1939年初郑律成指挥唱歌的照片,我是一个完全的背影。

郑律成虽然在政治上受到怀疑,但是他一如既往地热情为革命创作,他的《八路军大合唱》,就是在已经停止了他党的活动的情况下,在怀疑他的情况下创作出来的。

1939年8月,鲁艺搬到了延安的桥儿沟。到1939年底,郑律成又离开抗大,调到鲁艺任声乐教员,一直教到1942年8月他离开延安。当时鲁艺的声乐教员有杜矢甲、李丽莲、唐荣枚、潘奇,加上郑律成,一共五个声乐教员。

在强大的压力下,我们只能暂时分开了。1940年我担任陕甘宁边区绥德米脂选举工作团的副团长,去绥德搞选举,有一年多没有见面。但是又断不了,因为我实在割舍不下这样一个才华横溢的青年音乐家。

一年多之后我从绥德回到延安,看到我的同学们都已经结婚了。我是共产党员,我必须服从组织的决定,包括我的婚姻问题在内。于是我就去找了当时的中央组织部长陈云。他正在睡午觉,起来与我谈话。我问他:"审查了这几年,郑律成到底是不是特务?"他说:"我们没有任何材料可以证明他是特务。但是,也没有任何材料可以证明他不是特务。"我问他:"我们要结婚,行不行?"他回答说:"结婚是你们自己的事,你们自己拿主意。组织上不予干涉。"我马上跑到郑律成那里,说:"我们结婚!"

四、我们的婚礼

1941年年底,正是冬天,我们终于结婚了。

我们的婚礼是在桥儿沟的鲁艺进行的，因为当时郑律成正在鲁艺担任声乐教员。周扬是我们的证婚人，武亭、罗瑞卿都来参加了，陈伯达送来了题字：愿天下有情人终成眷属。

结婚之前，郑律成上山打猎，打来了两只黄羊。他的枪法特别准，两粒子弹就能打两只黄羊，弹无虚发，这在鲁艺是出了名的。他用一只黄羊和房东换来了黏米和红枣，事先蒸好了黏糕。另一只黄羊烤成羊肉串。所以我们的婚礼上有黄羊肉和黏糕。在延安当时的条件下，这就算很不容易了。

1942年5月的延安文艺座谈会他参加了。讨论时他还发言了。

延安有一次讨论音乐的土、洋问题，有人反对唱洋歌，郑律成反对这种意见，他说："洋歌为什么要反对？好的洋歌还要多唱。"他自己的确喜欢唱洋歌。他的意见常常和别人不一样。

结婚之前他就患有肺结核，婚后几个月，他的肺病更严重了，吐血。医生说他没希望了，肺结核在那时是不治之症。同时，对他的政治怀疑也还没有解除。这时他说："我死也要死到前方去，要死在抗日战场上。"武亭出来给郑律成做保证，才放他离开延安去了前方。

于是，在1942年的8月，他就跟武亭到了晋东南的太行山区，担任华北朝鲜革命军政学校的教育长，在前方参加了多次战斗。为了瓦解敌军，他还化装成老百姓，深入到敌后去做对敌宣传工作。一去有一年半毫无音信，不知死活。

这张照片是郑律成化装成农民的样子，在太行山参加抗日斗争。

从1942年8月到1944年3月，郑律成在抗日前线亲自经历了复杂艰苦的战斗生活。他们是在山西辽县麻田镇附近。郑律成是朝鲜义勇队的负责人之一，和八路军并肩战斗。唐平涛同志、柯岗同志都和他在一起，非常熟悉，他们住在一起，还一起去清漳河抓过鱼呢。

由于郑律成亲自做过瓦解敌军（指日伪军）的工作，对这方面有很多切身的体会，所以他后来（新中国成立以后）一直想用这个题材写一部歌剧。但是一直未能写成。

这时我去搞边区参政会，后来做边区政府副主席李鼎铭的秘书。当时我正怀着孕。冬天延安下雪，我不小心滑了一下，1943年4月18日，孩子怀了八个月就早产了。结果这孩子先天不足，后天失调。我又没奶，没有办法，我就到新市场去卖掉了郑律成从国统区带进延安的一把小提琴，买回了一只母羊和一只小羊，养羊挤奶，喂孩子吃。小孩在六个月时患了百日咳，瘦得皮包骨头。为了纪念这把小提琴，所以给孩子起名叫"小提"。生活上我确实很不懂，结果弄得手忙脚乱，狼狈不堪。有一次，不小心羊还跑了，参议会的人晚上都帮我上山去找羊！

郑律成在太行山

五、我们都被怀疑是特务

更加糟糕的事情还在后头：后来在整风和"抢救失足者"运动的高潮中，我也挨整了，他们说"四川地下党"是"红旗党"①。我们从四川来延安的革命青年，都成了"国民党特务"，被集中在一起，接受审查。二十个人住一个窑洞，我还带着刚刚半岁的小提，大家一起发扬阶级友爱精神，都很关心、照顾

---

① "红旗党"是"打着红旗反红旗的组织"的简称。在延安整风运动中，"红旗党"是"特务"的代名词。

小提。

郑律成在去了太行山前线之后，鲁艺在"抢救失足者"运动中还在大会上公开宣布他是"特务"！

当时鲁艺的"抢救运动"搞得非常过火，把许多好同志，如向隅、杜矢甲、李丽莲、程云、刘炽等等都打成了"特务"，时乐濛几乎被打成"反革命"。

到1944年初，又要我出来工作，当安塞调查组的组长，宣传、实行"耕三余一"的政策，就是号召农民努力生产，多打粮食，耕种三年，要有一年的余粮。这时还没给我做政治结论。我的生活能力差，带着小提实在没法工作。于是我就想将小提送给老乡或者请人代我看管。

正在我实在没有办法的时候，1944年初春，郑律成突然从前方回到延安来了。他在前方一年半，回来时，小提快1岁了，他还从来没有看到过女儿。

这次郑律成是随华北朝鲜革命军政学校的许多朝鲜同志一起撤回延安的，武亭就是这个学校的校长。党中央让他们在延安的罗家坪继续办学，培养革命力量。郑律成的身体也好了，他身着军装，挎着手枪，非常神气。

我就把女儿小提交给了他。他的生活能力比我强得多。那时他还有一个勤务员，养了两只母羊，挤羊奶给小提吃。家门口还种了西红柿等各种蔬菜和西瓜。他管孩子不像我那么费劲。

我又回到安塞去搞调查。过了不久，我接到郑律成的信，说是小提生病了，连续发高烧，都快活不成了，把我叫回来再看看孩子。阴历八月十五前后，夜里月亮很圆。我骑马飞奔110里，从安塞赶回来，看到小提真的是奄奄一息了。郑律成自己给小提打退烧针，针和药都是他从前方带回来的。小提的烧还真的退了，他把女儿又给救活了。

延安开展"抢救运动"的时候，因为郑律成正在前方，他完全不知道延安的情况。回到延安之后，他听说自己在鲁艺的大会上曾被公开宣布"郑律成是特务"的事情，找到当时的领导说："你说我是特务，你拿出证明来！"这位领导说："你不是特务，你就是小资产阶级情调严重点。"郑律成说："我既然不是特务，你得把我档案中关于特务的材料给我抽出来！"这位领导说："这得等上级统一安排。"

六、我们一起去朝鲜

1944年我到中共中央西北局研究室任研究员，郑律成还在罗家坪的华北朝鲜革命军政学校工作，他还负责带孩子。

1945年8月15日抗战胜利后，党中央批准我和郑律成一起去朝鲜。

去朝鲜之前，我去找李维汉给我写政治结论，他去找周扬写政治结论，给我们两人做的政治结论都很好。组织上分给我们一匹马，我们自己买了一头毛驴。这时小提刚2岁。郑律成准备了两个木头箱子，放在驴背上，一边箱子里装着小提，另一边装着她的生活必用品——挂面、尿盆之类。

9月我和郑律成与许多朝鲜同志一起离开延安上路。我骑着马，郑律成当马夫，牵着马拉着驴。我们结婚四年多了，这才一路有机会总在一起。我们步行过张家口、沈阳……一路的艰辛就别提了。过了安东，一直走回朝鲜。到达平壤的时间是1945年底。

在回朝鲜的路上，我就听他一直在哼《"三一"进行曲》的旋律，回到朝鲜之后，这首歌曲就创作完成了。

这四个来月的旅程历尽艰辛。我记得在路上小提还长了个子，因为在延安给她准备的木箱子她躺不下了，脚伸不直，于是只好在半道上给她换了一个大一点的木箱子。

（本文选自《天津音乐学院学报》2012年第2期。内容有删节）

史实与考辨

从"民歌研究会"到"中国民间音乐研究会"
——延安民间音乐的采集、整理和研究
萧 梅

抗日战争时代的延安，千千万万的知识青年和文学艺术家满怀理想和激情聚集在这块飘扬着民族解放运动旗帜的热土上。

此时的中国共产党，在艰苦的武装斗争中致力于将马列主义与中国革命的具体实践相结合。在根据地的基础上，开始政治、经济、文化、教育等各个方面的建设，并以毛泽东1942年春天《在延安文艺座谈会上的讲话》为指导，掀起了革命文艺运动的高潮。

正如《延安文艺丛书·民间文艺卷》的"前言"所说："当时的革命文艺运动给人们留下的值得留恋和向往的记忆，是永久难忘的。在这些难以忘却的回忆中，谁也不能摆脱或无视民间文艺的强大魅力。无论是文艺评论家还是文学史家，都不应该忽视这段历史，也不能离开民间文艺而谈革命文艺的发展和产生。"[1]

当人们指出民间文艺在这一历史阶段所占地位的同时，也指出"音乐工作者的采风，走在这次文艺运动的前面"[2]。

所谓"走在前面"的音乐采风，即延安鲁艺"中国民间音乐研究会"的工作。

1939年2月，鲁艺音乐系主任吕骥给该系高级班讲授新音乐运动史，针对抗战之前音乐界对民间音乐的忽视，发起了民间音乐的研究与采集活动。[3]这

---

[1] 贾芝：《延安文艺丛书·民间文艺卷》"前言"，湖南文艺出版社1988年版，第1页。
[2] 贾芝：《延安文艺丛书·民间文艺卷》"前言"，湖南文艺出版社1988年版，第6页。
[3] 吕骥1942年8月2日在中国民间音乐研究会第五次会员大会上的发言，关鹤童记录（手稿）；1958年12月中国音协理论创作委员会编印吕骥在延安鲁艺讲课时学生的课堂笔记《新音乐运动》（油印稿）。

个活动以是年3月5日鲁艺音乐系高级班成立的"民歌研究会"为标志，最初仅有19名成员，其第一届干事会正副主席分别由树莲（李凌）、罗椰波担任，李焕之、王莘、铁铭等分任研究、采集、出版等工作。当时确立的主要工作为：一、开始延安范围的采集活动；二、出版陕北民歌集；三、成立研究小组，制定研究提纲；四、请吕骥、向隅各做一次报告。其时正值抗日歌咏运动的高潮，因此该会的成立深具标志意义。其后该会于1940年改名为"中国民歌研究会"，1941年改名为"中国民间音乐研究会"。

这段历史音乐界多有评价。

宋祥瑞在其两篇发表的文稿中[①]，指出延安的民歌研究是针对此前接受西方音乐文化观念所形成的新音乐思潮而发起的，它企图通过对民歌的研究创造一种新兴的、具有民族性和世界性的音乐。这种以创造"新音乐"为目的的民歌研究运动，觉醒于对五四时期所形成起来的新音乐观的回应与反拨，从中国文化的历时性看，可视为新音乐观的一种发展。其意义在于，把原先立于西方音乐原则之上的新音乐观改造为置于本国民间音乐特性之中，并把这样一种具有民间音乐性质的音乐当作能代表近现代中国的、既与西方音乐又与传统音乐相区别的一种音乐，因此又被称为民族音乐，或具有民族性的音乐。然而，作者也指出，由于民歌研究的旨趣在创造一种新音乐，以反对另一种新音乐，故民歌研究实为一附庸。

1996年，沈洽在文章中评价该会"主要致力于民间音乐的收集和整理，并力图把它与音乐创作实践和'唤起民众，团结抗日'的社会政治运动结合起来"，并将这一时期的工作，称作20世纪中国民族音乐学学科历史发展四个分期中的"民间音乐研究时期"。[②]

1997年，乔建中在其《汉族传统音乐研究四十年》中认为：聚集在延

---

① 宋祥瑞：《民歌研究 一波三折》，载《黄钟》1994年第4期；《中国民族音乐学研究的历史与问题——兼论当代的"接轨情结"与中国现代学术的性质及任务》，载《黄钟》2001年第2期。

② 沈洽：《民族音乐学在中国》，载《中国音乐学》1996年第3期。

安的一大批新音乐工作者发起的民间歌曲收集、整理工作是具有开创意义的活动。与往昔那种只记录歌词而不管音乐或只收集大城市的流行小调的做法不同，他们是"深入到黄土高原的许多偏僻角落，直接从农民的口耳之间完整地记下了一首首动听的民歌"，"这是近代史上也可以说是有史以来第一次较大规模的全面的（词曲并重）民歌采录活动。它的直接目的是为战争服务（旧民歌填新词），但它的结果却是保存了上千首价值很高的民歌及其他民间音乐，为建国后的更全面地收集、整理工作闯开了一条新路"。①

2000年，伍国栋在其《20世纪中国民族音乐理论研究学术思想的转型》（上、下）②中引用了冼星海当年在《民歌与中国新兴音乐》一文中的论点："我们音乐工作者研究民歌，不是为研究而研究，真正目的还是创作"，作为当年"民间音乐研究旨在发展新音乐创作的学术思想定位"的"最直白的解释"。因此将这一时期的学术思想定位为"创作型民间音乐理论研究思想"。作者还指出，这是"左联"旗帜下作曲家和音乐活动家所持有的民间音乐理论研究的学术思想，并极为深远地影响并发展成为其后的中国民族音乐理论研究的主流型。

有关延安这段历史活动的研究和评述很多，然，上述各论，皆在学科史考察的框架之中，因此具有一定的代表性。

首先是对当年民歌和民间音乐研究的目的之一，是为创作实践服务的一致认同。这个目的在冼星海、吕骥、张鲁、安波等人的著述中都有明确的表述。③

进而，这个创作实践的时代背景与抗日救亡直接相关。以民族形式，作为

---

① 乔建中：《汉族传统音乐研究四十年》，见《土地与歌——传统音乐文化及其地理历史背景研究》，山东文艺出版社1998年版，第326页。

② 伍国栋：《20世纪中国民族音乐理论研究学术思想的转型》（上、下），载《音乐研究》2000年第4期、2001年第1期，收入作者文集《民族音乐学视野中的传统音乐》，上海音乐出版社2002年版。

③ 冼星海《民歌与中国新兴音乐》，张鲁、安波等《怎样采集民歌》，吕骥《中国民间音乐研究提纲》，等等。

唤起民众的最有力武器。正如冼星海针对当时阶段的战争在农村所提出的："我们也需要到劳苦大众中去学习，并且交还给他们，教育组织他们，使音乐的作用……具有更彻底的斗争性、政治性、教育性、现实性。"①伍文将这一思想追溯至"左联"，并以1936年吕骥发表在《光明》杂志第1卷第5期《中国新音乐的展望》为证。

当年上海的"左联"号角，在黄土高原的沟壑峁塬得到了真正的回响。"民歌记录，影响很大，马思聪一接到《陕北民歌集》后，马上作曲，如《塞外舞曲》《思乡曲》等。"②此外，还有《兄妹开荒》《拥军花鼓》《十二把镰刀》《翻身道情》《夫妻识字》《黄河大合唱》等等，不仅极大地鼓舞了抗战将士，并且以群众喜闻乐见的方式讴歌了边区军民的抗日生产热情。尤其是歌剧《白毛女》，其战斗作用甚至贯穿了抗战之后的中国共产党取得政权、建立政权的整个过程。

就此中国新音乐的创作实践而言，体现了中国音乐史的一个转折。

沈洽评论这一转折是：王光祈先生开创的比较音乐学，"到了这个时期，取而代之的，只能是以'民族救亡'为主旋律的'本土音乐'的复兴运动。可以说，这是'五四新文化运动'在战争年代里的一种特殊形式的继续。从世界范围看，则是二次大战激起的世界民族意识大觉醒的一种结果"。③沈评，体现了其Ethnomusicology学科框架下的视角。但这种战争年代的特殊形式，放在产生它的延安热土上，则可有不同的解析。

前引宋祥瑞文指出，这是"觉醒于对五四时期所形成起来的新音乐观的回应与反拨"。当年的延安文艺界，已经认识到五四运动首先树起了新文艺运动的旗帜，向西方学习，创作新诗、话剧、小说，在当时的文艺界，在整个反帝反封建的民主革命运动中起到了先锋作用。这种"拿来主义"

---

① 冼星海：《民歌与中国新兴音乐》，见《民间音乐论文集》，东北书店1948年版，第6页。
② 吕骥1942年8月2日在中国民间音乐研究会第五次会员大会上的发言，关鹤童记录（手稿）。
③ 沈洽：《民族音乐学在中国》，载《中国音乐学》1996年第3期。

十分必要。然而，它却有一个致命的弱点，就是没有足够地重视继承我国各民族的文化传统，尤其是没有深入地向人民大众学习，从民间文艺中吸取养料。①

将中国的民族新音乐立足在"拿来"的基点上，还是民族民间的基础上，是为"回应与反拨"的重点，如冼星海对陈厚庵的《宋词新歌集》、黄自的《山在虚无缥缈间》《天伦》、刘雪庵的《布谷》等等的批评。此外，还有针对音乐功能的批评，所谓"我们中国音乐要从资产阶级小资产阶级的享乐性、感伤性等等倾向中彻底改造过来，建立一种新兴的民族音乐……这种音乐才是我们民族我们时代所要求的"②。

1938年，毛泽东在中国共产党六届六中全会讲话中明确强调了"民族形式""中国特性"，尽管这些话是针对马克思主义的中国化而言的，但却是对待外来文明的基本态度。1942年的《反对党八股》，毛泽东亦明确指出了"五四"以来的"洋八股"问题。毛泽东在陕北公学一周年校庆期间，曾亲自指导诗人柯仲平以问卷的方式搜集民歌。③《在延安文艺座谈会上的讲话》更认定了民间文艺策略与党建理论的结合，"我们的文学艺术都是为人民大众的，首先是为工农兵的，为工农兵而创作，为工农兵所利用的"，"我们的专门家，应该注意民间的歌唱"。这些都反映了其时民间文艺政策的倾向和政治功能。

这种后来被称为毛泽东思想的文艺政策，可以追溯的历史更长。从第一次国内革命战争的高潮时期始，共产主义知识分子走向工农并以革命文艺从事革命宣传和推动群众运动的行动就没有停止过。毛泽东主持的农民运动讲习所，除曾设"革命歌""革命画"等课程外，还引导学员调查全国民歌。④在上海的工人运动中，"五卅"时期产生了《十二月革命歌》《五卅小调》《国民团

---

① 贾芝：《延安文艺丛书·民间文艺卷》"前言"，湖南文艺出版社1988年版，第2页。
② 冼星海：《民歌与中国新兴音乐》，见《民间音乐论文集》，东北书店1948年版，第6页。
③ 贾芝：《延安文艺丛书·民间文艺卷》"前言"，湖南文艺出版社1988年版，第10页。
④ 《第六届农民运动讲习所办理经过》，载《中国农民》1926年第9期。

结歌》《吊刘华》等利用民间小调编唱的歌谣。江西苏维埃时期,红军战士搜集民间歌谣,把它们改编成打倒土豪劣绅的山歌小调,广为传唱。这是一个经过实践被确证为卓有成效的好办法。

　　从同时代相对于延安的"国统区"来看,重庆国立音专理论作曲组四七届同学于1946年发起成立了"山歌社",并"以集体学习方式来收集及整理民间音乐,介绍西洋进步音乐(包括技术及批评的理论),普及音乐教育,提高音乐水准,以达到建立民族音乐为目的"。该社学术研究的一个突出的特点是与创作实践的紧密结合。这个宗旨与延安的创作实践目的,有一定的重合。此外,1937年在共赴国难的基础上,国共合作为当时文艺战线的统一提供了基础。中华全国文艺界抗敌协会也提出了"要把整个的文艺运动,作为文艺的大众化的运动,使文艺的影响突破过去狭窄的知识分子的圈子,深入于广大的抗战大众中去"①。其间,活跃于"两广"第四战区的"抗敌艺术宣传队",曾在搜集、研究当地民间小调的基础上,创作了诸如《王老二当顺民》《皇军的悲哀》等歌曲。②此外,老舍在对大鼓书这类旧有的文艺形式的探讨中,提出其"唱多激亢""刚柔相济""雅俗共赏"的特点,可以为抗战通俗文艺所用的观点,并创作了《王小赶驴》《打小日本》《张忠定计》三篇鼓词。③而如何利用旧文艺形式表现抗战的内容,则"从那乡土性浓厚的山歌、小曲、金钱板、高台曲等,到楚、汉、湘、桂、豫、陕、川、滇、粤等各类地方戏,到那集地方戏之大成的平剧——在抗战开始后,都曾由爱国的从业人员,用来服务于抗战,从事宣传、慰劳、征募"④。而当时"旧瓶装新酒"的争论,同样在延安也上

---

　①转引自《中华全国文艺界抗敌协会史料选编》,四川省社会科学院出版社1983年版,第269页。
　②有关抗敌演剧队的问题,《阳翰笙选集》第5卷中曾认为这是"巧妙地利用合法手段,打入国民党的禁区"的"我党在国统区的宣传斗争和抗日民族统一战线斗争中的一项重要的战略部署"。此资料转自倪伟:《"民族"想象与国家统制——1928—1948年南京政府的文艺政策及文学运动》,上海教育出版社2003年版,第246—247页。
　③老舍:《关于大鼓书词》,见《老舍文集》第15卷,人民文学出版社1990年版,第325—329页。
　④洪深:《抗战十年来中国的戏剧运动与教育·民间形式与地方戏》,转引自蓝海《中国抗战文艺史》,山东文艺出版社1984年版,第74页。

演过。那么在面对民间音乐或民间文艺的创作上，旧瓶装新酒的利用和吸收营养的创新也是同时并存的。

当然，在历史的追溯中，我们不能抹杀"五四"的传统里，中国知识分子也已经开始了"眼光向下"的革命，延安转折的针对性，应该说是对其中另外一脉的"觉醒"。但是，我们也必须指出，同样是眼光向下到民间去，早期的歌谣运动和延安的革命文艺运动是不一样的。歌谣运动的时期，人们的目的"一是学术的、一是文艺的"①。无论是早期注重歌谣与民间文学的关系，还是其时周作人所提出的歌谣作为民俗学上的重要资料，其平民价值观和学术价值观更多地是来自对封建社会正统文学观念的反省，来自变革中国传统学术的追求。为文艺，即为创作源泉之论，这是为创作服务的一贯认识。只是创作什么，在延安是有时代和党建特点的，其文艺观念，有着更为复杂的特殊背景。其一，是对前述近代中国知识分子从民间的下层文化，寻求新价值的继承，这也是选择"民间音乐"为研究会定名的重要原因。它象征着延安的理想，既不依赖"洋八股"，又要改造原有封建上层文化中的糟粕，最终创造新的中国音乐。其二，在政治上，以宣传唤起民众，实力上结合民众，利用着一切的形式动员民众。既吸取民间的滋养，又以民族的新音乐作为"斗争的锐利武器"。甚至"我们并不把民间音乐当作我们的中心源泉，而是要使我们能够控制它发展它"②，"配合着整个政治和社会基础，希望中国伟大民族能够有一种很健全的工农音乐建立"③。其三，通过民歌运动、新秧歌运动、改造说书运动……在音乐家走向民间的同时，也意味着自觉进行思想改造。在改造旧文化的同时，改造自己。

因此，延安以创作新的民族性新音乐为标志的转折，实际上包含了不同的层面。在这个背景下，新音乐已经不仅仅是音乐创作自身选择民间或民族形式的单纯问题了，而意味着近代中国建立民族－国家认同的意识形态对于文艺建

---

① 周作人：《〈歌谣〉周刊发刊词》，1922年。
② 1958年12月中国音协理论创作委员会编印吕骥在延安鲁艺讲课时学生的课堂笔记《新音乐运动》（油印稿）。
③ 冼星海：《民歌与中国新兴音乐》，见《民间音乐论文集》，东北书店1948年版，第8页。

设的涵盖,在延安时期已经开始转向中国共产党建立新中国的政权政治的意识形态及其方针路线的重合。

然而,上述有关延安民歌及民间音乐研究时期的讨论,主要是针对其目的、性质及思想倾向而做的概括。如果将它视为延安时期所表述的主题,那么这个表述是如何被呈现的?换句话说,从1939年"民歌研究会"到"中国民间音乐研究会",至1946年10月于东北解放区的佳木斯做总结的八年里,尤其是在具体的采集、整理民间音乐的工作方面究竟做了哪些事情?运用了什么方法?取得了什么效果?留下了什么影响?上述评论中,乔建中从"词曲并重""深入……直接从农民口耳……完整记录""结果却是保存""为建国后的更全面地收集、整理工作闯开了一条新路"几个方面,切入了更为实际的、有关那个时期民间音乐研究的对象、方法、目的和结果。就已整理的编辑目录而言,八年期间,研究会曾印出:

会刊一种:
《民间音乐研究》1942年11月出版,可惜以后未继续出版。
民间音乐研究资料丛刊(油印本)十种:
《秧歌集》(焕之编)1943年5月
《陕甘宁边区民歌第一集》(焕之、李元庆、杜矢甲、唐荣枚等编)1944年1月
《审录》(马可、瞿维编)1945年2月
《器乐曲选》(焕之等编)1945年4月
《秧歌锣鼓点》(焕之、徐徐等编)1945年6月
《眉户道情集》(焕之、恒之、刘炽编)1945年9月
《河北民歌集》(孟波编)1945年11月
《陕甘宁边区民歌第二集》(马可编)1946年3月
还有两本铅印出版物:
《秧歌曲选》(焕之、刘炽、马可、张鲁等编)1944年10月
《眉户道情第二集》(焕之、刘炽等编)1945年9月
编好未付印的有:
《山西民歌》张鲁编

《江浙民歌》孟波编

《绥远民歌》刘恒之编

《山东及东北民歌》徐徐整理

《河南民歌》（附河南曲子及坠子）徐徐整理

《秦腔音乐》安波编

各解放区分会的成果：

晋察冀分会：山西河北民歌集两种，察哈尔民歌集一种

晋西北分会：《山西梆子音乐研究》常苏民编；《眉户曲集》《眉户的研究》朋明等编

战斗剧社：《民歌集》。

这些成果与研究会的工作进程相联系，则有：

1939年3月，延安鲁迅艺术学院音乐系高级班发起成立了"民歌研究会"。

同年5月出版了由吕骥记录的《绥远民歌集》（记五十余首）。

同年7月，吕骥、罗椰波、王莘等赴晋察冀，天风在此间完成了《陕北民歌研究》《绥远民歌研究》，先后发表于《新音乐》3卷1期及4卷3、4期。

1940年初，安波、张鲁等自晋东南归，带回所采集的近二百首民歌。同年6月，吕骥归来，带回前方会员采集的河北、山西民歌五十余首，并拟定了"民歌记录纸格式"；7月音协派庄映、马可随民众剧团赴陇东、三边一带推进音乐工作，该会委托他们采集民歌，会员中又高涨起记录和研究的气氛。10月，举行第三次全体大会，改名为"中国民歌研究会"。除继续进行记录、采集工作外，开始根据新拟的民歌记录纸模式整理所有以前记录的民歌，总计为四百余首。

1941年2月，第四次全体大会召开，"民歌研究会"正式成为"中国民间音乐研究会"，组织上变动为：会长吕骥，会务马可、鹰航，研究股安波、鹤童，采集股张鲁、李丽莲。7月间，鲁艺音乐干部下乡宣传，创作民歌十余首，流行民间，并发动会员采集民歌数十首。

1942年2月，安波、鹤童、张鲁、刘炽参加鲁艺河防将士访问团，至绥德、米脂、葭县一带，从事民间音乐采录。3月，向民政厅及边区政府文化工作委员会登记，接受政府的直接领导。河防将士访问团

归来，采集民歌四百余首，其中一部分精彩者首次演出，大受欢迎。

1942年8月，召开第五次全体大会，吕骥对三年来的工作做总结报告，提出健全组织、搜集出版、加强研究、建设中国新音乐的方向。会上动员会员广泛搜集民间音乐，通过了以演奏等方式介绍民间音乐等决议。五次大会以后，该会会员投入了秧歌运动，经常下乡，故第六次大会迟迟未能召开。

后四年的工作在会务方面，继续扩大会员，不计各分会会员，已在总会登记的会员共有一百一十余人。1942年《在延安文艺座谈会上的讲话》发表，各地音乐界加深了对民间音乐研究的认识，先后成立分会。抗战胜利后，本会会员理事大部分都上前方，分散在各解放区，留下的成立了陕甘宁边区分会。同时，晋冀鲁豫、山东、冀热辽等解放区的分会，也在筹备及建立中。

1943年冬，各文艺团体实现毛主席对文艺新方向的指示，联政宣传队、文协宣传队、民众剧团、鲁艺党校等机关学校纷纷组织秧歌队下乡，为群众演出，同时向他们学习。各团体都搜集了不少秧歌、民歌及民间戏剧音乐材料。

1944年10月，陕甘宁边区举行第一次文教大会，大会会员李清宇、苏林、瞿维、安波、马可等参加大会艺术组工作，会前分赴各分区，考察民间文教活动，比较有系统地访问了一些民教英雄、民间艺人和民间艺术团体，得到了许多宝贵的民间音乐研究资料。同时各分区文工团也多将采集的资料汇编成册，如关中分区的王依群、刘采石等采集的秦腔音乐两册，关中民歌两册……

1945年新年前后，会员刘炽、孟波、焕之、徐徐等曾分组有计划地搜集流行于陕甘宁边区各地民间的戏剧音乐秦腔、眉户、道情等。

1945年10月，安波、马可又专门从事陕北说书音乐的采集与调查。
…………

这两份资料[①]虽然看似流水账，却能感受到研究会的工作逐渐朝组织化、规范化、多样化、扩大化发展。其中搜集、学习、整理、改编、创作、演出、研究，互相渗透，互相促进。

[①] 据安波、马可《八年来的中国民间音乐研究会》整理而成。该文收入中国民间音乐研究会编：《民间音乐论文集》，东北书店1948年版。

就组织化而言，从民歌研究会的自发形成开始，就在工作方向上分设了采集、研究、出版的整体架构。随着工作的深入，其成员从开始的 19 人，至后来的 100 多人。历次会员大会，都针对不同时期提出明确的工作目标。1941 年，研究会最后更名为"中国民间音乐研究会"，并形成了以延安为核心，以陕甘宁为基础向周边根据地发展分会的方向，所谓"由陕北做起，及于华北，以及于全中国"[1]。1942 年研究会正式向边区政府文化工作委员会和民政厅登记，接受政府的直接指导。[2]除会务外，设立了研究股和采集股，尽管在 1942 年 8 月的第五次全体大会上，增设了演奏部，由张鲁、向隅负责，但研究部由安波、焕之负责，采录部由马可领衔，也充分体现了其工作的重心。

就"中国民间音乐研究会"与中国民族音乐学的学科建设的关系而言，本文的重点分析，自然要落实在其采集与研究两大方面。

延安民间音乐采集工作较之以往民歌或歌谣采集的最大不同是"词曲并重"。

冼星海在谈到这一点时说："民国十五年，我曾看见刊载在《北平文学周刊》上的民谣研究，是只有歌词而无歌曲的刊物，在文学观点上是可以作为民歌研究的一方面。自从中国一般前进的音乐家提出了'新音乐运动'之后，不少大众化民谣化的新兴歌曲，由民歌所影响而产生出来。今天我们提出从音乐观点上来看民歌，既可补充过去民歌研究的不足，而且更可促进我们中国新兴音乐向更实际方面发展。"[3]对于这个明确的目的，研究会在人才的需求上，强调吸收能记谱的会员，以满足于大规模采集任务的展开。由张鲁执笔的《怎样采集民歌》一文，专门提出了对采集者具备条件的要求：

---

[1] 吕骥 1942 年 6 月 9 日在中国民间音乐研究会第四次理事会上的发言，关鹤童记录（手稿）。

[2] 3 月 26 日，边区政府文化工作委员会成立后，已向该会登记的有边区文协、自然科学研究会、文抗、美协、音协、青记、曲协、剧协、诗会、世界语协会、鲁迅研究会、民间音乐研究会、文艺月会、星期文艺学园、青年剧会、轻骑队、中山图书馆、"九一八"文艺社等二十个单位。

[3] 冼星海：《民歌与中国新兴音乐》，见《民间音乐论文集》，东北书店 1948 年版，第 1 页。

1. 信心与兴趣。

2. 工作态度——"眼睛向下","放下臭架子,甘当小学生"。

3. 技术条件：普通音乐知识；辨别音高和写谱；对节奏的理解；对方言的了解；懂得新文字的拼音法，能记录方言音调。完全没有这些条件的，只要有热情，可以学会调子，再找会写谱的同志记下来。

在该会第五次会员大会后，印行了会员登记表，表格的栏目设置体现了专业的要求。例如：[1]

姓名：刘炽

性别：男

年龄：22

籍贯：陕西

现在工作机关：鲁艺音乐部

通讯处：鲁艺音乐部

现在担任的工作：研究生

自由支配的时间：每天两小时

通何种外国文（以能阅读为标准）：无

认识：五线谱，简谱，工尺谱，琵琶谱，古琴谱（不认识的划去）

熟悉什么地区的民间音乐（指戏剧音乐，舞蹈音乐，歌曲音乐，器乐，宗教音乐，如祭乐丧乐喜乐佛曲等）：西北民间古乐及蒙古民歌

能用什么地方的方言演唱：陕北，四川，河北

是否正式演唱过：曾演唱过四川民歌

能演奏什么乐器：笛子、笙、打击乐器

最擅长的：笛子

自己有的乐器：笛子

能否记谱：可以

曾记录过何种民间音乐：蒙古

共多少首：一百余首

有些什么民间音乐或中国旧音乐的曲谱：无

有些什么与民间音乐研究有关的书籍：无

有无关于民间音乐的论著或译文：无

有无擅长中国旧音乐与民间音乐的朋友（从事演奏的或理论研究的，

---

[1] 该例引自著名作曲家刘炽当年填写的"中国民间音乐研究会会员登记表"（油印）。

职业的或业余的，会员除外）：有，在西安

学文学或教…：古乐的教员

现在什么地方，有无通讯关系：现在在西安城里

愿为本会担任什么工作（将不愿的删去）：记录、<u>整理</u>、<u>刻蜡纸</u>、<u>油印</u>、演奏、<u>编织</u>、研究、其他……

对本会的意见：记录工作上现已有了某种成绩，但在研究工作上恐怕还将……文…会员们的方法去进行了。

入会年月：1939 年

备注

1943 年 4 月 4 日填

（笔者注：文中"…"符号为字迹不清代号，下划线为填表人删除线）

这些类目不仅包括了音乐素质，而且提供了进一步采集和调查民间音乐的线索。也反映了当年的民歌采集对象，除了研究会活动地区的工人、农民、学生、士兵、妇女、职业吹鼓手、卖艺人，还包括了鲁艺的师生[①]。我们还应该看到，在十分艰苦的战争环境之中，该表的设计者考虑得如此周全，体现出如此强的专业性，确实不易。例如，表中既列有乐谱、民间音乐种类，又注意到某些社会文化层面。这一学术视野，至今仍有参考价值。

然而，以记谱为重要环节的采录，不仅仅保证了资料词曲同步的完整性，还具有其亲身参与的实践性。在缺乏现代录音工具的背景下，这个实践性意味着采录工作必须完全建立在面对面口耳交流的方式上。这也是延安的大规模民歌采集运动与歌谣运动时期主要采用通信、问卷等案头化征集方式的显著不同。

在那个极为艰苦的战争环境里，研究会的成员无论在前方还是后方，都利用各种方法推进采录的工作，他们随身带着自制的小本子，走到哪里记录到哪里。看到前述研究会工作进程的流水账，已能想象他们的工作热情。1939 年研究会成立，1940 年初安波和张鲁就从晋东南带回民歌 200 首；同年 6 月吕

[①] 吕骥 1942 年 8 月 19 日在该会第五次理事会上说："我们手头有民歌一千多，但校内从来没有搜集过，可最近一个月内把校内的搜集出来。"

骥带回前方会员记录的山西、河北民歌50首；马可随民众剧团赴陇东、三边演出，同样肩负着收集民歌的任务。1942年，安波、刘炽、关鹤童、张鲁等人参加"鲁艺河防将士慰问团"可以说是当年研究会会员一边演出一边收集整理的一次典型经历。他们在参加完慰问演出和联欢会任务后，就深入到群众中去收集和整理民歌。根据张鲁的回忆，他从第三五九旅宣传队中的民歌手、米脂常石畔村的吹手常峁儿和村民、黄河边上的艄公、老乡家的喜宴中采录了丰富的民间音乐。其中有至今仍脍炙人口的《黄河九十九道湾》，有后来改编为新歌《秋收》的《黑狸猫》，还有现在全国通用的《哀乐》原型。①截至1942年8月，研究会积累的民歌为1000余首。在这些过程中，他们积累了许多如何进入"采录作业"的方式。比如以与大众一起生活一块儿歌唱考察他们的生活的方式，以为群众表演的方式，以甘当小学生、向老艺人学习的方式，以拉家常的方式，以参与民俗活动的方式，以针对不同对象采用个别的和集体采访的不同方式，等等，来得到对方的接纳和认可。在张鲁的回忆文章中，记载了一次生动的"炕头联欢会"。比如，他们如何通过"诱唱"引出宝藏；后是联欢，并在与民众娱乐中检验记谱的成果；最后还有联系群众的反省；等等。②充分表现出当年的文艺战士深入民间所经受的洗礼和特殊的作业方式。（据吕骥回忆，《黄河大合唱》之后，音乐究竟应该怎样发展？是单纯模仿冼星海和聂耳，还是需要继续创新？"我和安波同志经常研究我国音乐如何继续向前发展……1940年我从前方回到延安，安波对我说，苏联亚历山大罗夫歌舞团很值得我们学习。我觉得这个想法很有道理。于是就提出组织一个团从八路军的驻地，一直延伸到陕北敌后根据地，一边进行慰问演出，一边收集研究各地民间音乐，以便进行创作。但是，由于当时的客观条件限制，这个计划没有成功。后来周扬同志同意我们组织一个包括美术在内的河防慰问团到黄河西岸八路军

---

① 张鲁：《峥嵘岁月的歌——忆"鲁艺"河防将士访问团》，载《音乐研究》2001年第2期。
② 张鲁：《峥嵘岁月的歌——忆"鲁艺"河防将士访问团》，载《音乐研究》2001年第2期。

的河防部队所在地进行工作,由于他们在河防各地工作了近半年,后来才有可能写出《七月里在边区》这部优秀的民歌风联唱,显示了新风格开始形成。"①)

凡此种种来自实践的经验,经过总结,形成了采录作业的方法指导。其中包括记谱的技术和观念。②

记谱的步骤:
1. 耐心,以不多重复一再演唱使对方感到厌烦为原则。
2. 让唱者从头至尾先唱一至二遍,以把握曲子特点及其音调。
3. 然后唱者唱一句记一句,一段一段校正,不宜从头至尾一遍一遍地唱。
4. 整首曲子记完后,再从头至尾校正一遍,确定过门、调子,记明唱法,什么地方用假嗓,什么地方变真声。
5. 如时间许可,尽可能自己也学会唱,学会特殊的唱法与表情。
6. 记录歌词,尽可能全部记出。

记谱中的困难和解决办法:
1. 民间多半口传,即使有谱,唱奏者也不一定完全依谱奏唱,不独张三李四不同,即便同一人每一遍也有不同,因此要将最常唱最习惯的几种记下,加以分析研究,切不可主观取舍,或将已有成果往里套。另外,职业的音乐家和威望高的歌手,比较可靠。如有不同唱法应以他们为主。
2. 民歌中有许多我们不习惯的音程跳进和复杂节奏,应仔细辨别以求正确。此外,遇到特别唱法既难记又难学,就要加以注解,或自制符号,不断改进和统一。
3. 记谱中遇到中断,如转调或疲累,要停下休息,并在停下前记好 pitch。
4. 遇怕羞不敢大声唱者,不必定调子,只注明唱法表情即可。
5. 有人唱不好,但能使用乐器奏,则根据乐器记谱。
6. 歌词如用方言,要问清含义,特别注解,汉字不能记出发音的,用新文字。

---

① 吕骥:《纪念安波同志有深刻的现实意义》,见《安波纪念文集》,春风文艺出版社1987年版,第28—29页。
② 以下引文源于张鲁、安波等著《怎样采集民歌》,经过笔者缩写。

上述记谱步骤以及遇到的问题和办法，非常具有针对性和实用性，强调了避免主观和忠实原作的精神。而其中对于唱法的关注，值得寻味。

首先，以学唱民歌作为记谱的第一步，虽然也有学习优秀民歌以增加演出曲目和创作目的的因素，但更多地却在于通过学唱，把握民歌的艺术风格和内涵。所谓"深刻地认识他们的艺术，然后进行收音工作"[①]。"在学唱中分析曲调也就是探索民歌各种形式的规律和特点，分析演唱者的感情、表情、微小的动作，也是十分必要的，必须注意他们演唱同样旋律而歌词不同时的处理手法和规律……"[②]张鲁在他的回忆文章中特地列举了他采录《黄河九十九道湾》的经历，他说："以往我们记录民歌，往往是先记谱后学唱，但这次听了这首船工曲，我却是先学会唱然后再整理成曲谱，因为我觉得生活是音乐最生动、最丰富的源泉，只有先理解了生活，才能更好地理解音乐。曲谱往往是生硬的，而船工的歌……才是活生生的。"[③]

这种体会，是民歌给予艺术家的真感动，也是延安时代倡导的与工农群众相结合，在民歌情感内涵的层面上，所实现的艺术家与民众的"主""客"位转移。这个作风，可以说一直贯串到1949年以后该领域的工作中。正如吕骥在《中国民间音乐研究提纲》中所说："研究曲调和技术，不能局限于曲调和曲体，也应研究唱奏法的技术，不能停留在书本上的研究，而应注意生活中的演奏应用。因为许多技术不是文字或符号能够标明的，在实际的演奏应用中，我们才能了解民间音乐在人民生活中的地位、价值及其与生活的关系。"

此外，记谱与学唱的结合，以及这种结合处于采录者和被采录者之间面对面的接触中，自然会引发对唱法和表情、表演在乐曲中作用的敏感和关注。嗓音的处理、真假声的互换、方言音韵、调式和语言，这些都是一首民歌的完整性的构成因素。延安的采录者对此深有体会，也是真正深入学习民间音乐的采

---

① 冼星海：《民歌与中国新兴音乐》，见《民间音乐论文集》，东北书店1948年版，第4页。
② 张鲁：《峥嵘岁月的歌——忆"鲁艺"河防将士访问团》，载《音乐研究》2001年第2期。
③ 张鲁：《峥嵘岁月的歌——忆"鲁艺"河防将士访问团》，载《音乐研究》2001年第2期。

录者所共同具备的眼光（如杨荫浏记录锣鼓谱的方法）。因此，中国民间音乐研究会始终在强调这个问题。在《八年来的中国民间音乐研究会》总结中，他们再一次提示收集工作中需要克服的缺点：

  1. 各种装饰音较准确的记录法，音高与假音的记录，各种节奏与节拍的正确的记录，表情的记录与说明，包括速度快慢与声音强弱的变化，以及歌唱中方言土语的记录说明。

  2. 忽略了民间演唱演奏技术的许多具体问题的调查与记录，难以研究民间艺人的演唱演奏技术以作为我们自己的演唱演奏技术之参考。①

  站在今人的角度检讨，我们在相当长的时期内对民间音乐的记谱，可以说是不够重视的。这也许是直接的口耳相传和采用录音机记谱之间产生的差别，面对录音机的记谱，容易陷于音调以及旋律、织体框架的描写，而失去对鲜活的表演和表情的感受。如此，也是一个因技术手段变迁导致的观念变迁问题。②

  尽管延安的民间音乐研究，有其创造新音乐的目的。但这一研究既是为了"了解现在中国各地流行的各种民间音乐情形，进而研究其内容与形式的关系，形成历史与演变过程，获得关于中国民间音乐各方面的知识，以为接受中国音乐遗产，建设中国新音乐的参考"，就有它为获得这些参考所必备的学术考量。

  1942年，吕骥就中国民间音乐的研究目的、研究中国民间音乐的原则和方法、民间音乐的范围、应该研究的问题，发表了纲领性的论著《中国民间音乐研究提纲》。这一著作应该说具有学科与知识系统建设的前瞻性，而超越了仅仅为音乐创作服务的从属和附庸。③其"建设中国新音乐"的目的，应该是包含了对建立中国新音乐体系的理论思考的。这一点，从他在1959年为庆祝新中国成立十周年而主持编撰的三卷本《音乐建设文集》中，可以看出其贯串的脉络。

  延安的民间音乐研究，也正是在这种学科意识中逐渐走向成熟的。这种成

---

① 还有3、4两条待克服的缺点，见下文。
② 民族音乐学近年来对音乐行为以及表演的强调，可视为另一层面上对音乐整体的研究。
③ 吕骥的"八大范围与九大论题"，深刻地影响了其后音乐学界的民族民间音乐分类方法和专题研究的视野。

熟一方面体现在其民歌采集对民间音乐做有计划的系统的采集、整理扩展，一方面体现在其专题研究的深入。在民歌研究方面有吕骥的《民歌中的节拍形式》，天风的《陕北民歌的曲式》①、《绥远民歌研究》（上、下）②，马可的《你妈妈打你》《陕北土地革命时期的农民歌咏》，夏白的《关于四川的民谣与民乐》③等；秧歌或歌舞套曲方面有吕骥的《秧歌腰鼓及花鼓》《审录·后记》；戏曲、说唱方面有焕之的《眉户道情集·前言》，朋明的《眉户的研究》，常苏民的《山西梆子音乐研究》，安波《关于陕北说书音乐》《秦腔音乐概述》，关立人的《"坠子"的基本组织与基本曲调》等。这些专题研究形成的特点有：

1. 选题多样，方法多样。既有曲调曲体方面的研究，还有曲目专题研究，地方音乐品种的一揽子概论研究等等。在《秧歌腰鼓及花鼓》《审录·后记》《眉尸道情集·前言》等篇中，还运用了不同品种之间的历史源流梳理及比较研究方法。

2. 与近代中国知识分子关注民间文化所形成的民歌、民间文学、民俗学的收集研究相比，不仅弥补了音乐上的空白，而且形成了音乐自身规律探讨的趋势。

3. 上述专题研究的最大特点是，研究者的论题基本来自其"亲身"的"采录作业"。陕北说书，来自盲艺人韩起祥与杨生富；秦腔音乐包含了安波七个月民众剧团生活的调查；坠子研究，基于合江茶社的坠子艺人赵明轩，以及对乔秀清唱腔的分析；秧歌等与陕甘宁边区的秧歌调查密切相连；《审录》后面有米脂杨家沟的杨忠岭、巩家沟的巩方林、张家赤的张奋等艺人；民歌研究与采集活动的成果更分不开……凡此种种，也形成了研究中的叙述特点。如受访者的话语再现，表演的现场描写，注重词、曲、乐综合表达的整体性，以及作品在生活中的具体运用关系，等等。

采录、演出、研究的穿插开展，是研究会有意识为之。1942年，该会开始

---

① 载《新音乐》月刊第2卷第1、2期合刊，（桂林）立体出版社1940年8月。
② 载《新音乐》月刊第4卷第3、4期，1942年4—5月。
③ 此文系后方报纸剪贴转载的。

将工作的重心转入研究,期待"有了成绩后再以搜集为主,循环着来做"①。正是这种穿插,使得研究和采录相得益彰,在研究中发现问题,及时引导采录工作的扩展。首先,研究会的两次更名,就是研究视野逐步扩大的结果。(联想到歌谣运动中的顾颉刚,从搜集歌谣开始,逐渐将对民间文化的整体意识转变为一种学术上的自觉。为了探索歌谣中隐藏的真正意义和价值,他"自然地把范围扩张得很大:方言、谚语、谜语、唱本、风俗、宗教各种材料都着手搜集起来",感到"民众的东西,……愈弄愈觉得里面有复杂的情状,非经过长期的研究不易知道得清楚了"②。这确实是研究深入的必然结果。)此外,研究的深入,也对采录提出更高的要求。1940年10月出台的"中国民歌研究会记录纸格式"(后更名为"中国民间音乐研究会记录纸格式")就是在整理工作中产生的规范要求。

记录格式类目

曲名;类别、音高(或最高音);流行地域;流行年代;演唱情形;伴奏乐器;演唱者姓名;性别;年龄;职业;籍贯;采录者姓名;采录地;采录日期;备注。

附注:1.为便于整理研究,请采录者将上列各项详细填写,如上列各项不能包括,请另加详细说明。2.如有歌词,务求全部记出,如为歌词曲或戏剧音乐望记全谱(包括唱曲,道白,文武场伴奏,以及动作说明等)。3.记谱务求精确,为达此目的,如需采用新符号时,请加说明。4.一切与音乐有关的传说故事,亦均望详细记录。

在研究会的八年总结中,针对采录工作,提出需要注意的问题还包括:

3.忽略了与各种民间音乐有关的传说故事,及各种民间音乐的历史资料,以致发现某种民间音乐与某些历史事实有关要做进一步研究时,就发现缺乏这方面的材料,不能解决我们要研究的问题。

4.只注意自己记录,忽略了收集别人记录的现成稿本,民间艺人(或爱好者)的手抄本或过去出版的各种曲谱及书籍,如果能找到这类材料,不仅在记录上或研究上将得到许多参考和帮助,说不定还能

---

① 吕骥 1942 年 6 月 9 日在中国民间音乐研究会第四次理事会上的发言,关鹤童记录(手稿)。
② 顾颉刚:《古史辨第一册自序》,见《顾颉刚古史论文集》第 1 册,中华书局 1988 年版,第 38 页。

发现许多宝贵材料。

也正是这种集采录、学习、整理、研究为一体的方法，诞生了中国民间音乐研究中就地方性品种做系统化概论研究的文体。此应为前述延安时期专题研究形成的特点之四。最为突出的例子，便是安波写于1945年的《秦腔音乐概论》，以及在1950年正式出版的《秦腔音乐》。

乔建中曾于1986年撰文《我国民族音乐研究领域中的一位辛勤的开拓者——安波》[1]，文中评论《秦腔音乐》这部"第一本由音乐工作者系统整理而成的有关地方戏曲音乐的专门著作"为中国民间音乐研究所开拓的新领域。笔者在仔细阅读该著之后，亦完全赞同乔文对该著所做研究方法、观点上独特建树的归纳，即全面、系统、深入地占有一切能搜集到的资料，在此基础上构想全书的"框架"，进而根据"框架"对原始资料进行取舍、筛选、鉴别，最后运用描述性的研究方法完成全书。

通览全书，其清晰的论述纲目，如无对材料全面的占有是难以为之的。而用一种精约、概括的理论形态将一种十分古老但始终流散于民间的戏曲音乐的内在规律揭示出来，在客观上把我国地方戏音乐的研究大大推进了一步，并为后来者提供了一个可以参照的模式。[2]这个模式，就是我们今天所称的民族民间音乐研究的概论模式。20世纪50年代以后至20世纪末，有三十余部剧种音乐概论出版，它们的论述范围和基本框架，多数与《秦腔音乐》近似，这恰好证明本书著者对这一领域的开拓和贡献。笔者亦赞同乔建中在评论中对安波著作的另外两处见解。第一，是安波对于秦腔音乐两大类色彩不同的声腔调式的表述，即对秦腔所称"花音""苦音"（哭音）主音相同（sol），骨干音有别（mi、la、fa、si）的现象，用"sol—mi—la调式"（花音）

---

[1] 乔建中：《我国民族音乐研究领域的一位辛勤的开拓者——安波》，原载《人民音乐》1986年第3期，收入作者文集《叹咏百年——乔建中音乐学研究文集》，山东文艺出版社2002年版，收入文集时改名为《民族音乐研究领域的辛勤开拓都——安波》。

[2] 乔建中：《我国民族音乐研究领域的一位辛勤的开拓者——安波》，原载《人民音乐》1986年第3期，收入作者文集《叹咏百年——乔建中音乐学研究文集》，山东文艺出版社2002年版，收入文集时改名为《民族音乐研究领域的辛勤开拓都——安波》。

和"sol—fa—si 调式"（苦音）命名。这个命名不仅简约明晰，更重要的是以声腔本质和特色为重，打破了西方乐理的惯例。第二，安波在秦腔的戏曲形式中，描述了说白到拖腔的层层展开，并将其归纳为：秦腔和其他大戏一样，从自然语言到旋律的运用，一层一层地包括了各种形式。指出这就是戏曲音乐中所谓"腔"的变化幅度，这种幅度，正是从说到唱，以刻画不同层次人物性格的表现力。它对我们进一步认识和估价传统戏曲音乐的美学品格也很有启迪意义。

六十年过去，当民族音乐学在中国川流百里，领略了不同的风雨后，重读这部起始于自制毛边纸和油纸的战争年代的著作，更需要强调的还是著者完成此作的过程，那是一次扎扎实实"实地考察"的过程。

> 我今年二月即着手搜集工作，七个月来并未太间断过，现在总算告一段落，虽然还没有做到理想的程度。
>
> 这是一个集体的工作，参加演唱、记谱、讨论的人很多，……而大部分材料是朱宝甲同志提供的，因为他是从事秦腔音乐工作三十多年的老艺人，对秦腔音乐有多方面的知识，……每一个唱谱说明都经过了他的同意以及大家的同意的。
>
> 特别是，经过了鲁艺资料室的热忱援助，看到了绥德文工团，陇东剧团，关中八一剧团，三边文工团的秦腔音乐材料，才得到一个互相对正比较研究的机会……[①]

《秦腔音乐》作为系统的概论，处处流露出鲜明的"现场"痕迹，这和后来一些所谓旨在理论的概论，有着极大的差别。比如作者对秦腔演唱中"本音"（真嗓）、"二音"（假嗓）的使用，对练声中"正音"、"浮音"、"存声"、"狂音"、鼻音、脑音、唇音、"张口音"（"干路音"）等的唱法及其功能，对换音年龄、保护嗓子、咬字功夫、垫字和衬字、衬字的规律等等的描写，如果不是亲自学习，难有直接和准确的把握。此外，作者十分注意秦腔中的原生性词汇和概念的使用，除了上述各种声音概念外，对演员与文武场配合的"叫板""挂号"、乐器、曲牌、板式、定弦等等的名称、别称都有详细记载和说

[①] 安波：《秦腔音乐》"前言"，（上海）海燕出版社1950年版。

明。再如，作者在铜器的记谱中指出："我们不能忽略的一个事实是：旧乐人沿用多年的是'念音法'，如锣声念'亢'，钹声念'查'，每种乐器同念一谱，各司其职。从念法中又可分出轻重强弱来，实在有很大的方便处，为了顾及实际使用，我们不应该废除念音。但如用汉字去记却极不便，因此决定以近年习用的新文字字母来记，兼用几个符号。"进而作者列举了九种独打记号和三种齐奏记号（这里的"念音法"，其实就是艺人的锣鼓经，不同的乐种，有不同的念法，其中包括的演奏法和韵律节奏的处理，都是极有学问的。由此联想到杨荫浏以及其前后的音乐家们在这方面做的同样的工作，确有异曲同工之妙），体现了作者引进新学、尊重传统的整理意识。那么，当新学的规范已经成为当今学院教学的范例后，那种规范与原生传统的关系，是否应该在我们回顾前人的创造时，重新引起重视？

非音乐专业出身的安波，在延安以及后来在热河、东北的民间音乐收集、整理、改编、研究之成就，其人其行，都给后人以许多启发。恶劣的环境、非正常的条件，常常会给某些有理想、抱负，有高度历史责任感而又脚踏实地的人一种机遇。吕骥曾回忆：

> （安波研究民间音乐）与其说是出于个人爱好，毋宁说是出于革命事业的需要。我记得很清，1938年他第一次来鲁艺和我谈话时，本应谈他今后的学习问题，可是他却谈起急切想回敌后做地下工作的心情和愿望，几乎完全没有谈到来鲁艺学习的问题，第二次和我谈话时，虽然表示如果不可能回敌后去，他愿意去中央党校念抗大，对来鲁艺学习还没有什么打算。直到第三次再来和我谈话时，才说到来鲁艺学习的问题。他最初想学文学，后来知道鲁艺当时没设文学系，我又和他研究了音乐的重要性，研究中华民族的前途，他才表示可以进音乐系学习。当我问他过去对音乐接触过些什么，才知道他确实没有这方面的修养，我又和他谈到当时急切需要有人从文学方面和音乐方面对民间歌曲进行专题研究，以便写出适应抗战需要的新民歌，最后他才表示试试看。[1]

---

[1] 吕骥：《纪念安波同志有深刻地现实意义》，见《安波纪念文集》，春风文艺出版社1987年版，第30页。

延安时代在"实地考察"与中国民族音乐学学科建设的历程中，以群体的力量开凿出了通向以民间音乐为基础的新音乐体系建设的大渠。

从意识形态的方面说，这一建设完全符合新中国的缔造者在民族－国家认同和政权政治建设的近代历史框架，是中国共产党在思想建设、理论建设事业上联系"五四"以来革命文艺运动的经验，从马克思主义理论的高度，所明确提出的文艺工作的方向和道路。（"五四"以来知识分子倡导投身工农社会，倡导平民意识以教育救国，倡导新学的普及，"打破以贵族为中心的历史，打破以圣贤文化为固定的生活方式的历史"，"在圣贤文化之外解放出民众文化；从民众文化的解放，使得民众觉悟到自身的地位，发生享受文化的要求，把以前不自觉的创造的文化更经一番修改与进展，向着新生活的目标而猛进"。[①]）那时的知识分子虽然也高扬着改造社会的决心，但真正做到与工农相结合，并且在结合中真正与工农一起改造天地的，是中国共产党。一个有力的政党，将民众、将工农兵的力量真正与政党政权的建设一致化，才真正做到了"唤起工农千百万，同心干"，才有最终"不周山下红旗乱"的结果。

从音乐实践的方面说，延安时代的音乐工作者，以他们的热情、辛勤和学术追求，"发现"了穷乡僻壤之中民间音乐的巨大宝库，这为以民间音乐作为新音乐建设的理想找到了沃土，也对其后更大规模的民族民间文艺的收集、整理、研究工作奠定了基础。这方面的工作在鲁艺转移到东北地区后也仍在进行。1947年，东北书店出版了《翻身秧歌集》，其中刊载了同年1月民间戏剧音乐研究小组对佳木斯悦来区、埠头区所做的东北秧歌调查。该调查报告由邓止怡执笔整理，内容涉及东北秧歌的传说、东北秧歌的形式、秧歌队的人员、秧歌队的组织、秧歌的表演部分、秧歌的音乐部分、秧歌的装饰、秧歌的演出过程及其他。从该调查报告涉及的事象，可以看出秧歌的调查、研究已经有其成熟的视角和框架。

[①] 顾颉刚：《圣贤文化与民众文化》，载《民俗周刊》1928年第5期。

他们的实践，创立了亲身参与，以采录、学习、表演、整理、研究的综合性为实地考察之方式，并影响了其后的几代学者。

尽管"民族形式、救亡内容"的新音乐创作引发了延安时期创立中国新音乐的总体目标，它也成为其时民歌和中国民间音乐研究会的宗旨。但，他们的实践却不完全以直接的作品创作为目的。延安的特定空间，呈现了多层面的实践取向，其中理论研究的逐渐深入，应该具有学科自身发展的规律性因素（民间的品种，其"博物"对于知识结构的需求正好提供了宝库）。即便如以曲目编撰为目的的各类曲集，在分类的体例上也可以看出整理者的学术取向。比如，吕骥的《提纲》奠定了体裁分类研究的雏形；而《审录》的调查，为完整的体裁的记录；等等。

延安的采录工作，以词曲并重的方式填补了之前历史上民歌收集中只见歌词的偏颇。这一填补的工作，建立在以音乐工作者为主体的背景上。这个背景也带来了它的特征，那就是将"具有新音乐特点的音乐形态结构描述和分析方法"[①]作为收集、整理和研究的手段，但同时也埋下了另一些问题的伏笔。比如，在采录技术上，出现了光记载曲谱，忽略歌词的现象。因此，研究会的会议以及各类涉及采录工作要求的论文、文件中才会反复强调歌词记录的完整性。这正是采录为创作服务与采录为真正认识民间音乐知识的研究服务的不同观念引发的问题。

此外，在理论观念上，也出现了中西音乐的体用问题。一方面"研究中国民间音乐是不能与西洋音乐技巧分开的，像记载等等，不懂西洋音乐是不会懂得研究中国音乐的调式、主题发展、曲体形式等等的"。另一方面，"反对以西洋音乐的成文法来衡量中国民间音乐，指出近代西洋音乐与中国民间音乐不仅是东西之别，还有时代的差异，是不同民族、社会、语言、阶级的两种艺术形式，各自具有其特殊的规律。不应把某些近代西洋音乐科学的规则，当作唯

---

① 伍国栋：《20世纪中国民族音乐理论研究学术思想的转型》（上、下），原载《音乐研究》2000年第4期、2001年第1期，收入作者文集《民族音乐学视野中的传统音乐》，上海音乐出版社2002年版。

一准绳、神圣的法则，勉强把中国民间音乐套入其形式，以求得所谓科学的解释。应从它本身出发，分析它自身所具有的规律，根据中国的社会生活、历史，做合乎实际的解释。既非本位，又避免以科学、进步来咒骂中国民间音乐的落后，否定其遗产的意义与价值。"[①]这两段同出于吕骥的话，呈示的问题意义深远。

新音乐直接源于西方音乐体系的传入，如同中国在向现代民族—国家的转型中不可避免地处于世界潮流的格局中一样。新音乐的创立如同新国家的建立，如何解决外来文明和本国固有文明的交汇？如何建设崭新的音乐体系，使之成为新中国乃至中华民族的想象之中的标志？为什么这种"想象"一直是百年以来中国音乐工作者，尤其是音乐学界同人们肩头不卸的重担？至今，仍是一个不断被说，又常遇常新的话题。

（本文选自《音乐研究》2004年第3期）

---

① 吕骥1942年8月20日在中国民间音乐研究会第五次会员大会上的讲话，关鹤童笔记（手稿）。

美术社团

抗战剧团的美术工作

李 琦

> 李琦，山西平遥人，生于北平。1937年随父母赴延安，曾在延安儿童剧团和抗战剧团工作。1946年入华北联合大学文艺学院美术系学习。新中国成立后，任中央美术学院中国画系主任、教授，文化部高级职称评审委员。代表作品有《农民和拖拉机》《在十三陵水库工地上》《主席走遍全国》《鲁迅》《李大钊》《马克思》《白求恩大夫》《永远活在人民心中——周恩来》《我们的总设计师——邓小平》。

1937年秋，在我们快到陕北的路上，一些村镇驻满了彭副总司令率领的开赴抗日前线的八路军。我们每进一村，映入眼帘的首先是满墙的标语、漫画。记得其中一幅是：一个袖口上写着"中国"的大拳头，把个小日本打得脚板朝天。

军队走一路，这可亲的精神食粮留一路。

我们参观了连队的"救亡室"（即红军时期的"列宁室"）。这是俱乐部，也是连队各种活动的中心，都是找的村里又大又好的房子。里面布置得既整齐又热闹，连顶棚上都垂挂着红绿纸做的彩链，墙上的壁报中还有漫画，正面并列贴着毛泽东同志和朱德同志的画像，使人一看，肃然起敬。

八路军在这些村镇只是路过，但就在这短暂的时间里，还把"救亡室"布置得那么丰富多彩，严肃活泼。这支革命军队时刻注意精神武装，而美术则是武器之一。

在剧团工作遇见的几位美术家

这里所谈的，只是人民抗日剧社（后来更名为抗战剧团）。这个剧团是红军长征到达陕北后中央直属的一个主要剧团（斯诺在《西行漫记》中有一篇专访这个剧团的文章）。当时鲁艺尚未成立，先到延安的艺术人才，有的就分配到这个剧团。

木刻家温涛，是1936年冬来的，他在延安创作的作品中有一幅毛主席像（是根据斯诺拍的那幅照片刻的），这可能是最早的一幅主席木刻像了。温涛多才多艺，音乐舞蹈都很擅长，他是剧团这方面的教师。斯诺在《访温涛》一文中称他"百艺通"。

现任广州美院院长的胡一川同志，到延安之前就是著名的左翼木刻家。他于1937年秋到延安，初来剧团时还和我们睡在一个大炕上。我们亲切地叫他"胡教员"。他的作品，在当时延安的窑洞里、城门洞里、大街上到处张贴着。1938年春剧团开赴国统区一带工作时，走到哪里，胡一川同志的木刻就出现在哪里，他随身带着木刻刀。这时期他刻过《组织起来》《打倒汉奸》《送公粮》等。这位革命的木刻家就在我们这个八路军剧团，同志们都引以为自豪。胡一川同志唱歌也唱得好，一路行军一路歌。他唱《马赛曲》是用法文，声音雄壮嘹亮，悦耳动听。我们一伙小鬼跟在他后头，跟着他学唱，把行军的疲劳全忘了。

现任辽宁省政府秘书长的施展同志，原是上海美专的学生。1938年春来到剧团，任教育科长。每到一地，他首先忙起来，一口气画出许多"海报"，上面除了文字外，还画上抗日剧目中的人物或是男女老少观众的笑脸。这种带画的"海报"一贴出去，马上就吸引了观众。施展同志每次画"海报"，我都主动给他打杂，立在一旁，百看不厌。他和胡一川同志是我的启蒙老师。他俩是1938年秋后先后离开剧团去鲁艺的。

剧团的一些美术活动

在剧团的美术活动中，写标语是保持多年的老传统，有时也在墙上画简单几笔的漫画。工具是麻捆的刷子和锅底黑或石灰。每到宿营地，我们就去掏老乡家的锅底。第二天写标语的同志走得早，走走写写画画，反倒不觉得累。

其他的美术活动（如给劳动模范、自卫军英雄画像）就时有时无了。在没有照相机的条件下，画个铅笔像，对被画者本人和看画的群众来说，都是很大的鼓舞。有一次，我们把屡立战功的一个区的自卫军模范人物都画了出来，整版贴出。开戏之前，老乡全拥来看，大家用敬慕的眼光看看画像，又看看本人。

有一次，大概是遇上"五一"国际劳动节吧，当地政府拿来一些白洋布，要画马、恩、列、斯、毛的像，我们杂凑了各种性质的颜色，包括染料。初生牛犊不畏虎，这是我第一次参加画大幅领袖像。画的是不成样子，但戏台上方挂满一排，增添了节日气氛。观众都仰头端详这些无产阶级领袖的肖像，情绪格外高涨。

剧团内部的壁报上也常有画稿，有时还整版是画，活跃了团内生活。我画的一套团史组画，被选送参加了延安儿童画展。这大概是延安唯一的一次儿童画展。记得是在1941年4月4日开幕的，这一天是当时的儿童节。地点在大砭沟沟口的平房里，作品主要是保育小学学生的图画作业。

剧团美术组的同志有时还被抽调去参加各种展览会的筹备工作。有一次边区的政府举办生产展览会，边区文化协会是一个工作点。当时任西北美术工作委员会主任的施展同志领着大伙夜战。窑洞里，往常的小油灯换成了汽灯，每人还发了难得的夜餐馒头。作为一个美术学徒，能有这样好的画画机会，真是兴奋极了，到天亮都不觉困。不过，其间也有扫兴的时候。由来是这样的：棉衣是两年一套，剧团小同志特别费。我的袖口都磨破了，吊着布条条。当颜色还没干时，不小心胳膊一抬，就把画面弄花了，十分晦气。所以施展同志不断提醒我："李琦，注意你的'扫荡袖'！"

艰苦的学画条件

就连延安手工制的粗糙马兰草纸，美术组成员每人每月也只能领到两张，我把它尽量裁成小块,练习速写。先用铅笔在正反面画过,再用自制木炭另画一次,这样可画四次。要是搞到一张白纸,那就细心收起来留着派重要用场。

没有老师,就跟在鲁艺师生后面瞧他们怎样写生,没有教材,就老跑去看鲁艺的画展和壁报上的漫画。连鲁艺礼堂挂的马、恩、列、斯、毛领袖像,都一一临摹过。这是1939年和1941年期间,剧团先后两次住在桥儿沟的情况。像这种有利条件并不多,因为剧团大部分时间是要巡回演出的,在地广人稀的陕甘宁边区,常是整天整天地行军,画画时间更少了。走路,是可以学字的,早晨出发前,班长领来生字,有的同志把纸条挂在前面同志的背包上,边走边学。可是想练习画画就难了,只有利用每走10里吹哨子休息的十分钟,拣起树枝在地上画身边同志的休息姿态。碰上来驮"戏箱"的毛驴多时,小同志不但可以不背背包,反而可以坐在驮子上。毛驴走路稳,我在上头画速写。

说起节约时间来,还见过这样一件有趣的事:有一天,我到石鲁同志住的窑洞,见他正伏在靠窗户的桌子上刻木刻。忽然,在窑洞后部,他的出生没几个月的儿子哭起来了。石鲁告诉我不必管他,然后用脚把系在桌子腿上的一根绳子动来动去,孩子就渐渐不哭了。原来他把孩子放一个筐里,把筐吊在窑洞后部的梁上,那里又暗又暖,孩子好睡觉。从筐上再拉一根长绳到桌子腿上,孩子一哭,就用脚动动绳子,不耽误手里的工作。这是1944年的事情。这时剧团已经合并,改编为西北文艺工作团。石鲁同志是这个团的美术组组长,成员有刘迅、程士名等同志和我。这时的美术组是正式编制。

有一天,石鲁同志说我应该练练基本功,说着铲来土和泥灰,然后教我画素描。这是我头一次练画的"石膏教具"。困难条件下出智慧,看来这是条真理。

(本文选自《中国人民解放军文艺史料选编·抗日战争时期》[第1册],解放军出版社1988年版)

记鲁艺美术工场

钟敬之

　　1940年7月，在延安东郊桥儿沟里面的西山上，出现了一个"鲁艺美术工场"，有一群青年美术工作者正在自己动手为二十来孔新修的土窑洞安装样式新颖的门窗，制作切合要求的书桌和画架。他们还参加集体劳动，修筑了一条沿山而上的盘坡小道和泥砌踏阶，将西山一隅装扮得像个幽静舒适的小天地。他们是在为自己创造一个进行创作和学习的"理想"的工作场所。那时候，茅盾同志正在延安鲁艺讲学，住在鲁艺教员住宅区的东山。后来他在一篇散文中曾这样写过："我走出窑洞，在门外的空场上停立，就可以看见山下'鲁艺'校舍的全景，看见一律灰布制服的男女学生在校舍各处往来。我向对面看，西山那一排新开的整整齐齐的窑洞以及那蜿蜒曲折而下数百步的石级，实在美丽而雄壮，那是'鲁艺'附属的美术工场所在。"

　　鲁艺美术工场是怎样建立起来的呢？我从一开始就参加了这个工作，至今还能记起一些往事来。那时正是鲁迅艺术文学院成立的两年之后，在抗日战争进入相持阶段期间，鲁艺的教学上面临着一个新的问题，即作为一个艺术的专业学校，为了适应造就专门人才的需要，必须改进教育措施，就得克服初期那种繁忙状态，整顿教学秩序，提高教学质量，并促进各项专业创作和研究工作的进一步加强。1940年夏，鲁艺决定在重组实验剧团、成立文学研究室和音乐工作团的同时，于7月15日正式宣布建立"鲁艺美术工场"。这个美术工场便成了美术专业的一个研究机构，它在成立简章的第一条"宗旨"上就写明是以"提高美术理论与技术水平，扩大美术工作和作品影响，团结和培养优秀美术工作者，共同致力于新民主主义美术的理论与实践为目

鲁艺美术系的教员们

的"。这样,它名为美术工场,实际上是个美术研究室或创作室。这个工场在初建时,成员有二十多个,是各有专长的美术工作者,他们都是鲁艺的教员、研究员以及少数美术系的毕业同学。工场当时规定的工作任务是多方面的,从其组织机构来看:一为创作科,是重点部门,分头进行美术创作,设有绘画、木刻、雕塑、工艺美术、建筑设计、摄影等小组;二为研究科,是日常工作部门,集体进行学习与探讨,设有美术理论、技术练习、政治学习等组织;还有一个工务科,担任供应及服务工作,设有管理、材料、产品等股,另由几个专职人员及练习生分工进行木刻的手印和其他艺术作品的复制等工作,其实也包含着一种生产意义。

美术工场于 1940 年 7 月成立之后，整个创作领导和行政组织等工作，是由江丰同志和我分工负责的。过了不久，应延安干部学校的教育逐渐趋向正规化和专业化的要求，鲁艺在教学体制上也做了一次较大调整，这就是将各专业系及其研究组织，一律归口领导，设置文学、戏剧、音乐、美术四个专业的部。那时江丰同志负责美术部，直接领导美术系和美术工场。这样，工场和系在统一领导下，任务虽有分工，但从美术教育的整体来看，在教学、研究、创作三者的结合实践中，却发挥了相互协作的作用。美术系的教员都是工场的技术顾问，工场的成员和工作，也经常与系的教学及学生有密切的联系。1941 年 10 月，我因工作关系调去鲁艺实验剧团，从此，美术工场的工作由江丰（兼）和华君武同志负责领导，直至 1942 年延安整风前夕，工作重心逐渐转移，进行整顿学风的学习，接着 1942 以全力投入伟大的整风运动中去了。

工场成立之后，大家愉快地开始紧张的劳动，着手创造必要的工作条件，如为作木刻画准备杜梨木板和印刷用材，为作雕塑而制作转盘架座和挖捣胶泥等。有的同志还去短期下乡，搜集素材，热烈开展各种创作活动。在供应工作方面，也开始复印小量木刻和其他服务性工作，以完成一定的生产任务。同时，为克服敌人封锁造成的困难，自己动手，生产自救，就在西山坡下和沟边，开垦数畦荒地，种植青菜、茄子、南瓜、西红柿等作物，解决自己的食用需要。眼看一片葱绿，数点果实，待到收获之日，感到分外欢欣！

在最初的半年里，我们在美术创作方面，已做出了一些成绩，1941 年 1 月 9 日至 12 日在青年文化沟"文化俱乐部"举办了一次"鲁艺美术工场首次展览会"。当时展出的有木刻、绘画、雕塑及其他美术作品一百余种，陈列在三个大窑洞里。四天时间，参观者络绎前来，众口赞誉，给我们以莫大鼓励。胡蛮同志曾在同月 16 日的延安《新中华报》上发表一篇文章《介绍鲁艺美术工场的创作》，对这次展览会做了一番详细的全面的评介。

这次展览会是美术工场的一次创作检阅，着重反映在木刻艺术方面。木刻艺术在新美术史上具有光荣的革命传统，抗战期间在延安和在前方，都充分发挥了木刻的战斗作用。当时美术工场在著名木刻艺术家江丰同志亲自领导下，结集了一批优秀的青年木刻工作者，如古元、焦心河等多人，他们都做出不少成绩。特别是古元的木刻，那时已在全国美术界获有声誉。在这次展览会上，木刻方面的作品是丰富可观的，比较突出的有江丰创作的《上海三次起义》，直接反映 1927 年 3 月上海工人武装起义、战胜驻军、夺取车站的革命历史画卷。这是一幅大型木刻，版面为 60 厘米 × 40 厘米，因为工作量大，一时未能完成，我们就把那块未完成的木刻原版在展览会上展出，更引人注意。他的另一幅木刻《囚徒》，则是亲临其境地描述英勇的革命者在敌人的监狱中坚贞不屈的战斗精神，感人至深。此外，在展览会上的木刻作品，题材大都是直接反映边区人民生活或前方对敌斗争的，如古元的《冬学》《减租会》及四幅《陕北小景》，焦心河的《蒙古同胞联合起来》《牧羊女》《挖洋芋》，夏风的《货郎担》及两幅《百团大战》，陈叔亮的《印刷工》，施展的《家》，黄铸夫的《生产归来》，安林的《碾米》，张映雪的《农家》。还有木刻年画如孙冶、郭钧合作的《双扇门画》和朱吾石、黄任毅合作的《保卫边区》等等。当时我们曾将其中的有些木刻画作印成少量成品，供应外界需求，颇受群众欢迎。在这次展览会之后，我们只在同年 8 月间，以部分作品参加了陕甘宁边区文协主办的一次展览会，主要是木刻，有古元的《牛群》《准备春耕》《逃亡地主之归来》《离婚诉》《车站》《挑水》等，焦心河的《最后的医治》《蒙古女人和羊》《蒙古的夜》等。在这之后，当整风运动开始不久，从前方回延安的木刻艺术家有胡一川、罗工柳、杨角、庄言、杨筠等，曾先后参加过美术工场的活动，使之更扩大了这方面的作用和影响。

在美术工场从事绘画工作的，有漫画家华君武、朱吾石（米谷），中国画画家陈叔亮、施展等。这类作品当时展出得不多，但也出现了朱吾石在马兰纸上用毛笔和墨、炭精和铅笔描绘的一些画稿如《剪羊毛》《八路军在休息》和《卸货》等，陈叔亮的连环画《猪》和《两个烟鬼》，以及华君武的漫画十一幅《中山先生的信徒们》等，都很引人注目。当时华君武有许多讽刺漫画，大多是发表在几期《鲁艺漫画》墙报和同人墙报以及当时的日报、刊物上，揭露批判、针砭时弊，在延安的干部群众中，曾引起广泛的兴趣和评议。

说到雕塑工作，我想起一些事来。当美术工场初建时，许珂同志刚来延安不久，就到我们工场参加工作了。我熟知他是个电影戏剧的美术专家，又娴习雕塑艺术，在上海时师从雕塑家张晨伯，后来又曾与江小鹣为孙中山先生塑铸铜像，建竖于武昌火车站。记得有一次我和他两人在山下散步，沿桥儿沟里面北进，看见有座民间小陶窑，烧制一些日用陶坛，许珂发现这里的黑色陶土是可以作为雕塑用材的，同时又见到附近便有许多藏量。这样，我们就商议在美术工场里来试验建立这个工作。我自己过去没有专门搞雕塑的经验，但从来热爱这种艺术，所以就积极地与许珂共同着手筹办。这样决定后，我们便去沟底挖掘那些黑泥，运回后先浸入一个专门设置的水坑，经过沉淀舂捣，做出了一种合乎要求的雕塑胶泥。在其他条件逐步具备的情况下，许珂就动手试塑一个人像——好容易才从我们的厨工中找到一位陕北农民来做模特儿——这就是他后来雕塑完成的一座《边区自卫军》胸像。这时候，另一位雕塑家王朝闻来到延安，使美术工场草创的雕塑工作，充实了新的力量，并使这个工作得以迅速开展起来。许珂在完成了《边区自卫军》之后，接着计划为我们敬爱的领袖毛主席造像。怎么开始工作呢？塑人像需要有各种视角的照片，当时无法搜集。在请得毛主席同意之后，有一天我和许珂特邀摄影家吴印咸同志去杨家岭，就在毛主席住的窑门前，恳请他端坐在明媚的阳光下，为他拍摄多张不同视角的照片，其中有正面、侧面、正侧、左右侧、俯仰、背影等，都是塑像所要求的。毛主席对我们的工作给予这种感人的重视和支持，真是让人永远难忘！许珂塑造的一座《毛主席像》（石膏胸像，高约 60 厘米），终于在 1941 年 1 月"鲁艺美术工场首次展览会"上展出，放置在中间窑洞的显著地位。虽然因为创作时间匆促，许珂自己对此不够满意，但却是我们敬爱领袖毛主席的塑像第一次展示在人民群众面前，是有特别意义的。

那时我也兴致勃勃地塑了一座《小八路》胸像。有一次我去对面山上"部队艺术学校"给学生讲课，偶然看到学生中有位"前线剧团"的小同志，正是我想象中的一个八路军小战士的形象。我非常喜爱他，就和学校商量，要求他能每天来工场半天为我做塑像的模特儿，可惜现在已经记不起他的名字了。我在创作时原只想把这个充满战斗气概的少年战士那种活泼可爱的神态塑造出来，不仅着重表现他的面容特征，而且还不嫌其烦地塑上了一些细节，如帽檐、衣褶、不合身的大棉袄，以及胸前小口袋里装有笔记本、铅笔头和汤匙等，所以给人们的印象是个真实可爱的"小八路"的典型。虽然也有人说过于烦琐了，但对我自己来说这却是获得了一次难得的经验。这座《小八路》像与许珂的《边区自卫军》像，在展览会上分别安放在左右两个窑洞中展出。

王朝闻同志是位专业素养甚高的雕塑工作者，他对在美术工场建立并开展雕塑工作，做出了最大的努力和贡献。他先后创作了多种雕塑作品，有《毛主席小型胸像》《毛主席圆形浮雕侧面像》，以及小浮雕的《毛主席像》和《鲁迅像》等。他还塑造了一座《青年战士》胸像，又专为美术系学生上素描课的需要，雕塑了一个青年和一个小勤务员的两座胸像，都是很出色的。这里还应该提到一位精于雕像和工艺的青年美术工作者祁峻，他曾仿王朝闻的小圆浮雕，塑造并翻制一个大型的《毛主席圆形浮雕侧面像》，为中共中央党校礼堂做建筑墙面的装饰，嵌镶在"实事求是"四字之上。他又曾泥塑并用纸裱糊复制出一个椭圆形长径达两公尺的大型浮雕《马恩列斯侧面像》，悬挂在党的"七大"会场主席台上。此外，他还手塑创作了多种小件工艺品（大都为小动物）和精美的日用餐具等，经过附近陶瓷厂涂釉烧制，起了丰富和美化人民生活的作用，为群众所欢迎。

在此期间，美术工场在建筑设计方面，也做了些服务性工作。1940年下半年，边区人民建造刘志丹同志的陵园，由我负责设计了其中包括灵堂、祭台和安灵墓穴及瞻仰通道的一群窑洞式建筑物，并做成石膏的建筑模型在美术工场的展览会上展出。至于整个志丹陵的陵园建筑，是在1943年5月前才全部完成的。1941年秋，我还参加了在杨家岭修建中央大礼堂的设计工作。但因我不懂建筑工程，只对整个建筑的布局和样式出了些主意。这个大礼堂是在1942年10月落成的，后来成为我党召开有历史意义的"七大"的会场。同在1940年间，美术工场还有徐一枝为建筑八路军大礼堂（在青年文化沟里面）负责建筑设计，于1941年三四月间建成。这个建筑门面的装饰图案，还是由美术系教员胡考同志帮助提供的。此外，美术工场在装饰艺术方面，展览会上只见有孟化风设计的多种织物图案，可供边区生产之选用；黄任毅搞了些木刻图案，数量都是不多的。至于摄影工作，唯有夏风做了一些工作，拍摄了鲁艺的教学和其他活动以及生产运动中的情况，并在鲁艺内部开过展览。如此等等，都是我们在美术工场时进行的。

四十年过去了，在抗日战争的年代，特别是经历了伟大的整风运动和延安文艺座谈会之后，人民的美术工作生气蓬勃地在各条战线上发挥了革命的战斗作用，鲁艺美术工场是其中一个小小的局部，在实现文艺新方向百花怒放的广袤园地里，只留下这泥爪一印而已。

1982年4月于北京

（本文选自《延安岁月——延安时期革命美术活动回忆录》，陕西人民美术出版社1985年版。标题为编者所加）

我在鲁艺木刻工作团的日子
胡一川

> 胡一川，原名胡以撰。福建永定人。1929 年至 1932 年在杭州国立艺专学习，参加"一八艺社"，并加入左翼美术家联盟、"野风画会"、"MK 木刻研究会"，开始木刻创作。1936 年任厦门《星光日报》木刻记者、厦门美专木刻教员。抗日战争爆发后来到延安，先在儿童剧团和抗战剧团工作，后任鲁艺教员。1938 年任鲁艺木刻工作团团长。1939 年冬创办木刻工厂。1942 年参加延安文艺座谈会。新中国成立后，历任中央美术学院教授、广州美术学院院长、广东省文联副主席、广东省美协副主席、广东省人大常委会委员等。代表作品有《军民合作》（年画）、《交公粮》（木刻）、《牛犋变工队》（套色木刻）等。

简单地讲，我的进步是受鲁迅的影响，党、团的教育。从监牢出来以后，我到厦门《星光日报》当木刻记者，刻木刻在报馆发表，在厦门美专教木刻课组织成立了海流木刻研究会，在厦门开过展览会。浦风是诗人，他写过文章，在《星光日报》发表过。日本人进攻中国以后，特别是卢沟桥事变以后我在厦门待不住了，我要到前方去。我已经知道有延安，准备到延安去，当时正是我和第二个爱人（黄君珊）搞恋爱很热烈的时候，但是为了做宣传工作我还是暂时放弃了恋爱。"八一三"事件以后，我从厦门坐船到上海。船到上海时，黄浦江被日本鬼子封锁了，船进不去，只能从宁波到杭州再到上海，上海还在被轰炸，先施公司被炸了一大片，到上海以后我千方百计找了关系去延安。

去延安以前，我首先找了木刻家野夫，他给我写了条子让我去找温涛。温涛在延安搞儿童剧团，他知道我会唱歌就让我到儿童剧团教唱歌，我教的都是救亡歌曲。我一方面教唱歌一方面刻木刻。儿童剧团后来合并到抗战剧团。讲起来多了，我不详细讲了。

1938年5月延安鲁艺成立了，我从黄河边回到延安的时候找周扬，他说："你还是到鲁艺去吧。"我就到鲁艺教木刻课。另外还成立了一个木刻研究班，我是班主任，目的是把木刻界团结起来，把木刻作品集中起来。我们在延安城里鼓楼底下，出了四期《木刻壁报》。王琦在我的《木刻壁报》里拿了一张，北京开展览会的时候，他把那张木刻还给我，我就把它展出来，而且我有文字说明的。这张木刻刻的是毛主席对群众讲话，毛主席还有点像。延安干部很多，经常来看。给《木刻壁报》投稿的有陈铁耕、江丰、马达、沃渣、我、罗工柳、华山、彦涵等。

鲁迅先生逝世两周年的时候，把每个人刻的画集中起来出了一个集子纪念鲁迅，印了50份。后面的编后记是我写的，我写了以后给何其芳看，叫他给我改，我原来说木刻应该叫"指路碑"，他说不要叫"指路碑"，改为"里程碑"。我在编后记里提出，应当成立像一支轻骑队一样的木刻团体到前方去活动，搞宣传，去深入生活。因为鲁迅先生曾经有这个意思，你要反映生活就要去生活，自己没有生活，关在屋子里写东西是不行的。前方在打仗，老在延安后方是不行的。所以我在编后记里面提出要组织一个团体，不叫轻骑队，但有点这个味道。

1938年罗工柳他们那个班毕业时，我组织了鲁艺木刻工作团。我是团长。主要团员有华山、罗工柳、彦涵，后来又增加了很多人，陈铁耕后来也参加了，罗工柳的爱人杨筠，她那时还没有结婚，也参加了。开始我们都是到处跑，到处开展览会，第一二〇师、一二九师、一一五师、决死二纵队都去开过展览会。

后来我们的上级领导——北方局的领导杨尚昆也参加了领导。宣传部长李大章说："你不要这样搞了。我劝你们每一个人搞一套连环木刻画，做普及工作。"我们就不去开展览会了，我、华山、罗工柳三人每人刻了一套木刻连环画，准备印。他们俩刻得都很好。我刻的叫《太行山下》，共四十多幅，送到《新华日报》华北版去发表。报馆说，现在没有空儿印你们的木刻。你们现在来了很好，很欢迎。叫我们给他们刻报头，搞些漫画。我们利用这个机会，出了四期《敌后方木刻》。这个在延安展了，在北京展览会都拿来展了，我现在可能还有。我刻了好几套连环画，但不是长篇大论的，朱光（过去的广州市市长）说："你搞连环画不要那么长。"都是三四幅的，很短，小小的，单张的也刻。

后来形势比较紧张，我就叫杨筠、罗工柳先撤退，我留在报馆里工作。报馆要出一期社论，叫作《粉碎九路围攻》。我刻了一个报头配合社论。刻完以后，我就到排字房去看印的效果好不好，我看见报头的效果还不错。从排字房回来还没到家，就听说敌人来了，我很快把东西收拾好。韩劲叫我参加游击队打游击。工人把铅字和机器都埋掉了，所以我那几套连环画到现在也不知道在哪里。他们说，可能被日本鬼子烧掉了——没拿出来。但是我还留了几张。华山、彦涵的都没了，没有印出来。

日本鬼子来了，我就跟着打游击。日本鬼子的九路围攻在朱老总、彭副总司令的领导下被粉碎后，开了一个展览会，完全是围绕粉碎日本鬼子的九路围攻的材料。那张社论和我的报头拿去展览了。证明《新华日报》华北版坚持对敌斗争到最后的几分钟，因为社论没出来，报纸没出来呀，这个材料很重要，现在还有没有我也不知道，公家拿走了。

（本文选自《我们的演艺生涯》，中国书店 2008 年版。标题为编者所加）

改造"西洋景"

石 鲁

> 石鲁,四川仁寿人。1937年毕业于成都东方美术专科学校国画系。1939年1月入陕北吴堡青训班学习,6月到民族革命大学前锋剧团任戏剧宣传股长。1940年初到延安,入陕北公学学习,9月调任西北文艺工作团美术组长。1944年至1945年在陕甘宁边区文协从事美术普及工作。1948年主编《群众画报》,任延安大学文艺系美术班班主任。新中国成立后,为历届文代会代表,历任西北美协副主任、《西北画报》社社长、陕西省美协常务理事、中国美术家协会常务理事、中国画研究院院务委员等职。代表作有版画《群英会》《改造西洋景》、国画《转战陕北》《东方欲晓》等。

延安文艺座谈会以后,边区的群众文艺活动搞得非常红火热闹,像秧歌呀,戏剧呀……有一次,我在延安新市场看了秧歌戏以后心里很不平静。我慢慢地溜达到延河边上,很长时间心上总还是看秧歌戏煽起的热劲。我想到美术实在是没这么这大的影响力。那时在延安搞国画、油画都没有条件,版画还可以有点条件。但是能看到的人也不太多,作用还是小。怎样才能有一种具有广泛群众性的美术形式呢?于是我就一个劲地想这个问题。

我忽然想起当时民间流行一种叫作"拉洋片"的艺术形式,一只小匣子,里面装有画片(习惯上称作"西洋景",俗称为"洋片")。拉洋片的人一边拉给人看,一边说唱,脚上还系着伴奏的板子,很风趣,老百姓都爱看。当然这种洋片的内容都是非常陈旧的。能不能将它改造一下呢?利用它的形式而换上新的内容,把它改造为"新洋片"。

我那时越想越有兴趣。我又具体地设想到可以把洋片匣子扩大,一次可以

《改造西洋景》，石鲁作

很多人看。洋片可以画成连环画形式的，这样就具有戏剧性。原来一个人看的洋片成了一台戏，加上说唱锣鼓，味道一定不大一样啰。

考虑成熟后，我就向边区文协的美术工作委员会说了这个主意。那时工作委员会里有施展、辛可、张明坦、李梓盛、刘迅等人。大家一听都很有兴致，认为这种形式一定会受到群众欢迎的。于是说干就干，有的搞设计，有的做洋片盒子，有的就开始画画。一人画一部分，然后接成连续的。画的内容都是宣传时事，表现群众生活、生产的。

头一批演出是在东三县（延安、延川、延长）。洋片组专门配备了演唱人员，民众剧团的任国宝、戴彦峰都参加过。我那时也做过实验，演唱了几次。以后张明坦、李梓盛他们又继续下去演出。洋片组

1947年,石鲁(右)、刘旷在延安

下乡很方便,赶头毛驴把洋片盒子一驮就欢欢喜喜地下去啦。到处都受群众的欢迎,许多山沟里的老百姓平时什么都看不到,见到拉洋片又是画儿,又是说唱、锣鼓,画的内容都是自己的事情,所以兴趣很大,像看戏一样兴高采烈。我一面参加土改工作,一面收集素材画洋片,还参加演出,生活蛮有兴味儿。

实践证明新洋片这种形式对宣传群众有直接的作用,效果显著。我们演的《两头空》,是表现大生产和改造二流子的,群众非常爱看;又有一套较大的《刘锁儿》,是反映当时边区自卫战争的,曾拿到前方部队中演出,还给俘虏兵演过,都是很受欢迎的节目。以后,在1949年第一次文代会上还演了新洋片。新洋片已成了崭新的而又相当普及的美术工作形式。这是延安文艺座谈会所开辟的文艺工作广阔道路中的一条。

我在延安西北文艺工作团工作时主要搞舞台美术,设计布景,业余搞了一些木刻。在延安只有搞木刻有点条件,木板有时可以搞到点,木刻刀是自己磨制的。搞木刻在鲁艺有大批的人,我经常去那里玩,影响之下也开始搞木刻。《群英会上》《妯娌俩》等作品就是那时期创作的。进城初期搞的《打倒封建》《胡匪劫后》《说理斗争》等作品,也是边区生活积累的结果。搞创作只要自己勤快,可搞的东西还是不少。我那时又搞舞台美术,又搞洋片,又搞木刻,需要经常深入生活,经常去速写。那时我已经有了孩子,就常常让孩子骑肩上,用皮带拴在头上,然后到外面画速写。学习要抓得很紧,才能跟上工作的需要。

(本文选自《延安岁月——延安时期革命美术活动回忆录》,陕西人民美术出版社1985年版)

两斗小米换一个泥娃娃

叶 洛

> 叶洛，原名叶乃芬、叶岱洛。浙江衢州人。1931年入杭州国立艺术专科学校学习，与同学曹白、力群组织木铃木刻研究会，参加中国左翼美术家联盟。1937年赴日留学，专攻绘画。抗日战争爆发后，回国参加上海蚁社救亡宣传队。1941年经重庆八路军办事处介绍奔赴延安，后在鲁艺和延安大学任教。新中国成立后，历任《连环画报》编辑部主任、西安美术学院油画系教研组长、浙江美术学院副教授等职，为中国美术家协会会员。代表作品有《斗争》《鲁迅先生遗容》《不平常的小褂》等。

抗日战争时期延安大生产运动中，鲁迅艺术学院美术系创立的"泥工组"，从文艺为人民服务的问题上来看，现今是很值得回忆的。

当时"泥工组"的同志们，用窑洞门口的黄胶泥生产泥娃娃供应农民。这是深受农民欢迎的文艺新事。

以黄胶泥来制作泥娃娃，和泥塑性质相近，也就发挥了泥塑的艺术功能。加以又采用了绘画性色彩效果和图案性色彩装饰，这就更有看头了，使我国民间泥玩具的传统增加了有利的新手法，更富于表现力了。这样的泥娃娃，又因为反映了农民的生活，反映了农民的愿望，不仅为少年儿童所喜爱，连成人也喜欢。

"泥工组"创立后曾在鲁艺礼堂试开泥娃娃展览会。桥儿沟老乡和过路老乡纷纷来看，十分热闹。一时之间，礼堂里沸腾着男女老少的谈论声、赞美声、欢笑声，真像在演奏泥娃娃交响乐。

于是发生了谁都意想不到的、轰动美术系的新闻：

一个身材高大、背着麻袋的农民进来看了一圈问:"泥娃娃卖不卖?"

接待观众的同志说:"泥娃娃是展览品,不卖的。"

这位农民立即把麻袋解开,用手指着说:"给你们两斗小米,把这个泥娃娃给我吧。"

结果还是答复:"展览的,不能卖。"

这个激动人心的新闻,使"泥工组"的同志们精神多么振奋。郭钧同志听到后,急急忙忙到"泥工组"报喜:"告诉你们一个了不得的好消息!"大家见到他满脸红光,用手在额上擦汗的兴奋样子,都笑了。有人说:"你知道得太晚了!"

但是郭钧同志显出他一贯的严肃认真的神态,随即就把他带来的《在延安文艺座谈会上的讲话》翻开,大声朗读。

这一感人至深的难忘情景,至今历历在目。

延安新市场供销合作社的文化用品供销部门,一听到这个新闻,马上来找"泥工组",说是要让他们的货郎担子替我们到各处经销。桥儿沟的小杂货铺,也对礼堂里展出的泥娃娃赞不绝口,说是要替我们无偿代销。

农民竟愿意用两斗小米来换一个泥娃娃的事,奠定了"泥工组"开展工作的基础。而这个泥娃娃的作者并非"泥工组"的成员,却是当时脸上多少会沾一点泥巴、整天忘我地在窑洞里埋头从事雕塑的王朝闻同志。

如果我没有记错,这个受农民喜爱的泥娃娃大概不到5市寸高。其实是一个小泥塑。由此可见,这个被农民呼为泥娃娃的小泥塑,既是小泥塑,也是泥娃娃。平凡的世事往往含有发人深思的科学原理。农民把小泥塑和泥娃娃看成一样,揭示了泥娃娃大有可为。只要制作功夫到家,泥娃娃的确可登艺术之堂,可以发挥艺术功能。特别是对于缺少艺术品欣赏条件的农村,动人的泥娃娃之必然深受欢迎,已有鲁艺礼堂举办泥娃娃展览会得到十分令人感动的成功可以为证。

当时"泥工组"的同志们对此极为重视。深信不能把泥娃娃只是理解为不过是供应儿童玩耍的"耍货"。艺术品有寓教育于娱乐之中的奇效,心中有人民,肯动脑筋的话,制作出来的泥娃娃就可以突破儿童"耍货"的狭小范围,同时连成人也乐于欣赏。儿童和成人生活在一起,儿童有了泥娃娃,成人又乐于欣赏泥娃娃,必然会使儿童和成人之间同受泥娃娃所发挥的思想影响。这真是英雄大有用武之地,就看作者朝什么方向走了。

"泥工组"的同志们从艺术实践中得到的这一见解,被供销合作社文化用品供销部门一位热心支持泥娃娃事业的同志,用实践做了证明。

他每次到"泥工组"来订货,都胸有成竹。对于货郎担子销售泥娃娃时的所见所闻,他无有不知,所以他总是按照他事先写好的订货单订货的。

他一来,就要说这句老一套的话:"老乡喜欢你们的泥娃娃!"

就我的记忆所及,他来订货时,总是要把他所知的诸如此类的情况告诉我们:

"《做军鞋》,妇女喜欢。《送公粮》的毛驴神气活现,老乡一见就喜笑颜开。《儿童团放哨》只要摆出来,小学生立即伸手拿,连小学教师也这样。《小娃娃洗澡》,老太太、大嫂子越看越乐。《卫国保家乡》,民兵一碰上就是热门货……"

"货郎担子说,十里铺的村干部要他传口信,请你们去开泥娃娃展览会……"

事情的确如此:

我的印象很深,有一次桥儿沟街上老乡拥军,锣鼓喧天。我在拥军的人群里看见一位老乡拿着一筐鸡蛋,鸡蛋上面有两个色彩鲜艳的塑造民兵形象的《卫国保家乡》泥娃娃,这是送去慰劳八路军的。又有一次,我给桥儿沟黑板报作画,村干部拿出一个《小娃娃洗澡》泥娃娃,叫我照样画在黑板上。他说:"这个泥娃娃人人爱,画在黑板上,大家就来看黑板报了。"

要是请"泥工组"的同志们来回忆,这样的情况一定很多。

为什么"泥工组"做出来的泥娃娃会如此深入群众的生活呢?

任何艺术作品都是作者思想感情的反映。"泥工组"的成员是抗日战争时期从五湖四海到延安参加革命的青年，衷心拥护中国共产党。接受马克思主义教育，和人民大众同呼吸、共命运。其作品倾向，必然和党所指引的政治方向一致，必然和马克思主义改造世界的目标一致，必然和人民大众要干革命的心愿一致。

这样的作品，必然为群众所需要，所以能够深入群众的生活，发挥其作用。虽然农民愿意用两斗小米来换的泥娃娃大小不到 5 市寸高，而"泥工组"日后制作的泥娃娃，体积却更小。"泥工组"的同志们并不因为体积小就简单了事，总是全神贯注，要把一小疙瘩的黄胶泥变成有看头的事物形象。

翻模子时，一排一排被翻出来的泥娃娃整整齐齐摆在案板上，是很吸引人的。陈伯希同志一面摆一面说："这不是包饺子，是包艺术。"

陈伯希同志的这句话，成为"泥工组"的名言。大家"包艺术"的动人事迹，在我的记忆里，有王秉国同志可以为例。王秉国同志制作这种体积很小的泥娃娃时，非做到他满意，从不住手。做了又改，改了再改，还要再改，是他"包艺术"常事。正因为功夫下得深，他所制作的《送公粮》的毛驴，被老乡评为"神气活现"，深受欢迎。常常有人说："王秉国，这一下，美得太了，可以翻模子了吧？"但是他不翻。又这样做做，那样做做，做来做去，还是不翻。

我对王秉国同志说："你真是泥不惊人死不休哩。"

像吸铁石一样，能团结人的张凡夫同志，他所到之处，心情舒畅的笑声，必随之而来。有一次他来看泥娃娃，说是："美得太！"又说："你们这几个泥巴疙瘩摩尔根，可把买卖做大了。是王兄替你们'泥工组'打响了头一炮！"

接着又打响第二炮了。这是由于"不是包饺子，是包艺术"才打响第二炮的。

供销合作社文化用品供销部门的那位热心同志，这次心更热了。他到"泥工组"来还未推开窑洞门就说："我专门来告诉你们一件事，连外国人也欢迎你们的泥娃娃了。"进了窑洞门他就跷起大拇指说："有几个来延安的外国人要买你们的泥娃娃。我拿出几个，一个外国人就向我跷大拇指。我再拿一些出来，他又向我跷大拇指。翻译说：'他们统统要。他们很喜欢中国的泥娃娃。'"

翻译同志所反映的外国人很喜欢中国泥娃娃，表明"泥工组"的泥娃娃有中国气派。

夸张而不失其真，装饰而不失其实，是我国艺术久经考验的现实主义优良传统。这种表现方式，既能有所创造，能够把事物刻画得比表面现象更为深刻，使之产生远非照葫芦画瓢的手法所能企及的、特定的意境，而又不失事物的本来面目。因之，作品所呈现的现象，更能反映客观事物，更加触动人心。

延安农民喜欢"泥工组"的泥娃娃，外国人也喜欢"泥工组"的泥娃娃，充分表明"泥工组"的泥娃娃因为有这样的中国气派，所以不分中外都欢迎。

供销合作社文化用品供销部门那位跷大拇指的同志，从此经常告诉我们，外国人怎样起劲地把泥娃娃一包包带回国。

这些时候，延安交际处的曾远辉同志来找我，说朱总司令要我制作泥娃娃，作为赠送外宾的礼品。曾远辉同志一次次来，我就一次次制作，并且从没有包装发展到有包装。李炎同志把延安马兰纸一张一张糊成厚纸板做纸盒，饰以陕北民间剪纸图案，有浓厚的乡土风趣。

当时从大后方到延安进行政治访问的一位爱国民主人士黄炎培，曾在他的一本其时尚未被国民党反动派篡改过的出版物《延安归来》中，对鲁艺的泥娃娃盛加赞扬。这是"泥工组"打响的第三炮。

这位爱国民主人士之所以会把鲁艺的泥娃娃写进《延安归来》并盛加赞扬，显然是这些泥娃娃鲜明地反映了陕北农民的爱国主义精神，生动地反映了陕北农村繁荣昌盛的面貌。

这件事说明了艺术和政治有不解之缘。纺织工人并没有把安徒生的皇帝的新衣供给艺术工作者穿，建筑工人也没有把海市蜃楼供应给艺术工作者们住，农民供应给艺术工作者的是面粉大米而非沙土。艺术工作者若用令人看不懂的、无法理解的并无用处的抽象派作品，来供应纺织工人、建筑工人、农民乃至人民大众，岂非于理很不合？

　　我写这篇回忆录时，当年"泥工组"同志们如何制作这些受人欢迎的泥娃娃的事，不断在我回忆中出现。一想到这几位同志，一想到这些事，我就感到温暖，受到鞭策。听说周扬同志曾把"泥工组"的泥娃娃赠送给成仿吾同志，当时未闻评价如何，多么可惜。

　　"泥工组"存在的时间短，规模小。但确是一颗有用的铺路的小石子。

　　（本文选自《延安岁月——延安时期革命美术活动回忆录》，陕西人民美术出版社1985年版。内容有删节）

怀念古元同志
——记延安鲁艺时期的古元同志
计桂森

> 计桂森，山西人。1939 年到陕北，翌年入延安鲁艺美术系学习。作品有《老百姓帮我们排戏》《家庭生产会议》《纺线》等。

我到延安鲁艺美术系时，古元同志的木刻已引起大家的重视。他的早期木刻《圣经时代过去了》和焦心河同志的《牧羊女》已在同学中传看，后来古元与焦心河还在鲁艺举行过木刻联展。在那时每提到古元就一定会联系到焦心河，谈论焦心河的木刻时也必然要谈古元的作品，他俩是鲁艺美术工作室的两位木刻新秀。后来，焦心河同志调离鲁艺，彦涵同志从前方回来，创作了很多反映敌后军民抗击日寇的木刻，又自然形成古元、彦涵并肩齐眉的状况。

郭钧同志待人热忱，又比我早到延安，对鲁艺美术系各方面都熟悉，主动介绍了居住在东山的教师阵容和住在西山的美术工作室的情况，当然谈得最多的是古元同志，曾领着我去古元的窑洞观看他从碾庄画回来的速写。古元同志的速写都画在不同规格的小纸头上，有蹲着晒太阳的老汉、抱娃娃的妇女、赶着毛驴送肥的老乡、牛羊猪的各种姿势、窑洞一角、石磨一盘、箩筐、油灯、农具犁锄，无所不画，无所不包。在一张纸上星罗棋布画得满满实实，而且画得很认真，结构交代清楚，有必要的黑白关系，这些速写显然是古元木刻创作的素材，他创作的《骡马店》《冬学》中的场面都来源于速写。

我们翻看速写的过程中，古元同志一直站在旁边没有任何应酬话，看完后，他只说了一句话："提点意见吧！"这就是我第一次与古元同志的接触。他留

古元夫妇与大女儿古安村在延安

给我的印象是速写丰盛，言语寡少。

美术工作室的同志每人已有一间小窑洞居住，临窗放一简易小桌。遇上阴天光线昏暗，古元同志就在窑洞外以凳代桌工作，天气寒冷，双手冻得红肿，用手巾包住手背一刀一刀地刻制着被誉为"田园牧歌"式的作品。不久，他的农村小景组成画就与大家见面了，理所当然地得到大家的好评。古元同志的《收获》《羊群》《骡马店》一直深刻地留在我的记忆中，来自生活的生动形象才有长久的魅力。这些作品直到今天仍不逊色。

古元同志在川口碾庄乡政府担任文书体验生活并不是只有那些可以看得见的速写，还通过具体工作接触了不少农村基层干部、老赤卫队员，听到了土地革命时的人物故事。他把酝酿在脑子里的资料化为一幅幅主题性的木刻创作，凭着对陕北人民的深情厚谊，对革命事业的赤子之心，每隔一段时间就有新作拿出来，如《逃亡地主又回来》《减租会》《刘志丹在人民群众中》等，抒情诗一般的农村小景让人喜爱。但这些作品毕竟直接由速写中来，有一定的习作性，尔后的作品在主题的掌握上、构图的安排上、典型人物的刻画上难度都更大，特别像《调解婚姻诉讼》这样的大场面，人物众多，神情各异，既有整体的黑白调子，又照顾了群众的审美习惯，做到雅俗共赏，这是古元同志在延安时期的一幅大作品，这说明古元同志的木刻作品又攀登上一个新的高度。

古元同志精力充沛，创作丰盛，他的那套剪纸窗花式的木刻就是在很短的时间内刻成的，有时一天完成两幅，他把用红色印出来的剪纸木刻贴在自己的窗户上，满脸兴奋地说："这可送给老乡做新窗花的样子。"是的，古元同志是在设法使他的木刻作品能够更直接地送到陕北老乡的手中，贴在千家万户的窗户上。

古元的木刻创作是不拘一格的，除了采用剪纸窗花的形式外，还用年画的形式，如《拥护咱们老百姓自己的军队》，还有一幅反映陕甘宁边区民主政治的木刻，发表在延安《解放日报》上，画面是参议会会场全景旁边站一农民正数着手指提建议，就如同电视上在全景画面上拼上特写人物的手法，达到了一目了然的效果。

古元同志在木刻创作上没有偏见，想方设法达到了宣传政策、教育群众的目的，他就兴奋就喜悦。他的成绩首先得到鲁艺美术系师生的认同，得到党的重视，被评为甲等文教模范，他的作品在重庆展出时又得到徐悲鸿先生的热情赞扬，为党的文艺事业争了光。古元的名字在延安文艺界留下闪光的印象。然而古元同志朴实谦逊的为人却丝毫没有改变。延安鲁艺有一种自然形成的称呼规范，同学之间当然是直呼其名，甚至是起绰号叫绰号都可以；对领导或对院长、系主任、老师则自然要在名字后面规规矩矩加上"同志"两字，以此表示尊重。与古元同志交谈时偶尔提到教员的名字他都以×××同志来称呼，保持了学生

《群羊》，古元作

晚辈的态度，这是很可贵的品德，仅此一点就很值得学习。他给别人的画提意见也是中肯善意的，且是采取商量的口气，如在现成的构图上加点什么，去掉些什么，这一加一减就会使构图稳妥，主题鲜明。在未被决定任教之前，已有一些同学自觉拿画给古元同志提意见了。

到了1944年，古元同志被正式提升为美术系木刻教员。他到学生中辅导木刻习作时，有同学反而表示冷淡，不把注意力集中在上课上，古元同志并不计较个人得失，耐心把课上完。当时古元同志也只有25岁，他没有发作，更没有拂袖而去，而是用耐心用高姿态来妥善处理了这件事。后来我每想到这件事，认为古元同志采用耐心和宽容来处理是很正确的。

有一个时期美术工作室的部分同志常被派出去协助搞农业展览、工业展览，待工作结束后回到学校漫谈外出工作的收获。古元同志也在场，会开得很轻松，你一言他一语不知怎样就把意见集中在负责展览事务的主管人的身上了。什么不懂艺术劳动的特点啦，什么把我们的画当成文字的解说啦，催得太紧太急啦，我们含蓄的表现手法为何就不能通过啦，他是外行怎么能领导办展览啦，越说越离谱，反正大家都很幼稚，谁也不觉得有何偏差。就在这个七嘴八舌的时候，古元同志脱口发言了，他像是早就听不下去而又找不到插话的机会，闷了好久的意见一下喷发出来，古元同志果断地说："不管是什么劳动都得服从展览会的要求，什么水平误了展期就什么水平都没有，这不是搞个人的自由创作，不能离开展览这个大前提。那个负责展览工作的同志传达的是主管领导的意见，他比我们了解领导的意图，也比我们熟悉群众欣赏习惯。不要以为自己什么也比别人强，能够用图画配合文字把问题说清楚就很不错，怕的是画了半天还说明不了问题……"一席话使会场顿时安静下来。会后，大家并不认为古元同志的发言有多重要，经过年龄的增长回忆往事时才认识到古元的发言不是不必要而是太必要了。那时，虽然学习了毛主席的《在延安文艺座谈会上的讲话》，经过了整风，但残存在意识中的脱离实际、自以为是、瞧不起工农干部的自由主义的毛病稍不注意就流露出来。所以古元同志的发言像是从胸中喷发出来，实际包括了以上还没有说出的内容，这正是古元同志原则性强的体现。人们都熟悉古元同志原则性强，人们都熟悉古元同志朴素平易的为人并不是无原则的和平共处，一团和气。

古元同志离我们去了，我们应该化悲痛为力量，学习他把自己的工作当作革命事业的一部分，服从革命需要，全心全意为人民服务。

学习他深入生活，扎根群众，与人民同呼吸共命运。

学习他不断攀登艺术高峰而又积极参与普及工作。

学习他在荣誉面前不沾沾自喜，不把成绩当包袱背。

学习他立场坚定,实事求是,小事不计较,大事不放过的原则性。

学习他不自我标榜、自我宣传的朴实作风。

学习他忠诚无产阶级的文艺事业,贡献毕生精力。

古元同志安息吧!你为后人留下了丰厚的社会主义精神财富,人民永远记住你,怀念你!

(本文选自《古元纪念文集》,人民美术出版社 2006 年版)

忆石鲁

李 琦

"我素来对自己的要求是严格的。"

我第一次见到石鲁同志,是在1943年春延安的三个文艺团体合并的联欢晚会上。各级领导讲话后,开始了跳舞晚会——当时延安干部主要的娱乐活动之一。宣布跳舞晚会开始的人,是原西北文艺工作团的俱乐部主任。听说他还是美术组组长,这就引起我格外注意。他,头发蓬乱,衣装不整,一口四川话,饶有风趣。他的名字叫石鲁。当大家跳起舞来的时候,我却找不见他了。他怎么不跳舞呢?这个谜后来才解开。

过了不久,整编后的西北文艺工作团调到中央党校学习。学习虽然紧张,可周六的跳舞晚会却不曾间断。石鲁仍然不见出场。有一次,我提前从舞场回来,远望山上的窑洞,就只我住的隔壁那孔窑亮着灯。进去一看,只见石鲁正在做雕塑。这是一个2尺高的全身人体,照着一本书上的图片做。他告诉我,这是大雕塑家罗丹的代表作之一《青铜时代》。石鲁在那幽暗的小油灯下,狠力地端详那书上只有烟盒般大的图片,看看,做做。那情景,至今历历在目。

1944年,石鲁夫妇的第一个孩子出生了。石鲁的爱人闵力生同志是一位演员,不但晚上常演出,白天也常排戏,所以带孩子的家务主要靠石鲁了。孩子还不会下地,老要他抱着。两手不解放怎么画?于是他就把孩子顶在肩膀上头,用带子捆牢,和我们一起下山到延河边写生去了。

有一次我到他的窑洞里,他正在刻木刻,见我拿着画稿,立即放下手里的工作,给我的画稿提意见。正在这时,窑洞后部传来孩子的哭声。我回头一看,只见孩子被放在一个大筐里，筐子是用绳子吊在窑梁上的。绳子另一头长长地拉到窗前桌下，系在石鲁的脚脖子上，此刻，他把腿一伸一伸，那筐子也随之摇来摇去，没有多一会，孩子不哭了，又入睡了。看到这情景，我实在忍不住觉得好笑，可又实在对这个毅力非凡的人深深敬佩！

石鲁在学业上锲而不舍的精神几十年如一日。他在1957年的一封来信中写道："必须持续不断地进行艺术劳动，因为艺术是最精醇的创造，不能企图任何侥幸的、不费劲的意外收获。"

石鲁对一切精神养料都是贪婪的。在延安时，常见他捧着小说，给孩子烤尿布时看，吃饭时看，甚至提着一罐水慢悠悠地边往山坡上走边看。1956年，他写的电影《暴风中的雄鹰》上映了，知道他底细的同志，一点也不奇怪他有这个能耐。

新中国成立后，他来北京，约我去看裘盛戎的戏；我到西安，他要我静听他借来的一张能唱四个八度、变化莫测的秘鲁女歌星依玛苏穆的唱片。今天给我讲《文心雕龙》，明天给我讲《麻衣相法》……他在实践自己的信条："更当画外求画，识高见广。"无怪乎石鲁腾飞的翅膀是那么丰腴！

他对传统的学习更是十分重视。多次约我一起去琉璃厂买古画册，如《南画大成》《支那名画宝鉴》等。有一次为买《芥子园画谱》，跑了好几家店铺，来回比较。我到西安，见《南画大成》就摆在他的床头，上面还放着个放大镜，可想而知他学得多认真。

他在传统面前真够得上"虔诚"了，然而，他对传统又是个大胆的"冒犯"者，他把黄土高原画得像玛瑙，古法中何曾有过？他是个能"进得去出得来"的人。1961年我随陕西美协的画家们去南方，在和上海、南京的画家座谈时，石鲁有一句话给我的印象很深。他说："倪云林画山水，说他是写胸中逸气，我们为什么不可以写一个革命者的豪气呢？！"

事实也是如此，我以为，石鲁的画，和他这个人，都有一股子豪气！

初接触他的人，容易以为此人有傲气，甚至有些"狂"。其实并非如此。

他在给我的信中常有这类话：

你知道，我素来对自己是苛刻的，同样也希望你对我也要严格，假如你看到我的作品有什么缺点，就来信批评吧，假如你懒于多写，就直截了当地来一个一点、两点、第三点，也满欢迎。（1952年）

谁也是愿意提高的。（除短视眼、骄傲的人）说来我你处境都相同，需要提高一步。（1952年）

我自己现在的修养还差十万八千里呢，所以我很怕误人也误己。（1957年）

他画出了《东方欲晓》那样的杰作时，还问："看这样画行不行？"

石鲁就是这样一个虚怀若谷的人。只有这样的人，才会贪得无厌地学习，才会不断"更新"自己的"产品"。

"咱们来搞个窑洞画派吧！"

石鲁艺术的真谛，是与人民紧密联系。他写道："如果要做个真正的画家的话，必须经常泡在生活里……"（1957年信）

翻着劫后幸存的十几封他的来信，我发现其中大部分都写到他或是下乡刚回来，或是正准备下去。就是在三年困难时期，他也年年下乡。1961年，我和冯真随石鲁和他的哥哥冯建吴及何海霞等同志到秦岭的高山小店住下，吃不饱，睡不好，秋雨绵绵，寒气迫人。雨稍一住，石鲁就外出写生了，有时就在毛毛细雨中画，回来指着画面说："有点雨也有意思。"晚上，在小油灯下，我和冯真听他传授其道。他身体不好，营养又跟不上，可是，镶在那清瘦脸庞上的一双眼睛，却总是射着热烈的光芒。

他为了下乡作画方便，自制了五花八门的画具。有一次他向我讲起这么个笑话："有时下去什么都得自己带，过河要小皮筏，太阳下画要伞，加上画具、食品、衣物，这么多东西怎么办？有一回我把小孩车改成了个自行车拖斗，把东西装好以后到街上演习去了。路过钟楼警察岗，警察开始看见我也没有说啥，我走了好远，他吼叫着'回来，回来！'不让我走了。他大概是开始时觉得新鲜，傻了眼，后来想：'不对！哪有自行车后头拉拖斗的！'"

那种跋山涉水的下乡方式，到了60年代，石鲁已是力不从心了。1962年底，陕西美协在西安郊区找到一排窑洞，作为他们的生活基地。石鲁在给我和冯真的信中讲了基地方式的一些好处后写道："最近我们为这些长远的安排几乎兴奋得失眠。"他要我们也去，并说："咱们来搞个窑洞画派吧！"

他对"窑洞"，是多么倾心！在一次长谈中，他讲到他当年投奔延安的情景："走到陕北以后，尽是山，乱走一气，又怕被国民党抓着。说话老乡也不懂。有时一天见不到一个村子，肚子饿了挖人家地里的一点东西吃，有时就在老乡种地时避雨用的、直不起腰的小土窑里过夜。走了不知多少天，当看到延安宝塔时，高兴得大叫起来！"

他对"窑洞"是多么眷恋！他在1957年的一封信中写道："李琦，我回了一趟我们的老家——延安。所有我们住过的窑洞和爬过的山头，蹚过的河边，吃过的小米，我都重新回味了一遍。如果要说说这种滋味，恐怕这封信要等于叫你看一本小说了。"

1961年，我们随石鲁及陕西美协的其他画家们

《东方欲晓》，石鲁作

又一次到延安体验生活。一天晚饭后，大家去延河边散步，对面就是我们住过的宝塔山，昔日情景仿佛又重现眼前。说着说着又一个接一个地唱起了当年的歌来，石鲁的嗓音虽不怎么样，但唱起来却很动感情。忽然，只见他掏出了速写本，虽然天已相当暗了，可他却坐在一块石头上画起来，而且画得那么激情。原来河对岸的窑洞灯亮了，明亮的窗纸衬着黑黑的窗棂，灯光映入延河，颇有一番画意。大概就在这天，我们去了杨家岭、枣园。在枣园，石鲁画了好多幅枣树写生。西安的画家们先几天返西安，待我和冯真回去时，只见石鲁屋里墙上钉着一幅新作——《东方欲晓》。现在回想这幅画的一些创作过程，很能给人不少启迪，它的"胎细胞"应该说有二十多年前的，而且始终是很活跃的！

石鲁在他《学画录》的"生活章"中结尾一句写道："生活不仅供养艺术之原料，为创作之泉源，思想之燃料，更当是陶冶我之熔炉。画者不经过生活之锤炼，岂能去锤炼艺术。"

这段话，可说是石鲁艺术上取得成就的一个秘诀吧。

"我有什么错？！"

1964年，陕西流传着一句"阶级斗争无处不有"的话，石鲁对此很有异议。他对我谈起西安有人批评他"说错"一句话。他说："我有什么错？！头发丝里明明没有阶级斗争嘛！"接着他随手揪起一个衣扣又说："这扣子里有阶级斗争？说'处处有'，我就不同意这个话。"更早几年的困难时期，我到西安医院看望他，他拿起枕边的古书给我说："祖先早就讲过'民以食为天'，现在搞得没有吃的！"他还谈了些对"大跃进"时的一些做法不满的话。

就在1958年人们头脑发热的时候，在文艺界大搞"写中心，画中心"，把图解当艺术，把浮夸当"革命的浪漫主义"的时候，石鲁的头脑是何等清醒。他在8月30日给我的信中写道：

> 特别近来我总感觉有些模模糊糊的问题，想找个人好好交换一番意见……

当你乘飞机掠过广阔的蒙古草原的时候，或者经过西伯利亚一直到莫斯科途中的森林地带，或者鸟瞰到贝加尔湖的时候，或者是望着广阔无边的社会主义的国土的时候，请你留心一下自己的心脏跳动不是生理现象，而是精神现象。由此，可以研究一下革命的浪漫主义如何与革命的现实主义结合的问题。

当你……

从理论或以提法来说，我所想的问题是：造型艺术，特别是绘画，如何体现革命的现实主义与革命的浪漫主义的结合？积极地发挥革命的浪漫主义精神能不能排除风景画？造型艺术的形象感受如何体现感情与思想的关系和作用？从其他民族的艺术风格上如何体会与本民族艺术风格形成的差异，等等问题。这些并非我一时想到的，是因为在今天形势下有些人又老调重弹。又有人说，风景画不能反映现实生活呀，即兴的创作，所谓速写总是缺乏思想性呀，不能谈风格呀，他们像是追求新，然而并没有提出任何新东西。我以为我们应该站在这样的高度：从右来的修正主义要狠打，从"左"来的教条主义也要打，当然，我们不是中间和折衷。

这封信是发还抄家物资时退还的，至今纸角上还贴有这样的标签："黑帮石鲁给李琦的信，谈李琦访问苏联的事及攻击文艺中的教条主义。"好一个"攻击"，现在应该承认，是石鲁击中了时弊！

1980年元旦前后在北京举办的《石鲁书画展》上，有一幅字是石鲁送给王朝闻的："真理的标准只能是社会实践。"上面未写年月，王朝闻同志告诉我，这是在1974年写给他的。按说，这一意思的名言并不陌生，但这是"四人帮"横行时的手笔啊！其中蕴含着对"四人帮"多么强烈的藐视和抗争精神！石鲁就是这样一个有胆有识的人！

石鲁的"先见之明"很重要的一点是得力于他对马列主义的刻苦学习。这方面的情况可能鲜为人知。

他1939年初到"青训班"，后到陕北公学，读了不少马列的经典著作。在党校时，我和他在一个组，他是组长。那时，没有手表，半天整天地连续读书，中间休息就靠组长掌握时间了。而石鲁却总是一读书就"进入角色"，总忘记发号施令。弄得我们总要提醒他:"组长,该歇歇了吧!"开讨论会,他发言长,声音响,也善辩论。他的读书笔记,密密小字,十分工整。这个遗物现在恐怕不会有了。不过,到了1978年,我去通县结核病研究所看望石鲁时,正遇他又在整理笔记本。本子上,抄录了他在"四人帮"时期所作的几十首痛骂"四人帮"的诗,字迹还是那么工工整整,使我不由得想起他在党校时的笔记本。他把诗作一首首地念给我听,声音朗朗,又像是当年在小组会上发言。

安天不稳谁为主,五胡乱扰古神州。
可堪半打新权贵,豺狼当道世忧忧。

堪笑尔曹是何人,公然一直上高竿。
平生多有何意是,不过一纸文座谈。

后一首是单指江青的。

1974年,冯真同志从户县返京后对我说她路经西安看望了石鲁同志,说石鲁对户县农民画有看法,他说:"户县农民画本来很好,现在坏就坏在'为政治服务'了。"冯真当时很为他担忧,直往窗外瞅,生怕人听见。

就是在这个"旗手"以及在美术界的那个干将对整个文艺、美术界的控制下,石鲁还是以他的画笔进行着战斗。1980年《石鲁书画展》上有许多这类的作品。如题诗曰"枯兰犹劲笑刀粗"的兰草,还有华山松、梅花、荷花等都表达着他的不屈精神。

在稀有的人物画中,有两幅使我久久站在画前,惊叹不已。

一幅是《黄河两岸渡春秋》,画着一排吃力的纤夫。不但形象画得"苦命",而且用了那句旧社会流浪汉的俗语作标题,更使人心酸。另一幅是《陕南所见》画着一个瘦骨嶙峋、挽着空篮的农妇。这样的形象,从石鲁参加革命起,到"文革"前,在他的笔下是从不曾出现过的。只有在"文革"中,只有在那"国民经济到了崩溃的边缘"的岁月,画家才捕捉到它,而且也只有石鲁,有这种勇气把它画出来!这是饱蘸着泪水画的啊!

怎不叫人惊叹!在那"红、光、亮"充斥画坛的年代,在那只许表现"到处莺歌燕舞"的年代，石鲁画出这样的作品，是何等了不起！

良师益友

　　石鲁，他不仅是一位杰出的画家，而且还是一位杰出的艺术教育家。这一点，我们不能仅从他是否在学校工作来看。他也在教育岗位上工作过一段，那是新中国成立前，他在延安大学艺术系美术班任班主任。他爱人回忆起那时的情景说："石鲁的课堂宿舍不分，整天都有学生围着，我随军演出大半年回到延安去见他，一进窑洞，满是同学，他讲得正上劲，见我进来都顾不上打招呼。"

　　"文革"前，陕西美协长期有几个正式学徒跟石鲁和赵望云先生等学国画。人物、山水、花鸟、临摹、写生、创作，还有书法等，不见得比正规院校学得少，学得差。（这种带徒弟的教学方式，是我国所固有的，可以说是一种本科、研究生毕其功于一役的方式。）我曾多次住在陕西美协，见到石鲁给学生看作业，指导临摹，讲画理……话匣子一打开至少得一两个小时。他在1964年的一封来信中说："近来写些论理之文，一方面作为经验探讨，一方面作为课徒试教之材。"

　　由此可见，他教学生都是经过认真备课的。功夫不负苦心人，就以小侯同志来说，他是"文革"前石鲁的学生中年纪最小的一个，那时才十五六岁。今年他应邀去日本访问，路经北京来看我。我不禁暗自兴奋：石师，你的教学取得了这样的好成果！

　　石师更多的学生是广布在群众中的。据说，在整整十年"文革"的日子里，在石鲁几乎被判处死刑的处境下，他的"门前"并不曾冷落，有不少青年艺徒冒着受株连、遭迫害的风险登门求教。

　　石鲁为什么那样吸引他们呢？除去他学识高超之外，尤其突出的一点是，他具有鲁迅先生的那种"孺子牛"精神。他毫不把知识视为私有，对学生、对画友，恨不得把心掏给你！对他那"诲人不倦"的精神，我更有深切的感受。

自从我认识石鲁同志以来的几十年中，他一直是我的好老师。在延安的窑洞里，他给我看画稿，为纠正画面上一个人物的姿势，用橡皮擦了改，改了擦，每每一两个小时。他为了我的基本功学习，亲手和泥巴做出一个切面像，上面涂上石灰，然后教我画。他把他精心制作的《青铜时代》长年摆在我的窑洞里，叫我参照学习解剖。新中国成立后，他常来北京，虽多是忙于其他公干，但只要是学问之事，他就谈个没完。常有这种情况：我送他上公共汽车，或者他送我，一辆辆车子过去了，我们却分不了手。有一次，我和冯真正摆好一个模特要画，他来了，我们揪住要他示范，他也就静坐下来，认真地画了一张彩墨全身像。这幅画居然躲过了"文革"的六次抄家（躲过抄家的还有近百幅毛笔、钢笔小速写和创作稿，因目标小未被发现，都是十分精彩的）。总之，只要对你学习有益，他就有求必应。

1964年，我从西安返京，提出要带他的一些画回去观摩学习，他立即让我从他的数以百计的新作中任意挑选。我挑了整四十幅，多数都是4尺宣大小。我挑时注意山水、花鸟、人物都有，风景有春夏秋冬。许多表现技法是他的探索，前无古人。如一大幅《关中老农》，全部用朱砂调少许墨写出，把那太阳下田间小憩的农民画活了。可惜这四十幅大画，"文革"中全被抄走。这些画连同我自己的一批习作，曾在"窑洞画派黑画展"时见过，至今却再也不知去向。多年来，我为失掉这批画抱憾不已。

1978年，在和石师被隔断了十三年之后重逢时，我向他讲了这件伤心事。而他呢，却有力地说了两个字："再画！"

"再画"

"再画"，这是何等的豪言壮语！这就是石鲁的脾气！他一生从来没有时间去陶醉已有的成绩，他的注意力总是在下一步。

可是，此刻我面前的石鲁，已是骨瘦如柴，连上下床、走几步都离不了儿子搀扶。我止不住哭了。

"四人帮"摧毁了他的身躯,但一点也未能征服他的意志!他的眼睛,还是那样炯炯有神;说起话来,还是那样乐天风趣。有天晚上,还放开嗓子给我们全家唱了足有一小时的川剧,唱得真有味!

据他的孩子石果讲,他的父亲在去世前不久述说道:"今后要是身体健康了,我将画出一批跟以前完全不同的画来。"会是这样的。他以前就对我说过:"艺术不能重复,自己跟自己最好也不要重复。"看看他的过去,隔不了几年他的艺术就有一个大变化。在他的征途上,留下的都是跳跃的足迹。他是一个开拓型画家!

现代中国画,从摹古中挣脱,面向自然写生。这是一个划时代的业绩,一批大师脱颖而出。而其间的石鲁,则又自开一种境界,他把最先进的思想,最壮阔的革命斗争生活经历及对人民、对革命火一般的热情融注入他的画笔,用革命的现实主义与革命的浪漫主义相结合的崭新的创作方法,在中国画坛上,开宗立派,成为一位当之无愧的划时代的画家!

1979年,他一度身体渐好,准备回西安。那时他已能为别人画些小品,我说:"你还没有专为我画一幅画呢!"他说:"给我个本子吧,我带回去给你画一本!"于是我买了个大册页本交他。然而本子至今空在他家。石师的手再也抬不起来了!

石师离去,忆延安手把手教,同志情深不禁泪下;
巨子睡了,抚心脏依然炽热,搏击奋进永不止息。

以上是三年前我写的挽联。三年过去了,时间的流逝,丝毫也未减弱我对石师的怀念,相反对于他为什么可称为"巨子",倒想得越来越多了。

(本文选自《美术》1985年第10期)

史实与考辨

抗战时期的延安美术

郑 鹏

1937年抗日战争全面爆发后，日寇疯狂侵略中国东部地区，以暴虐、野蛮的手段对中国大学、科研机构、出版社、图书馆、博物馆等文化设施实行轰炸、纵火、劫掠。面对日本对中国文化造成的空前劫难，为了保存中华民族的文化精华，中国各类文化机构、设施、团体和成千上万的文化人以罕见的规模纷纷内迁和西移，中国西部地区抗战文化随之蓬勃发展，抗战文化出现了"东方不亮西方亮"的特殊格局。随着社会发生翻天覆地的变动，美术活动也发生了巨大变化。延安美术就是在这样的大环境下发展繁荣起来的。

延安美术是战争岁月催生出来的特殊革命艺术。1937年至1945年是一段不寻常的烽火岁月，凝重而壮烈。在祖国山河破碎、民族危亡的非常时刻，美术作为中国文艺的一支劲旅，画家们以笔作刀枪，对侵略者展开了一场没有硝烟的战斗。漫画、木刻等各个美术门类，作为最便捷的宣传方式，成为中国抗战美术作品最重要的艺术形式，记录了八年全民抗战血与火的洗礼。在延安的美术活动中，延安鲁迅艺术学院的建立具有划时代的意义。1938年4月28日，由毛泽东、周恩来、林伯渠、徐特立等发起，在延安成立了鲁迅艺术学院，这是中国共产党创办的第一所综合性的艺术学府。鲁艺在《成立宣言》中明确指出其办学宗旨"是为了服务于抗战，服务于这艰苦的长期的民族解放战争"，"使得艺术这武器，在抗战中发挥最大的效能"，"创造新中国的艺术"。它的成立使更多的热爱艺术、向往革命的爱国青年，从武汉、从敌占区、从大西南、从各抗日根据地聚集到这里，在鲁艺这个革命的艺术殿堂里，接受艺术的训练，更接受了革命思想的教育。以鲁艺为依托，延安美术的发展是多形式的，也是高水平的。在抗战时期，延安的木刻无疑是最值得推崇的，无论在艺术水平、艺术成就还是在抗战中所发挥的宣传、动员作用都已经成为人们高度赞扬的对象。

在新兴木刻运动的影响下，从20世纪30年代初期开始，随着民族矛盾的加剧，不少受左翼文艺思想影响的从事木刻创作的青年木刻家，就以木刻的形式进行救亡斗争的宣传。1934年成立的"平津木刻研究会"和"广州现代版画会"都曾举办展览出版画册，到农村基层进行宣传救亡活动。在抗战全面爆发以前，新兴木刻运动已被许多人所认识，并在救亡宣传中发挥了巨大的作用，成为名副其实的"战斗的艺术""大众的艺术"，但是木刻工作者的人数并不多，而且多是一些没有名望的年轻人。在一些有名望的艺术家眼中，木刻只是雕虫小技，因而对之不屑一顾。在"官方"的眼中它是"挑拨阶级仇恨"的工具，因而不给予扶持。在这种情形下，木刻只被一些具有反叛精神的青年喜欢。全面抗战爆发后，国内物资匮乏，绘画材料短缺，木刻因其制作简易、可以复制等自身的优点被大多数人接受，逐渐与"抗敌救亡"这个最大的现实任务联系在一起，"成为民族解放战争中的一种有力的武器"。[①]

"七七事变"后，随着战局的发展，木刻工作者的流向主要有两个方面，一部分在抗战初期，特别是武汉失守后，北上奔向延安，如力群、马达、胡一川、江丰、沃渣等，一部分迁往大西南和华南地区。到达延安的这部分人逐渐成为鲁艺教学与木刻创作艺术的骨干，培养了大批具有先进思想的木刻艺术人才。延安的木刻版画艺术作品最重要的题材有两类：一类是与抗日战争相关的战争题材，它们以最为直接的方式，服务于当时的战争需要。从作品涉及的题材范围来看，几乎包括了当时战争的所有方面，如练兵、参军、战前总动员、攻城、出击、破碉堡、抢救伤员、支援前线、欢庆战斗的胜利……犹如一幅幅历史画卷，记载了中国军民英勇抗敌的各种事件，反映了中国人民争取民族独

---

① 艾青：《略谈中国的木刻》，载1938年1月18日《新华日报》。

立的坚强意志和决心。从战争题材的功能角度来看，有鼓舞士气的题材，有歌颂战斗英雄的题材，有颂扬军民鱼水情的题材等。另一类则是出现最多也最为重要的一类题材，它直接描绘和反映在解放区这片明朗的天空下出现的"新的时代""新的世界""新的中国"的生活与工作的题材，正是这类作品，以艺术的方式，对解放区"明朗的天"给予了创造性的形象表达与阐释，画面上洋溢着欢乐健康的时代精神。

在延安文艺座谈会召开之前，延安的木刻创作就很活跃，"鲁艺工作团"深入到敌后根据地，一面作战，一面进行木刻实践，开始对民间年画进行探索，在艰苦的敌后斗争生活中创作出许多优秀作品，如彦涵的《当敌人搜山的时候》《抢粮斗争》，胡一川的《破路》，罗工柳的《马本斋的母亲》等。古元毕业后立即到川口区乡政府工作，与农民共同生活，共同劳动，创作了《铡草》《离婚诉》《哥哥的假期》等一批非常优秀的作品。这时的创作较之"左翼"时代，已有了明显进步，1942年毛泽东《在延安文艺座谈会上的讲话》发表，它像灯塔，照亮了广大文艺工作者前进的道路，更明确了为工农兵创作的方向。木刻工作者和广大文艺工作者一样，深入火热的生活，改造自己的世界观，和工农兵打成一片，在炮火中吸收人民战斗生活的营养，作为创作源泉。因此延安的木刻又吸收了剪纸、窗花、门神、挂浪、牛印等群众喜闻乐见的民间工艺品的特点，形成了明朗质朴的新风格。关于延安的木刻运动，江丰写过一篇回忆：

> 延安的木刻，是在承继30年代鲁迅先生苦心培育的新兴木刻的革命传统的基础上发展起来的。把新兴木刻革命传统带到延安来，主要是通过一批30年代活动于上海的左翼木刻家。……延安木刻的思想水平和艺术水平提高很快，它将中国的新兴木刻推进到一个新的发展阶段，成为中国现代木刻史上光辉的一页。其所以能够达到这样的成就，关键在于延安的木刻作者，在党的文艺为工农兵服务的方针引导和鼓舞下，深入农村，深入部队，同农民、战士交朋友，和他们生活、工作在一起。

延安木刻是新兴木刻运动的继续和发展。抗日民族战争的爆发，带来了中国人民更大的觉醒和行动，广大知识分子、艺术青年，在党的影响下，纷纷投入革命洪流，离开城市，走向战地，走向农村，用木刻做斗争，配合实际斗争的需要，创作了大量反映战争的作品，表现了中国人民不屈不挠的斗争。在民族生死存亡的紧要关头，延安的漫画家们也以高昂的爱国热情，以漫画为武器投身到救亡宣传活动中。但是在这之前，漫画并不像木刻一样具有"革命的血统"，抗战前，漫画更多的是反映市井小民的生活情趣，"正如当时错综复杂的现实一样，在都市的狂乱中畸形地生长着……但是等到'七七'的炮火，才汇合这力量，成为巨大有力的战斗艺术"①。从此，漫画家们改变了画女人粉腿、歌舞情景的作风，转向抗战方面去摄取题材了。

同样，作为最具实效性和功用性的艺术形式，漫画创作和木刻一样在延安开展得很普遍。在延安鲁艺开办时，画漫画的只有米谷和朱吴石，后来华君武、蔡若虹、张谔等相继来到延安。1939年10月，由鲁艺美术系的教师和学生成立了"鲁艺漫画研究会"，华君武被推选为负责人，成立之初有40多个成员。他们主要利用业余时间，探讨漫画创作的理论、技巧。在根据地，漫画作品的发表主要是在报纸、画刊和机关墙报上，主要战斗阵地是中国共产党中央机关报《解放日报》。《解放日报》十分重视漫画，常常以报头旁边的鲜明地方（报耳）发表时事漫画作品。像华君武的《榜样》、蔡若虹的《新中国的基石》、张谔的《第二战场》等都有力地配合了形势的宣传。《解放日报》也时常发表一些内部讽刺漫画。当时的漫画因没有条件制铜锌版，都是手工木刻印制的。

延安最著名的美术墙报，是由华君武主办的《鲁艺漫画》。1942年2月15日，华君武、蔡若虹、张谔在延安军人俱乐部举办了"讽刺漫画展"，展出了《首长路线》《摩登装饰》《和平的鼾声》《老子天下第六》等内部讽刺漫画。此画展举办了三天后，又在"文抗"（中华全国文艺界抗敌协会延安分会）作家俱乐部、新市场商会俱乐部继续举办，观众众多，盛况空前。毛泽东、王稼祥等领导同志也前往参加。在美术创作中，雕塑是对物质条件要求最高的，在条

---

① 黄苗子：《抗战三年来的漫画工作》，载《中苏文化》抗战三周年纪念特刊。

件极为艰苦的根据地，雕塑创作几乎是不可能的事情，但根据地的艺术家们仍然努力地创造条件，进行雕塑创作。此时的中国雕塑艺术在延安也有所发展，尤其是写实主义雕塑。鲁艺自创立以来，一直很重视雕塑的教学，与漫画、木刻一样，1941年鲁艺美术系专修科目时间表规定：雕塑也是学员在二年级的两门专修科目之一。1940年7月，在延安东郊桥儿沟里建立的鲁艺工作场里，年轻的雕塑家许珂、王朝闻、钟敬之等在极其简陋的环境中从事着雕塑的研究与创作。许珂创作了《边区自卫军》胸像以及《毛主席像》，后者是20世纪塑造的第一尊毛泽东塑像。钟敬之创作了《小八路》，这件作品与许珂的《毛主席像》参加了1942年1月"鲁艺美术工场首次展览会"。

在延安重要的雕塑作品是王朝闻创作的毛泽东雕像。毕业于国立杭州艺专雕塑系的王朝闻在去延安前，曾在成都刘开渠工作室任助手，到延安后他为创建美术工作场并开展雕塑工作做出了很大努力。作为一个具有较高专业素养的雕塑工作者，他在延安时期创作了《毛主席小型胸像》、《毛主席圆形浮雕侧面像》、《鲁迅像》、《青年战士》胸像等。1942年创作的圆形浮雕侧面毛泽东像，以高度的概括能力和熟练的写实技巧，塑造了正值盛年的毛泽东形象，恰当地表现了这位身处恶劣战争环境中的共产党领袖所具有的雄才大略和风范。作品不但是他自己最优秀的雕塑作品，也成为延安雕塑的代表作。除了王朝闻以外，创作领袖形象的延安雕塑家还有祁峻等人。受物质条件的影响，抗战期间的延安雕塑一般为浮雕和小型圆雕，题材、手法和审美情趣都直接来自民间。作品借鉴了民间工艺美术的造型语言和造型趣味，完全摆脱了对西方雕塑的模仿，具有清新、明朗、质朴的特点。

为了战争和革命事业的需要，为了鼓动大众的革命热情，利用传统的招贴画而发展起来的宣传画在延安也是一种十分流行的美术形式。这是一种和政治结合最紧密的形式，它在政治运动中的配合作用，在战争时代中的宣传鼓动作用，都是其他美术形式难以比拟的。因此利用宣传画承担其他艺术形式所不能替代的作用，也就成了延安艺术的一个方面。在重庆创刊的《战斗美术》第二

期上刊载过一篇《美术活动在延安》的文章:

> 有人说延安城是标语和图画装成的,这是真话,一座不十分大的城里,无论大街小巷,墙壁上、门板上、土堆上,甚至一棵树上,都贴满了像"巩固和扩大抗日民族统一战线""拥护蒋委员长抗战到底""坚持持久战"等一类的抗战标语,红的绿的,煞是引人注目。同样,在延安城的每一个角落,也没有一处找不到抗战宣传画和木刻的痕迹,而且在吸引观众力量这一点上,往往后者比前者来得更大⋯⋯

当时宣传画的作用可见一斑。抗战期间在延安也活跃着不少美术团体。除鲁艺外,还有延安大众美术研究会、D. H. 孚·宗版画研究社、延安工艺美术社等。1939年2月7日,延安美术工作者协会(简称"延安美协")成立,4月,更名为陕甘宁边区美术工作者协会(简称"边区美协")。延安的广大美术工作者除进行美术研究、创作,建立社团之外,还经常举办美术作品展览,其中影响较大的有:1938年9月20日,鲁艺举办"九一八"纪念展览会,展出木刻、漫画、摄影作品数百幅,观众达3000人;1940年6月,鲁艺为庆祝建院两周年举办美术展览,展出了一批连环画、工笔画、木刻和雕塑作品;1941年1月,在延安文化俱乐部举办了"鲁艺美术工场首次展览会",共展出木刻、绘画、雕塑作品100余件;1941年7月,鲁艺为声援苏联人民的反法西斯战争,举办"七月画展",展出绘国、宣传画、漫画作品150多幅。

1941年8月,边区美协在延安举办"1941年美术展览会"。这次展览会在文化俱乐部和军人俱乐部两个展厅进行,连续展览九天,展品更换了三次,包括绘画、雕塑、木刻、漫画、摄影、民间剪纸、苏联版画等,共千余件,其中有力群、古元、焦心河等多位美术家的作品,影响很大。《解放日报》载文指出这次展览是"新的人类和新的文化向她的无情摧毁者所发动的抗议"[①]。1942年1月,边区美协又举办"反侵略画展",参展画家有蔡若虹、张谔、力群、古元、华君武、张望、张悟真、王式廓等10余人,展出作品100余件。

---

① 1941年8月18日《解放日报》。

其中王式廓的《希特勒的战车》、蔡若虹的《三个寡妇》和《时间是我们的裁判者》、张谔的《进退两难》、华君武的《威尼斯之日》和《望远镜里的莫斯科》、张悟真的《瞧瞧别人吧》等，都是思想性和艺术水平很高的佳作。这次展览揭露了日、德、意法西斯发动侵略战争、残害人类生命、破坏人类文明的罪行，揭示了法西斯必然灭亡的结局。2月，延安美协主办"讽刺画展"，展出了张谔、华君武、蔡若虹三位作家的作品70余幅。

除以上的美术活动外，延安的美术家还创作了大量反映抗日和生产的连环画，包括人民领袖像、抗日英雄和劳动英雄像、连环故事画、历史画、工艺图案等等。陕北的民间艺术如剪纸、年画、泥塑等也都得到了发展。这一阶段，国统区的中国画、油画、水彩画创作活动日益活跃起来，深入古代传统的学习与研究也有了重要进展；但是在革命根据地的延安，由于面对种种困难的形势和材料的短缺，同时画作自身制作复杂等原因，延安的美术作品中虽然也有不少这类作品的出现，但总的发展状况不及其他地区。

延安美术的繁荣受到多方面因素的影响，总的来说有以下几点：

1.文化重心的西移为延安美术的繁荣提供了契机。抗战爆发后，面对日本的侵略，中国东部大量文化设施和文化人才向西迁移。延安作为中国共产党中央机关的所在地和解放区的首府，在当时的历史条件下，具有革命圣地的神圣含义，从而在抗日战争爆发后，吸引了一大批有志于革命的美术青年从上海、杭州、广州等地来到延安。很多艺术家都曾在美术院校接受过正规的艺术训练，具有思想进步、富有革命精神和较好的艺术水平。这样就使延安美术产生了质的发展和进步。

2.政治局面宽松为延安美术的繁荣提供了空间。全面抗战爆发后，经过进一步的艰苦谈判，特别是"七七事变"和"八一三"抗战做催化剂，国共两党的谈判终于达成协议，以国共合作为基础的抗日民族统一战线正式形成。虽然国民党反动派并未放弃"围剿"共产党的计划，但总的反共行为有所收敛。同时，中国共产党也从没放弃对国民党"围剿"计划的警惕，正如江丰在《回忆延安木刻运动》中所说:"延安的木刻,在艺术上一般较优于各个解放区的作品。其重要原因之一,是由于英勇的陕甘宁边区军民,在八年抗日战争中,多次打退了国民党反动派的进攻和骚扰,保证了延安的安定。一定的安定环境,对木刻创作是必要的条件。"[1]另一个原因是全面抗战爆发后,日本帝国主义兵力不足,对中国内陆鞭长莫及,延安似乎成为世外桃源,迎来了从未有过的繁荣和安定,和全国各地战火绵延、枪声不断、飞机炸弹声不绝于耳的情况相比,延安却异常安静。这也为延安的美术创作提供了条件。

3. 中共正确领导为延安美术的繁荣指明了方向。在延安的中国共产党的领导阶层,不仅极其重视艺术工作在革命中的重要作用,兴办艺术学院,为当时的革命和未来的建国需要培养新型的文艺人才,而且重视对艺术思想的引导。抗战时期,延安聚集着大批从沦陷区、大后方和其他根据地拥来的文艺工作者,一时蓬蓬勃勃。但由于人员来自各方,原先的思想、环境等条件均不相同,文艺观点上出现了不少分歧。面对文艺界的思想混乱,1942年5月在延安召开了著名的延安文艺座谈会,发表了《在延安文艺座谈会上的讲话》(以下简称《讲话》)。在延安文艺座谈会上,毛泽东以敏锐的洞察力,从当时纷繁复杂的文艺现象中抓住了本质。他提出"任何一种东西,必须能使人民群众得到真实的利益,才是好的东西",他解决普及与提高的问题,就是服务于大众。毛泽东在《讲话》中提出的"深入工农兵群众、深入实际斗争"为文艺发展指明了方向,使一代又一代文艺工作者,沿着《讲话》所指引的方向前进。《讲话》精辟地阐述了文艺"为群众"和"如何为群众"的根本问题,廓清了当时纷繁复杂的文艺思想。《讲话》的发表,是一次深刻的文艺革命,延安文艺座谈会后,延安的文艺面貌焕然一新。知识分子一些虚弱的浅斟低吟,从此荡然无存,文艺家奔向广阔的生活,奔向战场。

4. 艺术人才的努力为延安美术的繁荣做出了贡献。抗战爆发后延安成为民

---

[1] 江丰:《回忆延安木刻运动》,载《美术研究》1973年第3期。

族解放的希望所在，大批知识青年和艺术工作者奔赴延安，为延安艺术的发展提供了骨干力量，他们深入群众生活，深入前线战场，创作了大量优秀的艺术作品。在延安，除了有鲁艺这个艺术创作和教学中心外，还有许多木刻版画艺术家分别在延安的其他单位工作。这些单位有《解放日报》社、《边区群众报》社、青年干部学校艺术部、各级政治部的宣传队、延安美术界抗敌协会、边区文协美术工作委员会等，在上述单位工作的木刻版画家们，通过各种方式（教学、创作、出版、展览、组织、宣传），同样为延安的木刻版画工作做出了贡献。

5. 与外界的交流为延安美术的繁荣提供了契机。首先是与国统区的美术交流，在抗日民族统一战线的旗帜下，美术家和所有爱国人士表现出极高的民族救亡意识，使战前新美术运动的流派让位于为"救亡图存"而艺术的民族大业。这为国统区和解放区两个不同政治和地理区域的美术家的对话与交流奠定了基础。再加上中共南方局和作为中共驻国统区最高领导的周恩来为两地美术界的交流做了许多努力，因此在抗战时期两地的美术交流活动从未间断。

以延安为中心的解放区美术家们在鲁艺的熔炉里，最深刻地把握了抗战时代的脉搏，他们认识到只有走出象牙塔，贴近民众，创作出群众喜闻乐见的作品，艺术才能在这一特定的时期发挥其作用。延安的艺术从其观念、思维以及形式的表现方面，较之国统区的艺术家更具有大众性，更带有泥土气息、生活气息和战斗气息，这些特点一次次被国统区的艺术人士所赞扬。抗战时期，两地木刻界的交流无疑是最活跃的，通过媒体和大量的作品展出，延安木刻家力群、古元、胡一川、彦涵的名字，早已被国统区的人们所熟悉。1942年10月，"中国木刻研究会"筹办组织了"双十全国木刻展览会"，在400多幅作品中就展出了30多幅由周恩来带来的古元、力群、华山、焦心河等延安木刻家的作品，在山城美术界引起强烈反响。徐悲鸿在《新民报》上发表评价文章，高度赞扬解放区的木刻。美术名家的评价给延安的青年美术工作者以极大的鼓舞。延安的《解放日报》于1943年3月16日全文转载了徐悲鸿的文章，陆定一还为此撰写了专文。

抗战时期的解放区和国统区美术界在救亡的旗帜下，相互交流，相互借鉴，促进了两地艺术的巨大进步。来自延安的艺术思想和艺术形态被生活在另一政治空间中的美术家所接受，表明一种与时代脉搏互动的艺术思想和形态具有的辐射力，也充分说明了延安艺术在这一时期所取得的巨大成就。属于"延安传统"的美术创作，除了能够体现国内文艺交流的特点，重要的一点就是受到苏联文艺思想的影响。在 1939 年 5 月 10 日举行的庆祝鲁艺成立一周年的成绩展览会的第九室，就专门陈列了"苏联革命之名画"，"全系苏联有名的艺术家的作品，多为描画按革命前后之群众的英勇斗争的情形及沙皇的黑暗腐败统治的暴露，内容丰富，技巧惊人"。毫无疑问，苏联十月革命的胜利对中国共产党人的鼓舞，苏联给予中国共产党的帮助，都直接影响到延安的文艺创作。

抗战时期的延安美术有着极其重要的作用和地位，延安的抗战美术是中华民族抗战的重要组成部分，其以各种各样的美术形式为武器，与敌人进行着不屈不挠的斗争。

首先，服务抗战推动抗战。抗日战争是一场中华民族生死存亡的大搏斗，如火如荼的爱国热潮刺激中国美术走上了新的阶段。艺术家从象牙塔走出来进入现实社会时能够看到：前线将士奋战抗敌、同胞颠沛流离、良田美宅变为颓垣败瓦。战争的残酷把艺术家推向时代的前沿，他们用画笔作武器，参与了保卫国家的战斗。为了揭示黑暗展示光明，广大抗战美术工作者，从多角度、多侧面进行了大量创作。延安美术的宣传和动员作用，大大鼓舞了广大人民舍身杀敌的勇气，增强了人民最后胜利的信心。

其次，指导了其他解放区的艺术运动。如在延安木刻艺术家的积极参与和指导下，晋察冀解放区的木刻版画艺术的创作和宣传工作也很有成就。从 1938 年至解放战争时期，先后有沃渣、江丰、马达、彦涵、古元等从延安来到晋察冀从事木刻版画的创作和宣传工作。晋察冀解放区先后创办了许多报纸和画刊来刊登木刻作品，如《抗敌画报》《战线画报》《冲锋画报》《七月画报》《前卫画报》《火线画报》《挺进画报》《农民画报》《青年画报》《儿童画报》

《晋察冀美术》等，在这些刊物上，发表了不少优秀的木刻艺术作品。在晋察冀解放区，还成立了各种美术团体，如 1939 年成立了中华全国美术界抗敌协会晋察冀分会，1940 年组建了美术工作队等。

再者，保存了民族文化精华，为以后艺术人才的培养打下了基础。延安时期哺育成长的美术工作者，新中国成立以后纷纷成为社会主义美术界的骨干力量。可以说，在北京、上海、广州以及全国各地的艺术舞台上，他们都是"领衔"主演。"新中国漫画第一人"——华君武，80 多岁了还坚持画漫画；木刻家彦涵、古元、力群、王朝闻等成为新中国的美学大师，都为新中国艺术的发展和艺术人才的培养做出了不可磨灭的贡献。

最后，对艺术审美观也有一定的影响，改变了战前对西方美术的盲目崇拜。尽管发展不平衡，但在艺术创作规律的几个主要方面——艺术与群众、艺术与生活、艺术与传统，有了新的认识和实践，因而创作出一些反映时代精神面貌，以劳动人民作为主人公的美术作品，显示出美术发生了带根本性质的变化，为我国的社会主义美术的建立打下了很好的基础，开辟了一条现实主义的美术宽阔大道。

抗日战争是中国 20 世纪乃至中华民族发展史上的重大事件，也是世界反法西斯战争的重要组成部分。在这场关系到民族生死存亡的大搏斗中，中国美术家同样经历了一场心灵的震荡、情感的冲突和观念的嬗变。他们既饱受了内忧外患的煎熬，也释放出了巨大的生命与艺术激情，八年抗战时期，全国上下都为保卫国家尽了每一份力。士兵们在前线和敌人拼命，贡献重大；艺术家也用他们的画笔和艺术才华来保卫国家，在危难关头贡献出他们的力量，在中华民族的抗战史上写下了光辉灿烂的一笔！

（本文选自《艺术的历史与事实——20 世纪中国艺术史的若干课题研究：1900—1949》，四川美术出版社 2006 年版）

电影社团

延安影艺生活录
吴印咸

> 吴印咸，江苏沭阳人。1922年毕业于上海美术专科学校。曾在上海红灯照相馆任摄影师，在天一影片公司任布景师。同年底，在明星影片公司拍摄《生死同心》，随后拍摄袁牧之编导的《马路天使》。1938年夏，按照周恩来的指示，接受荷兰伊文思赠送给八路军的电影摄影机、胶片等器材，并送往延安。1938年秋，八路军总政治部成立延安电影团，任电影团摄影队长，并在陕北拍摄大型纪录片《延安与八路军》。后随电影团到华北敌后晋察冀、晋西北地区，拍摄八路军英勇抗击日寇的许多场面，又拍摄白求恩在敌后为伤员医疗等纪录片和文献照片。1940年回延安，拍摄《陕甘宁边区第二届参议会》《南泥湾》等影片。1942年任延安电影团负责人，同年5月参加延安文艺座谈会。1946年率电影团到东北解放区，参加创建东北电影制片厂，先后任处长、副厂长、厂长。1949年7月出席全国第一次文代会。新中国成立后，任北京电影学院副院长兼摄影系主任，中国摄影学会、中国摄影家协会副主席。出版有《人像摄影》《怎样正确估计曝光》等。

满怀希望的抉择

1937年抗日战争全面爆发了，"八一三"淞沪抗战失败，上海沦陷，进步的电影工作者纷纷奔赴抗日前线。我在太原、香港之间奔波了一年多，结果一事无成。在国破家亡之际，我深感前途渺茫。正在这时，接到了袁牧之的电报，邀我到武汉，说有要事相商。

当我来到汉口杨森花园三层楼的一间小屋子里时，见牧之正在那里忙碌，屋子里到处是各种电影书报和一些草拟的文稿。牧之是一个热情直爽有表演才华的青年，比我小9岁。几年前，为了反抗家庭对他演剧活动的干涉，愤而放弃大学毕业的机会，同家庭脱离了关系。他的表演深受观众欢迎，我们几次配合，也算是老朋友了。

"你知道吧，八路军周恩来先生邀请我到延安拍一部大型纪录片。我对编导还算内行，对摄影可不大通，所以我请你来，是希望你能和我同去，我们再配合一次，拍一部有价值的片子。"牧之坦率地向我和盘托出，并投来期待的目光。

"到延安去？"这对于我——一个在江南大城市生活了几十年的人来讲，实在是太突然了。路途遥远，环境陌生，前途未卜，我不能不认真地考虑啊。

"印咸兄，去那边可能会艰苦一些，但我们搞文艺的，不就盼望有发挥自己才能的机会吗！"牧之的话是有道理的。自从上海、太原沦陷，我已荒废了一年多的时光，最近武汉局势也日益紧张，我们可能连安身之地都不会有了；另一方面，到大西北去，接触一下我从未接触过的生活，拍摄大型纪录片，对摄影做新的探索，这不正是我这个摄影师梦寐以求的愿望吗？机不可失呀！

"那好，我和你同行，去看一看，闯一闯。"我终于下了决心。

"我知道你会这样决定的，我没看错。别看老兄平时言语不多，大事上真是心中有数啊！"我们都兴奋地笑了。

去拍片子，必须带足胶片和器材，但我们只有一台16毫米摄影机及部分胶片。这时，八路军驻武汉办事处给我们带来了一个好消息：伊文思决定送给我们一台"埃姆"35毫米摄影机。

伊文思是荷兰电影导演，在当时就已有些名气了。中国抗日战争爆发后，他来到中国，拍摄大型纪录片《四万万人民》。伊文思已经拍摄了著名的台儿庄战役，打算再去延安拍摄，因国民党政府的百般阻挠未能成行，在汉口，也处处受到限制、监视，不允许他与共产党和进步人士接触。当伊文思得知我们准备去延安拍片子的消息后，便决定将他随身带的"埃姆"摄影机送给我们用。

八路军办事处考虑我初到汉口，不为众人所知，便决定由我去接收这部摄影机。

在一个星光暗淡的夜晚，我乘坐周恩来同志的汽车来到汉口郊外一条马路边。这是我第一次参加为国民党当局严格禁止的活动，心情难免有些紧张。一会，另一辆汽车驶来，从车上下来一位外国人，他就是伊文思。他将摄影机和2000英尺电影负片交给我，并低声说："延安！延安！"环境的险恶，使我无法和他交谈，只有用力紧紧地握了握他的手，表示对他无私援助的感谢和敬意。在夜幕中，我们匆匆分手，竟都没有看清对方的面容。当我们在1957年再次见面时，彼此都是五六十岁的人了，在明媚的阳光下，我们仔细端详着对方，回想起初次见面的情景，心中有无限的感慨与快慰。

经过一段时间的准备，我们在八路军办事处的安排下，坐火车离汉口赴西安。当时处于国共第二次合作初期，两党关系维持尚好，因此我和袁牧之两人都身穿八路军军服，化装成一般的八路军战士，杂坐在他们中间，送行的只有钱筱璋一个人。随着一声长鸣，火车渐渐远离汉口车站，我的心不禁急速跳动起来，城市、街道、摄影棚，这一切都似乎要成为过去了，而我面临的新生活又将是什么样呢？我当时绝没想到这次离汉竟成为我人生道路上的一个转折点，成为我参加革命的起点。事后我才知道，我们这次悄然离汉在同行中引起了不小的震动。尤其是我这个在不少人印象中，沉默寡言，静如处子，只知埋头业务的人，这次毅然出走，大出他们的意料。

人生的转折

9月的延安，阳光灿烂，一片金黄。

这座雄踞在西北黄土高原上的古城本来默默无闻，只因红军到达陕北，在这里建立起第一个抗日革命根据地，才成为人们瞩目和向往的革命圣地。浑厚坚实的黄土，傍城东流的延河，嘉陵山上高耸入云的古宝塔，以及那一层层、一排排错落有致的窑洞，这一切都使我感到新鲜。特别是这里的人们个个显得十分愉快、质朴，人们之间的关系又是那么融洽。我看到毛主席、朱总司令等人身穿粗布制服出现在延安街头，和战士、老乡唠家常，谈笑风生……我被深深地感动了。我觉得我已经到了另一个世界，这正是我梦寐以求的理想所在。

延安电影团摄影队队长吴印咸

我们到延安后，八路军总政治部马上成立了电影团。电影团由总政副主任谭政任团长。说是电影团，总共才六七个人，真正搞过电影的只有袁牧之、我和徐肖冰。徐肖冰曾是我的摄影助手，他是从太原参加八路军，到延安后才调到电影团的。我们要拍的纪录片定名为《延安与八路军》，袁牧之任编导，我担任摄影并兼摄影队长。

1938年10月1日，经过牧之对拍摄提纲反复研究定稿后，我们在陕西中部黄帝陵拍下了第一个镜头，从而掀开了中国电影史上崭新的一页。看到一队队、一群群从祖国各地汇集起来的青年学生情绪高昂地奔赴延安，我也置身在这伟大的潮流之中，"天下人心归延安"，我这一步走对了。离开这火热的斗争，离开中国的民众，艺术家到哪里去发挥他的才能呢？又到哪里去寻找创作源泉呢？

我们摄制组按计划在延安工作两个月拍摄延安军民建设、巩固根据地的战斗生活。那时，日本飞机常来骚扰。一次，我和肖冰刚刚把摄影机拆开，准备修理，突然空袭开始，一颗炸弹在我们住处不远的地方爆炸了，震塌了我们的房角，我不由得扑到机器上，用身体挡住了瓦砾和沙石。飞机还在天空盘旋，我们便不顾一切地从尘土中爬出来，急忙将机器零件收拢，躲到墙角。事后我们发现，不仅主机完好无损，甚至连一颗细小的螺丝钉都没有丢失，大家都感到万分庆幸。周副主席和谭政团长得知后赶来看望我们，还特地慰问了我。摄影师固然爱他的机器，但爱到不顾惜自己的生命，这恐怕就是思想感情发生变化的表现吧！"三年八路军，生铁变成金"，我真的在变了。

在延安拍摄告一段落后，1939年初，我们乘小船破冰东渡黄河，出发到晋西北、晋察冀等边区，开始了一年多艰苦的战地拍摄。我们拍摄了大量军民抗战可歌可泣的动人场面和生活情景。

这段时间给我留下极深印象、终生难忘的还有和白求恩大夫共同生活的日日夜夜。

为了拍摄国际主义战士白求恩在中国解放区工作生活的情况，我们摄影队曾和白求恩做了邻居，并跟随他从冀西转战冀中，前后将近两个月。白求恩大夫，年过半百，神采奕奕，精力过人。他爱穿八路军自纺自织的灰布军服，爱用中国农村古老的烟斗吸烟，就像一名普通的战士，生活在同志们、伤病员和中国老百姓之间。我怀着对白求恩大夫崇敬的感情为他拍照，我们成了朋友。闲暇时，白求恩大夫爱和我谈论摄影，我们共同探讨战地拍摄的技术技巧。白求恩有一架雷丁娜照相机，那是他随身所带的心爱之物。

1939年10月20日是白求恩大夫准备启程回国筹集资金、器材、药品的日子。欢送会都已经开过了，但日本侵略者偏在此时，调集两万兵力，配以飞机、大炮、装甲部队，向边区发动了"冬季扫荡"。白求恩大夫毅然决定留下来参战。我随着医疗队冒着风雪赶了70里山路来到摩天岭前线。按白求恩大夫"救护工作务必靠近火线"的指示,手术室被安置在离火线7里的孙家庄村外的小庙里,这座小庙孤零零地坐落在路边,庙里的佛像早已荡然无存,只有雕梁画栋和墙壁上的残图还保留着。

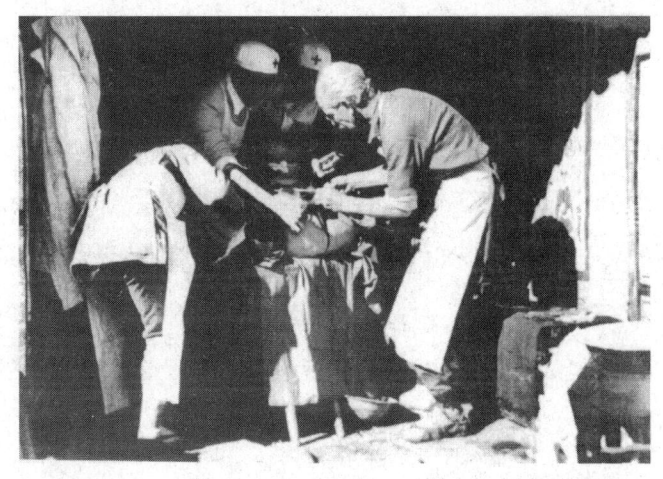

白求恩在前线为伤员做手术

指挥向摩天岭发动进攻的是日寇中将阿部规秀。他是一个以疯狂凶残著称的杀人魔王。当时,战斗进行得十分激烈。枪炮仿佛就在我们身边炸响,小土路上奔跑着后备队和运输队、担架队的队员,个个神情都十分紧张、严肃,在等待命令,不久,担架队把一个个伤员抬下摩天岭,顺次排在庙前的小土坡上。

白求恩大夫身穿白色围裙,高高地卷着袖子,站在用两只"卢沟桥"(白求恩大夫设计制造的,便于装医药箱的骡驮架子)铺上门板而成的"手术台"前紧张地工作着,他沉着镇定,神情坦然,指挥着整个抢救工作有条不紊地进行着。我受到感染,冷静地用摄影机对准白大夫与伤员,将这次抢救过程拍摄了下来。

手术进行到次日下午,哨兵突然报告后山发现大批敌人，正向孙家庄袭来，情况十分危急，白求恩大夫立即命令将轻伤员转移，剩下10名重伤员就地手术。敌人的枪炮声越来越近了，破旧的小庙被震得簌簌落土，大家一再劝说白求恩大夫撤离，但他镇定沉着，旁若无敌，连续工作三十小时毫无倦意。当他弯着腰，聚精会神地在台上为一个腹部受了重伤的战士做缝合手术时，我举起照相机，利用夕阳微弱光线的照射，以中国特有的古庙作为衬托，将白大夫的这种感人形象记录下来：身着粗布衣衫、脚穿草鞋的他和中国式古老小庙的典型环境，以及简陋的手术台和他那一丝不苟、严肃认真、沉着镇定的神情，一目了然地呈现在观众面前，不用文字解说，就能将时代情境揭示无遗。

多少年来，中加人民怀念白求恩大夫，他们赞美这张照片，称它是历史的珍品，艺术的结晶。但我深深懂得，没有白求恩大夫不远万里来到中国的动人事迹，就不会有我这成功之作，如果我没有深入生活，经受战火的考验也就不会记录下这永远令人难忘的时刻。时代给我创造了创作的条件，我的职责是记录下这伟大的时代。

就在这次抢救中，白求恩大夫划破了手指，不久又在手术中中了毒，于11月12日不幸以身殉职。我从前线赶回来参加了追悼会。天下着大雪，人们从四面八方赶来，向这位可敬可亲的朋友告别。

《延安与八路军》经过两年紧张而艰苦的拍摄，终于完成了。虽然因为战争的关系，这部片子在苏联遗失了大部分，没有制作出来，但却坚定了我为无产阶级的电影事业奋斗，继续为记录我们中华民族最伟大的历史时代工作的信念。1942年，我加入了中国共产党，生活在我面前展示了一个更加广阔、更加绚丽的前景。

拍摄《南泥湾》

1942年，组织决定让袁牧之到苏联制片，我担任了电影团领导工作。这任务对我来讲，无疑是艰巨的。那几年，由于国民党的经济封锁，陕甘宁边区面临着物资供应严重不足的极大困难。电影团的胶片所剩不多，正常的拍摄已无法进行。在这种困难的条件下，根据"精兵简政"精神，电影团本可以和其他文艺机构一样裁并或精简的，但是中央十分重视电影事业，"为了保存当时仅有的这批电影干部，以待时机发展"，仍决定把电影团这个机构保存下来，人员也没有调动。

党的关怀与重视，极大鼓舞了全团同志，我们决心艰苦奋斗，同心同德渡过难关。我带领大家开荒种地，当年我们便做到粮食自给有余。我们用废旧胶片制成纪念章出售，开办照相馆为群众服务，还举办了各种形式的摄影展览，这样我们没有向政府要一分钱，自筹资金，盖了六间新房。尽管物质条件很差，我们的生活却十分充实。

这年，在第一二〇师第三五九旅进入南泥湾屯垦一年之后，我们电影团也开进了南泥湾，去拍摄《生产与战斗结合起来》。

南泥湾地处距延安100里外的金盆乡，纵横一二百里。这里原是一个人烟稠密的富庶地区，但八九十年前，由于清兵的大肆蹂躏，反动政府挑拨回、汉两族互相残杀，这里已变成荆棘丛生、野兽成群的荒芜地区了。第三五九旅进驻一年，开辟了万余亩土地，但是，战士们仍然栖息树林，露宿旷野；吃的是盐水煮野菜、发了芽的麦子和黑豆调成的面糊糊。我们和战士们一样生活，看到他们饱满的革命热情，顽强地与大自然搏斗的精神，也忘记了眼前的困难。

当时我们拍摄电影的胶片已没有了。只剩下数量有限的16毫米正片，本来不具备拍片子的条件，但我们精打细算，用正片代替负片，力争不浪费一个镜头，最后用1500尺正片拍下了第三五九旅在南泥湾边生产边战斗的艰苦奋斗的历程，拍下了八路军战士藐视一切困难、坚定乐观的革命英雄主义精神面貌，拍下了沉睡了几十年的南泥湾变成稻谷飘香、猪羊满圈、牛马满栏、鸡鸭成群的陕北江南的实况。

片子拍出来后，我们面临着制片的一系列复杂工艺的更大困难。延安没有必须具备的水电条件，更没有近代的制片器材设备。但是人民在困难中需要精神食粮，我们有责任尽快使第三五九旅的英雄事迹与人民群众见面。在延安文艺座谈会精神鼓舞下，我们因地制宜，用土方法来解决困难。没有自来水，就一担一担挑来延河水，澄清后使用。没有拷贝机就用摄影机印片子。没有电就用日光感光。我们砌了一个小亭子，上边留一个小孔，下边安一块能上下移动的木板。工作时，外边有人报告光线情况，里边同志控制曝光时间。这种原始古老的"暗室"居然也派了大用场。没有洗片机，我们就20尺一段、20尺一段在小木盘里冲，最后再全部接起来。这一切，不仅今天看来是不可想象的，就是电影史上，恐怕也是绝无仅有，但我们居然成功了，1500尺胶片用上了1300尺。

我们考虑这部片子是紧密配合延安军民大生产运动的，也是对敌人封锁的回击，有迫切的现实意义，因此我向毛主席汇报了拍摄南泥湾大生产的情况，希望他能在片子里出现。主席赞成了我们的意见，我们高兴极了。因为窑洞里太暗，我们便搬出一张桌子，主席在铺好的白纸上挥笔题上了"自己动手，丰衣足食"八个刚劲有力的大字，深化了我们这部片子的主题。主席那天兴致很高，拍摄工作结束后，他对我说："我的这张题词就送给你吧！"这张珍贵的历史文献我一直保存着，1957年赠送给军事博物馆。

1943年2月4日，这部凝聚着我们辛勤劳动与智慧的电影《生产与战斗结合起来》在延安直政大礼堂举行首映式，这是根据地第一次放映我们自己拍出的电影，它轰动了整个延安古城。战士、干部、老乡络绎不绝地拥入礼堂，有些人走了十几里山路赶来。当他们看到宝塔、延河，看到硕果累累、遍地花香的南泥湾，看到自己所熟悉的战士的脸庞，掌声、欢呼声便像春雷炸响，幸福的暖流在每个人心中流淌，延安的人们亲切地称它为《南泥湾》。朱德、周恩来、贺龙等领导同志都先后看了这部片子，称赞它是"纪录片中不可多得之佳作"。这是崇高的奖赏，也包含着更多的希望。

延安艰苦的生活锤炼了我们，群众的需要鞭策着我们，在拍摄过程中，全团同志的思想境界得到净化和升华,我们的电影队伍也在发展和壮大。以后,我们又拍摄了《陕甘宁边区第二届参议会》《中国共产党第七次代表大会》等片子。到抗日战争胜利前夕,我们全团已有三四十人,在冲洗、晒印、放大等方面已积累了一整套工作经验,可以说已初具规模了。为此,我获得甲等劳动英雄称号。

彭德怀将军曾赠给我们电影工作者一首诗:

摄取战争的真相,
不怕鬼子的刀枪。
踏遍了华北的战场,
几经寒暑来到太行山上。
有了你这样英勇的战士,
中华民族绝不会亡!

几年来我们的电影团肩负历史使命,以摄影机为武器,踏遍华北敌后抗日根据地,忠实地记录下中华民族可歌可泣的抗敌历史,讴歌伟大的母亲,赞美忠诚的儿女。

为毛主席拍照

到延安后,由于工作需要,我得以经常与毛主席等中央领导同志接触,拍摄他们的工作学习生活,记录下他们光辉的业绩,从中也得到他们的启迪教育和关怀。

还在我们初到延安时,主席就曾接见过电影团的同志并请我们吃过饭。他询问我们工作的情况。当他知道我们的主要困难是器材严重不足时,他笑了,说:也许你们现在是英雄无用武之地,但将来总有施展才能的机会。现在要你们拍长征就不可能,但以后就可以了。我们八路军没有别的可依赖,一切靠自己奋斗。这些话给了我们巨大的鼓舞和教育。

给领袖拍摄,责任重大。主席深知我们的困难,只要条件允许,他总是设

1945年，吴印咸为毛泽东照相

法支持我们的工作。记得在拍延安文艺座谈会时，会场小，人数多，屋内光线又暗，实在无法拍摄，我只好向主席提出会后补拍的要求，主席听了，便建议我拍一张集体合影。他率先走到广场上，坐在代表中间，为我们留下了一张珍贵的历史文献。

1943年，主席在陕甘宁边区劳动英雄大会上做《组织起来》的报告。当时摄影条件极不理想。大礼堂窗户不大，没有电灯照明，也没有闪光灯，用的又是过期五六年的胶片，摄影机镜头光孔又不大，我感到光靠我的摄影基本功，还难以拍好毛主席讲演的镜头。于是，我一边听着，脑子里一边紧张地考虑。主席讲话擅用手势助语气，我发现当他每做一手势往往有片刻的停顿，为我提供了用慢速度拍摄快动作的可能性。我拿好机子，放足了光圈，静心等待，结果用 1/2 到 1/5 秒的慢速度拍了一组照片。因为光圈大速度慢，尽管背景影调很暗，主席面部的光感却十分清晰柔和。在低调的背景衬托下，主席炯炯的目光，坚定的神态，以及那种独具风格的姿态手势十分协调地结合起来，突出了主席宏伟的气魄。这组八张照片在我的六十年摄影工作影展中十分引人注目。

"七大"是我党历史上一次重要会议，我担任为大会拍电影及照片的任务。当时，我们的胶片所剩无几，必须十分珍惜，精打细算。开会前我赶到会场，了解到会场大而主席台上光线很暗。在没有照明设备的条件下，既要拍好大会的全景，又要拍好大会主席台的全部形象，以及领袖报告时的特写镜头，且不能浪费一点点底片，必须拍得张张有把握。我再三考虑，一丝不苟地拍摄每一镜头，终于将"七大"会议全部记录下来，成为我们党的代表大会的第一部完整的文献资料。

在给主席拍照的过程中，有些场面给我留下了终生难忘的记忆，给予我无形的深刻的教育。1942年主席给第一二〇师干部做报告，我赶到现场时，

吴印咸拍摄的毛泽东给八路军第一二〇师干部做报告

报告已经开始了。那天阳光明丽，微风习习，在窑洞前一块宽敞的土坪上，主席在给干部分析时局。他穿着一套洗得很干净的粗灰布制服，布鞋、裤子上还打着两个补丁，面前不过是一张简陋的方凳和一杯开水。我选择了最典型的一瞬间，拍下了主席当时神采奕奕的伟大形象。时光流逝，但这张照片的艺术魅力却依然不减。

1945年8月28日是延安军民难以忘怀的一天。清晨，我随向东的人群来到延安机场，上千的干部群众已经聚集在那里，他们在等候向毛主席告别。当毛主席身穿一套半新并未熨烫的蓝布制服，头戴灰色盔式帽一步步踏上飞机梯子时，机场一片寂静，人们一动不动地望着为了和平民主而赴重庆谈判的领袖，祝愿他平安、顺利。我屏住呼吸，将摄影机对准了毛主席。在机舱口，毛主席转过身来面对送行的群众，他拿起了那顶盔式帽，用力一挥，举过头顶，在半空中停住了。群众沸腾了，面向飞机，面向毛主席招手、欢呼，我按动了快门，将这一刹那永久地记录了下来。

（本文选自《延安艺术家》，陕西人民教育出版社1992年版）

《延安与八路军》及其他

徐肖冰

> 徐肖冰，浙江桐乡人。1932年起，在上海天一、明星等影片公司任摄影助理。1936年在山西西北电影公司任摄影师。抗日战争爆发后，参加八路军。1938年10月由太原赴延安抗日军政大学学习。后到延安电影团工作，参加大型纪录片《延安与八路军》的拍摄。1939年随电影团赴华北敌后抗日前线，先后在晋西北、晋察冀、冀中和晋冀鲁豫等抗日根据地拍电影和照片。1940年参加百团大战战地摄影采访。1941年回到延安，参加多部影片摄制工作。1945年抗日战争胜利后，任张家口《晋察冀画报》社电影科长，不久调东北电影制片厂工作。新中国成立后，在中央新闻纪录电影制片厂做领导工作。1979年当选为中国摄影家协会主席。

1938年8月，袁牧之及吴印咸同志到达延安后，党非常重视，在八路军总政治部下面成立了电影团，由总政治部副主任谭政同志亲自领导，并选派了李肃同志担任电影团的具体政治与行政工作。李肃同志是一位长征干部，曾参加过宁都起义。袁牧之同志负责艺术方面的工作。当时有六个人，只有袁牧之、吴印咸同志和我是搞过电影的。

到了延安不久，就碰上日寇飞机轰炸，电影团的住所被炸了，几个人差点给炸死。轰炸后，周总理及其他首长都来看我们，我们由衷地感激党的关怀。

我们开始准备拍摄《延安与八路军》，由牧之同志设计并编导，由吴印咸同志及我担任拍摄工作。这部片子反映"天下人心归延安"，知识分子从国民党统治区通过几道封锁线奔赴延安投身革命，经过学习，然后就分赴各战场参加工作；反映八路军的英勇战斗及亲密无间的军民关系；等等。第一个镜头是在陕西中部的黄帝陵开始拍摄的。那天恰好是1938年的10月1日。延安的部分拍完之后，

1942年，八路军总政治部电影团全体人员在延安合影

1939年初，电影团分两路到敌后去拍片。吴印咸同志去平西（北京以西）妙峰山一带，我和牧之同志去晋东南及晋察冀一带。

在我们动身的前一两天，使我们终生难忘的是：毛主席于百忙中抽出时间接见我们，并请我们吃饭。被接见的有袁牧之、吴印咸和我等。席间毛主席亲切地询问了我们的工作情况，问我们准备拍什么片子，并关怀我们的生活。我们向主席汇报了工作情况，并说明由于敌人的封锁，材料来源困难。毛主席鼓励我们说，你们现在是英雄无用武之地，不能发挥你们的能力，但将来的工作是很多的。毛主席又说，现在拍长征就不可能，过几年你们就能拍了。毛主席的指示坚定了我们的信心，也使我们看到电影工作的广阔的前景。这些指示给我们印象很深，一直鼓舞着我们。

插入敌后往往要经过好多道封锁线，而且敌人扫荡频繁，常常一口气要跑几十里，最多的一次跑了 140 里。电影团有一次被敌人包围，当时有袁牧之、李肃和我，幸亏部队保护突围出来。1939 年底，牧之同志带着已拍过的胶片先回延安。我则带了个通讯员径赴敌后拍地道战、地雷战、百团大战及官家垴战斗等。首长们爱护我们，不叫上火线去。但为了完成拍摄任务，一有战斗，我们还是上去拍，并跟着部队攻地堡，有的摄影记者还给我们拍了照片。

影片中需要一段敌后游击队活动的镜头，要到敌占区去拍。部队极力帮助，通知井陉地区游击队，再由游击队找到敌占区的维持会长，叫他给想办法，要是出了乱子就找他算账。

一天夜里，我和通讯员化了装，由游击队的便衣同志带到这个维持会长的家里。这个会长照顾我们休息，在脱衣服时，他发现我身上带有手枪。在我睡觉时，他就与游击队的同志商量第二天活动的计划。维持会长怕出乱子，尤其怕碰到日本军队给抓去，有手枪就保不出来，那他就没法向我们的游击队交代。他们商量的结果，还是不带枪，这样就是被抓去，还能想办法要出来。

第二天一早，由维持会长带路，我们出发了。井陉煤矿位于正太路上，我们准备在靠近铁路的地方拍游击队活动，背景是敌人火车疾驶而过。滹沱河上有农民用水磨来磨拜佛用的香，在这里碰到了日寇，但一下就过去了，没有出什么问题。我们找来找去找到一个晚上打信号用的炮楼，躲在里面从枪眼里等待拍摄。一直等到下午才拍到这个镜头。

当我们回来以后，游击队的便衣同志向队长汇报情况。队长还把他批评了一阵，认为不带枪很危险，有枪还可以在遇到敌人时干一阵，否则就白白给弄去了。

部队处处给我们支持，千方百计地给予保护，像罗瑞卿将军、左权将军等首长，都给我们题过字，鼓励我们，在每次战斗结束后，都要问拍电影的同志怎么样。党从来都是关心电影的，关心它在革命斗争中的作用，也关心我们电影工作者的成长。

（本文选自《中国电影》1958 年第 7 期）

关于影片《南泥湾》
钱筱璋

> 钱筱璋,安徽芜湖人。1933年起任上海明星公司、武汉与重庆"中制"、香港大地影业等影片公司剪辑。剪辑的影片有《十字街头》《马路天使》《孤岛天堂》,纪录片《抗战特辑》等。1941年6月到达陕甘宁边区。后在延安中央党校学习,于1942年调延安电影团任秘书。1943年编辑纪录片《南泥湾》。1945年率领电影团先遣组奔赴东北,任东北电影制片厂技术部副主任和新闻片组组长,主持编辑新闻片《民主东北》。1949年4月调至北平电影制片厂,任新闻处处长,编辑纪录片《百万雄狮下江南》《打击侵略者》。1953年任中央新闻纪录电影制片厂副厂长、厂长兼党委书记。1975年任文化部电影局副局长,创立中国电影剪辑学会与中国电影电视技术学会。历任中国电影家协会第二至四届常务理事、中国文联第四届委员、中国新闻工作者协会理事等。

1943年,在国民党发动第三次反共高潮时,电影团决定拍摄以第三五九旅在南泥湾生产为题材的影片《生产与战斗结合起来》。片子出来之后,大家都叫它《南泥湾》,于是就叫开了。影片由印咸、肖冰同志摄影,由我编辑。党那时已经确定新闻纪录片拍摄的原则:真实地反映斗争与生活。就在这一原则指导下,我们拍摄了这部片子。

1943年,蒋介石发动了第三次反共高潮,尽撤黄河河防大军,包围陕甘宁边区。毛主席号召自己动手,丰衣足食,坚决粉碎敌人的进攻。第三五九旅即在南泥湾首先搞起生产。

影片由一片荒山开始,接着战斗、部队生产,然后战士吃到自己的劳动果实、练兵……主题明确，一切为了抗战。影片中表现了向群众学习，走群众路线，生产中比先进，谁种了多少亩地，打了多少粮食。干部都是普通劳动者，与战士们一起搞农业、手工业、畜牧业，自己盖房子，等等，充满了革命乐观主义的精神。

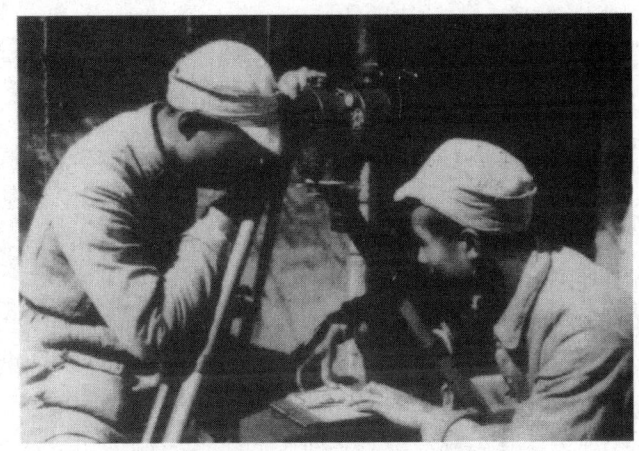

马似友、吴本立用伊文思赠送的摄影机拍摄影片字幕

边区在那时很困难，根本没有菜吃。吃饭时，菜是一盆盐水，饭是发了芽的麦子、面糊糊、黑豆、稀饭等等。吴本立同志吃黑豆都吃肿了脸。

影片紧密地结合形势的需要，通过具体生动的形象，对于军民战胜困难，响应党和毛主席的号召，起了鼓动的作用，使群众自力更生的信心更为加强。片子出来以后，各处争先恐后地要求放映。影片是无声的，向鲁迅艺术文学院借来留声机和唱片，又向别的机关借来扩音器，再配上手摇发电机，就到处放映。这些机器用几匹小毛驴驮着，走遍了陕甘宁边区。部队是一个团一个团地挨着放。去清泉沟放映时，遇见了贺龙将军，他关心地询问了我们的工作情况。

毛泽东为影片《南泥湾》的题词

影片的前面是毛主席的题字：丰衣足食。字幕一出现，观众掌声如雷。战士们百看不厌。当时延安的《解放日报》与重庆的《新华日报》，都发了消息。

每次放映时，通过扩音器向观众解说，我就搞过解说。解说词随时局的变化增减宣传鼓动内容。在部队放映完了，就有政委上台讲话，说看人家第三五九旅的劲头，我们也要赶上去，等等。

在杨家岭给中央机关放映时，周总理也来看影片，并到放映的地方来看我们。

有一次，国民党的某代表团来延安，我们在边区参议会大礼堂放映《南泥湾》，搞得完全与有声电影一样，弄得他们很惊奇，延安还有电影？

在制作片子的过程中，我们遇到了许多困难，我们完全是在没有近代水电设备的条件下搞起来的。水要一挑一挑从山下延河里挑上山。我们用16毫米的放映机做拷贝机。洗片是一段一段地洗，每次20尺，然后接起来。黑房里有人洗，外面有人看表。设备虽然差，但质量还是达到了一定的水平，并且使用了划入划出的手法。那时根本没有备用胶片，不像现在还有几比几的制度，拍了就要用，而且用正片代底片，样片剪辑后就上映。这些影片今天已经成为我国人民最珍贵的文化财富之一。

延安电影团，在党的领导下，第一次拍摄了以工农兵为主人的新闻纪录电影，确立了完全新的无产阶级的风格和革命的战斗传统。我们要继承这个革命的传统和苦干的精神，不断前进。

（本文选自《中国电影》1958年第7期）

延安电影团的放映队与观众
席 珍

> 席珍,山西人。曾在延安中国抗日军政大学学习。1939年调八路军总政治部延安电影团任放映员。

1939年秋,我从延安抗日军政大学被调到八路军总政治部任放映员。组织上和我们讲电影是综合性艺术,是近代科学的产物,是进行政治宣传工作的重要手段之一,要我担负起这个革命任务,安心搞一辈子电影放映工作。这样我们就开始了新的生活。

我们的队长余丰同志,是刚从苏联学习回来的东北抗联干部,和他同时调来的还有吴德礼同志,他俩以前也没学过放映,因此组织上送我们到三局学习了三个月的技术。回到总政治部工作了一个时期,正赶上电影团摄影队从敌后前线返回延安,我们放映队也就并入了电影团,由总政治部宣传部领导。先后来放映队工作的还有张鹏、王振东、丁一、赵天培、鲁克、罗光等同志。

当时经常使用的机器是苏联35毫米有声巡回放映机K101,是1938年从苏联带回来的,只有一只,因此在放完一本影片后,中间要停机换片。此外还有16毫米放映机一套,发电机三台(1.5千瓦,单相110V苏联发电机一台,直流发电机一台,300瓦小发电机一台)。

1938年从苏联带回第一套机器的同时,还带来一些影片,计有35毫米苏联原文版的《列宁在十月》、《海军暴动》(即《我们来自克隆斯达》)、《夏伯阳》、《祖国女儿》、《十三勇士》、《远东边疆》、《假如明天战争》、《粉碎敌巢》等。

1942年以后，又从重庆陆续带回了表现苏联战争的新影片《虹》《女战士》《保卫斯大林格勒》《奥洛尔大会战》《苏联新闻简报》等。苏联红军进入反攻后，吴印咸、徐肖冰、钱筱璋、吴本立等同志用苏联影片《假如明天战争》《粉碎敌巢》做资料，加上图表动画编成了《苏联红军是一支不可战胜的力量》。同时还有16毫米的默片《列宁在十月》《列宁在1918》及由钱筱璋、周从初、马似友等同志摄制编辑的新闻纪录片《生产与战斗结合起来》和摄影队拍摄成的新闻纪录片《陕甘宁边区参议会》等。

延安电影团放映队合影。前排右起：索心忠、刘长忠、王永振、赵天培。后排右起：钱筱璋、唐泽华、周安国、席珍、罗光、陈英

这些影片都反复放映很多场次，其中放映次数最多的是《列宁在十月》《列宁在1918》《十三勇士》《海军暴动》《夏伯阳》《生产与战斗结合起来》等片。所以直到事隔近二十年的今天，同志们还都能清楚地回忆起当时在延安放映这些影片时的情景。

延安电影团当时的活动条件是十分艰苦的，没有室内影院，只能露天放映，放映队到处流动，交通工具又很困难，主要依靠大车、骡子、人力搬运，坐汽车是极少有的。但我们工作干得那样起劲，往往亲自背着机器跋山涉水，越岭穿林，一夜走出几十里才到达放映地点。

当时活动的范围几乎遍于陕甘宁边区，也到过晋绥军区靠近敌后的前线地带。观众主要是机关、部队、工厂、学校人员及当地群众。在部队里，放电影是以团为单位，每场都不下两三千人。

在日寇和蒋匪军封锁边区之后，器材缺乏，放映队活动更加困难。党号召自力更生，我们开发电机没有汽油就用延长乙油，没有乙油就用煤油代替；机器没有机油用麻油；没有胶布便用普通布浸了蜡油来包扎电线；片子断了没胶水黏合便用线缝起来，或用冰醋酸接片子；用汽车小灯当激烈灯，普通灯泡或汽灯当放映灯；发电机没劲，小马达转不起来，大家就轮换着整本整本地用手摇着放映；最值得自豪的是没有录音机，我们也同样放映"有声影片"，用小喇叭当话筒进行现场解说，同时用留声机配音乐。

我们绝大部分时间是在外地放映，按照领导指示把放映电影当作一种政治工作来完成。因此我们不是单纯放映电影或简单讲解影片内容及其教育意义。我们是随时结合时势及当时当地情况，进行现实教育。每到一处，我们总是先找到那里的负责同志或部队首长了解情况，即时研究并拟出一定的宣传内容，写成材料。在天没黑下来以前先举行照片展览，是摄影队创作的，反映边区生产建设及各种斗争的照片图片等。天黑后，影片放映之前先宣传当前形势和任务、党的方针和政策，然后就把整理好的材料讲给观众听，用当地群众的自身事例教育和鼓舞他们自己，这种方式很受欢迎。接着我们放映毛主席、刘少奇、周总理、朱总司令的照片，当观众在银幕上看见自己敬爱的领袖们的彩色照片时，群情沸腾，热烈欢迎，掌声响彻山谷和夜空。人们高呼中国共产党万岁！毛主席万岁！声音久久不息，有的老年人甚至流下幸福的眼泪……

接着开始放映正片，我们利用出现俄文字幕的时候介绍故事情节，放映时讲解片中人物和对话，待换片时再把刚刚放映过的一段内容扼要地重讲一遍，尽可能使观众完全看懂影片的内容。观众从这些影片及随着影片放映同时宣讲的各种材料，得到很多教育和鼓舞。

人们为了看影片、看领袖、看苏联人民和边区人民自己的斗争与建设，往往要跑几十里路赶到放映地点。人们热爱电影，有时片子断了多少次他们也耐心地等待；甚至一场电影放映完时几乎快要天明了，人们也不走；有的小孩子为看电影睡在地上等着，看完了又睡下了，我们收拾好机器必须把这些热心的小观众们送回家去。下雨天也不散场，放映机上打着伞，坚持放映。观众冒着雨坐着看，有的战士俏皮地说："下雨算个啥！下刀子我顶着锅也把电影看完。"他们不是为了娱乐，而是为了向影片上的领袖及英雄人物学习，为了接受革命教育，他们表现了一种美好而强烈的求知欲。

延安电影团时代是艰苦的，然而又是愉快的和值得骄傲的。我们工作完成得很好。首先是因为党关心我们，中央首长经常指导，毛主席、朱总司令和我们谈过话，特别关心电影，周总理甚至亲自教我们怎样放映。常乾坤、王弼、钱文极及吴印咸等同志给我们讲业务课，军委首长也不断鼓励我们，这就是我们获得胜利和进步的源泉。同时各机关团体也热情地资助我们，中央电台、三局、医院都借发电机给我们；工业局和三局给我们修机器，在三局放映时，王铮局长亲自给我们修理放映机。这样的例子是一下举不完的，而边区人民对我们的热爱更是有笔难书。

最后，我们想应该提到的，是我们苏联的朋友密尔马多夫和尼古拉，他俩在技术上给过我们很大帮助，每当回忆起来，我们就会重新感到那些友谊的热力。

近二十年岁月过去了，那些难忘的日子给了我们珍贵和幸福的回忆。看见今天人民电影事业的蓬勃发展，想起过去的艰苦生活，我越发热爱坚持了多年的这项工作。我们今天的条件是这样好，比之延安电影团时期不知优越多少倍，我在这里回忆往事，介绍给今天电影界中同行的青年朋友和关心及热爱祖国电影事业的人们，我愿意同大家一起为建设和繁荣我国社会主义的电影事业而努力。

（本文选自《电影艺术》1960年第1期）

影片《边区劳动英雄》拍摄的前前后后
钟敬之

　　1946年秋，在延安以"延安电影制片厂"名义组织拍摄的《边区劳动英雄》，是抗日战争年代我解放区最早自力拍摄的一部故事片，虽然因为受着当时战争条件的影响，影片终未摄制完成，与那部纪录影片《延安与八路军》遭到了同样命运，仍然是值得纪念的。这常使人想起这部影片的剧作者著名电影艺术家陈波儿同志。

　　陈波儿同志作为一个党的优秀的文艺战士，在延安期间，于1938年冬就曾参与了由袁牧之编导的舞台剧《延安三部曲》的演出。这是一出反映当年延安与八路军战斗新生活的活报话剧，她认真扮演了一个八路军中的"红小鬼"，深得赞誉。后来她在延安中央党校学习，又参加了延安文艺座谈会，一直没有间断过艺术活动。曾先后导演了沃尔夫的反法西斯话剧《马门教授》和《新木马计》，以及西蒙诺夫的剧作《俄罗斯人》，特别是在1944年7月，她和姚仲明合作编导了反映党内思想斗争的话剧《同志，你走错了路！》，产生了颇大影响。在这一年的冬天，为总结我党发动大生产运动的伟大成果，延安隆重地举办了"陕甘宁边区生产展览会"，同时表彰"陕甘宁边区劳动英雄与模范人物"，有工人赵占魁、农民吴满有、部队战士黄立德等人。也许是由于受到这些英雄模范人物的启示吧，陈波儿就酝酿编写电影剧本，并提出在延安自筹摄制的建议。这个剧本就是《边区劳动英雄》。剧本的内容主要叙述陕甘宁边区一个农民的翻身故事，并反映了1935年陕北的土地革命、红军改编、东渡抗日以及大生产运动和保卫边区等重大历史事件。至于剧本所描写的那个劳动英雄吴满有，到底是个什么样的人物呢？原来此人当时的确是赫赫有名的,他在旧社会时逃荒去到陕北,经历了土地革命年代,在陕甘宁边区的新政权下得到翻身。他在我党号召的大生产运动中,作为当时边区个体农民生产致富的一个"新富农"的典型,曾经起过一定的示范作用。1947年陕北自卫战争发生,影片已告暂停拍摄之后,吴满有在我党帮助下撤离延安,随军转战陕北,他还协助做些民运工作。不料在一次紧张的战斗行军中,他被敌人俘去了,当国民党反动派得知吴满有其名时,如获至宝,立即解送南京,而他却在那关键时刻,丧失气节,公开发表污蔑中国共产党的谰言,从此这个可耻叛徒,便永远为人民所唾弃。后来我党还在一次有关电影事业的指示电文中,曾经专项提到:"吴满有已被俘,表现毫无气节,关于他的影片不再摄制。"这就算是对我们在延安拍摄《边区劳动英雄》影片的始末,做了一个历史的交代。

现在回过头来谈点当时工作的经过情况吧。1946年春,陈波儿编写的电影剧本《边区劳动英雄》初稿成熟后,她就亲自奔波,一面向组织上争取创造拍摄条件,一面曾两次去找总政电影团留守延安的程默等同志谈话,动员他们参加这项工作。不久之后,她自己得到中组部批准离开延安去重庆,又转赴上海在我地下党组织的协助下购买必要的器材。这样,就在蔡楚生、孟君谋等人的帮助下,先后买到了35毫米手提摄影机一台,电影胶片1万余尺,以及几个弧光灯和灯泡等。后来当程默离开延安转重庆去上海时,就从蔡家取到这些器材,先送南京中共代表团办事处,于同年6月奉命携带器材搭周恩来同志返延飞机同回延安。那时我东北人民解放军在解放长春时已接收了属于敌产的电影机构"满洲映画株式会社",正在由舒群、袁牧之等同志领导清理并筹备建厂的工作。这样,陈波儿便直接从上海被派去东北参加初建人民电影事业的新任务了。《边区劳动英雄》的剧本,就由合作者伊明接手带返延安,继续完成编写和拍摄工作。

当伊明、程默俩同志携带电影剧本和摄影机、胶片等回到延安时,党中央已决定由西北中央局直接领导在延安建立电影机构,自力进行影片的摄制工作。这样,先是由柯仲平、高朗山、孔厥、翟强、冯白鲁及编剧伊明等同志组成剧本修改委员会，征询各方意见，使之尽可能臻完善。同时，委派陈永清同志负责进行筹建工作，于8月间正式宣告成立"延安电影制片厂"，并任命陈永清为厂长兼党支部书记，又由伊明和我参加组成三人领导小组。这部影片的基本创作人员是，导演伊明、翟强、冯白鲁，摄影程默，美术设计兼制片是我，还有场记高维进。影片的演员除凌子风专职饰演主角边区劳动英雄外，其他都是向延安各单位借调的。如从中央党校和枣园机关调来阿甲、李波、韩冰、孙嵩（李高峰），从西北文工团和民众剧团调来刘燕生、裴然、王文、黄俊耀、王岚等，还从"延安保小"找来三四个小朋友充当儿童演员，现在还记得其中有两个女孩子叫胡明明、白和荷的。总之，这个"班子"对电影工作几乎全是陌生的。我自己多年来一直在搞戏剧的舞台美术和演出组织工作，也是从这次参加《边区劳动英雄》影片的拍摄起，才开始踏上电影的工作岗位的。这里我想讲件难忘的事，在筹备建厂初期的某一天，我与厂长陈永清因事去杨家岭，正巧有幸遇见了毛主席，他问起我们："你们现在搞什么？"当我们回答说在搞电影工作时，毛主席意味深长地说："电影要搞，小米加步枪也要搞。"后来他又问到我的工作，我说自己过去从来没有搞过电影，这次接受这项新工作，就怕搞不好。毛主席却热情地鼓励我说："你过去在舞台上搞布景，也不是一开始就会的，搞着搞着，现在你就会了。电影工作还不是一样的吗？怕它什么！"几句感人至深的话，对我们这些初次加入电影队伍的"新兵"来说，真是莫大的鼓舞。

在影片拍摄的准备阶段，为了进一步体验和熟悉边区人民的斗争生活，搜集影片创作所需要的素材资料，我们曾组织导演、演员等主要创作人员，去延安南郊的山村吴家枣园与当地农民生活了一段时间，收获很大。同时，还在那里做完了影片开拍前的一切准备工作。由于当时延安还没有电灯，无法使用灯光照明，只有依靠太阳的自然光线进行拍摄。而且物质供应和交通工具等基本条件，也极欠缺，在布景的设计和搭置方面的困难更大，所以千方百计设法创造必要条件，尽量采用阳光和实景。原来整个影片的58场戏中只12场是内景，也打算将其中有些窑洞内的场面，调度到窑门外去拍摄，多从背景设计和选景上减少困难。后来终于在延安南门外七里铺山沟里找到一个村庄做外景的"根据地"，充分利用这个山村的环境特征、民居风貌，着手进行开山削土，挖出破旧窑洞和门前空地，改建民窑门窗式样，设置风灶、畜栅、碾磨等，尽量表现几场土地革命前后新旧两个时代陕北农民居住环境的特征，以适应剧本拍摄的基本要求。

9月中旬开始了影片的拍摄工作，第一个镜头是要赶时间在秋末的阳光下，抢拍一场村民收到谷物后打场的戏。接着先后拍摄了农妇纺线、娃子放羊以及自卫军查路条等影片里的演员表演镜头和外景场面，大都是些反映新社会现实生活的戏。由于那时摄制景物和演员排练等条件，都不够成熟，所以影片前半部描写农民在土地革命前的疾苦和斗争，都没有开始拍摄。记得那时的脚本上有这样一段真切动人的戏：

吴（满有）窑内，吴妻病了，孩子饥饿着，母亲毫无办法。徐家叔叔送来了一筐苞米花之类："这是大户人家狗也不吃的。"老徐给孩子们煮食。吴兄弟负锄归来。

窗外声音："不能，不能，老爷不能啊！"

从窗隙望出去，狗腿子正在强拉黄老头（黄克富）的牛，黄老头跪求着："老爷，我就是靠这条牛！"

狗腿子出示欠条："那么你就还你的欠粮，你自己用你的牛抵押的。"

"那是你们给我写上的，粮我要还，缓一缓，老爷！"

黄欲拉住牛，被踢倒。

群众眼里浸着愤怒的火，一个青年农民欲挺身而出，给老人家拉住了。

在窗格中窥望的徐与吴等，不胜叹息。放下窗帷，徐："日子怎么过得下去？刘志丹，你快来吧！"……

在这段戏里应该出现的主要人物，有凌子风饰的吴满有，李波饰的吴妻，阿甲饰的黄克富等，这些镜头当时没有争取条件拍摄下来，现在看来倒是有些遗憾！

就在这个时候，国民党反动派扩大内战，向我陕甘宁边区周围发动新的入侵。从10月初起，边区的几个地区陆续有反动派的军事进犯和飞机轰炸，由于战争形势日趋紧张，影片的拍摄工作，已无法继续进行，遂于11月中旬，经西北局领导做出决定，宣布影片暂停拍摄，今后工作将另做安排。

翌年春，国民党反动派继续向陕甘宁边区发动大举进犯，我边区军民，奋起应战，在伟大的毛泽东战略思想指导下，我军决定撤离延安，并做好疏散转移的工作，准备在自卫反击中消灭敌人。当时延安电影制片厂在西北局宣传部（部长李卓然同志）直接领导下，决定将原由中央及地方机关调集的干部及演员等人都送回原单位。制片厂的几个基本骨干则另行安排工作，于是指定伊明、程默、凌子风、罗茅四人组织随军摄影小组（伊明不久因事离开），分两路出发：分配我和高维进去"西北文协"与柯仲平、石鲁等同志参加当时的边区土改和战勤宣传工作。那个随军摄影小组的工作由联防司令部前总负责领导，他们先是在撤出延安时沿途拍摄了边区军民有组织有秩序地撤离和支援战争的情景，后来又赶上我军机智地围歼敌人的几个著名战役。如在青化砭战役中拍到大批俘虏和战利品，羊马河战役从部队动员开始，直到部队进入阵地，都摄入了镜头。只是在蟠龙的攻坚战役获得大捷中，因为战斗的全过程是从黄昏开始到拂晓前结束的，无法记录真实的战斗场面。此后，摄影小组一直随军辗转陇东，经三边分区沿长城向北进发，在我军攻打榆林的战役中，还深入前沿阵地进行拍摄。8月，随军摄影小组程默和凌子风由联司前总介绍去葭县朱官寨中央指挥部驻地工作，先后拍摄了党中央和毛主席一直坐镇陕北，指挥全国解放大军进行反攻时的某些活动，以及记录了毛泽东、周恩来同志等的行军和歇息的镜头，记录了毛泽东同志在民窑住处彻夜工作，指挥作战的镜头，都是很可贵的。此外，摄影小组的罗茅则一直跟随野战军南进追敌，继续摄取了西北战场司令员彭德怀和政委习仲勋在作战中的活动，以及收复延安、解放宜川和瓦子街战役的一些战迹史料。这些可贵的影片素材，给革命历史留下了重要的文献资料。程默同志曾在一篇文章《在陕甘宁边区工作的时候》中记述过一段动人的事：

  周副主席对我们的工作非常关心，他又告诉我们，目前形势发展很快，中国人民的革命战争现在已经达到了转折点，由防御转到进攻，要我们尽一切可能，多记录一些有意义的材料。……

  在朱官寨，我们几次请示要拍毛主席的镜头，他总是不同意。我们说："全国人民都很关心您，都想看到您，我们拍一些镜头，可以满足群众的这种要求。"可是他说："你们节约一些胶片，多拍一些战士和群众，多拍一些新人新事，不是更好吗？"后来我们请周副主席去动员，他才勉强同意，让我们拍了一些他工作的情况。记得有一次，我们去拍主席，他正在窑洞里看地图，考虑全国的战争问题，我们怕打扰他的工作，就在窗外偷拍，过了一会，主席听到机器响，知道是我们拍电影，就整理了一下衣服，走出窑洞说："你们来拍吧，要不你们也完成不了任务。"拍完之后，主席还很亲切地同我们谈话。

这是我们的新闻摄影工作者在战争年代，如何受到党的关怀和鼓励，摄取珍贵革命历史资料的一段极为生动的记述。

1947年8月，西北战场形势急转，我军乘胜追击败敌，收复延安。在战争间隙的机会里，我和凌子风、程默都回到西北局机关的驻地，他们已经先后拍摄了战地的纪录影片素材大小十四本。那时我们得悉的消息是：在抗战胜利声中，东北解放区已经在合江省兴山后方基地建立了自己的"东北电影制片厂"；华北解放区的"晋察冀军区政治部电影队"已在困难条件下，开始摄制了新闻影片《自卫战争新闻第一号》。根据当时情况，我们商议之后向组织上提出建议：需将有关记录陕北战迹的影片素材送往东北加工洗印并编制成片；同时要求遴选一些文艺青年同去东北学习电影技术，为适应今后西北地区建立电影基地及时培养电影的各类专业人才和骨干做准备。这样，我们在经过中央同意之后，在西北局和晋绥分局的直接领导下，组织了一个新的队伍——"西北电影工学队"，明确方针任务，调集参加人员，于同年10月24日从晋西北地区的兴县北坡村首途出发，直奔合江省鹤岗矿区"东北电影制片厂"。从此，我们工学队全体人员便各自踏上电影岗位，分头接受新的工作和学习的任务了。

"延安电影制片厂"前后存在的时间是短暂的,也未完成影片《边区劳动英雄》的摄制任务。但在西北战场自卫战争期间摄取一些记录战迹的影片素材,确是值得重视的。后来虽然未能单独编制成片,其中许多可贵的历史资料,则都已先后被《还我延安》和《红旗漫卷西风》等长短纪录影片,以及后来的《延安岁月》《毛泽东》等革命历史文献影片采用了。

(本文选自《电影艺术》1985年第8期)

史实与考辨

八路军总政电影团八年纪事(上)
钱筱璋(执笔)

前言

　　八路军总政治部电影团,于1938年9月初在延安成立。这个电影团,是在中共中央和中央军委周恩来副主席的直接关怀、指导下筹建起来的。

　　1938年春,周恩来在武汉时应电影艺术家袁牧之的要求,与他进行了会晤,听取了他关于拟到延安及华北敌后拍摄新闻纪录片的设想。周恩来和博古等中央领导同志,对袁牧之的想法很赞同,明确表示,我们党现在已有可能拍摄电影,我们党应该有自己的电影。领导同志们的高瞻远瞩,扩展了袁牧之的设想,确定以拍摄《延安与八路军》这部纪录片为起点,逐渐创造条件,有步骤地发展革命根据地的电影事业。于是,在周恩来及其他领导同志的指导与帮助下,袁牧之积极地进行筹备,专程到香港购置了一台16毫米摄影机,2000英尺16毫米胶片,5000英尺35毫米胶片,以及其他应用物品。与此同时,他电邀摄影家吴印咸一同去陕北,请他担任影片的摄影,并派吴印咸代表延安电影工作者,接受国际著名纪录电影大师约里斯·伊文思赠送的一台"埃姆"35毫米摄影机和2000英尺胶片。8月中旬,袁牧之和吴印咸携带器材,离开武汉到达延安。经过短暂的组织安排,即在八路军总政治部隶属下建立"八路军总政治部电影团"(简称"延安电影团",后又称"八路军联防军政治部电影团"),立即开始第一部纪录影片《延安与八路军》的拍摄工作。就这样,它肩负起为民族和人民的解放事业服务的使命,迎着抗日的烽火,踏上了艰苦创业的路程,揭开了革命根据地电影事业历史的篇章。

电影团从1938年9月成立,到1946年挺进东北,打开向全国发展的新局面,前后奋战了八年。在革命战争年代的陕北根据地,它以坚强的革命意志,战胜了物资和技术上的种种难以想象的困难,拍摄了一批反映当年革命史实的新闻纪录片和电影资料;拍摄了数以万计报道根据地革命斗争和生产建设的珍贵照片;巡回千里为根据地军民放映了电影千余场,向广大群众进行了生动的革命教育;为适应革命胜利后电影事业发展的需要,不失时机地培训了两批业务干部,对革命事业做出了难能可贵的贡献。这篇《纪事》,是记述它在八年中的主要事迹,是经过电影团主要成员回忆和讨论后编写的,目的是使党的电影事业初创时期的这段史实不致湮没,也为后人了解这段历史提供可靠的资料。

1938年

9月初　电影团在陕甘宁边区首府延安宣告成立。它标志着中国共产党领导的革命根据地电影事业由此开端。它由下列人员组成:团长由总政治部副主任谭政兼任;政治指导员李肃(曾参加过宁都起义和长征);艺术及编导负责人袁牧之;技术及摄影负责人吴印咸;摄影徐肖冰;总务魏起;场记叶苍林;还有王旭及几名勤杂人员。电影团展开工作后,首先成立摄影队,着手第一部长纪录片《延安与八路军》的拍摄工作。这是一部反映陕甘宁边区和华北敌后根据地的广大军民,在中国共产党领导下,团结奋斗,保卫祖国,坚持抗战的影片。该片由袁牧之编导,吴印咸等摄影。

10月1日　人民电影的第一部作品大型纪录片《延安与八路军》,在陕北的黄帝陵拍摄了第一个镜头。这里是中华民族祖先黄帝陵园所在地,编导用意良深,通过黄帝的史迹,唤起炎黄子孙炽烈的爱国情感,动员他们在日寇猖狂侵略之际,奋起抗战,誓死保卫祖国,捍卫中华民族的生存。接着在附近的山路上拍摄国民党统治区青年不畏艰险,跋山涉水,纷纷奔向革命圣地延安,投身革命的动人情景,反映了当时"天下人心归延安"的普遍事实。"抗大""陕公"的许多学生参加了拍摄，记录了他们的亲身经历。随后返回延安，拍摄延安军民秋收劳动、生活等材料。由于作者们不畏艰苦和危难，深入了前线，深入了群众的斗争和生活，影片中的许多素材和镜头都拍得很生动、深刻，抓取了生活和战斗中最典型的事件和形象。《延安与八路军》的成就是中国过去任何纪录片所不能比拟的。它为中国人民电影创作开辟了艰苦战斗的传统，树立了良好的榜样。

11月20日　日军飞机轰炸延安，吴印咸、徐肖冰正在整理器材。电影团驻地附近被炸，住房被震塌一角。吴印咸用身体扑到机器上，挡住瓦砾和沙石，保护了机器，幸吴、徐二人身体无恙，器材无损。次日，谭政等领导来慰问。

12月14日　日军飞机再次轰炸延安。电影团在城西凤凰山上拍摄日机轰炸的镜头。

1939年

1月25日　电影团结束在延安的拍摄工作，全体出发到华北敌后去，拍摄前方八路军与日寇英勇作战，根据地人民支援前线协同作战，日寇的侵略暴行和根据地的民主建设、战时生活等资料。

1月　毛泽东接见电影团主要成员。在电影团即将出发去华北敌后工作时，他在住处与电影团人员亲切会面，关切地询问了工作和生活情况。袁牧之等一一做了汇报。毛泽东听后鼓励大家说，你们现在是英雄无用武之地，不能充分发挥你们的能力，但将来工作是很多的。又说，现在拍长征就不可能，过几年你们就能拍了。接见后，毛泽东留大家在他那里一同进餐，热情款待，以示欢送。

2月1日　电影团大队由陕北葭县东渡黄河，到达晋西北地区，电影团在兴县、临县、岚县一带，进行了一个多月的拍摄，拍了人民群众支援八路军作战等资料。

4月　电影团大队由晋西北越过日军同蒲路封锁线，进入晋察冀边区，到达二分区。分区司令员赵尔陆等接见了电影团一行。当时适值二分区盂县一带暴雨成灾，电影团及时拍了救灾以及抗大二分校的军事教育活动等资料。在这一带工作时间较长。在二分校，袁牧之还指导由第一二〇师战斗剧社、抗大二分校文工团合演的反映晋察冀军民抗战生活的话剧《丰收》的排练。该剧由莫耶、刘肖芜、张可编剧，成荫、汪洋导演。吴印咸开始为军队和报社记者编写《摄影常识》。

6月　电影团到达河北平山属晋察冀四军分区。军分区司令员熊伯涛、政委刘导生等接见了电影团一行，热情协助电影团的拍摄工作。在这里拍了部队活动的有关资料，还拍了妇救会、儿童团、群众识字班、支前等资料。

7月　电影团到阜平，这里是三军分区。中共中央北方局晋察冀分局、晋察冀边区人民政府、晋察冀军区司令部都设在这里。电影团刚到达尚未住定，分局书记彭真即赶来看望，并招待大家到10余里外的温泉洗浴，亲切地对大家说："今晚你们可以好好睡一觉了。"第二天，军区司令员聂荣臻、政治部主任舒同等也来与大家相见。袁牧之向他们汇报了在晋西北及晋察冀二、四军区分区工作的情况。聂荣臻说："白求恩大夫事迹突出，一定要很好地拍下来。"当即把军区卫生部部长叶青山介绍与大家认识。为了拍摄工作的方便，军区将电影团的驻地，安排在白求恩的邻近处。电影团按聂荣臻的建议，以后分别到各地拍摄了白求恩工作的医院，为部分伤员和群众治病，为部队培训急需的医务人员以及白求恩亲手制作的名为"卢沟桥"的药驮子、医疗器具等。

在三军分区的拍摄工作，得到司令员陈漫远、政委王平的大力协助。在这里拍摄了敌后的军工生产，如制造手榴弹、地雷的兵工厂，修械所。此外，还拍了部队的被服厂、制作军鞋、群众支前、民兵活动等。其中妻子送郎参军、父母送子上战场的场面，最为热烈感人。

8月　电影团在河北阜平、行唐一带，拍摄八路军第一二〇师师长贺龙、政委关向应、周士第率该师部队在冀中作战胜利后，返回冀西渡河的镜头，拍摄后，受到贺龙、关向应、周士第的热情招待。领导同志们还听取了关于拍摄《延安与八路军》的影片情况的汇报。

△ 吴印咸应晋察冀《抗敌报》社社长邓拓和军区政治部摄影科长沙飞的邀请，撰写了《摄影常识》的专著，邓拓和沙飞各写了序言，由《抗敌报》社印刷出版，作为培训摄影人才的教材，发行到部队和地方。

9月 八路军总政治部在延安成立电影放映队，以活跃部队的文化生活。最初的成员有余丰、吴德礼、席珍、唐泽华4人。余丰被任命为队长，他原来是东北抗联干部，后由苏联回来；吴是部队干部；席和唐是抗大学员。总政先将他们一齐送到中央军委三局，进行有关技术的培训，经过三个多月的学习，他们初步掌握了放映业务。当时，为加强队里的技术力量，又将三局中央电台搞发电机专业的罗光（罗和清）调来。至此，放映队基本组成。以后又陆续调来赵天培、吴宪忠（鲁克）、张鹏等。初成立时，队里仅有一套苏联造的K101型35毫米便携式有声放映机，一台美国造16毫米便携式放映机，三台发电机和十多部苏联故事影片，如《列宁在十月》《列宁在1918》《我们来自克隆斯达》《夏伯阳》《十三勇士》《远东边疆》等。

10月中旬 日寇发动大规模的"冬季攻势"，妄想消灭我晋察冀边区抗日根据地。白求恩忘我地投入摩天岭战斗抢救伤员工作，把手术台设在离战场仅5里的涞源县黄土岭孙家庄道旁的一间小庙里。战场上的枪炮声连连不断地传来，大家都为白求恩的安全担心。从黄土岭下来的伤员，都等在小庙的周围。白大夫坚定沉着，全神贯注地为伤员做手术，有条不紊地指挥着整个抢救工作。吴印咸拿着摄影机，紧跟在白求恩身边，抢拍了他进行手术的全部活动，记录下这位伟大的国际主义战士的不朽的光辉形象，成为后来纪念白求恩大夫最珍贵的史料。

就在这次手术中，白求恩不幸划破手腕，后来又抢救另一名患头部蜂窝组织炎的伤员，发炎的手腕受到致命的感染，医治无效，不幸于11月12日逝世，为中国人民的解放事业献出了宝贵的生命。吴印咸又赶到于家寨，拍下了聂荣臻等边区领导同志、部队及群众参加白求恩遗体告别的仪式，拍下了白求恩的最后遗容，成为永恒的纪念。

白求恩大夫的这些珍贵资料影片，新中国成立后由中央新闻纪录电影制片厂（简称"新影厂"）编辑成纪录片，在国内外发行放映。

10月　电影团到达晋察冀一分区的易县。分区司令员杨成武、政委罗元发等对电影拍摄工作，给予热情的指导和帮助。电影团在这一带工作时间较长，拍的资料较多，其中有日寇在各处残酷实行灭绝人性"三光政策"的种种罪证，被俘日军受到我军人道主义优待的情景等。

11月　电影团先后由晋察冀华北联大与抗大二分校，调来吴本立、马似友参加工作。

12月　电影团在晋察冀一军分区驻地进行了工作小结。鉴于要拍的资料还很多，拍摄的地区又分散，费时较长。为争取时间，加速拍摄进程，小结会上确定组成两组分头拍摄。一组由吴印咸、马似友、魏起组成，去晋察冀边区斗争最艰苦的平西（北平西面）游击区，拍摄我游击队的对敌斗争活动。另一组由李肃、徐肖冰、吴本立组成，到晋东南太行地区八路军总部，拍摄总部指挥作战的有关资料。

1940年

2月　两个拍摄小组先后出发，前往各自的目的地。吴印咸组用16毫米摄影机，徐肖冰组用35毫米摄影机，分别进行拍摄工作。

3月初　袁牧之携已拍的影片资料，离开晋察冀边区返回延安，以便尽快安排好《延安与八路军》影片的后期制作工作。

吴印咸组到达平西游击区后，先在离南口不远的妙峰山地区，拍摄日军铁甲列车在铁路线上巡逻的情况，后到野山坡拍摄八路军挺进军司令员萧克和部队在平西的艰苦战斗生活以及游击区军民鱼水情等资料。

徐肖冰组到达晋东南太行地区，朱德总司令在王家峪总部接见了他们。在座的有第一二九师师长刘伯承、政委邓小平等。他勉励电影团同志，要努力工作，把坚持敌后抗战的八路军英勇形象拍摄下来，向国内外广为宣传。

彭德怀副总司令为勉励电影团同志，特题诗一首，赠给电影团同志：

摄取战争的真相，不怕鬼子的刀枪。
踏遍了华北的战场，几经寒暑来到太行山上。
有了你这样的英勇的战士，中华民族绝不会亡！

徐肖冰组在这里拍摄了八路军总部，朱德、彭德怀、左权指挥作战，刘伯承、邓小平、李达在前线的活动等资料。随后又在部队武装侦察员的掩护下进入井陉敌占区，拍摄我军在敌占区的侦察活动。

3月20—21日　周恩来因右臂受伤去苏联治疗，愈后回延安途中经西安八路军办事处时，遇到要到苏联去进行《延安与八路军》后期制作的袁牧之、冼星海，周恩来设宴欢送，并告知他们，已安排好前往苏联冲洗底片及后期制作。

3月26日　周恩来抵达延安。当晚举行欢迎大会，会后周恩来亲自放映从苏联带回的影片。

3月末　袁牧之由前方返抵延安。

作曲家冼星海被聘请为《延安与八路军》影片作曲。

3月　吴印咸组一行拍完平西游击区材料后，离开晋察冀返回延安。

徐肖冰接到袁牧之自延安来电，催要在太行所拍资料，立即派吴本立携已拍好的资料，随朱德一行返回延安，途经西安时，将资料交给在此等候的袁牧之。

袁牧之携已拍好的《延安与八路军》影片素材，与冼星海一起前往苏联。经过西安抵莫斯科后，得到共产国际中国代表团的帮助和安排，一面在苏联电影制片厂做影片后期工作，一面学习苏联建设和管理电影事业的经验。

5月　徐肖冰组在太行第一二九师第三八五旅陈锡联部，拍摄部队攻打战略重镇南关的材料。

6月　根据总政治部决定，电影放映队与电影团合并，扩大电影团组织，分设摄影队和放映队。吴印咸任摄影队队长，余丰任放映队队长，吴印咸主持团的日常工作。

电影团根据情况变化，对工作做了新的部署。摄影队由于胶片及其他制作材料来源断绝，不可能继续以拍电影为主，只能利用拍摄《延安与八路军》剩余的少量胶片，改为拍照片为主，以照片来反映边区的政治、军事、经济、文化等各方面的活动，继续承担党的宣传任务。放映队进一步扩大放映活动，组织巡回放映。到边区各地为党政机关、部队、学校和到广大农村放映革命影片，改善他们的文化生活，配合党的政治宣传。这个工作方针得到总政治部领导的批准。

放映队队长余丰，队员吴德礼、张鹏，摄影队魏起、叶苍林等，先后调离电影团。

徐肖冰组由 8 月至 11 月间，先后在太行山地区，拍摄了百团大战中第一二九师第三八六旅破击正太铁路、攻克芦家庄、卷峪沟遭遇战、拔掉榆社据点、关家垴歼灭战等资料。后来，这些资料在日寇扫荡中不幸遭到损失。

10 月　周从初由抗大照相部调到电影团摄影队。不久，赵邦俊也由抗大照相部调到摄影队。

12 月　徐肖冰在太行应邀为部队摄影训练班讲授摄影技术课程。为八路军总部和第一二九师培训了 10 余名摄影人员。

1941 年

3 月　放映队与总政治部宣传队联合，在甘泉县临镇演出，慰问边防部队指战员及当地党政军民各界。

4 月　徐肖冰组一行由晋东南地区返回延安。
李肃调离电影团。
摄影队吴印咸、吴本立等，到延安农机厂（边区劳动模范赵占魁所在厂）、纺织厂、造纸厂、制药厂、军火厂等一系列工厂用16毫米摄影机拍摄了影片资料和照片，报道边区自力更生、艰苦奋斗的工业建设，宣传边区工人阶级的革命精神。

6月21日　苏德战争爆发，莫斯科电影制片厂从莫斯科向后方阿拉木图撤退，袁牧之随同撤退。《延安与八路军》全部底样片，在撤退中因辗转运输不幸丢失（1956年12月，当时任八一电影制片厂厂长的陈播，到苏联新闻纪录莫斯科电影制片厂，看到《延安与八路军》的部分样片，16毫米摄影机摄制的样片未找到。据该厂工作人员说，底片在战争环境下遗失，只好从样片中翻底带回国内。后来编入八一电影制片厂出品的《星火燎原》中）。

8月22—24日　边区美术工作者协会在军人俱乐部举办"1941年美术展览会"。电影团摄影队近年来拍摄的反映边区生产建设和各方面动态的佳作，参加了展出，受到观众的称赞。

9月　为宣传苏联反法西斯战争形势，提高广大群众对这场正义战争的认识，增强必胜的信念，电影团利用苏联影片资料，突击编制了纪录片，取名为《红军是不可战胜的》。在延安广泛上映，获得较好宣传效果。影片由吴印咸主持编制，并设计绘制了各幅战争形势图；马似友负责剪辑，并与吴本立合作拍摄说明字幕；周从初负责洗印。放映队在放映时，加以说明宣传。

11月6—21日　陕甘宁边区第二届参议会在延安隆重举行。毛泽东出席了开幕式和闭幕式。他在闭幕式上的讲话中，号召共产党员坚决反对主观主义与关门主义的作风，实事求是，与党外民主人士合作。米脂县参议会议长、边区参议员李鼎铭等11人，提出《政府应彻底计划经济，实行精兵简政主义，避免入不敷出的经济紊乱之现象》案。在毛泽东的支持下，参议会于11月18日通过了精兵简政的决议。吴印咸在缺乏照明设备的困难条件下，想方设法用16毫米摄影机拍摄了大会的部分活动，留下了珍贵的史料。

1942 年

2月　毛泽东在窑洞前向第一二〇师干部讲话，那天他穿了一身旧制服，裤子上还补了个大补丁。吴印咸在场拍了讲话的电影资料和照片。后来，毛泽东看到了这张照片，很喜欢，风趣地评说："这是最有时代感的照片。"

3月6日　中共中央职工委员会副书记张浩在延安中央医院病逝。3月9日党中央为他举行了隆重的葬礼。毛泽东、陈云、彭真、贺龙、杨尚昆等中央领导同志为张浩守灵、执绋、抬棺和为墓穴奠土。电影团拍了电影资料和照片。

3月23日　毛泽东在延安王家坪举行的高级技术干部季（度）会上发表讲话，指出：这次季会提出的七项建议（一、设立全边区的生产建设委员会；二、设立全边区的卫生管理委员会；三、组织各种科学研究团体；四、实行精兵简政；五、在可能的条件下建立工业学校；六、在现有条件下尽可能地改良技术干部与工人的待遇；七、每年分春夏秋冬召开四次季会），是与目前中央号召的反对主观主义、反对宗派主义、反对党八股的精神是一致的，并赞扬了专家们的敢做敢说的精神。朱德、叶挺等在座。吴印咸拍了电影资料和照片。

4月3日　中共中央宣传部发出《关于在延安讨论中央决定及毛泽东同志整顿三风报告的决定》。决定要求全党认真地切实整顿"学风、党风、文风"，改造干部及党员的思想，转变工作作风。电影团在总政治部宣传部的直接领导下进入学习。首先学习规定的文件，领会贯通文件的精神实质，然后自觉地联系自己思想和工作作风的实际，实事求是地进行检查，定出改正的切实措施。学习持续数月，收到显著效果。大家在思想上进行了一场自我革命，提高了思想和认识水平，增强了党性和组织纪律性，振奋了革命精神，为战胜抗战胜利前夕的极端困难，迎接革命事业的大发展，奠定了扎实的思想基础。

5月2—23日　中共中央在杨家岭召开延安文艺工作者座谈会。毛泽东在会上做了重要讲话。吴印咸应邀参加了座谈会，聆听了毛泽东的讲话，思想上受到深刻的教育。会议结束时，他为毛泽东和全体与会者拍了合影。这是文艺战线上具有重大历史意义的珍贵史料。

5月13日　为了统一晋绥边区与陕甘宁边区的军事指挥，中共中央军委决定成立陕甘宁晋绥五省联防司令部、政治部。原总政治部机关大部分干部编入联防政治部，电影团全建制编入联防政治部宣传部，改为联政电影团，由宣传部长萧向荣具体领导。

5月中旬　钱筱璋由中共中央党校调入电影团。

8月8日　放映队再次到南泥湾南临镇放映电影，慰问当地驻军和群众，放映的影片有边区新闻和苏联影片《十三勇士》《祖国儿女》《海军暴动》等。

9月1日起　延安举行规模盛大的"九一扩大运动会"，延安党政机关、部队、工厂、学校都选派了代表队参加。运动会项目有田径、球类、游泳、马术等。电影团摄影队全体出动，分头拍摄各项比赛的照片，并拍了部分影片资料，反映了延安活泼愉快的生活。新中国成立后，这些影片资料曾编入新影厂编辑的《延安生活散记》公映。

9月7日　毛泽东为《解放日报》撰写的社论《一个极其重要的政策》发表，社论指出："什么是抗日航船今后的暗礁呢？就是抗战最后阶段中的物质方面的极端严重的困难"，"今后的物质困难必然更甚于目前，我们必须克服这个困难，我们的重要办法之一就是精兵简政"。按照这一政策的要求，电影团由于敌人的封锁，制片材料来源断绝，电影摄制工作难以为继，应属于精简之内。萧向荣与吴印咸审慎考虑，觉得如将电影团撤销，现有的这批业务骨干势必分散了，日后一旦形势好转，需要立即发展电影事业时，将难以再度集中，会给工作带来严重影响。经过反复研究，一致认为应保留电影团。于是，竭力向联政领导申述电影团去与留的利弊，征得了领导的支持和批准，保留了电影团的建制。为了贯彻党中央的精简要求，决定电影团今后的事业经费和生活开支，一律由电影团生产自给，不要政府一文钱，以减轻政府负担。按照领导的决定，电影团全体人员齐心协力，想方设法开辟生产自给的途径，利用有废胶片的条件，做各种证章，开办对外服务的照相部，放电影售票等办法，解决经费来源问题，继续承担起党的宣传任务，并开荒生产种植西红柿、小白菜、南瓜等解决蔬菜的供应。终于度过了抗战最后阶段的极端困难时期，为迎接胜利后党的电影事业的大发展创造了条件。

秋　电影团为贯彻执行毛泽东在延安文艺座谈会上讲话的精神，实践为人民大众服务的根本方向，深入工农兵，密切联系实际，由吴印咸率领摄制组到南泥湾，深入八路军第三五九旅王震部队，采访和拍摄这支部队响应党的号召，在荒无人烟的南泥湾披荆斩棘、改造自然、开荒生产、丰衣足食、练兵习武、坚持抗战的模范事迹。吴印咸负责影片的摄影，徐肖冰协助拍摄。拍摄工作延续了数月。

（本文选自《新文化史料》1999年第3期）

八路军总政电影团八年纪事（下）

钱筱璋（执笔）

△ 毛泽东应吴印咸的请求，亲自为《南泥湾》（原名《生产与战斗结合起来》，当时边区群众都亲切地称之为《南泥湾》）影片题词"自己动手，丰衣足食"。吴印咸当场拍摄了这个有意义的细节。由于使用的胶片是16毫米的正片，感光度较低，而毛泽东办公的窑洞光线太暗，不好拍摄，毛泽东接受吴印咸的建议，把办公桌搬到窑洞外面，在阳光下书写了题词，愉快地配合了拍摄。这个材料后来编入到完成影片中，对影片起了深化主题思想的作用，为影片增添了光彩。

1943年

1月27日 《解放日报》发表题为《〈陕北江南〉摄成影片》的报道，全文如下：

在朱总司令屯田政策的感召下，王震旅长领导的359旅已将过去荒无人烟的南泥湾，变为风景秀丽的"陕北江南"。总政电影团为使边区人民了解南泥湾的真实情况与学习359旅艰苦卓绝的精神，已摄成电影《陕北江南》。将该旅开辟南泥湾的经过详情一一摄入电影，此项工作费时数月，历尽困难，现正加紧编制中，闻不日完成后将先在延放映。

1月 报道八路军第三五九旅开发南泥湾的大型纪录片《南泥湾》摄制完成。影片后期制作是在极困难的条件下进行的。周从初、钱筱璋、席珍分别担任了洗印、配音、编辑和写解说词等后期制作任务；唐泽华、罗光、赵天培担负了放映任务。为使影片在艺术上更臻完美，由钱筱璋主持，同志们想方设法在中央军委三局和鲁艺音乐系的支持下，借来扩音设备、留声机和交响乐唱片，在放映现场为影片配上音乐和解说，达到了有声电影的效果，创造了延安自制有声电影的奇迹。2月2—12日春节期间《南泥湾》连续在各处放映。5日在联政举行的军队联欢会放映；6日为劳动英雄及文化界放映；7日为联防军直属单位放映。

2月4日 《南泥湾》在直政礼堂首映。朱德、叶剑英、贺龙、徐向前、谭政、甘泗淇、萧向荣及干部数百人出席首映式。朱、叶、贺等观后倍加赞扬，誉为纪录片中不可多得的佳作。尤其在延安物质条件异常困难的条件下，能拍出这样优秀的影片，实在难能可贵。当即叮嘱应普遍放映，广泛宣传。

2月5日 电影摄影展览开幕，并相继在直政礼堂、青年俱乐部、鲁迅艺术文学院、中央大礼堂等处巡回展出，观众踊跃。《解放日报》报道："电影团为配合政府1943年以生产教育为中心任务的宣传工作，特选出精美照片200余幅，有的加以着色，于春节期间在延安举行展览。内容丰富，包括南泥湾风光、农业、工业、运输、部队整训以及延安1942年的大事记。"14日，著名记者张蓓在《解放日报》上发表题为《人民的画面——记电影团影展》的评介文章，赞扬影展真实地反映了边区的生活和建设，突出表现了人民昂扬向上的精神面貌，称赞展出作品在思想和艺术上的成就。

2月7日 摄影队全体出动，分别到杨家岭、中央党校、联防军司令部、大砭沟、新市场等处，拍摄各文艺单位在街头演出的新秧歌。这是文艺工作座谈会后，延安文艺工作者积极贯彻党的文艺方向的盛大活动。鲁迅艺术文学院秧歌队的王大化、李波演出《兄妹开荒》，最受群众欢迎。这些盛况都拍摄了电影资料片和照片。新中国成立后，这些电影资料片都收入新影厂的纪录片中公映。

2月8—12日 为中央管理局各单位放映《南泥湾》。

2月13日 《南泥湾》在杨家岭中央大礼堂，为党中央领导同志和中直机关干部映出。到场观看的领导同志很多，气氛热烈。

2月19日　延安各界向朱德总司令、贺龙司令员分别献锦旗。献给朱总司令的锦旗上绣的是"名震寰宇"；献给贺龙司令员的锦旗上绣的是"民族英雄"。摄影队分别拍了电影资料和照片。

2月22日　延安各界集会庆祝苏联红军成立二十五周年。会后映出了电影团编制的纪录片《不可战胜的红军》。

3月　放映队出发到南泥湾，为第三五九旅指战员进行慰问映出。主要放映电影团在南泥湾拍摄的《南泥湾》，先后在旅部、七团、八团、九团驻地的南泥湾、金盆湾、临镇巡回放映。共映出20余场。指战员们看到自己上了银幕，倍感兴奋，场内气氛异常活跃，反映强烈。放映队晚间放电影，白天展览照片，并上山下田拍摄部队开荒生产的照片，热心为部队服务。

4月22日　延安各界万人集会，隆重迎接陕北工农红军创始人之一刘志丹的灵柩，在保安县（今志丹县）举行公葬。1942年，毛泽东为新建的刘志丹陵园内纪念碑的碑文题词："我到陕北只和刘志丹同志见过一面，就知道他是一个很好的共产党员。他的英勇牺牲，出于意外，但他的忠心耿耿为国为民的精神永远留在党与人民中间，不会磨灭的。"吴印咸拍摄了全部移灵实况的电影资料。

4—5月　宋庆龄从香港来信，索要陕甘宁边区儿童、妇女、卫生工作方面的照片。接此任务后，即由吴印咸、周从初、吴本立、马似友、徐肖冰等分头进行拍摄。拍摄了中央托儿所、延安第一保育院、延安保育院小学、延安干部子弟小学、延安小学、洛杉矶托儿所、边区托儿所、鲁艺托儿所、中央医院、延安医科大学、延安学生疗养院、国际和平医院、八路军留守兵团医院等照片。照片送交有关部门寄往香港。（当时，香港设有"战时儿童保育会"。延安第一保育院的全称是"战时儿童保育会陕甘宁边区分会第一保育院"。）

6月　放映队遵照周恩来的嘱咐，前往边区各地，为党政军民各界放映《南泥湾》。先后在三边地区的定边、靖边，延安地区的安塞、甘泉，关中地区的张村驿等地放映。在甘泉清泉沟为部队映出时，正好贺龙司令员在那里视察工作，他再次同战士们一起观看映出，并关切地询问放映队在各地映出的情况。之后，放映队又出发到延长、绥德一带为群众映出。

7月中旬　周恩来由重庆返回延安，带回一台美国制造的RCA型16毫米放映机，交给了电影团使用。由萧向荣和吴印咸陪同，在联政小礼堂，他亲自为放映队同志做操作示范，手把手地传授16毫米放映技术。他亲切地对放映队的同志说："你们不仅要掌握好放映技术，更要学好政治，这对革命者是非常重要的。"勉励大家做具有高度政治觉悟和熟练技术的人。放映的是苏联影片《列宁在1918》。

9月　放映队出发到陇东地区的庆阳、环县、合水、豹子川等地，为边防部队、抗大七分校和当地群众放映苏联电影。这一带地处前沿，国民党军队经常来骚扰，部队为保证安全，派出武装护送放映队到各地映出。

10月　陕甘宁边区生产展览会开幕。电影团为展览会赶制了一批放大照片，配合陈列的实物展出，突出了边区生产建设的丰硕成果。

11月8日　程默、杨琼由国统区来到延安，经中组部分配到电影团摄影队工作。

11月29日　陕甘宁边区政府在延安召开劳动英雄代表大会，同时举办生产展览会。毛泽东在中共中央招待劳动英雄大会上做题为《组织起来》的重要讲话。指出："我们有打仗的军队，又有劳动的军队。打仗的军队，我们有八路军、新四军；这支军队也要当两支用，一方面打仗，一方面生产。我们有了这两支军队，我们的军队有了这两套本领，再加上做群众工作这一套本领，我们就可以克服困难，把日本帝国主义打垮。"

毛泽东在大会上做报告时，吴印咸拍了照片。他抢拍了毛泽东在讲话中的各种生动姿态，成功地拍下了讲话瞬间富有神采的形象。

1944年

春夏　放映队前往晋绥边区，为前方部队做慰问映出。途经清涧、绥德、米脂等地时，为当地群众组织了放映。到达晋绥后，不顾危险，深入前沿，为部队指战员放映了电影。然后在兴县为晋绥边区党政军领导机关及临时参议会代表们映出了多场。在晋绥边区共工作了两个多月，放映了《列宁在十月》《十三勇士》等苏联影片。

7月27日　在延安大众戏院放映《十三勇士》，观众极为拥挤。28日放映《南泥湾》、苏联影片《粉碎敌巢》等。

8月31日　周恩来复信吴印咸、徐肖冰答复关于为美军驻延安观察组成员考伦代拍影片事，信如下：

　　印咸、肖冰两同志：

　　肖冰来信悉。关于为考伦拍照片计划一般可以，惟人物中需加上聂司令与叶参谋长，如能加上续主任更好。中央办公厅，最好请弼时、富春两同志在室内办公。大礼堂中请少奇同志演说，大饭厅似乎可以不用，用即须有人在吃饭。还有最重要一点，即拍几场"秧歌"，最典型的以拍《兄妹开荒》为最好。

　　此外，我们还拟出一本秧歌介绍，也打算为秧歌拍几张照，待计划定后，告你们。

　　战争照片，望肖冰同志于星期六上午十一时亲来取去。

　　吴蔚云、陈晨打算来。吴，望你们写一信给他。

　　　　　　　　　　　　　　　　　　周恩来　　八·三十一

9月15日　电影团放映幻灯片，联合国新闻24套，《流浪的金丝雀》《大胆的蛙》五彩卡通片2套，美国开发时期的幻灯片1套，放映长达三个小时。

9月　遵照周恩来的指示，徐肖冰代考伦拍摄了党中央领导同志活动的资料，并到晋西北前方，拍摄吕正操、陈漫远在前线的活动、战斗、缴获日军的各种战利品等材料。

12月24日　放映队在队长吴印咸的带领下，到安塞映出，慰问当地机关干部、工厂工人及附近农民。放映了《苏联红军收复诺沃罗西斯克》《盟机轰炸汉堡》《美军攻克塔拉瓦岛》《德黑兰会议》及幻灯片多个，颇受欢迎。

12月　王永振由联防军政治部调来电影团放映队。索心忠、周安国也相继调入放映队工作。

1945 年

1月13日　陕甘宁边区劳动英雄和模范工作者大会举行授奖典礼。吴印咸、陈波儿、张水华、钟敬之等16人获文艺界甲等奖。

1月26日　延安《解放日报》撰文《电影技师吴印咸同志》。文中说："他从事摄影工作近二十年。他的作品不仅在中国摄影界享有盛誉，而且在法国沙龙影展会和瑞士国际影展会上，都曾得到荣誉奖章。抗战以后，他参加了八路军。1940年他从前线回到延安。在四年多的工作中，自己动手解决冲洗、晒印、放大等设备困难。这是了不起的成就。"3月3日，重庆《新华日报》转载了这篇文章。

1月27日　为了迎接抗日战争胜利后的新形势，需要着手培训一批党的电影事业的干部，于是第一期摄影训练班开学。学员是由边区各部队和延安有关部门选送的。学期三个月。政治部副主任傅钟在开学时讲了话。吴印咸主持教学，亲自制订了教学计划，讲授主要课程。徐肖冰、马似友、周从初、吴本立等分别协助教学，辅导学员实习。教学内容主要是摄影基础理论和应用技术，着重理论联系实际操作，学和做相结合。训练班是以"抗大精神"，艰苦奋斗、因陋就简办起来的。

学员有刁寅卯、王化俗、王杰、王海山、冯瑾、李顺泽、刘汝舟、刘沛然、刘恩庆、何延年、程敏、陈英、陈岗、杨采、林景、周伯羊、郝玉生、高法鉴、曹磊、程铁、崔云章、李子英、张永、邵奉先、杨文等共25人。

学习结束后，21人仍回原单位从事摄影工作；李顺泽、何延年、张永、陈英4人留电影团工作。

3月　张可奋、王静安、鲁明、刘长忠先后调电影团摄影队工作。

4月23日—6月11日　中国共产党第七次全国代表大会在延安举行。毛泽东致开幕词，指出"这个大会是打败日本侵略者、建设新中国的大会，是一个团结全中国人民、团结全世界人民、争取最后胜利的大会"。6月11日，毛泽东在闭幕词中说：我们开了一个很好的大会。我们做了三件事：第一，决定了党的路线；第二，通过了新的党章；第三，选举了党的领导机关中央委员会。"今后的任务就是领导全党实现党的路线。我们开了一个胜利的大会，一个团结的大会。"摄影队拍摄了大会的实况，把主要活动摄入镜头。这在我党以往的历次代表大会中还是第一次。吴印咸执行拍摄任务，徐肖冰协助。他们都同时拍了许多照片。这些影片和照片为我党的历史留下了珍贵的资料。

在大会期间，放映队为来自全国的代表们组织了多次电影晚会，放映了多部故事影片，活跃了大会的文娱生活。

5月2日　苏联红军攻克柏林。为庆祝这一伟大胜利，电影团3日起，在延安举办苏联卫国战争照片展览。当日晚还为观众放映了苏联纪录片《新世界的一日》。

钱江由鲁艺调到电影团。

5月28日　放映队连续六天，在延安工艺实习工厂为职工放映电影，映出了《虹》《女战士》《保卫斯大林格勒》《斯维尔德洛夫》《塔娜瓦》等故事片。

8月8日　八路军向侵占关中分区淳化县爷台山的国民党胡宗南部进行反击。9日收复。摄影队吴本立赶往战地，拍摄了我军收复爷台山，俘获的国民党士兵，敌人破坏边区和残害群众的罪证等照片。同时随杨尚昆、张经武、黄华、马海德等陪同的美军驻延安观察组人员，在前沿拍摄了他们视察的实况。

8月15日　日本宣布向同盟国无条件投降，持续八年的抗日战争取得胜利。消息传来，延安群情激奋。电影团突击编出一套时事幻灯片，报道盟国的胜利。当夜拿到南门外新市场前的广场为沸腾的群众放映，引起轰动。

8月28日上午11时许　毛泽东、周恩来、王若飞在国民党代表张治中、美国驻华大使赫尔利的陪同下前往重庆，与国民党进行了四十三天的谈判，于

10月11日返回延安。在离开延安和返回延安时，都受到盛大的欢送和欢迎，场面极为热烈动人。吴印咸、程默等在机场拍摄了实况照片，记录下这具有重大历史意义的瞬间。

9月19日　中共中央根据急剧变化的形势，确定党的战略方针，积极向北发展，扩大革命根据地。延安大批干部分批相继离开延安，向东北远征。

9月下旬　电影团为争取跟上革命形势，经联政领导及宣传部长萧向荣的批准，决定派钱筱璋、徐肖冰、侯波、张建珍组成延安电影团先遣小组，立即随军前往东北，不失时机地执行接管敌伪电影事业的重大任务，争取尽快在新区建立党的电影制片基地。先遣小组遵照萧向荣的指示，出发前由钱筱璋执笔起草了《接收东北敌伪电影事业，建设我党电影宣传机构》的方案。内容有两部分：一为如何接收，二为今后的工作方针与计划。明确地规定了到东北的方针、任务、做法。

10月16日　先遣小组随八路军教导团从延安起程，开始前往东北的长途跋涉。

10月中旬　为适应电影事业的发展需要，在上级的关怀与支持下，电影团及时扩充了一大批干部。由抗大七分校调来石益民、翟超、郝风格、高振宗、韩克超、韩秉信、张家克、张振富、王勤、白吉鸿等10人。由联政调来姜云川、牟作相、安鸿林（向异）等3人。由青年艺术剧院调来葛雷、潘秋、王乐民等3人。

11月2日　以延安鲁迅艺术文学院为主的延安干部八团到达东北局所在地沈阳。其中包括田方、许珂。他们向东北局提出了接收伪"满映"（全称"株式会社满洲映画协会"）的建议，并得到批准。随即田、许受东北局的派遣前去长春，到伪"满映"了解情况，开展工作。

11月初　美国以海军、空军支援蒋介石国民党运送军队抢占沿海大城市，接收铁路沿线，疯狂挑起内战，我人民解放军多次打退国民党军队的猖狂进攻。延安电影团先遣小组越过同蒲铁路敌人封锁线，到达刚解放的张家口市。侯波因身体不适留下,其余的人继续向热河前进。抵承德后,徐肖冰又因故离开先遣组折返张家口,钱筱璋和张建珍两人继续向东北进发。

11月上旬　放映队席珍、王永振、索心忠受派由延安前往晋绥,随军到新解放地区收集放映器材。沿途为部队放映电影,培训放映人员。他们先后到了左云、左玉、大同、天镇、集宁、归绥等地,最后到达张家口。

11月中旬　电影团奉命随联政组成的八路军东北挺进干部支队离开延安,前往东北新区工作,编为支队第二大队第四中队。吴印咸任大队委员,张可奋任中队长,马似友任中队指导员,负责行军途中全队的行政领导和政治思想工作。周从初、程默、杨琼、唐泽华、钱江、程铁等经领导决定,作为电影团的留守组留驻延安,指定由周从初负责。后改称为陕甘宁边区摄映队,在中央办公厅主任杨尚昆的指示下,拍摄了党中央及中央领导同志的部分活动。

11月　为了到新区更好地开展电影工作,组织新参加电影团工作的同志学习业务,电影团开办了第二期摄影学习班。不久,随战事的变化,学习班暂停上课。

学员有王永振、王勤、王乐民、石益民、安鸿林(向异)、韩克超、韩秉信、白吉鸿、张家克、张振富、杜修贤、潘秋、郝风格、周安国、翟超、张绍滨、姜云川、高振忠、索心忠、葛雷、韩正杰、牟作相等。

12月初　中队抵达绥德。由于战局变化,行军去向需待中央指示,故在绥德暂停待命。

1946年

1月初　先遣小组进入东北境内。

2月中旬　中队领导根据形势,决定利用待命空隙,为到新区工作打好基础,第二期摄影训练班18日继续开课。吴印咸主持授课,讲授电影制作的基本知识和电影摄影技术。后吴印咸去北平军调部工作,训练班改由马似友、吴本立主持教学。

2月下旬　先遣小组绕道西满，辗转到达南满抚顺中共中央东北局所在地，向宣传部部长凯丰报告了来东北的任务。此时，袁牧之也从苏联阿拉木图到抚顺。

3月5日　中央根据形势变化，指示中队暂返延安。13日，中队回到延安。训练班继续按计划进行学习。

3月29日　中央指示，电影团仍按原定方案前往东北，中队再次离开延安北上。

4月14日　凌晨，东北民主联军向国民党据守的长春发起进攻。东北局指示前线作战部队，在战斗中应争取一切可能保证"株式会社满洲映画协会"完好无损地归还于人民。与此同时，中共中央东北局宣传部指示，组成以袁牧之为首，田方、许珂、钱筱璋等参加的工作小组，与先期到达的中共长春地下党刘健民、赵东黎，在"满映"进步职工的配合下，18日，工作小组持东北民主联军司令周保中将军签署的命令，到东北电影公司正式接管了"满映"的机器设备，并接受了中共中央东北局宣传部的任命，舒群任东北电影公司总经理，张辛实任副总经理。不久，袁牧之也进入长春，任东北电影公司顾问。这座规模宏大、设备完善的电影制作基地，终于完好地回到人民手中。

4月16日　第四中队东渡黄河，到达晋绥边区的离石县。席珍、索心忠、王永振等完成任务从张家口返回到电影团。徐肖冰、侯波也在此时回到电影团。

4月26日　全队在平遥县南面，急行军越过敌人封锁线，继续东进。

5月17日　第四中队抵达平汉线上的邯郸市，然后继续前进，进入山东境内。

7月9日　第四中队行抵烟台。吴印咸也从北平赶到这里，与中队会合。

7月17日夜间　全队从羊角沟上汽船，由滦家口出海，横渡渤海。鉴于国民党军队在海上设置了封锁线，舰艇往来巡逻，为防备万一，全体人员分别化装成农民、商人、教师、学生、文化人等，以掩护身份，保证安全。

7月19日　渡过渤海，安全到达辽宁庄河。

7月25日　转往鸭绿江边的安东（今丹东），在这里稍事休息。指导员马似友因长途跋涉，积劳成疾，医治无效，不幸在这里病逝，年仅26岁。他为党的电影事业献出了年轻的生命。马似友逝世后，中队指导员由吴本立代理。李顺泽、何延年、陈英、王勤、白吉鸿、张振富等调离电影团，留地方分配工作。

8月1—12日　第四中队离开安东，绕道朝鲜国境，进入吉林省图们市。

8月18日　由图们乘火车到达北满哈尔滨市。

8月27日　经过九个多月的长途跋涉，跨越6省，最后到达目的地——兴山（今黑龙江省鹤岗市）东北电影公司所在地，受到先遣小组及东影全体职工热情盛大的迎接。

9月1日　东影举行隆重的欢迎会，并设宴为电影团全体人员洗尘。舒群、袁牧之在欢迎会上先后讲话，表示亲切慰问，并希望老解放区来的同志和新参加革命的同志亲密合作、互相学习，共同致力于人民电影事业的建设，共同努力继续为人民革命事业做出贡献。欢迎会后举行了热烈的联欢活动。延安电影团经历了八年的艰苦奋斗，至此完成了自己的历史使命，并入东影，电影团的建制宣告结束。它的全体成员，遵照党的部署，转入电影事业新的开拓中，继续奋勇向前，推动电影事业进入新的大发展时期。

1988年11月初稿

八路军总政治部电影团人员名单（以姓氏笔画为序）

力　飞　马似友　王　旭　王　勤　王永振　王乐民　王耐辛　王紫菲
王静安　叶苍林　白吉鸿　石益民　任昌玉　刘长忠　何延年　余　丰
杨　琼　李　肃　李顺泽　李海东　杜国芳　杜修贤　牟作相　吴本立
吴印咸　吴国英　吴宪忠（鲁克）　吴德礼　安鸿林（向异）　张　永

张 鹏	张可奋	张建珍	张绍滨	张家克	张振富	陈 英	周从初	
周安国	侯 波	罗 光（罗和清）		赵天培	赵邦俊	郝风格	郝秋文	
席 珍	索心忠	高振宗	袁牧之	徐肖冰	唐泽华	姜云川	钱 江	
钱筱璋	程 铁	程 默	曾绮娴	韩正杰	韩克超	韩秉信	鲁 明	
董合保	葛 雷	潘 秋	翟 超	魏 起				

［电影局党史办解治秀整理。如有遗漏，请协助补白］

（本文选自《新文化史料》1999年第4期）